Östliche Bundesländer

Deutschzeit

9

Lese- und Sprachbuch

Herausgegeben von
Anja Fandel und Ulla Oppenländer

Erarbeitet von
Catharina Banneck, Marian Berbesch, Dennis Breitenwischer,
Benedikt Engels, Wilke Held, Wendel Hennen, Andreas Jany,
Jérôme Malow, Maike Michelis, Annette Preuninger,
Toka-Lena Rusnok, Maria Thanheiser, Marco Ursin und
Jan Wohlgemuth

Deutschzeit

Lese- und Sprachbuch: 9

Redaktion: Stefan Windte, Mareike Zastrow

Illustrationen:
Petra Ballhorn, Berlin: S. 56–79, S. 80–103, S. 216–239, S. 240–269
Henriette v. Bodecker, Berlin: S. 14–27, S. 192–215
Bianca Schallburg, Berlin: S. 28–55, S. 104–129, S. 130–161, S. 270–299
Umschlaggestaltung: Klein & Halm Grafikdesign, Berlin, unter Verwendung von Fotos
von Mandrixta/stock.adobe.com (Delfin) und EpicStockMedia (Welle)
Umschlag- und Layoutkonzept: WERNERWERKE GbR, Berlin
Layout und technische Umsetzung: Klein & Halm Grafikdesign, Berlin

www.cornelsen.de

Die Webseiten Dritter, deren Internetadressen in diesem Lehrwerk angegeben sind, wurden vor Drucklegung sorgfältig geprüft. Der Verlag übernimmt keine Gewähr für die Aktualität und den Inhalt dieser Seiten oder solcher, die mit ihnen verlinkt sind.

Dieses Werk berücksichtigt die Regeln der reformierten Rechtschreibung und Zeichensetzung.
Bei den mit $\mathbb{R}$ gekennzeichneten Texten haben die Rechteinhaber einer Anpassung widersprochen.

Soweit in diesem Lehrwerk Personen fotografisch abgebildet sind und ihnen von der Redaktion fiktive Namen, Berufe, Dialoge und Ähnliches zugeordnet oder diese Personen in bestimmte Kontexte gesetzt werden, dienen diese Zuordnungen und Darstellungen ausschließlich der Veranschaulichung und dem besseren Verständnis des Inhalts.

1. Auflage, 1. Druck 2019

Alle Drucke dieser Auflage sind inhaltlich unverändert und können im Unterricht nebeneinander verwendet werden

© 2019 Cornelsen Verlag GmbH, Berlin

Druck: Mohn Media Mohndruck, Gütersloh

ISBN 978-3-06-067378-0 (Schülerbuch)
ISBN 978-3-06-067384-1 (E-Book)

PEFC zertifiziert
Dieses Produkt stammt aus nachhaltig
bewirtschafteten Wäldern und kontrollierten
Quellen.
www.pefc.de

PEFC/04-31-1033

Deutschzeit auf einen Blick:

Das Buch ist in vier Kompetenzbereiche aufgeteilt:

Sprechen – Zuhören – Schreiben

Lesen – Umgang mit Texten und Medien

Nachdenken über Sprache

Rechtschreibung und Zeichensetzung

Jedes Kapitel hat zwei Teile:

1. Kernkapitel
Hier erarbeitest du das jeweilige
Thema Schritt für Schritt, z. B.
„Materialgestützt informieren" oder
„Sachtexte analysieren".

2. Leseteil
Dieser Teil des Kapitels bietet dir
eine Auswahl spannender und
interessanter Texte zum **Schmökern,
Schauen, Weiterdenken**.

Merkwissen findest du hier:

Merkwissen im Überblick

am **Ende jedes** thematischen **Kapitels**

Merke

in den Kapiteln **Nachdenken über Sprache** und **Rechtschreibung und Zeichensetzung**

Auf den gelben Seiten am Ende des Buches kannst du das **Orientierungswissen** noch einmal nachschlagen.

Ausdruckstraining

Diese Seiten helfen dir, gezielt deinen Ausdruck zu verbessern.

Gewusst wie

Hier lernst du Arbeitstechniken und Methoden, die du immer wieder benötigst, z. B. „Durch Rhetorik überzeugen" oder „Kommunikation untersuchen".

Fordern und Fördern:

② Wahl- oder Zusatzaufgabe

Tipps & Hilfen

Hier gibt es zusätzliche Hilfestellungen hinten im Buch.

Inhaltsverzeichnis

formaler und sprachlicher
Besonderheiten analysieren;
den Argumentationsgang
einer Vorlage zusammen-
fassen; Thesen entwickeln;
Argumente durch Beispiele
veranschaulichen;
Argumente aufgreifen,
verstärken und Gegen-
argumente begründet
zurückweisen; begründet
Stellung nehmen;
ausgewählte rhetorische
Mittel kennen lernen und
nutzen; sprechgestaltende
Mittel und Redestrategien
bewusst einsetzen;
argumentative Texte unter
Beachtung von Formen
schriftlicher Erörterung
verfassen; zentrale
Schreibformen nutzen
(argumentieren)

3   Traumjobs und andere Berufe
Materialgestützt informieren 56

Kompetenzschwerpunkte

aus Texten entnommene
Informationen zusammen-
hängend wiedergeben
(materialgestützt informieren); Informationen aus
linearen und nichtlinearen
Texten zusammenfassen;
komplexe Zusammenhänge
und Inhalte adressaten-
orientiert, sachgerecht und
übersichtlich darstellen;
formalisierte Texte verfassen
(Bewerbung); zentrale
Schreibformen beherrschen
(informieren)

4 Hinter den Bildern
Parabeln und kurze Geschichten interpretieren 80

Kompetenzschwerpunkte

spezifische Merkmale verschiedener Texte unterscheiden (Fabel, Parabel, kurze Erzählungen, Kurzgeschichten); wesentliche Elemente eines Textes bestimmen und analysieren; literarische Texte erschließen und deuten; Textdeutungen begründen; Bildsprache verstehen und deuten; Fachbegriffe der Textbeschreibung, -erschließung und -interpretation kennen und verwenden; ein eigenes Textverständnis entwickeln; textimmanente Analyse- und Interpretationsverfahren anwenden; zentrale Schreibformen nutzen (analysieren und interpretieren)

Kompetenzschwerpunkte

spezifische Merkmale verschiedener Texte unterscheiden (komische Szenen, komische Erzähltexte); literarische Texte erschließen und deuten; Textdeutungen begründen; Komik und Ironie erkennen und analysieren; Fachbegriffe der Textbeschreibung, -erschließung und -interpretation kennen und verwenden; ein eigenes Textverständnis entwickeln; textimmanente Analyse- und Interpretationsverfahren anwenden; handlungs- und produktionsorientiert mit Texten umgehen (komisch schreiben); Kommunikationssituationen untersuchen und reflektieren; grundlegende Kommunikationsmodelle erläutern und zur Analyse von Kommunikation nutzen; zentrale Schreibformen nutzen (analysieren und interpretieren)

Kompetenzschwerpunkte

spezifische Merkmale verschiedener Texte unterscheiden (Jugendroman); literarische Texte erschließen und deuten; Fachbegriffe der Textbeschreibung, -erschließung und -interpretation kennen und verwenden; die Rolle des Erzählers erkennen; literarische Figuren charakterisieren; mit handlungs- und produktionsorientierten

Methoden ein plausibles Textverständnis herausarbeiten; eine Literaturverfilmung analysieren

Kompetenzschwerpunkte

spezifische Merkmale verschiedener Texte unterscheiden (Drama); Merkmale des modernen Dramas untersuchen; Fachbegriffe der Textbeschreibung, -erschließung und -interpretation kennen und verwenden; Analyse- und Interpretationsverfahren anwenden; handlungs- und produktionsorientiert mit Texten umgehen (Texte mithilfe szenischer Verfahren erarbeiten); die Konstellation der Figuren, deren Charaktere und Verhaltensweisen untersuchen; Untersuchung des Textes unter dem Aspekt der Kommunikation (Inhalts- und Beziehungsebene von Sprachhandlungen untersuchen); sich exemplarisch mit Rezensionen auseinandersetzen; Kriterien zur Beschreibung und Untersuchung von Theaterinszenierungen kennen; zentrale Schreibformen nutzen (analysieren und interpretieren)

Kompetenzschwerpunkte

spezifische Merkmale verschiedener Texte unterscheiden (Lyrik); die Wirkungsweise von Texten untersuchen; motivgleiche Gedichte untersuchen und vergleichen; zwischen Autor/-in und lyrischem Ich unterscheiden; Fachbegriffe der Textbeschreibung, -erschließung und -interpretation kennen und verwenden; zwischen textinternen und textexternen Bezügen unterscheiden; exemplarische Epochen der Literaturgeschichte (Barock und Sturm und Drang) in Grundzügen erläutern; lyrische Texte auf ihren Entstehungskontext beziehen; Zusammenhänge zwischen Inhalt, Sprache und Form eines Textes herstellen; sprachliche Bilder verstehen und deuten; handlungs- und produktionsorientiert mit Texten umgehen; zentrale Schreibformen nutzen (analysieren und interpretieren)

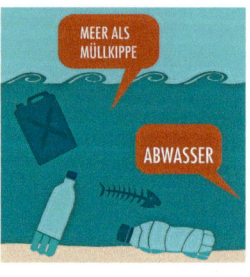
Kompetenzschwerpunkte

komplexe Sachtexte verstehen; Lesetechniken und Methoden der Texterschließung sicher anwenden; Sachtexte strukturiert zusammenfassen; Sach- und Gebrauchstexte hinsichtlich Thema, Aufbau, Sprache und Kommunikationszusammenhang analysieren; Informationen und Meinungen unterscheiden; Intention, Funktion und Wirkung von Texten untersuchen und bewerten; die Informationsbildung und Meinungsbildung in Texten untersuchen; zentrale Schreibformen nutzen (analysieren)

Nachdenken über Sprache

10 Fußball ist unser Leben?
Sprache untersuchen 240

Kompetenzschwerpunkte

grammatische Kategorien kennen und verwenden; die syntaktische Funktion von Satzgliedern untersuchen und bestimmen; die Struktur komplexer Sätze und Satzgefüge analysieren und im Feldermodell beschreiben; Erscheinungsformen der Textkohärenz erklären und eigene Texte kohärent gestalten; Sprachvarianten reflektieren; ausgewählte Erscheinungen des Sprachwandels kennen und bewerten; Merkmale und Funktion von Fachsprache erläutern

Rechtschreibung und Zeichensetzung

11 Do it yourself!

Kompetenzschwerpunkte

orthografische Regeln und Strategien im Schreibprozess sicher anwenden; die Zeichensetzung bei Nebensätzen, Infinitiv- und Partizipgruppen und in komplexen Satzgefügen korrekt verwenden; die Zeichensetzung bei Zitaten richtig verwenden; grammatisches Wissen anwenden (Schreibung von das/dass); Fehlerschwerpunkte selbstständig analysieren; Fehler in eigenen und fremden Texten selbstständig korrigieren; individuelle Fehlerschwerpunkte benennen; Fehler vermeiden mithilfe des Regelteils eines Wörterbuchs und mithilfe von Rechtschreibhilfen in Textverarbeitungsprogrammen; die Grenzen digitaler Rechtschreibhilfen beachten

Tipps & Hilfen

Orientierungswissen

Wichtige Operatoren

Operatoren	Erklärung
analysieren	Merkmale eines Textes anhand von bestimmten Aspekten oder Fragestellungen erschließen
begründen	eine Meinung oder Ansicht durch Argumente stützen
belegen	Aussagen durch geeignete Textstellen (Textbelege) stützen
beschreiben	Personen, Tiere, Gegenstände, Bilder oder Textmerkmale genau, sachlich und strukturiert darstellen
charakterisieren	Sachverhalte, Vorgänge, Personen oder literarische Figuren treffend beschreiben und in ihren Besonderheiten darstellen
darstellen	Zusammenhänge, Probleme oder Inhalte unter einer bestimmten Fragestellung ohne Bewertung wiedergeben
diskutieren	sich argumentativ mit einem Thema, einer Frage oder einem Problem auseinandersetzen
erklären	einen Sachverhalt für andere verständlich darstellen
erläutern	einen Sachverhalt anschaulich und verständlich darstellen und begründen
erschließen	aus Materialien gezielt Informationen oder Sachverhalte herausarbeiten oder herleiten
gliedern	Inhalte nach bestimmten Gesichtspunkten ordnen
interpretieren	auf der Grundlage einer Textanalyse eine schlüssige Gesamtdeutung eines Textes vornehmen, diese mit Textbelegen begründen und (schriftlich) darstellen
nennen	Merkmale oder Fakten ohne nähere Erläuterung aufzählen
prüfen	Aussagen oder Behauptungen im Hinblick auf Schlüssigkeit, Gültigkeit und Berechtigung betrachten und bewerten
Stellung nehmen	zu einzelnen Meinungen, Textaussagen oder Problemen eine persönliche wertende Ansicht formulieren und begründen
vergleichen	Gemeinsamkeiten und Unterschiede herausarbeiten und einander gegenüberstellen
zusammenfassen	Inhalte oder Texte verkürzt, strukturiert und in eigenen Worten wiedergeben

1 Glück

Kreativ schreiben

Glücks-kind

…

Glück
im Unglück
haben

…

Glück

Jeder ist
seines Glückes
Schmied.

…

① Sammelt in einem Cluster Redewendungen und Ausdrücke rund um das Thema „Glück".

2 Folgende Fragen wurden verschiedenen Interviewpartnern im Rahmen der ARD-Themenwoche zum Thema „Glück" gestellt. Beantworte die Fragen schriftlich für dich.

> Haben Sie einen Trick, um sich einen Glücksmoment zu verschaffen?

> Wann ist Ihnen ein „großes Glück" begegnet?

> Bei welcher Gelegenheit waren Sie das letzte Mal glücklich?

> Was bedeutet für Sie Glück?

3 Tauscht euch darüber aus, zu welchen Gelegenheiten man Texte über das Glück schreiben könnte.

In diesem Kapitel …

- lernst du, wie man Wörter und Sätze als Schreibimpuls nutzt.
- lernst du, wie man zu einem Bildimpuls schreibt.
- verfasst du Texte nach literarischen und anderen Vorlagen.
- schreibst du Texte, indem du frei assoziierst.
- überarbeitest und präsentierst du selbst geschriebene Texte.

Vom Wort zum Text – Vorübungen zum kreativen Schreiben

1. Hier bestimmt der Zufall die Überschrift deiner Geschichte:

   a) Würfle eine Zahl und kombiniere das entsprechende Adjektiv in der linken Spalte mit „Glück". Schreibe die Wortkombination als Überschrift auf, z.B.:

   > 1 leicht + Glück = Leichtes Glück
   > 2 kostbar + Glück = Kostbares Glück
   > 3 ...

   b) Verfasse zu der Überschrift einen kurzen passenden Text, z. B. eine kurze Erzählung, ein Gedicht oder eine Zeitungsmeldung.

2. Wähle eine der folgenden Aussagen aus und schreibe eine kurze Geschichte dazu. Erzähle in dieser Geschichte, was genau das Buch toll macht oder den Tag schön. Gehe auf Kleinigkeiten ein, erwähne Geräusche, Gerüche, Farben, Stimmungen, Blicke, Bilder usw.

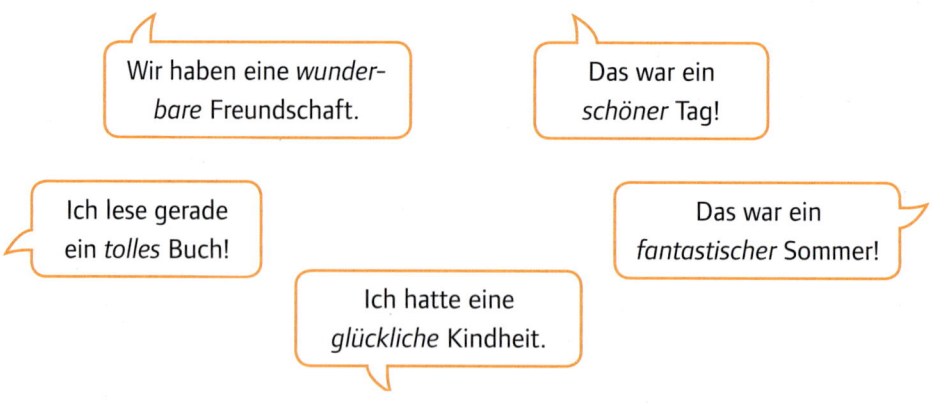

Hey!
    Was?
Komm!
    Nein!
Wieso?
    Hmm.
Unglücklich?
    Nein.
Echt?
    Nein!
Komm.
    Okay.
Endlich.
    Nervensäge
Selber!

3 a) Schreibe einen Ein-Wort-Dialog nach diesem Muster. Dein Dialog soll eines der Wörter aus dem folgenden Wortspeicher enthalten.

b) Tragt den Dialog mit verteilten Rollen vor.

> Glück · glücklich · Unglück · unglücklich

4 Bilde einen Bandwurmsatz zum Thema „Glück" oder „Unglück" wie im Beispiel.

> *Auf der Bank eines Ruderbötchens liegend auf leise plätschernden Wellen hin und her zu schaukeln und in den Tag hineinzuträumen, während die entspannt über den Rand baumelnden Füße von Zeit zu Zeit die Wasseroberfläche berühren und über mir bläulich schimmernde Libellen kreisen, das ist für mich Glück.*

5 Welcher dieser Sätze könnte der letzte Satz deiner Geschichte sein? Wähle einen Satz aus und verfasse eine passende kurze Erzählung.

> Damit hatte sie wirklich nicht gerechnet. · Von diesem Tag an beschloss er, alles anders zu machen. · „Da hast du aber noch einmal Glück gehabt." · „Danke für alles", sagten sie und stiegen in den Zug. · „Es ist gut, dass ich gelogen habe", dachte er und schloss die Tür hinter sich. · Sie hatte keinen Cent mehr in der Tasche und lächelte.

Zu Bildern und Buchtiteln schreiben

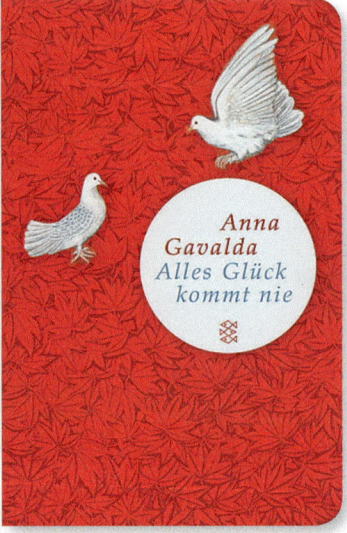

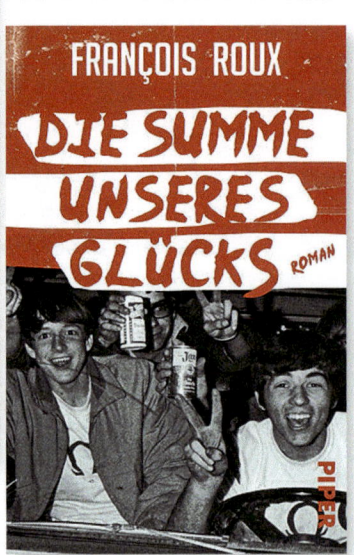

1 Verfasse eine Geschichte zu einem der Buchcover auf Seite 18. Gehe dabei so vor:

a) Wähle ein Buchcover, das dich vom Buchtitel oder vom Bild her besonders anspricht.

b) Notiere deine Schreibideen zu diesem Buchcover in Form einer Mindmap, z. B. zu möglichen Figuren, Orten oder dem Handlungsverlauf.

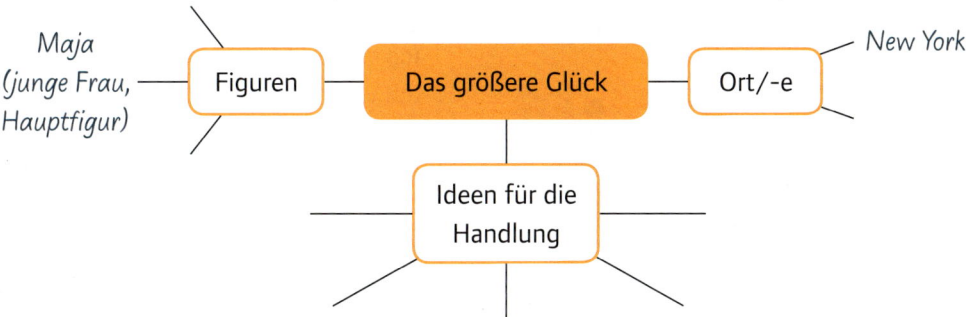

2 Plane die Handlung deiner Geschichte mit dem folgenden Erzählmodell. Notiere in deinem Heft zu jedem Erzählbaustein Stichpunkte.

Ausgangssituation der Hauptfigur/-en	Problem der Hauptfigur/-en	Lösungsversuche der Hauptfigur/-en	Ende
Maja, junge Frau, neu in New York …	…	…	…

3 Mach dir Notizen zu den Figuren und den Orten, die in deiner Geschichte eine Rolle spielen. Dabei kannst du folgende Fragen für dich beantworten.

Figur/-en
- Wie sieht die Figur aus?
- Welche hervorstechenden Eigenschaften oder Merkmale zeichnen die Figur aus?
- Welche Beziehung hat sie zu anderen Figuren?
- Welche Rolle spielt das Glück im Leben der Figur?

Ort/-e
- Wie sieht der Ort aus?
- Welche Atmosphäre herrscht an diesem Ort?
- Welche Gerüche oder Geräusche prägen diesen Ort?
- Welche Bedeutung hat der Ort für die Figur/-en und die Handlung?

4 Schreibe mithilfe deiner Vorarbeiten einen zum Buchcover passenden Romananfang.

5 Formuliere selbst einen Buchtitel zum Thema „Glück" und gestalte ein passendes Buchcover.

Parallelgedichte schreiben

Die leise Wolke
Hermann Hesse (1900)

Eine schmale, weiße
Eine sanfte, leise
Wolke weht im Blauen hin.
Senke deinen Blick und fühle
Selig sie mit weißer Kühle
Dir durch blaue Träume ziehn.

Wer es könnte *Hilde Domin (1964)*

Wer es könnte
die Welt
hochwerfen
dass der Wind
hindurchfährt.

Ich will mit dem gehen, den ich liebe *Bertolt Brecht (1939)*

Ich will mit dem gehen, den ich liebe.
Ich will nicht ausrechnen, was es kostet.
Ich will nicht nachdenken, ob es gut ist.
Ich will nicht wissen, ob er mich liebt.
Ich will mit ihm gehen, den ich liebe.

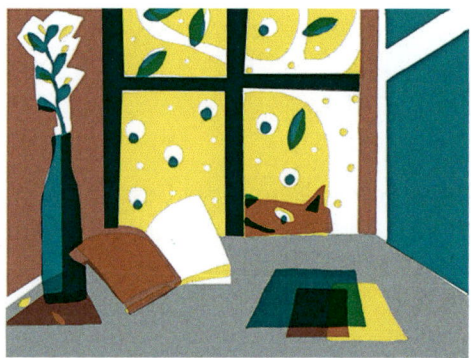

Vergnügungen *Bertolt Brecht (1954)*

Der erste Blick aus dem Fenster am Morgen
Das wiedergefundene alte Buch
Begeisterte Gesichter
Schnee, der Wechsel der Jahreszeiten
Die Zeitung
Der Hund
Die Dialektik[1]
Duschen, Schwimmen
Alte Musik
Bequeme Schuhe
Begreifen
Neue Musik
Schreiben, Pflanzen
Reisen
Singen
Freundlich sein

1 die Dialektik: die Kunst der Rede in Rede und Gegenrede

Die Aufstellung des 1. FC Nürnberg vom 27.1.1968[1]

Peter Handke (1969)

WABRA

LEUPOLD   POPP

LUDWIG MÜLLER   WENAUER   BLANKENBURG

STAREK   STREHL   BRUNGS   HEINZ MÜLLER   VOLKERT

Spielbeginn:
15 Uhr

1   Der 1. FC Nürnberg bestritt am 27.1.1968 das Erstrundenspiel im DFB-Pokal
    gegen Bayer 04 Leverkusen und gewann es mit 2:0.

Wind *und* **ping pong**   *Eugen Gomringer (1953)*

```
      w   w
    d   i
  n       n
w i       i   d
  d       i
    w       w
```

ping pong
ping pong ping
pong ping ping
ping pong

1. Wähle ein Gedicht von dieser Doppelseite aus. Beschreibe, was dich bei diesem Gedicht anspricht, und trage es vor, sofern das möglich ist.
2. Untersuche den „Bauplan" des Gedichts:
   - Welche sprachlichen oder gestalterischen Mittel fallen dir auf?
   - Gibt es ein bestimmtes Reimschema?
   - Ist ein Metrum erkennbar?
3. Schreibe zu diesem Gedicht ein Parallelgedicht zum Thema „Glück".

Zu einem Sachtext schreiben

Dem Glück auf der Spur

Berlin (dpa) – Welcher Weg führt zum Glück? Sind es Gesundheit, Geld oder Liebe? Oder alles zusammen und noch viel mehr? Zum Internationalen Tag des Glücks (20. März)
5 **sechs Fragen rund ums Glück:**

Was ist Glück?
Einst wurde mit dem mittelhochdeutschen Wort „Gelucke" das gute Ende eines Ereignisses benannt. Der Duden definiert es als eine „ange-
10 nehme und freudige Gemütsverfassung, in der man sich befindet, wenn man in den Besitz oder Genuss von etwas kommt, was man sich gewünscht hat". Es sei ein „Zustand der inneren Befriedigung und Hochstimmung". Als zentraler
15 Begriff der Religion und Philosophie ist Glück die vollkommene und dauerhafte Erfüllung persönlicher Wünsche. Glücksforscher sprechen von einem subjektiven Wohlbefinden, das für jeden etwas anderes bedeuten könne.

20 ### Wo sind die Menschen am glücklichsten?
Laut UN-„World Happiness Report" von 2016 sind es unsere Nachbarn in Dänemark. In der vom Earth Institute der Columbia-Universität in New York erstellten Liste von 158 Staaten folgen die Schweiz, Island und Norwegen. Auch wenn Berlins damaliger Bürgermeister Walter Momper nach
25 dem Mauerfall am 10. November 1989 verkündete: „Wir Deutschen sind jetzt das glücklichste Volk auf der Welt", reichte es in der UN-Liste noch nie für einen Spitzenplatz. Aktuell belegt die Bundesrepublik Rang 16.

Was macht glücklich?
Im „World Book of Happiness" zählen Forscher Faktoren für Glück auf: ei-
30 ne stabile Liebesbeziehung, Gesundheit, ein den eigenen Fähigkeiten entsprechender Beruf, Freunde, Kinder und Geld für Grundbedürfnisse. Reichtum allein macht übrigens nicht glücklich: Mit steigendem Wohlstand wächst Glück nicht immer weiter. Forscher gehen davon aus, dass

bei materiell armen Menschen verlässliche Bindungen verstärkt für
35 Glücksgefühle sorgen. Die Vereinten Nationen nennen ganz einfache
Grundbedingungen für Glück: Unter anderem sind das mindestens 2500
Kalorien und 100 Liter Wasserverbrauch am Tag, mindestens sechs Qua-
dratmeter Wohnraum, ein Platz zum Kochen sowie sechs Jahre Schule.

Ist das Glück naturwissenschaftlich zu fassen?

40 Es gibt eine „Chemie des Glücks" – oder prosaisch ausgedrückt: Interakti-
onen zwischen Hormonen und Nerven im Gehirn. Wer etwa frisch verliebt
ist, schüttet zum Beispiel vermehrt die „Glücksstoffe" Oxytocin und Phe-
nylethylamin sowie körpereigene Endorphine wie Dopamin und Seroto-
nin aus. Auch wenn wir angenehm überrascht werden, machen uns diese
45 Botenstoffe euphorisch. Neurologen sind sicher, dass das Glücksgefühl
immer wieder abflauen muss. „Unser Gehirn ist nicht dafür gebaut, dauernd glücklich zu sein", wird der Hirnforscher Manfred Spitzer von der
Uni-Klinik Ulm in Interviews zitiert: „aber es ist süchtig danach, nach
Glück zu streben".

50 Wo ist das Streben nach Glück eine nationale Angelegenheit?

Die Gründungsväter der USA nahmen das individuelle „Streben nach
Glück" („Pursuit of Happiness") als eines der „unveräußerlichen Rechte"
für jeden Amerikaner in ihre Unabhängigkeitserklärung auf. Im Himalaja-
Königreich Bhutan lässt der Herrscher sogar regelmäßig sein Volk nach
55 seiner Zufriedenheit befragen und das nationale Bruttoglücksprodukt
(„Gross National Happiness") messen. Kriterien sind etwa Lebensstan-
dard, Gesundheit, psychisches Wohlergehen, Bildung, Zeiteinteilung, gute
Regierungsführung und Gemeinschaftsgefühl. 2015 betrachteten sich nur
8,8 Prozent der Menschen in Bhutan als unglücklich.

60 Wo leben die glücklichsten Kinder?

Bei einer Befragung von Zwölfjährigen in 15 ausgewählten Staaten erklärten in Rumänien prozentual am meisten Kinder, dass sie mit ihrem Leben
zufrieden seien. Es folgen junge Kolumbianer und Israelis. Die deutschen
Zwölfjähren erreichen in diesem „Kinderweltbericht 2015" nur Platz 10
65 von 15 – hinter ihren Altersgenossen im bitterarmen Äthiopien.

1 Lies zunächst nur die Überschrift und den Vorspann des Textes und beantworte die Frage, welcher Weg deiner Ansicht nach zum Glück führt.
2 Verfasse auf der Grundlage dieses Textes eine „Anleitung zum Glücklichsein" für einen Ratgeber zum Thema „Glück".

Freies Assoziieren – Schreiben mit „Autopilot"

Glücklich
Farin Urlaub (2001, Songtext, Auszug)

Es ist egal, was du bist
Hauptsache ist
es macht dich glücklich

Was hat dich bloß so ruiniert
Die Sterne (1996, Songtext, Auszug)

Warst du nicht fett und rosig?
Warst du nicht glücklich?
Bis auf die Beschwerlichkeiten,
mit den andern Kindern streiten,
mit Papa und Mama?
Wo fing das an und wann?
Was hat dich irritiert?
Was hat dich bloß so ruiniert?

Das absolute Glück
PeterLicht (2006, Songtext, Auszug)

Das absolute Glück,
als das allerletzte Männchen
durch die Städte zu gehen,
die leer und offen sind
das absolute Glück,
als der Allerletzte.

Neues Jahr   *Gisbert zu Knyphausen*
(2008, Songtext, Auszug)

Vielleicht wird es gut, wenn es jetzt hier
endet.
Doch wir haben keine Wahl.
Wir rutschen tiefer und tiefer und tiefer,
Tiefer und tiefer und tiefer,
Tiefer und tiefer und tiefer ins Glück.

1 Wähle einen Songtext aus und schreibe, ohne nachzudenken, fünf Minuten lang möglichst schnell auf, was dir dazu einfällt. Du musst dabei weder auf Rechtschreibung noch auf Zeichensetzung achten, darfst den Stift aber nicht absetzen.
Tipp: Beachte auch die Hinweise im Info-Kasten auf Seite 25.

Claude Monet
(1840-1926):
Le Parc Monceau

2 Verfasse einen assoziativen Text zu diesem Bild.

3 a) Wähle einen deiner assoziativ geschriebenen Texte aus und markiere alles, was dich zu
einem Text über das Glück inspirieren könnte.

b) Verwende fünf bis zehn deiner markierten Wörter in einem kurzen Text über das Glück.

Info: Assoziatives Schreiben

Beim **assoziativen Schreiben** schreibt man spontan – und ohne den Stift abzusetzen – alles
auf, was einem zu einem Wort, einer Frage, einem Text oder einem Bild einfällt. Satzbau und
Zeichensetzung spielen dabei keine Rolle. Fällt einem nichts ein, schreibt man einfach
Kringel, z. B.:

ich weiß nicht ja aber doch klar kann man Glück lernen einfach den Moment genießen
∿∿∿ oder nicht keine Ahnung ob das stimmt aber ∿∿∿ ich bin mir sicher dass man
das Glück lernen kann ∿∿∿ manche sind glücklich ∿∿∿ immer manche nie ∿∿∿

Kreative Texte überarbeiten und präsentieren

Das kleine Glück (Parallelgedicht zu „Die leise Wolke", S. 20)

Glück ist eine kleine weiße Blüte
Eine im braunen Laub funkelnde Knospe,
Die durch die letzten Spuren des Schnees bricht.
Schau sie an und fühle,
Wie das Glück in deinem Bauch anfängt zu tanzen,
Wie Schmetterlinge im Wind.

– Auf Versanfänge achten
  (s. Original)
– Reimschema und Verslänge
  des Originals beachten!
– Enjambements (Zeilen-
  sprünge) sind im Original
  sehr wichtig!

Das größere Glück (Schreiben zu Bildern und Buchtiteln)

Maja saß auf dem Brückengeländer und blickte über das
Wasser auf die Silhouette New Yorks. Hier also sollte sie
ihr Glück finden? Die Stadt wirkte bedrohlich auf sie
und irgendwie fremd. Seit sie von zu Hause aufgebrochen war,
fühlte sie sich hin- und hergerissen. Bisher war sie doch
immer glücklich gewesen. Ließ sich dieses Glück noch steigern?

– Was genau wirkt bedrohlich?
– Weshalb fühlte sie sich hin-
  und hergerissen?
– Was geht ihr durch den
  Kopf?

1 Das Parallelgedicht und der Anfang einer Erzählung zu einem Buchtitel können sprachlich und inhaltlich verbessert werden.
Überarbeite einen der beiden Texte. Nutze die Anmerkungen und die Checkliste auf Seite 27.

2 Wähle einen deiner selbst geschriebenen Texte aus, der deiner Ansicht nach gut gelungen ist und an dem du gerne weiterarbeiten möchtest.

3 Bildet Kleingruppen, in denen ihr euch eure Texte gegenseitig vorlest und sie besprecht. Geht dabei so vor:
  - Alle Gruppenmitglieder lesen die Texte zunächst still für sich und notieren, was jeweils gut gelungen ist (z. B. Textaufbau, Sprache und sprachliche Mittel, Figuren und Dialoge …), was ihnen auffällt und wo sie noch Fragen haben.
  - Tauscht anschließend eure Eindrücke aus.
  - Besprecht in den Gruppen, wie die einzelnen Texte verbessert werden könnten. Nutzt dafür die Checkliste zum Überarbeiten kreativer Texte (→ S. 27).

④ Ihr könnt eure Texte auf unterschiedliche Weise präsentieren. Wählt eine der folgenden Möglichkeiten aus.

 Lesung

 Gestaltung eines Schreibportfolios

 Veröffentlichung auf der Homepage der Schule

 Herstellung eines Gedicht- und Geschichtenbuchs

Checkliste: ✔ **Kreative Texte überarbeiten**

Die folgenden Fragen helfen dir, deine Texte zu überarbeiten:

Gedichte überarbeiten

Inhalt	
	✔ Passt das Gedicht zum vorgegebenen Thema?
	✔ Lässt das Gedicht Bilder im Kopf entstehen?

Form	
	✔ Sind typische Merkmale eines Gedichts wie z. B. Verszeilen, Strophen, Reim, Metrum, Rhythmus oder sprachliche Bilder zu erkennen?
	✔ Sofern es sich um ein Parallelgedicht handelt, greift es die Form und die sprachlichen Besonderheiten des zugrunde liegenden Gedichts auf?

Sprache	
	✔ Werden überflüssige Wörter und Füllwörter vermieden, sodass die Sprache verdichtet und der Inhalt auf das Wesentliche konzentriert ist?

Erzähltexte überarbeiten

Inhalt	
	✔ Passt der Text zum vorgegebenen Thema?
	✔ Ist die Handlung schlüssig und nachvollziehbar?
	✔ Sind die Figuren überzeugend und stimmig angelegt, z. B. was ihr Handeln und ihre Äußerungen betrifft?
	✔ Können sich die Leser/-innen gut in die Handlung hineinversetzen?

Erzählweise	
	✔ Wird konsequent aus einer bestimmten Sicht und in einer Tempusform erzählt?
	✔ Sind mögliche Wechsel der Perspektive und der Tempusform begründet?

Sprache	
	✔ Sind mögliche Auffälligkeiten in der sprachlichen Gestaltung passend und nachvollziehbar, z. B.
	- Alltagssprache, Umgangssprache, unvollständige Sätze / Ellipsen oder
	- auffällige sprachliche Bilder wie Personifikationen, Metaphern oder Vergleiche?

2 Schule verändern, besser lernen?

Argumentieren im Anschluss an einen Sachtext

Genau diese Reform fehlt noch an den Schulen! Ich war schon immer eine Langschläferin. Es ist doch für niemanden angenehm, bereits um 6:30 Uhr geweckt zu werden. Das frühe Aufstehen verdirbt mir gleich den Appetit – um die Zeit schon essen? Gegen acht Uhr sitze ich dann in der Schule,
5 die Konzentrationsfähigkeit liegt weit unter dem Normalwert. Steht in den ersten Unterrichtsstunden auch noch eine Arbeit an, so liegt die Wahrscheinlichkeit eines schlechten Ergebnisses höher als am späteren Vormittag. Erklären lässt sich das durch den biologischen Rhythmus, was wissenschaftlich bewiesen ist. Denn bei Jugendlichen setzt die Müdigkeit
10 am Abend deutlich später ein als bei Erwachsenen, das bedeutet: wenig Schlaf. Daher fällt mir das frühe Aufstehen auch so schwer. Keine Frage: Einen späteren Schulbeginn halte ich für sinnvoll! *Julia, Schülerin*

❶ Unterrichtsbeginn, Pausenlänge, Dauer der Unterrichtsstunden, Zeit für eine Klassenarbeit … In jeder Schule spielen Zeit und Zeitplanung eine wichtige Rolle.
Was gefällt euch an der Zeitplanung eurer Schule? Was würdet ihr gerne verändern?
Tauscht euch darüber aus.

❷ Lies die Texte auf dieser Doppelseite. Überzeugen dich die Aussagen von Julia und Annika?
Begründe deine Meinung.

❸ Sollte der Unterricht später beginnen? Erstellt ein Stimmungsbild in eurer Klasse.

[...] Wie heißt noch das Sprichwort? Richtig: „Je eher daran, desto schneller davon." Auf fast jedem Gesicht meiner Mitschüler/-innen sehe ich Erleichterung, wenn gegen 13 Uhr zum letzten Mal am Tag die Schulglocke läutet. Es ist doch verständlich, dass wir die Schule so schnell wie möglich
5   hinter uns bringen wollen, um noch etwas vom Nachmittag zu haben. Sollte die Schule später beginnen, bleibt doch keine Zeit mehr übrig, um anderen Beschäftigungen nachzugehen. Hausaufgaben müssen schließlich auch noch erledigt werden. [...] Nein, ich bleibe bei meiner Meinung: Ein späterer Schulbeginn bringt nichts!

Annika, Schülerin

In diesem Kapitel ...

- erarbeitest du die Argumentationsstruktur eines argumentativen Textes und wiederholst verschiedene Argument-Typen.
- setzt du dich mit Argumenten eines Sachtextes auseinander und formulierst eigene Argumente zu einem strittigen Thema.
- lernst du, wie man Argumente aufgreift, verstärkt und entkräftet.
- verfasst du einen argumentativen Text im Anschluss an einen Sachtext.
- lernst du, durch Rhetorik zu überzeugen.

Einen argumentativen Sachtext untersuchen

Später aufstehen, besser lernen   *Kristina Schröder*[1]

Wer kleine Kinder hat, kennt es aus eigener, leidvoller Erfahrung: Kleine Hände zerren auch am Wochenende, wenn man endlich mal etwas länger schlafen könnte, schon um 6:30 Uhr an der Bettdecke. Die Chronobiologie, die Lehre der biologischen Rhythmen, ist schuld: Kleinkinder sind zumeist
5 Morgentypen, sogenannte „Lerchen", deren Leistungshoch am Morgen liegt. Für uns Eltern ist es dagegen eher gewöhnungsbedürftig, um 8:30 Uhr schon eine Stunde gepuzzelt, fünf Bilder gemalt und unzählige Bücher vorgelesen zu haben.

Je älter die Kinder aber werden, desto mehr verschiebt sich ihr Bio-
10 rhythmus nach hinten. Das belegen viele Studien von Schlafforschern und Biologen. Etwa im Alter zwischen 12 und 14 Jahren werden die meisten Kinder zu Abendtypen, sogenannten „Eulen". Ihr erstes Leistungshoch liegt dann am späten Vormittag oder Mittag, das zweite nachmittags oder sogar abends.

15 Ihr Einschlafzeitpunkt verschiebt sich kontinuierlich nach hinten, während sie morgens oft aus dem Tiefschlaf wachgerüttelt werden müssen, damit sie es rechtzeitig in die Schule schaffen. Auch ich erinnere mich gut daran, wie übermüdet ich oft in der Schule war (mein wöchentlicher Tiefpunkt war die „Lateinisch-Sprechen-AG" dienstags um 7:15 Uhr) und
20 dann am Wochenende 14 Stunden am Stück Schlaf nachholte.

Alle fröhlichen Frühaufsteher – und darunter sind gewiss viele Lehrer – werden mir jetzt entgegnen, die Kinder sollten doch einfach früher ins Bett gehen und nicht die halbe Nacht fernsehen oder Computer spielen. Dann schliefen sie länger und die Welt wäre in Ordnung. So einfach ist es
25 aber nicht. Die meisten Jugendlichen können schlicht nicht vor 22 oder 23 Uhr einschlafen, egal wie früh sie ins Bett gehen.

Und es stimmt auch nicht, dass die Jugendlichen einen späteren Schul-

---

1 Kristina Schröder: Kristina Schröder war von 2009 bis 2013 Bundesministerin für Familie, Senioren, Frauen und Jugend.

anfang nutzen würden, um noch später ins Bett zu gehen: Für eine US-amerikanische Studie ließen Forscher an einer Modellschule den Unter-
30 richtsbeginn von 8 Uhr auf 8:30 Uhr verlegen. Es zeigte sich, dass die Jugendlichen nicht länger aufblieben, sondern zur gleichen Zeit wie sonst ins Bett gingen. Durch den zusätzlichen Schlaf waren sie aber fitter, ausgeglichener, und ihre schulischen Leistungen verbesserten sich.

Da die Schulen in Deutschland auf die chronobiologischen Rhythmen
35 der Schüler bislang kaum Rücksicht nehmen, beginnt der Unterricht hierzulande meist zwischen 7:30 und 8:15 Uhr. Besonders in der ersten und zweiten Stunde können daher viele Schüler nachgewiesenermaßen nicht ihr volles Leistungspotenzial ausschöpfen.

Und auch in den Stunden danach sind sie oft schlicht müde. Kein Wun-
40 der: Viele der Schüler haben nur sieben Stunden geschlafen, manche sogar noch weniger. Die Schüler in ländlichen Gebieten trifft es besonders hart: Sie müssen zum Teil vor 6 Uhr aufstehen, um ihren Schulbus nicht zu verpassen.

Studien des Zentrums für Chronobiologie an der Universität München
45 belegen, dass der permanente Konflikt zwischen der biologischen Uhr und den gesellschaftlichen Zeitplänen zu einem chronischen Jetlag führt. Die Betroffenen schlafen oft schlecht, sind am Tag müde und haben Schwierigkeiten, mit ihren alltäglichen Anforderungen fertigzuwerden.

Außerdem greifen sie öfter zu Stimulanzien[2], insbesondere zu Zigaret-
50 ten, aber auch zu Alkohol. Dies muss uns ganz besonders aufhorchen lassen, weil die meisten Raucherkarrieren in der Jugend beginnen, also genau in der Phase, in der der soziale Jetlag am größten ist.

Ich bin insofern der Meinung, dass wir unseren Kindern sehr viel zumuten, wenn wir sie – zum Teil ohne Not – entgegen ihrem idealen Rhythmus
55 zur Schule schicken und sie so oft einer ständigen Müdigkeit aussetzen. Ihr Wecker sollte später klingeln! Deswegen halte ich einen späteren Schulbeginn, wie in den meisten europäischen Ländern etwa um 9 Uhr, für vernünftig. Dies hätte zudem den Vorteil, dass wir unsere Kinder in den Wintermonaten nicht in völliger Dunkelheit aus dem Haus schicken
60 müssten.

Gleichwohl ist klar, dass eine solche Umstellung zu neuen Koordinationsproblemen in Familien führen wird, etwa wenn der Arbeitsbeginn der Eltern früher liegt als der Schulbeginn. Ich kenne jedoch auch viele Eltern, besonders in akademischen Berufen, die erst um 9 Uhr mit der Arbeit be-
65 ginnen und froh wären, wenn sich der Rhythmus ihrer Kinder etwas nach hinten verschöbe und sich so ihrem eigenen annäherte.

2 die Stimulanzien: Mittel zur Steigerung der Leistungsfähigkeit

Um keine Familie in Bedrängnis zu bringen, ist eine Betreuung vor Schulbeginn ab 7:30 Uhr entscheidende Voraussetzung für einen späteren Schulbeginn. Wenn dies aber gegeben ist, profitieren meines Erachtens alle: der Großteil der Kinder und auch die Eltern mit frühen wie mit späten Arbeitszeiten. Insbesondere Ganztagsschulen hätten also alle Möglichkeiten – und ich finde, sie sollten sie nutzen.

Der gesellschaftliche Trend geht hin zur Ganztagsschule, weil immer mehr Eltern sich diese Schulform für ihre Kinder wünschen. Ich halte es für eine große Chance, diese Entwicklung zu nutzen und den späteren Schulbeginn an Schulen, die ohnehin ein Mittagessen für ihre Schüler anbieten, auszuprobieren. Die verschobene Schulzeit könnte sich für sie sogar als Wettbewerbsvorteil gegenüber Halbtagsschulen erweisen.

Ich komme aus Hessen und hier wird an vielen Grundschulen schon der „offene Anfang" praktiziert: Die Kinder können ab 7:30 Uhr kommen und etwa Hausaufgaben erledigen. Der Unterricht nach Stundentafel – und mit ihm die Anwesenheitspflicht – beginnt aber erst um 8:30 Uhr. Ich hoffe, dass auch viele weiterführende Schulen hier bald nachziehen. Denn gerade für Jugendliche in der Pubertät ist die Mathearbeit in der ersten Stunde eine besondere Qual und sie könnten von einem anderen Schulrhythmus besonders profitieren.

Gesetzlich wäre dies kein Problem, denn in den meisten Bundesländern dürfen die Schulen selbst entscheiden, wann sie mit dem Unterricht beginnen. Akut betroffene Familien rufe ich daher dazu auf, in den Schulen selbst aktiv zu werden. Wenn eine nennenswerte Zahl an Eltern einen späteren Schulbeginn fordert, wird man in einer Schule darüber diskutieren müssen, etwa in der Schulkonferenz, in der auch Eltern und Schüler vertreten sind.

Und dann finden sich sicher Schulen, die sich für einen späteren Schulbeginn entscheiden und den Stein ins Rollen bringen. Am Anfang könnte etwa ein Pilotprojekt für die Oberstufe stehen – bei den 16- bis 18-Jährigen gäbe es auch keine Kollisionen mit den Arbeitszeiten der Eltern, denn diese Altersgruppe dürfte sich in der Regel morgens eigenständig fertig machen.

Ich weiß: Viele halten frühes Aufstehen für einen Ausweis besonderer Redlichkeit. Aber der Langschläfer, dem immer latent[3] unterstellt wird, er wäre faul und würde wertvolle Lebenszeit vergeuden, schläft eben meist nicht länger, sondern nur später! Wenigstens unseren Kindern sollten wir nicht schon zumuten, permanent gegen ihren eigenen Rhythmus leben zu müssen.

3 latent: *hier* unterschwellig

❶ Erschließe den Inhalt des Textes mithilfe geeigneter Lesestrategien (→ S. 333) und fasse die Position der Autorin Kristina Schröder in eigenen Worten zusammen.

❷ Prüfe, wie der Text gegliedert ist: Notiere die Zeilenangaben für Einleitung, Hauptteil und Schluss und begründe deine Einteilung.
Tipps & Hilfen (→ S. 300)

❸ Untersuche den Hauptteil des Textes genauer:

a) Arbeite die Argumente heraus, mit denen Kristina Schröder ihre Position stützt. Notiere sie in Form einer Tabelle mit Zeilenangabe wie im Beispiel.

Sollte der Unterricht erst um 9: 00 Uhr beginnen?

Pro	Kontra
— Studien von Schlafforschern und Biologen: Verschiebung des Biorhythmus bei älteren Kindern (Material 1, Z. 9 ff.) *— …*	*— …*

b) Untersuche, wie die Autorin mit Gegenargumenten umgeht.

c) Prüfe mithilfe der Hinweise im Info-Kasten, ob man die Argumente bestimmten Argument-Typen zuordnen kann. Markiere in deinem Heft normative Argumente, Faktenargumente und Autoritätsargumente in unterschiedlichen Farben.
Tipps & Hilfen (→ S. 300)

d) Kristina Schröder argumentiert in ihrem Artikel auch mit persönlichen Erfahrungen. Suche Beispiele im Text und begründe, inwiefern sie dich überzeugen.

❹ Untersuche, wie der Schluss des Artikels aufgebaut ist.

⑤ Wähle Aufgabe a) oder b):

a) Wie beurteilst du die Argumentation von Kristina Schröder? Wähle ein bis zwei zentrale Argumente der Autorin aus und nimm dazu kurz schriftlich Stellung.

b) Verfasse einen Leserbrief, in dem du auf den Artikel von Kristina Schröder antwortest.

Info: Argument-Typen unterscheiden

Argumente, die überzeugen sollen, müssen stichhaltig sein. Diese Anforderung erfüllen z. B. folgende Argument-Typen:

Normatives Argument: Dieses Argument bezieht sich auf allgemein akzeptierte Normen und Werte einer Gesellschaft, z. B. darauf, dass Frauen und Männer die gleichen Rechte haben.

Faktenargument: Dieses Argument ist belegbar und überprüfbar, z. B. anhand von Studien oder Statistiken.

Autoritätsargument: Dieses Argument nimmt Bezug auf Aussagen von Fachleuten oder Personen, die sich auf einem Gebiet besonders gut auskennen.

Argumente eines Textes aufgreifen, verstärken oder entkräften

❶ a) Untersuche, wie in den Beispielen A und B ein Argument Kristina Schröders aufgegriffen und wiedergegeben wird.

Argument aus dem Text:	A	B
„Studien des Zentrums für Chronobiologie an der Universität München belegen, dass der permanente Konflikt zwischen der biologischen Uhr und den gesellschaftlichen Zeitplänen zu einem chronischen Jetlag führt." (S. 31, Z. 44 ff.)	*Kristina Schröder ist der Ansicht, Schüler/-innen sollten später mit dem Unterricht beginnen. Studien des Zentrums für Chronobiologie an der Universität München belegten, dass der permanente Konflikt zwischen der biologischen Uhr und den gesellschaftlichen Zeitplänen zu einem chronischen Jetlag führten (vgl. S. 31, Z. 44 ff.).*	*Um ihre Ansicht zu untermauern führt Kristina Schröder eine Studie des Zentrums für Chronobiologie in München an, welche die negativen Folgen des Widerspruchs zwischen innerer Uhr und gesellschaftlichen Anforderungen darlegt (vgl. S. 31, Z. 44 ff.).*

b) Greife folgendes Argument aus dem Text von Kristina Schröder auf und gib es einmal wie in Beispiel A und einmal wie in Beispiel B wieder.

„Für eine US-amerikanische Studie ließen Forscher an einer Modellschule den Unterrichtsbeginn von 8 Uhr auf 8:30 Uhr verlegen. Es zeigte sich, dass die Jugendlichen nicht länger aufblieben, sondern zur gleichen Zeit wie sonst ins Bett gingen. Durch den zusätzlichen Schlaf waren sie aber fitter, ausgeglichener, und ihre schulischen Leistungen verbesserten sich." (S. 31, Z. 28 ff.)

❷ a) Untersuche, wie die Argumente Schröders im folgenden Beispiel verstärkt werden.

Kristina Schröder ist der Ansicht, Schüler/-innen sollten später mit dem Unterricht beginnen, weil zahlreiche Studien von Schlafforschern und Biologen belegen, dass sich der Biorhythmus im Jugendalter verschiebt und aus „Lerchen" „Eulen" macht. Damit nennt Schröder einen besonders wichtigen Punkt, denn 12- bis 14-Jährige sind morgens nachweislich weniger leistungsfähig. Die Ergebnisse der Studien entsprechen auch meinen eigenen Erfahrungen, da es mir seit der 6. Klasse erheblich schwerer fällt, mich in den ersten beiden Unterrichtsstunden zu konzentrieren, was besonders entscheidend ist, wenn wir eine Klassenarbeit schreiben.

b) Greife ein weiteres Argument von Kristina Schröder auf und verstärke es. Gehe vor wie im Beispiel. Nutze auch die Hinweise im Info-Kasten (→ S. 35).

3 a) Arbeite heraus, auf welches Gegenargument Kristina Schröder hier eingeht und wie sie es inhaltlich und sprachlich entkräftet.

> „Gleichwohl ist klar, dass eine solche Umstellung zu neuen Koordinations-problemen in Familien führen wird, etwa wenn der Arbeitsbeginn der El-tern früher liegt als der Schulbeginn. Ich kenne jedoch auch viele Eltern, besonders in akademischen Berufen, die erst um 9 Uhr mit der Arbeit be-ginnen und froh wären, wenn sich der Rhythmus ihrer Kinder etwas nach hinten verschöbe und sich so ihrem eigenen annäherte." (S. 31, Z. 61 ff.)

b) Entkräfte folgendes Argument Schröders und orientiere dich am vorigen Beispiel.

> „Besonders in der ersten und zweiten Stunde können daher viele Schüler nachgewiesenermaßen nicht ihr volles Leistungspotenzial ausschöpfen." (S. 31, Z. 36 ff.)

Kristina Schröder vertritt in ihrem Artikel die Ansicht, dass ...
Dieses Argument ist zwar nachvollziehbar, aber ...

4 Wähle eine weitere Textstelle aus Material 1 aus. Greife die dort angeführten Argumente auf und verstärke oder entkräfte sie. Du kannst die Formulierungen im Info-Kasten nutzen.

Info: Argumente aufgreifen, verstärken oder entkräften

Mit diesen Formulierungen kannst du ...

Argumente aufgreifen:
Die Autorin / Der Autor ist der Ansicht, ..., weil ...; In ihrem/seinem Text hebt sie/er hervor, dass ...; Hierbei führt sie/er ... an, dass ...

Argumente verstärken:
Auch ich bin der Meinung, dass ...; Besonders wichtig ist/erscheint ...; Entscheidend ist ...; Noch wichtiger ist aus meiner Sicht ...; Zentral scheint mir zu sein, dass ...; Am deutlichsten wird dies ...; Noch schwerer wiegt ...; Das kann ich nur unterstreichen, hinzu kommt aber, dass ...

Argumente entkräften:
Obwohl ... der Ansicht ist/sind, dass ...; Viele meinen zwar, dass ...; Allerdings ...; Einige sind der Auffassung, dass ..., doch ...; Es ist zwar nachvollziehbar, dass ..., aber viel ent-scheidender ist, dass ...; Dem kann man entgegenhalten, dass ...; Dieser Ansicht kann ich einerseits zustimmen ..., weil ... Allerdings bin ich andererseits der Meinung, dass ...

Argumentieren im Anschluss an einen Sachtext

Du erhältst folgende Aufgabe:

Setze dich schriftlich mit der Argumentation des Sachtextes „Eltern gegen Schulbeginn um neun" auseinander.

Verdeutliche dabei auch deinen eigenen Standpunkt zu der Frage „Sollte der Unterricht erst um 9:00 Uhr beginnen?" und untermauere ihn mit Argumenten.

Material 2 **Eltern gegen Schulbeginn um neun**
Jörg Isringhaus und Christian Schwerdtfeger

Wenn Linn Weinberg morgens um 6:30 Uhr aufsteht, hat sie vor allem eines: großen Hunger. Aber keine Zeit. „Ich muss mich mit dem Essen wahnsinnig beeilen", klagt die Achtjährige vom Niederrhein. Denn um 8 Uhr fängt die Schule an, 20 Minuten vorher muss sie das Haus verlassen.

5 Linn Weinberg gehört deshalb zu denjenigen, die einen späteren Schulbeginn befürworten würden. Erstens könnte sie länger schlafen, zweitens mehr essen. Ihre Mutter Bianca sieht das etwas anders. „Wenn die Schule erst um 9 Uhr starten würde, wäre das für uns dramatisch, weil die Abläufe nicht mehr funktionieren."

10 Grünen-Chef und Bildungsexperte Cem Özdemir hatte die Diskussion zum Ende der Sommerferien angestoßen. Er plädiert für einen nach hinten verschobenen Unterrichtsanfang, weil Schüler „dann konzentrierter und besser bei der Sache sind". Linn Weinbergs ältere Schwester Jana widerspricht. Für die Zwölfjährige, die jetzt in die siebte Klasse kommt, sind

15 die Morgenstunden die produktivsten. Auch ihr Unterricht beginnt um 8 Uhr. „Ich werde erst gegen Mittag müde", sagt sie.

Der Idee, den Schulstart nach hinten zu verlegen, erteilt sie eine klare Absage. Auch deshalb, weil sich das Schulende genauso verschieben

würde. „Dann wäre ich erst gegen 15 Uhr wieder daheim. Das wäre viel zu
20 spät, um Hausaufgaben zu machen und Freundinnen zu treffen."

Aus Sicht von Janas und Linns Eltern spielen ganz andere Faktoren eine
Rolle. Thomas Weinberg ist bereits in aller Frühe unterwegs. Bianca Weinberg ist ebenfalls berufstätig, sie verlässt das Haus gemeinsam mit den
Kindern. „So habe ich die Gewissheit, dass alles seine Ordnung hat", sagt
25 sie.

Bei einem späteren Schulstart wären die Kinder sich selbst überlassen,
eine Vorstellung, die der 39-Jährigen nicht behagt. Auch was den Biorhythmus der Kinder betrifft, sieht sie keine Vorteile. „Die Kinder sind morgens
sehr leistungsfähig und stehen selbst am Wochenende freiwillig früh auf",
30 sagt sie. „Und wenn sich in den Ferien der Rhythmus ein wenig nach hinten verschiebt, werden sie eher unruhiger."

Für Rudolf Hoffmann, Facharzt für Pneumologie[1] und Somnologie
(Schlafmedizin) am Schlaflabor des Klinikums Krefeld, spielt es aus medizinischer Sicht überhaupt keine Rolle für die Konzentrationsfähigkeit, ob
35 der Unterricht um 8 oder 9 Uhr beginnt. „Das macht überhaupt keinen Unterschied. Bei Kindern ab dem sechsten und siebten Lebensjahr ist der Biorhythmus nicht viel anders als bei einem Erwachsenen", sagt Hoffmann.

„Alle erreichen den psychologischen Tiefpunkt nach etwa zwölf Stunden", sagt der Mediziner. Die meisten Heranwachsenden werden mit Ein-
40 tritt in die Pubertät zu sogenannten Abendtypen, das heißt, sie gehen
später ins Bett und schlafen länger. In der Wissenschaft werden diese Typen auch Eulen genannt. „Aber auch diese veränderte Schlafgewohnheit
wirkt sich nicht negativ auf die Leistungskraft aus", sagt Hoffmann.

Auf Ablehnung stößt der Vorstoß des Grünen-Chefs auch bei der Vor-
45 sitzenden des Elternvereins NRW, Regine Schwarzhoff: „So eine Idee kann
nur von jemandem kommen, der keine eigenen Kinder im schulpflichtigen
Alter hat." Besonders für Eltern, die wie die Weinbergs vor 8 Uhr zur Arbeit
müssen, sei ein späterer Schulbeginn ein Problem und völlig unrealistisch.

„Die Kinder bleiben dann sich selbst überlassen, beginnen den Tag mit
50 Rumgammeln. Aus erzieherischer Sicht ist das ein absolut negatives Sig-
nal und schädlich für die Entwicklung", sagt Schwarzhoff, selbst dreifache
Mutter. „Wir dürfen die Kinder nicht noch mehr in Watte packen. Das hat
noch niemandem etwas gebracht. Wir müssen unsere Kinder fordern,
nicht unterfordern."

1 die Pneumologie: die Lungenheilkunde, Fachrichtung der Inneren Medizin

❶ Erschließe den Text mithilfe geeigneter Lesestrategien (→ S. 333).
Tipps & Hilfen (→ S. 300)

② a) Arbeite die Argumente heraus, die im Text gegen einen späteren Schulbeginn angeführt werden, und ergänze deine Pro-Kontra-Tabelle aus Aufgabe 3a) auf Seite 33.
Tipps & Hilfen (→ S. 301)

b) Prüfe, ob man die Argumente bestimmten Argument-Typen zuordnen kann. Markiere in deiner Tabelle normative Argumente, Autoritätsargumente und Faktenargumente in unterschiedlichen Farben.

③ Sollte der Unterricht erst um 9:00 Uhr beginnen? Formuliere deinen Standpunkt.

④ Verfasse eine passende **Einleitung** für deine Argumentation im Anschluss an den Sachtext „Eltern gegen Schulbeginn um neun" (→ S. 36 ff.).
Nutze dafür die Hinweise im Info-Kasten auf Seite 39.
Tipps & Hilfen (→ S. 301)

In den vergangenen Jahren wurde immer wieder diskutiert, ob … Mit dieser Frage setzt sich auch der Text „Eltern gegen Schulbeginn um neun" von … auseinander.

⑤ Im **Hauptteil** deines argumentativen Textes setzt du dich mit den im Sachtext angeführten Argumenten auseinander und formulierst deinen Standpunkt zu der strittigen Fragestellung. Prüfe bei den folgenden Textanfängen für den Hauptteil, welcher Aufbau (A oder B) ihnen jeweils zugrunde liegt.

A
Darstellung aller im Sachtext genannten Argumente (Argument 1, Argument 2, Argument 3 …)

⬇

Auseinandersetzung mit den Argumenten des Textes, Darstellung der eigenen Meinung mit Begründung

B
Darstellung des 1. Sachtext-Arguments	→	eigene Meinung mit Begründung

↙

Darstellung des 2. Sachtext-Arguments	→	eigene Meinung mit Begründung

(1) Jörg Isringhaus und Christian Schwerdtfeger lassen in ihrem Text zunächst verschiedene Mitglieder der Familie Weinberg zu Wort kommen und machen damit deutlich, welche Folgen ein möglicher später Schulbeginn haben könnte. Während die jüngere Tochter beklagt, dass sie durch den frühen Schulstart am Morgen in Zeitnot komme, hebt die ältere Tochter hervor, dass … Auch Frau Weinberg ist der Meinung, … Der Grünen-Politiker Cem Özdemir hatte seine Forderungen mit … begründet. Dagegen sprechen sich verschiedene Experten aus: Während der Schlafmediziner Hoffmann …, kritisiert die Vorsitzende des Elternvereins NRW, Regine Schwarzhoff, dass …
Meiner Meinung nach sind die im Text angeführten Argumente … Es wird deutlich, dass in erster Linie Argumente angeführt werden, die …
Wie … bin ich jedoch der Ansicht, dass …

(2) *Jörg Isringhaus und Christian Schwerdtfeger lassen in ihrem Text verschiedene Mitglieder der Familie Weinberg zu Wort kommen und machen damit deutlich, welche Folgen ein möglicher späterer Schulbeginn haben könnte. Während die jüngere Tochter beklagt, dass sie durch den frühen Schulstart am Morgen in Zeitnot komme, hebt die ältere Tochter hervor, dass ... Meiner Meinung nach ist es durchaus nachvollziehbar, dass ... Allerdings ... Auch Frau Weinberg ist der Meinung, ... Dieses Argument wird zwar auch von Befürwortern des späteren Schulbeginns aufgegriffen, allerdings ...*

6 Verfasse den Hauptteil deines argumentativen Textes, in dem du dich mit den im Text angeführten Argumenten auseinandersetzt (→ Info-Kasten S. 35).
Du kannst einen der Textanfänge aus Aufgabe 5 nutzen und ergänzen.

7 Schreibe den **Schluss** deiner Argumentation. Entscheide dabei zwischen Aufgabe a) oder b).
a) Bringe deine Ansicht noch einmal zusammengefasst auf den Punkt.
b) Fasse deine Ansicht noch einmal kurz zusammen und formuliere einen Appell.

8 Überarbeite deine Argumentation.
Tipps & Hilfen (→ S. 301)

Info: Im Anschluss an einen Sachtext argumentieren

Einleitung:
Stelle einen **aktuellen Bezug zum Thema** her, z. B.:
In den vergangenen Jahren wurde immer wieder diskutiert, ob ...
Benenne **Autor/-in** und **Titel** und – falls vorhanden – die Quelle des zugrunde liegenden Sachtextes. Gehe dann auf **die strittige Frage** ein, z. B.:
Mit dieser Fragestellung setzt sich auch der Text ... von ... auseinander ..., in dem versucht wird, die Frage ... zu beantworten.
Gib im Anschluss die **Hauptaussage** des Textes in eigenen Worten wieder, z. B.:
Die Autorin / Der Autor spricht sich in ihrem/seinem Artikel dafür/dagegen aus, dass ...

Hauptteil:
Setze dich mit den Argumenten des Sachtextes auseinander, indem du sie aufgreifst und in eigenen Worten wiedergibst, sie mit deiner Position verknüpfst und verstärkst und/oder entkräftest (→ S. 35). Formuliere dann deinen eigenen Standpunkt zu der Fragestellung.

Schluss:
Bringe deinen Standpunkt noch einmal zusammengefasst auf den Punkt. Du kannst auch einen Appell an deine Leser/-innen richten, z. B.:
Ich möchte zum Schluss noch einmal hervorheben, wie wichtig meiner Meinung nach ...
Nach Abwägung aller genannten Argumente appelliere ich an ...

Eine Pro-Kontra-Diskussion führen

Ein Schüler muss mehr als eine Note sein   *Florian Kieser*

Immer mal wieder wird in Deutschland eine Diskussion über den Sinn und Zweck von Noten entfacht. So wird auch momentan wieder in Zeitungen und auf Social-Media-Plattformen heftig darüber gestrit-
5 ten, ob Noten abgeschafft werden sollen. Und immer wieder heißt es, dass Noten Schüler kaputtmachen könnten. So erklärte es beispielsweise die Präsidentin Bayerischer Lehrer und Lehrerinnen, Si-
10 mone Fleischmann, vor wenigen Wochen in einem Interview. Und mit dieser These ist sie nicht allein.

Meiner Ansicht nach steckt in diesem Satz bestimmt ein Funken Wahrheit, je-
15 doch bleibt es bei diesem einen kleinen Fünkchen. Es ist durchaus richtig, dass manche Schülerinnen und Schüler aufgrund schlechter Noten und dem daraus resultierenden Leistungsdruck kapitulie-
20 ren. Die Noten selbst sind jedoch aus meiner Sicht nicht das primäre Problem: Denn Noten sind zunächst einfache Zah-

len auf einem Stück Papier – nicht mehr und nicht weniger!

Jedoch sind es insbesondere die Konsequenzen, die viele anschließend aus den Noten ziehen, die gefährlich sein können. So ist es in erster Linie nicht die Note, die den Druck auf die Schülerinnen und Schüler erzeugt, sondern das schulische Umfeld und der Schüler selbst: Die Lehrer, die einen Schüler vor der Klasse wegen einer schlechten Note vorführen; die Eltern, die ihrem Kind wegen einer Fünf im Zeugnis Hausarrest erteilen und es zum Lernen verdonnern; die Schulkameraden, die den Schüler wegen einer Vier im Vokabeltest auslachen; der Schüler selbst, der denkt, er sei nicht intelligent genug, und insbesondere die Gesellschaft, in der man als Schüler nur auf seine Noten reduziert wird. In den Augen vieler Lehrer, Eltern, Universitäten und Arbeitgeber ist man als Schüler nur ein vollwertiger Mensch, wenn man eine Eins vor dem Komma stehen hat. Es sind somit nicht die Noten, die den Schüler kaputtmachen, sondern die Angst vor dem Versagen und der abstruse Gedanke, dass von Noten alles abhängt und es im Leben allein auf diese ankommt.

Damit möchte ich natürlich nicht sagen, dass Noten nicht wichtig sind – ganz im Gegenteil, aber sie sind nicht alles! Und gerade das muss auch in der Schule und in unserer Gesellschaft endlich ankommen. Am Ende muss in der Schule immer der Schüler als Ganzes gesehen werden. Denn wer ein Schüler genau ist, welche Fähigkeiten und Interessen er besitzt und wie er auftritt, lässt sich nicht aus einem Zeugnis voller Noten ablesen. Deshalb ist es wichtig, dass dies auch in der Schule aufgezeigt wird und den Schülern somit die unbegründete Angst vor den Noten genommen wird. So könnten beispielsweise die Zeugnisse durch eine Verbalbeurteilung ergänzt werden, in der die Kompetenzen der Schüler im Fokus stehen.

Aber wenn Noten nicht alles im Leben sind, warum brauchen wir sie dann? Was haben sie eigentlich für einen Zweck?

Anstatt Angst und Furcht hervorzurufen, sollen Noten aus meiner Sicht die Schüler gerade für ihre schulischen Leistungen und Anstrengungen belohnen. Sie sollen die Schüler anspornen, ihr Bestes zu geben. Sie sollen die Schüler in ihrem Erfolg bestätigen. Und sie sollen den Schüler natürlich auch lehren, mit [...] Rückschlägen umzugehen. Denn genauso wie das deprimierende Gefühl bei einer schlechten Note kennt jeder Schüler auch die Freude, die er verspürt, wenn er eine gute Note geschrieben hat. Oder das selbst gesteckte Ziel, bei der nächsten Klassenarbeit eine Eins zu schreiben, weil die vergangene schlecht gelaufen ist. Und diese Gefühle oder Gedanken sind meiner Ansicht nach in keiner Weise etwas Negatives, sondern setzen Anreize und spornen die Schüler an. [...]

Darüber hinaus erteilen Noten natürlich sowohl dem Lehrer als auch dem Schüler und den Eltern Auskünfte über den aktuellen Wissensstand sowie über die Fähig- und Fertigkeiten des jeweiligen Schülers. Sie offenbaren die Stärken jedes einzelnen Schülers sowie die Stellen, an denen noch Schwächen oder Lücken bestehen. [...]

Insofern sollten Noten meiner Meinung nach in dieser Debatte nicht pauschal als Teufelszahlen abgetan und reduziert werden. Noten können oftmals auch positive Wirkungen entfalten und geben den Schülern Anhaltspunkte bezüglich ihrer Wissens- und Kompetenzstände. Dabei dürfen Noten jedoch nicht überbewertet werden: Letztendlich sind es in erster Linie nur Zahlen – was man daraus folgert, bleibt am Ende jedem selbst überlassen.

❶ Sind Schulnoten sinnvoll? Stelle dar, welche Position der Autor zu dieser Frage bezieht.

❷ Notiere die im Text genannten Argumente, die der Autor zur Untermauerung seiner Position anführt, in einer Pro-Kontra-Tabelle.

Pro	Kontra
– …	– …

❸ a) Untersuche, welche Gegenargumente Florian Kieser gegen seine eigene Position im Text (→ S. 40 f.) nennt. Notiere auch diese in deiner Pro-Kontra-Tabelle.

b) Ergänze eigene Argumente, die für und gegen die Notengebung in der Schule sprechen. Greife dabei auch auf eigene Erfahrungen und Beispiele zurück.

c) Ordne die Argumente in deiner Tabelle nach Wichtigkeit, indem du sie nummerierst.

❹ Zu Beginn einer Pro-Kontra-Diskussion trägt eine Vertreterin / ein Vertreter jede Gruppe ihre/seine Position in einem kurzen Statement vor.

Formuliere dieses Statement (→ S. 318) nach folgendem Muster:

These (Meinung/Behauptung) →	Argument (Begründung) →	Beispiel/Erläuterung
Meiner Ansicht nach ...	*... weil Kinder und Jugendliche*	*So ... zum Beispiel ...*

❺ In einer Diskussion ist es nicht nur wichtig, die eigenen Argumente überzeugend zu präsentieren, sondern auch, auf die Argumente der Gegenseite einzugehen.

Übt dies in Zweiergruppen, indem ihr

- jeweils drei Argumente für euren Standpunkt ausformuliert,
- eure Argumente abwechselnd vortragt und dabei auf das Argument eurer Vorrednerin / eures Vorredners eingeht.

Formulierungshilfen für das Anknüpfen an die Vorrednerin / den Vorredner:

Deiner Aussage möchte ich widersprechen, da ... · Du sagst, dass ... Meine Ansicht ist jedoch, dass ... · Dem möchte ich nicht widersprechen, aber ... · Du stellst die Situation dar, als ob ..., aber in Wirklichkeit ... · Deine Meinung ist zwar nachvollziehbar, aber viel entscheidender ist doch ... · Selbst, wenn man einräumt, dass ..., folgt daraus nicht ...

❻ Eine Pro-Kontra-Diskussion wird von einer Diskussionsleiterin / einem Diskussionsleiter eröffnet und geschlossen.

a) Sammelt Beispiele, wie ihr in der Rolle der Diskussionsleiterin / des Diskussionsleiters eine Diskussion zum Thema „Sind Schulnoten sinnvoll?" eröffnen könntet.

b) Fasst in der Rolle einer Diskussionsleiterin / eines Diskussionsleiters die Diskussionsergebnisse zusammen.

Eröffnung einer Diskussion:

In unserer Diskussion geht es um die Frage, ... · Wie ihr wisst, wird seit einiger Zeit öffentlich diskutiert ... · Immer wieder wird die Frage aufgeworfen ...

Zusammenfassung der Diskussionsergebnisse:

Am Beginn unserer Diskussion stand die Frage ... · Ausgangspunkt unserer Diskussion war ... · Der wesentliche Streitpunkt unserer Diskussion bestand darin, dass ... · Die Diskussion hat gezeigt, dass ... · Offen geblieben ist dagegen die Frage, inwiefern ...

7 a) Entscheidet, welches der folgenden Themen ihr in Form einer Pro-Kontra-Diskussion diskutieren möchtet, und sammelt entsprechende Pro- und Kontra-Argumente.

b) Verteilt die Rollen der Diskussionsleiterin / des Diskussionsleiters, der Pro- und Kontra-Diskutierenden und der Beobachter/-innen.

c) Führt die Diskussion durch wie im Info-Kasten dargestellt.

d) Wertet die Diskussion im Anschluss aus. Orientiert euch dabei an den Notizen der Beobachter/-innen.

Diskussionsthemen:
- Sollte das Fach „Werte und Benehmen" in der Schule eingeführt werden?
- Sollten Schüler/-innen ihre Lehrer/-innen wie in Schweden duzen dürfen?
- Sollte jeder Schultag mit einer Stunde Sportunterricht beginnen?
- Sollte ein Auslandsjahr innerhalb der Schulzeit Pflicht werden?
- Sollte es in der Schule ebenso wie in Frankreich ein komplettes Handyverbot geben?
- Sollte der Samstagsunterricht wieder eingeführt werden?

Info: Eine Pro-Kontra-Diskussion vorbereiten, durchführen und beobachten

Die Pro-Kontra-Diskussion vorbereiten
- Bildet **zwei Diskussionsgruppen**: Eine Gruppe übernimmt die **Position pro** Fragestellung und die andere die **Kontra-Position**.
- Wählt **eine Diskussionsleiterin / einen Diskussionsleiter**.
- Benennt **Beobachter/-innen**.

Die Pro-Kontra-Diskussion durchführen
- Die **Diskussionsleiterin** / der **Diskussionsleiter** führt mit wenigen Worten in das Thema ein und nennt die Diskussionsfrage. Während der Diskussion nimmt die Diskussionsleiterin / der Diskussionsleiter die Teilnehmer/-innen beider Seiten abwechselnd dran. Nach einer zuvor vereinbarten Zeit beendet sie/er die Diskussion und fasst die zentralen Ergebnisse noch einmal kurz zusammen. Die Diskussionsleiterin / der Diskussionsleiter ist der Neutralität verpflichtet und darf ihre/seine eigene Meinung nicht in die Diskussion einbringen.
- Die **Teilnehmer/-innen der Diskussionsgruppen** nennen zunächst nacheinander ihren Standpunkt und erläutern diesen mit mindestens einem Argument (→ Ein Statement verfassen, S. 318). Im weiteren Verlauf der Diskussion werden von beiden Seiten weitere Argumente zur Untermauerung der eigenen Position angeführt. Dabei ist es wichtig, an die Argumente der Vorrednerin / des Vorredners anzuknüpfen.
- Die **Beobachter/-innen** machen sich Notizen zum inhaltlichen Verlauf der Diskussion und zum Verhalten der Diskutierenden. Im Anschluss werten sie die Diskussion im Hinblick auf die Überzeugungskraft der einzelnen Argumente und das Diskussionsverhalten der Teilnehmer/-innen aus.

Zum Schmökern, Schauen, Weiterdenken

Material 4 „Wer lange schläft, ist nicht faul"

Interview von Lucia Schmidt mit dem Schlafforscher Peter Spork

Herr Spork, wann sind Sie heute aufgestanden?

Peter Spork: Um sieben Uhr.

Fühlen Sie sich ausgeschlafen?

Peter Spork: Ich habe schulpflichtige Kinder, ich kann es mir nicht
5 aussuchen.

Und wenn Sie es sich aussuchen dürften?

Peter Spork: Würde ich nur auf meine innere Uhr hören, wäre sieben für
mich zu früh.

Für viele Menschen beginnt der Tag um sieben Uhr, für manche noch
10 **früher. Handeln wir alle gegen unsere innere Uhr?**

Peter Spork: Fast alle. In Deutschland tendiert die Mehrzahl der Menschen, etwa zwei Drittel, in Richtung Eule. Nur etwa ein Drittel ist eher der
Typ Lerche. Das heißt, hier leben deutlich mehr Spätaufsteher als Frühaufsteher. Lerchenhafte Typen sind morgens früh wach, abends früh mü-
15 de. Eulen hingegen werden abends spät müde und morgens später wach.
Ihr erstes Leistungshoch liegt am Mittag, das zweite nachmittags oder
sogar abends. Das Schlafbedürfnis der Eulen ist übrigens nicht höher als
das der Lerchen, sie schlafen später, aber nicht länger, wie der Begriff
„Langschläfer" unterstellt. Für den Durchschnittsdeutschen sind unsere
20 gängigen Arbeits- und Schulzeiten also zu früh. Darauf weisen wissenschaftliche Studien unisono[1] hin.

1 unisono: einstimmig

Über diese wissenschaftlichen Erkenntnisse werden sich Schüler freuen, endlich ein Argument gegen das frühe Aufstehen.

Peter Spork: Jugendliche bleiben nicht nachts so lange wach und morgens
25 so lange im Bett, weil sie gegen die Eltern rebellieren wollen, sie werden schlicht nicht rechtzeitig müde beziehungsweise wach. Ihre innere Uhr tickt verzögert. Es hilft auch nichts, wenn sie früher ins Bett gehen, dann liegen sie wach und sind am nächsten Morgen trotzdem unausgeschlafen. Dass kleine Kinder und ältere Menschen eher lerchenhaft sind und Ju-
30 gendliche sowie junge Erwachsene eulenhaft, ist uns biologisch vorgegeben, das können wir kaum beeinflussen. [...]

Schüler könnten bessere Leistung bringen, wenn der Unterricht später beginnen würde?

Peter Spork: Absolut. Die Forschung legt das zumindest für die älteren
35 Schüler nahe. Grundschülern macht ein Unterrichtsbeginn um acht nicht so viel aus. Schüler werden erst in der Pubertät eulenhaft. Deshalb sollte die Schule ab der sechsten, siebten Klasse später beginnen. Konkret: Mittelstufe frühestens neun Uhr, Oberstufe frühestens zehn Uhr.

Und was ist mit den Eltern?

40 **Peter Spork:** Auch die sollten seltener einen Wecker stellen müssen. Ich plädiere für individuellere Arbeitszeiten. Alle müssten dann arbeiten, wenn sie am leistungsfähigsten sind. Firmen könnten beispielsweise Kernarbeitszeiten von 11 bis 15 Uhr einführen. Den Rest kann sich jeder nach seiner inneren Uhr einteilen. Das Resultat wären gesündere, ausgeschlafe-
45 nere und motiviertere Mitarbeiter, die sich Arbeit und Freizeit über mehrere Abschnitte am Tag verteilen und das Tageslicht besser nutzen könnten.

Wieso ist Tageslicht entscheidend?

Peter Spork: Unser wichtigster Zeitgeber ist das Licht. Erst das helle Licht
50 zeigt unserem Gehirn, dass Tag ist, dass wir wach sein sollen. Tageslicht synchronisiert unsere innere Uhr. Wer morgens und vormittags an die Luft geht, Sport treibt, zum Einkaufen oder zu Fuß zur Arbeit geht, statt sich im dunklen Büro zu verkriechen, signalisiert dem Körper: Wir haben Tag. Die innere Uhr, die ja bei den meisten hinterherhinkt, gibt dann Gas, wir wer-
55 den aufgeweckter.

Es heißt doch immer: „Man kann sich an alles gewöhnen." Wenn man zwanzig Jahre lang morgens um acht Uhr auf der Arbeit sein muss, kann sich die innere Uhr nicht darauf einstellen?

Peter Spork: Durch die Lichtinformationen kann sich der innere Rhyth-
60 mus etwa um ein bis zwei Stunden verschieben. Aber nur, wenn man auch wirklich gezielt und immer wieder zu bestimmten Zeiten ans Licht geht.

Jemand, der früh arbeitet, stellt sich leichter um, wenn er zuvor eine Lichtdusche nimmt und nicht etwa mit der dunklen U-Bahn fährt. So erreicht
man eine gewisse Gewöhnung. Aber die reicht oft nicht aus. Viele Men
65 schen leben zwanzig Jahre oder länger an jedem Werktag drei, vier Stunden vor ihrem biologischen Rhythmus. Das führt zwangsläufig zu chronischem Schlafmangel.

Man ist mal müde, das stimmt. Aber Ihrer Aussage nach müssten Massen von Menschen unter Schlafmangel leiden.

70 Peter Spork: Das tun sie auch, aber wir haben kein Gefühl für Schlafmangel. Körper und Geist gewöhnen sich an die Unausgeschlafenheit, leiden jedoch zunehmend darunter. Wir werden unflexibel und reizbar,
häufiger krank, weniger kreativ. Im schlimmsten Fall kann jahrelanger
Schlafmangel zu Burnout oder Depression beitragen, ebenso erhöht er das
75 Risiko für Herz-Kreislauf-Erkrankungen und Übergewicht. [...]

**Iss gesund, mach Sport – das liest man überall. Aber: Schlafe mehr, leb
nach deiner inneren Uhr – das liest man nicht. Warum?**

Peter Spork: In unserer Kultur ist tief verankert: Wer lange schläft, ist faul.
Und wer mit wenig Schlaf auskommt und sich damit schmückt, wie
80 **manche Politiker oder Manager, ist cool?**

Peter Spork: So sehen wir Europäer das. Bei Japanern beispielsweise ist
das ganz anders. Da darf man auch tagsüber in Konferenzen schlafen. Das
heißt dann „Anwesenheitsschlaf". Er zeigt, dass man besonders viel leistet,
vielleicht sogar nachts zuvor gearbeitet hat. Bei uns hingegen wird Schla
85 fen immer als unproduktiver Zustand verstanden. Wer viel schläft, kann
wenig leisten. Dabei sagt die Wissenschaft das Gegenteil: Nur wer ausreichend schläft, kann leistungsfähig sein. Das heißt nicht, dass jeder gleich
viel Schlaf braucht. Sehr wenigen Menschen reichen fünf Stunden Schlaf.
Problematisch ist, dass unsere Gesellschaft solche Menschen belohnt.
90 Wer wenig schläft, hat in unserer Gesellschaft gute Chancen, erfolgreich
zu sein. Unser Alltag kommt Lerchentypen, die zudem noch wenig Schlaf
brauchen, entgegen. Sie sind schon in der Schule besser, da sie morgens
leistungsfähiger sind.

❶ „Wer lange schläft, ist nicht faul", so der Schlafforscher Peter Spork. Wie kommt der
Wissenschaftler zu dieser Einschätzung? Arbeite seine Argumente aus dem Interview heraus.

② Entwickelt selbst Fragen für ein Interview zum Thema „Biorhythmus und Schulbeginn"
und führt das Interview mit Kindern, Jugendlichen und Erwachsenen durch.

③ Der Unterricht sollte in der Grundschule um 8:00 Uhr, in der Mittelstufe um 9:00 Uhr
und in der Oberstufe um 10:00 Uhr beginnen, fordert Peter Spork.
Diskutiert seinen Vorschlag in der Klasse.

Material 5 Durchschnittliches Leistungsvermögen nach Tageszeiten

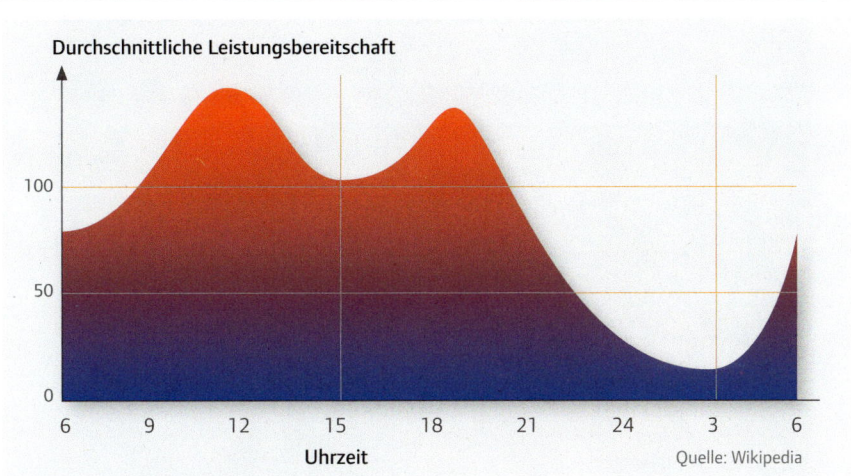

Durchschnittliche Leistungsbereitschaft

Uhrzeit

Quelle: Wikipedia

Material 6 Lerchen und Eulen

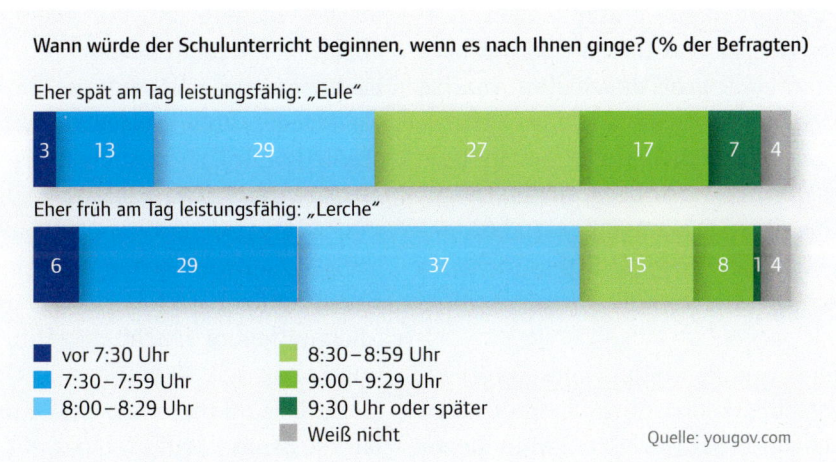

Wann würde der Schulunterricht beginnen, wenn es nach Ihnen ginge? (% der Befragten)

Eher spät am Tag leistungsfähig: „Eule"

| 3 | 13 | 29 | 27 | 17 | 7 | 4 |

Eher früh am Tag leistungsfähig: „Lerche"

| 6 | 29 | 37 | 15 | 8 | 1 | 4 |

- ■ vor 7:30 Uhr
- ■ 7:30 – 7:59 Uhr
- ■ 8:00 – 8:29 Uhr
- ■ 8:30 – 8:59 Uhr
- ■ 9:00 – 9:29 Uhr
- ■ 9:30 Uhr oder später
- ■ Weiß nicht

Quelle: yougov.com

❶ a) Erschließe die Diagramme in den bekannten Schritten.

   b) Begründe, inwieweit die Diagramme die Ansichten von Peter Spork (→ Interview, S. 44 – 46) stützen.

❷ a) Führt eine Umfrage in eurer Klasse oder Jahrgangsstufe zum Thema „Lerchen" und „Eulen" durch.

   b) Präsentiert eure Ergebnisse in Form einer Grafik, z. B. als Säulendiagramm.

❸ Verfasse einen Artikel für eure Schülerzeitung, in dem du für oder gegen den Schulbeginn um 9:00 Uhr argumentierst.

   Nutze für deine Argumentation die Informationen aus den Materialien 1 bis 6.

Material 7 **Frontalunterricht macht klug** *Inge Kloepfer*

Kinder lernen immer noch am besten, wenn man sie in guter alter Manier frontal unterrichtet. Das haben Bildungsökonomen in einer groß angelegten Analyse herausgefunden. Zwar nicht für Deutschland, sondern für die Vereinigten Staaten, weil es dort eine Unmenge qualitativ guter Daten gibt. Die Aussage ist aber eindeutig: Frontalunterricht bringt mehr als problemorientierter oder gar offener Unterricht.

„Lehrer wenden häufig eine Kombination verschiedener Unterrichtsmethoden an", sagt Guido Schwerdt vom Münchener Ifo-Institut und Autor der Untersuchung. „Wenn Lehrer 10 Prozent mehr Zeit auf frontales Unterrichten verwenden, dann zeigen Schüler einen Leistungsvorsprung, der ungefähr dem Wissenszuwachs von ein bis zwei Monaten Schulbildung entspricht." [...]

Mehr zuhören, weniger diskutieren, üben statt ständig experimentieren – das erscheint nicht nur für die guten Schüler äußerst gewinnbringend, sondern auch für schwächere und vor allem jene aus eher benachteiligten Schichten. In Amerika haben diese Ergebnisse die Fachwelt elektrisiert. Eine neuseeländische Metastudie kommt zu ähnlichen Ergebnissen. Es ist ein Witz: Die moderne Didaktik mit ihrem Anspruch, Chancengleichheit zu bringen, schadet denen am meisten, die Hilfe brauchen. [...]

Michael Felten macht das Hin und Her nun schon seit 30 Jahren mit. Oder auch nicht. Der Mathematik- und Kunstlehrer hat die Streitschrift „Schluss mit dem Bildungsgerede!" verfasst. Aus der Praxis weiß er: Frontalunterricht produziert gute Resultate. [...] Der Vollblutpädagoge Felten meidet den Begriff des Frontalunterrichts, der ein bisschen nach Schwarzer Pädagogik klinge, und spricht lieber von starker Lehrersteuerung. „Im Zentrum des Geschehens muss der Lehrer stehen." Wenn dieser in das Zentrum seines Handelns wiederum den Schüler stellt, lernt dieser am meisten. [...]

Also zurück zur alten Schule? Nein, das fordert auch Felten nicht. Er will keine Lehrermonologe, wie sie zu Zeiten des 19. oder 20. Jahrhunderts noch überwiegend üblich waren.

Der Lehrer solle präsentieren, erklären, Zusammenhänge stiften. Zwischendurch müssten die Schüler selbst ausprobieren, debattieren, trainieren. „Aber nicht zu lange alleine", sagt Felten. Und auch Bildungsökonom Schwerdt warnt davor, seine Ergebnisse als Aufforderung zu lesen, ganz zum Frontalunterricht zurückzukehren. Aber wieder ein bisschen mehr davon steigere Schülerleistungen nun einmal unmittelbar.

Material 8 Das Schulmodell der Zukunft? Berliner Schule macht vor, wie es geht *Nicola Wilbrand-Donzelli*

In Internetforen, in denen sich Eltern über die Schulerfahrungen ihrer Kinder austauschen, stößt man sehr oft auf Unverständnis. [...] So schreibt eine Mutter: „Wenn meine Tochter (siebte Klasse, Gymnasium) für die Schule übt, versucht sie das auswendig zu lernen, was der Lehrer vorgegeben hat. Sie ist dabei oft am Verzweifeln – hat eigentlich nur wenig verstanden. Sie lernt nur, um eine gute Note zu bekommen. Denn daran wird ja in unserer Gesellschaft gemessen, wie schlau ein Kind ist und wie weit es später mal kommt." Ein Vater ergänzt: „Viele Rohdiamanten werden in unserem System nicht so ausgearbeitet, dass sie ihren ganzen Glanz entfalten können. Wir lassen junge Menschen so einfach durch ein schulisches Raster fallen. Das ist schade."
[...]

Dessen ist sich auch Margret Rasfeld bewusst. Die renommierte Pädagogin und Direktorin der Evangelischen Gemeinschaftsschule Berlin Zentrum ist deshalb Mitbegründerin der Initiative „Schule im Aufbruch", in der sich auch der profilierte Hirnforscher und Schulkritiker Gerald Hüther engagiert. „Damit sich Schule wirklich verändert", erläutert Margret Rasfeld, „braucht es inklusive Strukturen und eine Bewegung von unten, in der sich Eltern, Schüler, Lehrer und Schulleitung zusammenfinden, um Schule neu zu gestalten, und zwar so, wie es dem 21. Jahrhundert entspricht."

Dies bedeute, so die Pädagogin, dass alle Kinder, hochbegabte ebenso wie Kinder mit Handicap oder Förderbedarf, zusammen in einer Gemeinschaft unterrichtet würden, wie es an ihrer Berliner Gemeinschaftsschule der Fall ist: „Je mehr die Kinder in heterogenen Gruppen lernen, desto mehr Potenzial ist da", sagt Rasfeld weiter. [...]

„Wir brauchen inklusive Schulen und in der Schule eine Beziehungskultur, eine Kultur gegenseitiger Wertschätzung, Anerkennung, Zuwendung und Lob. Das ist die Grundlage für erfolgreiches, nachhaltiges Lernen", weiß die Pädagogin. [...]

Wie Schule, die nicht nach den alten Mustern gestrickt ist, im Alltag funktioniert, kann man an der 2007 gegründeten Gemeinschaftsschule in Berlin erleben. Der Unterricht für die relevanten Fächer Deutsch, Englisch, Mathe und Gesellschaftslehre, der sich an den geltenden Lehrplänen orientiert, findet in jahrgangsübergreifenden „Lernbüros" statt. Hier stehen den Schülern aus verschiedenen Altersstufen von den Lehrern im Baukastenprinzip vorbereitete umfangreiche Lernmaterialien zur Verfügung, deren Inhalte sich jeder im Rahmen eines Jahresplans in seinem eigenen Tempo selbst aneignet. „Dieses individualisierte Lernen führt dazu", erklärt Rasfeld, „dass Schüler keine Lernobjekte mehr sind, sondern selbst zum Mittelpunkt ihres Lernens und Handelns werden. So können sie entsprechend ihren Fähigkeiten arbeiten und sind wesentlich motivierter."

Schüler bei Prüfungen die Zügel in der Hand. Sie melden sich erst dann zu einem Test an, wenn sie sich sicher sind, dass sie den Stoff beherrschen. „Durch dieses selbst regulierte Arbeiten", kommentiert Pädagogin Rasfeld, „wird bei den Schülern Angst abgebaut, und sie lernen sich außerdem besser einzuschätzen. Die Lernkultur wandelt sich so vom ‚du sollst' zum ‚ich kann'."

Doch was passiert, wenn die Schüler mal nicht weiterwissen? Dann stehen die Lehrer, die sich sonst eher im Hintergrund halten, wie ein Coach beratend zu Seite und helfen weiter. Sehr oft unterstützen sich aber auch die Schüler eines Lernbü-

Aufgrund dieses Konzepts ist es auch möglich, dass Kinder, die nach zwei Wochen Krankheit wieder zurückkehren, dort mit dem Lernen weitermachen können, wo sie aufgehört haben, und so keinen Stoff verpassen. Genauso haben die

ro-Teams gegenseitig. „Das funktioniert besonders gut, denn Kinder lernen eben von anderen Kindern viel lieber und sie erklären oft auch besser", erzählt die Schulleiterin. So verstünden die Schüler nicht nur den Stoff besser, sondern gleich zeitig würden auch die sozialen Kompetenzen gefördert. Die Schüler lernten auf diese Weise, sich ohne Konkurrenzdenken helfen zu lassen.

Lehrer sind an der Berliner Schule als „Lehrende" auch unverzichtbare Vertrauenspersonen. Jeder Pädagoge betreut als Tutor 13 Schüler. Dabei hat er nicht nur ein offenes Ohr für die schulischen Angelegenheiten, die jeden Freitag bei einem persönlichen Gespräch mithilfe des „Logbuches", in das jeder Schüler alles notiert, was mit seinem Lernen zu tun hat, beredet werden. „Die Schüler können auch alles andere ihrem Mentor anvertrauen", berichtet Margret Rasfeld, „zum Beispiel familiäre Probleme oder Liebeskummer – denn nur, wem es gut geht, der kann auch gut lernen."

An der Gemeinschaftsschule stehen neben dem fachbezogenen Lernbüro auch fachübergreifende Projektarbeit im Team auf dem Lehrplan sowie die Möglichkeit, beispielsweise als „Sprachbotschafter" an Schulen in sozialen Brennpunkten aktiv zu werden und dort andere Kinder als gern gesehener Lern-Freund auf Augenhöhe nicht nur in sprachlicher Hinsicht zu unterstützen.

Einmalig sind jedoch die Fächer „Verantwortung" und „Herausforderung", die Margret Rasfeld und ihr Kollegium eingeführt haben. „Verantwortung" lernen die Kinder in der siebten und achten Klasse, wenn sie sich zweimal wöchentlich nachmittags in gemeinnützigen Einrichtungen, etwa in Kindergärten oder Seniorenresidenzen, engagieren. Und die „Herausforderung" wartet schließlich alljährlich in der achten, neunten und zehnten Klasse auf die Jugendlichen. Dann begeben sie sich nach halbjähriger Vorbereitungszeit nach eigenem Wunsch allein oder in der Gruppe für drei Wochen mit jeweils nur 150 Euro in der Tasche auf eine Expedition ins Unbekannte, begleitet von einem über 18-Jährigen als Coach im Hintergrund.

[...] „Bei solchen Unternehmungen lernen die Schüler unendlich viel", berichtet Margret Rasfeld. „Sie lernen, im Team zu agieren, Konflikte zu lösen, mit Risiken, Ängsten und Frustration umzugehen, und wachsen durch ihre Erfahrungen schließlich über sich selbst hinaus."

Mittlerweile macht das pädagogische Konzept, für das sich Pädagogin Rasfeld und ihre Mitstreiter einsetzen, nach und nach auch anderswo Schule. Gerade tourte die Direktorin mit einigen ihrer Schüler sowie dem Neurobiologen Gerald Hüther durch zahlreiche Städte der Republik und warb bei der Roadshow „Schule im Aufbruch" für die Lernkultur der Zukunft.

Quelle: Nachrichtenportal t-online

1. Frontalunterricht oder Arbeit in Lernbüros? Welche Lernform spricht dich mehr an? Begründe und berücksichtige dabei gegebenenfalls eigene Erfahrungen.
2. Wähle einen der beiden Texte aus und verfasse eine Argumentation im Anschluss an diesen Text, indem du die jeweiligen Argumente aufgreifst, verstärkst und/oder entkräftest (→ S. 34–39) und deine Position begründet darlegst.
3. Wie sollte Unterricht sein, damit du besonders gut und viel lernst? Entwirf ein entsprechendes Unterrichtskonzept.

Material 9 Tablets und Co. im Klassenzimmer – Ein Blick in die Schule der Zukunft *Peter Stolterfoht*

Erich Kästner hätte wohl Spaß an der Vorstellung gehabt, per Zeitreise ins Tübinger Leibniz-Institut für Wissensmedien befördert zu werden. Es hätte den Schriftsteller bestimmt interessiert, woran hier heute geforscht wird: daran, wie Schulunterricht interessanter, anschaulicher, erlebbarer und moderner gemacht werden kann. In Kästners Roman „Das fliegende Klassenzimmer" aus dem Jahr 1933 geht es neben dem Plädoyer für Freundschaft und Zivilcourage schließlich auch um eine neue Schulpädagogik und andere Unterrichtsformen.

Kästners fliegendes Klassenzimmer wird in Tübingen gerade in ein digitales Klassenzimmer weiterentwickelt. Dafür sind die Professorinnen Katharina Scheiter und Kathleen Stürmer vom Leibniz-Institut für Wissensmedien zuständig: „Über unserer Forschung steht die Frage, wie Unterricht mit digitalen Medien funktioniert", sagt Katharina Scheiter und öffnet die Tür in die schulische Zukunft. Die hat im zweiten Stock des Leibniz-Instituts einen eigenen Raum, der den Namen „Tübingen Digital Teaching Lab" trägt.

Das „TüDiLab" steht angehenden Lehrerinnen und Lehrern zur Verfügung. In diesem Klassenzimmer 2.0 ist jeder Platz mit Laptop beziehungsweise Tablet ausgerüstet, und ein großer Bildschirm ist die neue Tafel. „In einer immer digitaler werdenden Welt muss sich die Schule auch entsprechend verändern", sagt Kathleen Stürmer zum neuen Auftrag der Wissensvermittlung und listet die Vorteile auf: „Durch die digitalen Möglichkeiten ist der Lernstand jedes einzelnen Schülers jederzeit aufrufbar. Dadurch lässt sich der Unterricht viel individueller ausrichten." Aber auch der Lehrer habe ganz andere Gestaltungsmöglichkeiten, etwa mit virtuellen Experimenten in naturwissenschaftlichen Fächern, die sich besonders für die Neuen Medien anböten, sagt Katharina Scheiter.

Sie und ihre Kollegin Kathleen Stürmer leisten auf diesem Gebiet bundesweit Pionierarbeit, haben dabei aber auch den internationalen Vergleich im Blick. Deutschland, so das Forschungsduo, sei auf diesem Gebiet ein Land mit Entwicklungsbedarf. Laut der sogenannten ICILS-Studie, die die Computernutzung an Schulen in 18 Industriestaaten untersucht hat, belegt Deutschland den letzten Platz. Nicht nur bei den Spitzenreitern Australien, Norwegen und den Niederlanden spielt der Computer in der Schule eine viele größere Rolle. „In Bezug auf die Vorbereitung zum Unterrichten mit digitalen Medien ist die deutsche Lehrerausbildung eher konservativ", sagt Kathleen Stürmer zu den Gründen, weist aber auch darauf hin, dass ein digitaler Unterricht nicht unbedingt der bessere sein muss: „Entscheidend ist, wie die neuen Möglichkeiten eingesetzt werden. Es kann auch schlechten digitalen Unterricht geben."

Erste Forschungsergebnisse wollen die Tübingerinnen bald vorstellen. In diese werden dann Erfahrungen einfließen, die gerade an verschiedenen baden-württembergischen Schulen gesammelt werden. Beispielsweise unweit von Tübingen. Im Friedrich-List-Gymnasium finden Alt und Neu optisch zu einer Einheit zusammen. Das historische Fachwerkgebäude im Zentrum von Reutlingen besitzt im Inneren einen sanierten Kern mit viel Holz und Beton. Die Tradition wahren und sich dennoch erneuern könnte das Motto eines der ältesten deutschen Gymnasien heißen, das 1276 als Klosterschule gegründet wurde. Das „List" ist heute ein Hybridmodell, das sowohl humanistische, neusprachliche als auch naturwissenschaftliche Schwerpunkte setzt – und jetzt auch noch einen digitalen. Die Reutlinger Schule ist eines von vier Pilotgymnasien, in denen seit Beginn des Jahres in zwei eigens zusammengestellten Klassen Tablets für den Unterricht zur Verfügung gestellt werden.

8:35 Uhr, Klasse 8b, Geschichtsunterricht, Thema: Napoleon und die Folgen der Französischen Revolution. Durchs Programm führt Rainer Lupschina, der nicht nur erklären kann, wie ein kleiner Korse fast ganz Europa unter seine Kontrolle bringen konnte, sondern auch, wie man das auf digitalem Weg vermittelt. Zur ungestörten Erläuterung verlässt er kurz das Klassenzimmer, nicht ohne den Schülern eine Aufgabe zu stellen. Die Lösungen können dann später für alle auf einem großen Monitor sichtbar gemacht werden. Jetzt wird aber erst einmal deutlich, mit den Tablets herrscht auch im nun lehrerlosen Raum eine hoch konzentrierte Atmosphäre und – Stille.

Das Tablet, ein pädagogisches Zauberinstrument? Rainer Lupschina lacht und sagt: „Nein, aber es verspricht den Schülern ein attraktiveres Lernen. Und als Lehrer muss man sich intensiver mit dem Unterricht beschäftigen. Was bestimmt kein Fehler ist." Er selbst hat eine weitere neue Erfahrung gemacht: „Die Schüler sind jetzt mehr bei der Sache." Die Klasse sei durch den Einsatz der Neuen Medien allerdings nicht messbar besser geworden, dafür aber interessierter. Diese Einschätzung bestätigen Martin und Efe, zwei Jungs aus der letzten Reihe. „Es macht mehr Spaß", sind sie sich einig. Auch den Verdacht, das Tablet werde im Unterricht nicht ausschließlich für

den Unterricht genutzt, dementieren sie glaubhaft. Martin hat aber auch gemerkt, „dass es mir beim Lernen hilft, wenn ich etwas aufschreibe". Deshalb notiere er sich auch immer wieder etwas im Heft, was im Tablet-Unterricht nicht verlangt wird.

[...] Am Friedrich-List-Gymnasium hätte man nichts dagegen, wenn aus der Testphase mehr werden würde. „Das ist aber auch eine Frage des Geldes, die wir nicht beantworten können", sagt Susanne Goedicke.

Bisher wurde für die am Projekt teilnehmenden Schulen vom baden-württembergischen Kultusministerium eine Million Euro für die entsprechende digitale Ausstattung zur Verfügung gestellt. Im Jahr 2021 läuft die Testphase aus. „Das Projekt wird sehr gut angenommen und verläuft bisher reibungslos", so lautet das positive Zwischenfazit von Kultusministerin Susanne Eisenmann: „Für zentrale Erkenntnisse ist es aber noch zu früh."

Sicher ist also noch keineswegs, dass sich der Unterricht mit Tablets in Deutschland durchsetzt. In Südkorea beispielsweise scheiterte ein digitales Projekt spektakulär. Dort wurde bereits 2011 beschlossen, dass bis 2014 alle Schulbücher durch E-Books ersetzt werden. Nach einer anderthalbjährigen Testphase kehrte Südkorea zum gedruckten Schulbuch zurück. Eine Entscheidung, die ganz im Sinne von Manfred Spitzer ist, dem Ärztlichen Direktor der Psychiatrischen Universitätsklinik in Ulm. In seinem Buch „Digitale Demenz" schlägt der Gehirnforscher Alarm: „Digitale Medien machen süchtig, sie schaden Körper und Geist. Wenn wir unsere Hirnarbeit auslagern, lässt das Gedächtnis nach. Bei Kindern und Jugendlichen wird durch Bildschirmmedien die Lernfähigkeit drastisch vermindert", heißt es da.

1 Das Tablet, ein digitales Zauberinstrument? Erläutere, welche Vor- und welche Nachteile des digitalen Unterrichts im Text genannt werden.

2 „Computer sind gut, Lehrer/-innen sind besser." Nimm schriftlich Stellung zu dieser Aussage.

3 Ist eine Digitalisierung des Unterrichts sinnvoll? Diskutiert diese Frage in der Klasse in Form einer Pro-Kontra-Diskussion (→ S. 40 ff.).
Nutzt die Informationen im Text „Tablets und Co im Klassenzimmer" für eure Argumentation.

Argumentieren im Anschluss an einen Sachtext

Eine Argumentation verfassen	Beispiele und Formulierungshilfen
Einleitung: - Stelle einen **aktuellen Bezug** zum Thema her. - Nenne **Autor/-in** und **Titel** des zugrunde liegenden Sachtextes und gehe auf die **strittige Fragestellung** ein. - Fasse die **Hauptaussage** des Textes in eigenen Worten zusammen.	*Welche Unterrichtsform verspricht den größten Erfolg? Diese Frage wird immer wieder von … diskutiert. In dem Text „Frontalunterricht macht klug" bezieht die Autorin Inge Kloepfer zu der Frage, ob Schüler/-innen besser lernen, wenn sie frontal unterrichtet werden, eindeutig Stellung, indem sie diverse Argumente für die Wirksamkeit des Frontalunterrichts anführt.*
Hauptteil: - Setze dich mit den **Argumenten und dem Argumentationsgang** des Sachtextes auseinander. - Formuliere auf der Basis der im Text genannten Argumente deinen **eigenen Standpunkt zu der strittigen Fragestellung**, indem du die Argumente aufgreifst, verstärkst und/oder entkräftest. Dabei kannst du deinen Text auf zwei verschiedene Weisen gliedern: **A** Darstellung aller im Sachtext genannten Argumente (Argument 1, Argument 2, …) → Auseinandersetzung mit den Argumenten und eigene Meinung mit Begründung **B** Darstellung des 1. Sachtext-Arguments → eigene Meinung mit Begründung → Darstellung des 2. Sachtext-Arguments → eigene Meinung mit Begründung	***A*** *Die Autorin bezieht sich in ihrem Text zunächst auf Ergebnisse von in den USA und in Neuseeland durchgeführten Studien, die gezeigt haben, dass Frontalunterricht am besten zur Leistungssteigerung bei Schülerinnen und Schülern geeignet sei. Daneben bezieht sie in ihre Argumentation auch Argumente von … mit ein, um darzulegen, dass …* *Die in dem Zeitungsartikel dargelegten Argumente sind aus meiner Sicht … Zudem denke ich, dass …* ***B*** *Die Autorin bezieht sich in ihrem Text zunächst auf Ergebnisse von in den USA und Neuseeland durchgeführten Studien, die gezeigt haben, dass Frontalunterricht am effektivsten in der Vermittlung von Wissen ist. Dem kann ich zwar einerseits zustimmen, denn … Andererseits … Zudem …* *Als weiteren Beleg für die These, dass Frontalunterricht schlau mache, greift Inge Kloepfer auf die Streitschrift des Lehrers Michael Felten zurück, der … Dieses Argument scheint mir …, da …*
Schluss: - Fasse deinen Standpunkt noch einmal zusammen und bekräftige ihn. - Du kannst auch einen kurzen Appell an deine Leser/-innen richten.	*Zum Schluss möchte ich noch einmal hervorheben, wie wichtig meiner Meinung nach eine gute Mischung verschiedener Unterrichtsformen ist. Ich denke, …* *Aus diesem Grund appelliere ich an …*

3 Traumjobs und andere Berufe

Materialgestützt informieren

Traumjob Influencer/-in? *Jenni Thier*

Eine hübsche, junge Frau macht ein Selfie [...]. Das Bild, von der 30-jährigen Italienerin Chiara Ferragni auf Instagram veröffentlicht, gefällt mehr als 230 000 Menschen, jedenfalls klicken so viele auf das Herzchen unter dem Eintrag. [...]

5   Mehr als 9,6 Millionen folgen Chiara Ferragni auf Instagram. Sie verdient mittlerweile geschätzte zehn Millionen Euro im Jahr. Ruhm und Reichtum hat sie allein durch Fotos von sich selbst in Designer-Kleidung vor toller Kulisse erlangt, Unternehmen bezahlen die Italienerin dafür, dass sie ihre Produkte auf den Fotos trägt. Influencer/-innen heißen die
10 Leute, die auf diese Weise im Netz unterwegs sind, und Ferragni ist einer der Topstars unter ihnen.

❶ Traumjob Influencer/-in oder Game-Designer/-in? – Diskutiert, was das Interessante an diesen beiden Berufen ist.

❷ Was ist dein Traumjob? Erläutere kurz, welche Berufe zu deinen Interessen und Fähigkeiten passen könnten.

❸ Bei mehr als 300 Ausbildungsberufen und 18 000 Studiengängen an Fachhochschulen und Universitäten ist die Auswahl groß. Was ist euch bei der Wahl eures späteren Berufs besonders wichtig? Tauscht euch darüber aus.

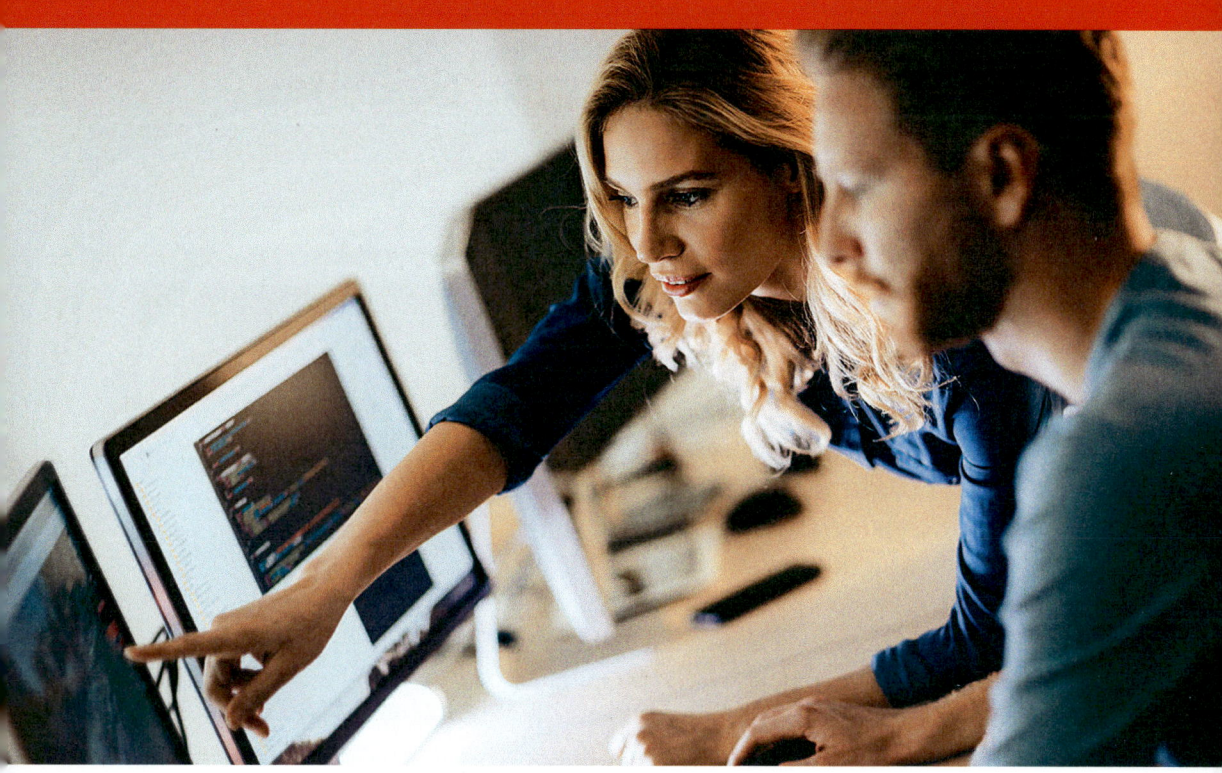

Traumberuf Game-Designer/-in?   *Katharina Ernst*

Die Spieleindustrie steht niemals still. Seit 1946 das erste Computerspiel auf den Markt kam, verbessert sich fast mit jedem neuen Produkt die Grafik oder Leistung von Video- und Computerspielen. Auch in anderer Hinsicht verändert sich die Spielebranche: Kostenlose Minigames ersetzen teils teure, komplexe Computerspiele. Online-Games vernetzen Spieler/-innen miteinander und durch Apps haben Smartphone-Nutzer/-innen ihre Lieblingsspiele immer mit dabei. [...] Neben dem Game-Design, dem Sound-Design, der Programmierung oder der grafischen Gestaltung kümmern sich Spieleentwickler/-innen oft auch um das Projektmanagement.

In diesem Kapitel …

- setzt du dich mit unterschiedlichen Berufsbildern auseinander.
- wendest du Strategien an, um Materialien gezielt Informationen zu entnehmen.
- planst du einen informierenden Text, indem du passend zum Zweck und zu den Adressatinnen/Adressaten des Textes Informationen auswählst und strukturierst.
- verfasst du materialgestützt einen informierenden Text zu einem Beruf.
- lernst du, ein Anschreiben für eine Bewerbung zu verfassen.

Einen Informationstext untersuchen

Der Beruf des Fachinformatikers

Die digitale Welt ist im Wandel und immer mehr Menschen kommen beruflich und privat in Kontakt mit IT-basierten Anwendungen. Fachinformatiker/-innen
5 der Fachrichtung Anwendungsentwicklung sind Menschen, die beruflich IT-basierte Lösungsansätze für den Umgang mit Computern und Programmen entwickeln und nach Kundenwünschen an-
10 passen. Den Ergebnissen ihrer Arbeit begegnen wir beim Spielen auf dem Handy, beim Nutzen von Apps oder der alltäglichen Internetnutzung, wie z. B. beim On-

line-Shoppen. Daher ist es nicht überraschend, dass die Digitalisierung
15 dieses Berufsbild in besonderem Maße innerhalb der letzten zwanzig Jahre verändert und beeinflusst hat.

Zu den Tätigkeiten der Fachinformatikerin / des Fachinformatikers gehört somit ein breites Spektrum, denn jeder Auftrag ist anders, und Kundenorientierung spielt eine wichtige Rolle bei dieser Dienstleistung: Fach-
20 informatiker/-innen testen bestehende Anwendungen, passen diese an und entwickeln anwendungsgerechte Benutzeroberflächen. Dafür benötigen sie verschiedene Fähigkeiten z. B. im Umgang mit diversen Programmiersprachen sowie mit Software-Entwicklungswerkzeugen und Experten- und Diagnosesystemen. Natürlich ist dafür auch ein tieferes Verständnis
25 für Betriebssysteme notwendig. Da diese sich rasant entwickeln, ist eine Kerntätigkeit auch die Fort- und Weiterbildung, damit Fachinformatiker/-innen up to date bleiben.

Neben diesen Fähigkeiten stellen auch einige sogenannte „Soft Skills", wie z. B. Teamfähigkeit, eine wichtige Voraussetzung dar, denn Fachinforma-
30 tiker/-innen sind keine Einzelkämpfer/-innen, sondern „Mannschaftsspieler/-innen", die im Team arbeiten. Je nach Fachrichtung werden zudem Kreativität, Durchhaltevermögen und Ausdrucksvermögen in besonders hohem Maße benötigt.

Fast alle Wirtschaftsbereiche stellen Fachinformatiker/-innen ein und
35 kommen als potenzieller Beschäftigungsbetrieb in Betracht. Auch die öffentliche Verwaltung ist ein möglicher Arbeitgeber. Ist man bereit, das

wirtschaftliche Risiko zu tragen, ist auch die Selbstständigkeit eine Option. Der Arbeitsplatz ist in der Regel ein Büro. Je nach Arbeitgeber und genauem Arbeitsumfeld variieren die Verdienstmöglichkeiten. Während der
40 dreijährigen Ausbildungszeit wird abhängig vom Ausbildungsjahr eine Ausbildungsvergütung zwischen 500 und 1150 Euro gezahlt. Auch wenn es keine gesetzliche Mindestschulbildung für den Ausbildungsplatz gibt, stellen Unternehmen in der Regel nur Auszubildende mit Hochschulreife ein. Besonders relevant sind dabei die Fächer Informatik, Mathematik und
45 Englisch.

Der genaue Blick auf den Ausbildungsberuf des Fachinformatikers zeigt, dass zahlreiche Qualifikationen für die Arbeit im Umgang mit Hard- und Software gegeben sein müssen. Nur wenn die Bereitschaft zu lebenslangem Lernen vorhanden ist, wird man in diesem Beruf langfristig erfolg-
50 reich sein. Dann aber hat man die Aussicht auf einen interessanten und abwechslungsreichen Beruf mit der Möglichkeit, die neuesten technischen Entwicklungen zu begleiten und mitzugestalten.

❶ a) Gliedere den Informationstext über den Beruf des Fachinformatikers in Einleitung, Hauptteil und Schluss, indem du in deinem Heft die jeweiligen Zeilenangaben notierst.
   b) Untersuche, wie die einzelnen Teile des Textes aufgebaut sind, und notiere Stichpunkte zum Inhalt.
   Tipps & Hilfen (→ S. 302)

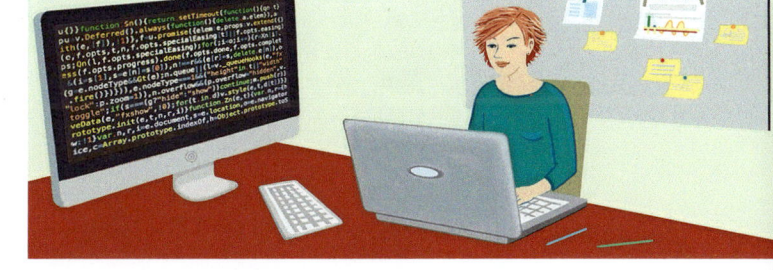

Einleitung (Z.1 – ...)
– Bedeutung des Berufs
– ...
Hauptteil (Z. ... – ...)
– ...

❷ Lege eine Mindmap mit Oberbegriffen zu allen im Text genannten Aspekten des Berufs „Fachinformatiker/-in" an und notiere alle relevanten Informationen zu diesen Oberbegriffen.
Tipps & Hilfen (→ S. 302)

Testen von Anwendungen

Informationen zu einem Beruf auswerten

Stell dir folgende Situation vor:

Im Rahmen deines Praktikumsberichts sollst du den Beruf der Mechatronikerin / des Mechatronikers in einem knappen Informationstext (300 bis 400 Wörter) vorstellen.
Die folgenden Materialien 1–4 liefern alle wichtigen Informationen, um diesen Text schreiben zu können.

1. Überfliege die Materialien 1 bis 4 und überprüfe, ob sie relevante Informationen für deinen Schreibauftrag enthalten.
2. Kläre Begriffe, die dir unbekannt sind.
3. Lege in deinem Heft eine Mindmap mit denselben Oberbegriffen wie auf Seite 59 an und notiere relevante Informationen aus den vier Materialien zu diesen Aspekten.
   Tipps & Hilfen (→ S. 302)

Material 1   ## Mechatroniker/-in: Was macht man in diesem Beruf?

Mechatroniker/-innen bauen aus mechanischen, elektrischen und elektronischen Bestandteilen komplexe mechatronische Systeme, z. B. Roboter für die industrielle Produktion. Sie stellen die einzelnen Komponenten her und montieren sie zu Systemen und Anlagen. Die fertigen Anlagen nehmen sie in Betrieb, programmieren sie oder installieren zugehörige Software. Dabei richten sie sich nach Schaltplänen und Konstruktionszeichnungen und prüfen die Anlagen sorgfältig, bevor sie diese an ihre Kunden übergeben. Außerdem halten sie mechatronische Systeme instand und reparieren sie.

Königsdisziplin: Wer Mechatroniker/-in werden will, muss zwei Berufe erlernen – Interview

girlsatec: Anita, du bist gelernte Mechatronikerin und inzwischen seit zwei Jahren Ausbilderin im Fachbereich Elektrotechnik im ABB Ausbildungszentrum Berlin. Wie bist du als Jugendliche auf die Idee gekommen, eine Ausbildung zur Mechatronikerin zu machen?

5 **Anita:** Ich habe mich früher schon sehr oft bzw. sehr viel mit Technik auseinandergesetzt. Naturwissenschaften lagen mir einfach, Physik und Mathe fand ich super. Dann habe ich überlegt, wie ich Technik und das, was mir Spaß macht, verbinden kann, und bin auf den Beruf Mechatroniker/-in aufmerksam geworden.

10 Dieser Beruf ermöglicht eine Kombination aus Mechanik und Elektrik und das war mir persönlich wichtig.

girlsatec: Was sollten Schülerinnen und junge Frauen mitbringen, die nach einem Ausbildungsplatz im gewerblich-technischen

15 Bereich suchen?

Anita: Spaß und eine gesunde Neugierde für Technik. Man merkt schon früh, ob man Lust auf Technik hat: Viele tragen einen gewissen Forscherdrang in sich. Sie fragen sich, wie funktioniert das? Oder sie nehmen

20 z. B. eine Kaffeemaschine auseinander, um zu wissen, wie die Maschine funktioniert. Eine gesunde Neugier muss vorhanden sein. Das reicht meistens schon aus. Das andere kommt in den nächsten drei Jahren der Ausbildung.

girlsatec: Kannst du uns vielleicht ein Beispiel eines Produkts nennen?

25 **Anita:** Ein Beispiel wäre ein Motor, der ein Förderband antreibt. Das eine funktioniert nicht ohne das andere. Alles muss aufeinander abgestimmt sein. D. h., man muss Elektrik mit Mechanik verbinden, um zum Ergebnis zu kommen. Vielleicht kann man sich die Verbindung von Elektrik und Mechanik auch anhand eines Vergleichs mit dem menschlichen Körper

30 vorstellen. Ich will es einmal versuchen: Der Körper, z. B. der Arm, wäre ein Maschinenteil, also die mechanische Hülle. Die Nerven wären elektrische Leitungen und das Gehirn wäre in unserem Vergleichsbeispiel die Programmier- und Steuerungszentrale, die Befehle wie „Roboterarm heben" gibt. Mechatronikerinnen und Mechatroniker sind Allroundkräfte für den

35 Servicebereich. Leider hört man häufig, dass sie nichts Halbes und nichts Ganzes können. Ich finde, es ist eine sehr große Herausforderung, zwei Berufe zu erlernen und zu beherrschen. [...]

Die beliebtesten Ausbildungsberufe

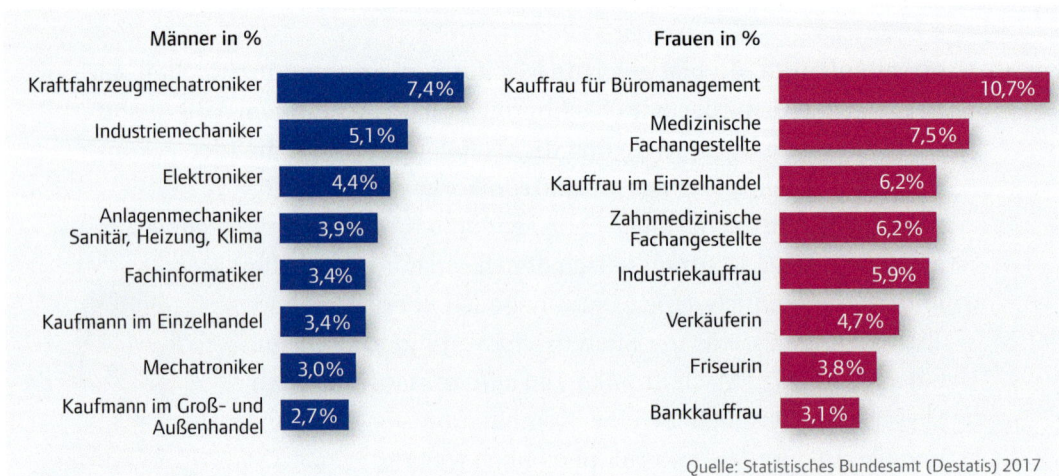

Männer in %

Kraftfahrzeugmechatroniker	7,4%
Industriemechaniker	5,1%
Elektroniker	4,4%
Anlagenmechaniker Sanitär, Heizung, Klima	3,9%
Fachinformatiker	3,4%
Kaufmann im Einzelhandel	3,4%
Mechatroniker	3,0%
Kaufmann im Groß- und Außenhandel	2,7%

Frauen in %

Kauffrau für Büromanagement	10,7%
Medizinische Fachangestellte	7,5%
Kauffrau im Einzelhandel	6,2%
Zahnmedizinische Fachangestellte	6,2%
Industriekauffrau	5,9%
Verkäuferin	4,7%
Friseurin	3,8%
Bankkauffrau	3,1%

Quelle: Statistisches Bundesamt (Destatis) 2017

Steckbrief: Mechatroniker/-in

Aufgaben und Tätigkeiten von Mechatronikerinnen/Mechatronikern
Deine konkreten Aufgaben als Mechatroniker/-in hängen davon ab, in welcher Branche und in welchem Unternehmen du arbeitest. Eine mögliche Verteilung deiner Tätigkeiten zeigt diese Grafik:

Aufgaben eines Mechatronikers

23,5%
5,9%
5,8%
11,8%
11,8%
11,8%
29,4%

- ▮ Aufgaben planen und vorbereiten
- ▮ technische Unterlagen lesen
- ▮ Bauteile bauen
- ▮ Bauteile montieren
- ▮ Systeme testen
- ▮ Anlagen in Betrieb nehmen
- ▮ Systeme warten

Quelle: http://www.mechatroniker/me

Wo arbeite ich als Mechatroniker/-in?
Als Mechatroniker/-in arbeitest du in den Werkhallen oder Werkstätten deines Arbeitgebers. Außentermine hast du, wenn du in den Produktionsstätten von Kunden beispielsweise Anlagen wartest und reparierst. Diese können auch im Ausland sein.

In welchen Branchen arbeite ich als Mechatroniker/-in?
Automatisierungstechnik, Maschinenbau, Werkzeugbau, Schienenfahrzeugbau, Kraftfahrzeugbau, Feinmechanik, Optik, Informations- und Telekommunikationstechnik, Medizinische Technik, Orthopädie, Zahntechnik

Welche Unternehmen suchen Mechatroniker/-innen?

- Stahl- und Technologieunternehmen sind auf die Fähigkeiten von Mechatronikerinnen/Mechatronikern angewiesen.
- Im Bereich Fahrzeugbau kommt Mechatronikerinnen/Mechatronikern eine wichtige Rolle zu. Jobs gibt es beispielsweise bei diversen Automobilherstellern.
- Auch Hersteller medizinischer Technik bieten Arbeitsplätze für Mechatroniker/-innen.
- Unternehmen, die Maschinen, Werkzeuge, Automatisierungstechnik und Ähnliches herstellen, benötigen Mechatroniker/-innen.

Welches Gehalt bekommt man als Mechatroniker/-in?

Im Durchschnitt verdienst du als Mechatroniker/-in 2.050 € brutto im Monat. Dein Einkommen variiert nach Berufserfahrung, Unternehmensgröße und Branche.

Wie werde ich Mechatroniker/-in?

Mechatroniker/-in ist ein staatlich anerkannter Ausbildungsberuf. Die duale Berufsausbildung dauert 3,5 Jahre und findet im Betrieb sowie in der Berufsschule statt. Auch eine schulische Ausbildung ist möglich. Dabei lernst du die Theorie im Unterricht. Praktische Erfahrungen erwirbst du in Praktika und Projektarbeiten. Technisches und mathematisches Verständnis sowie handwerkliches Geschick sind wichtige Voraussetzungen für den Beruf. Die Ausbildung zum Mechatroniker oder zur Mechatronikerin kann in Industrie oder Handwerk erfolgen. Eine bestimmte schulische Vorbildung ist nicht erforderlich. Bei einer schulischen Ausbildung legen die Schulen eigene Zugangskriterien fest. So kann beispielsweise ein Hauptschulabschluss Mindestvoraussetzung sein.

Was verdient man in der Ausbildung?

Die Ausbildungsvergütung hängt von verschiedenen Faktoren ab. Die folgenden Beispiele geben einen Richtwert der Vergütung pro Monat:

Ausbildungsvergütung	Handwerk	Industrie
1. Ausbildungsjahr	500 – 730 €	936 – 1010 €
2. Ausbildungsjahr	550 – 810 €	987 – 1057 €
3. Ausbildungsjahr	600 – 880 €	1056 – 1130 €
4. Ausbildungsjahr	650 – 970 €	1094 – 1212 €

Quelle: BERUFENET

Gehaltsvergleich – Bruttoeinkommen

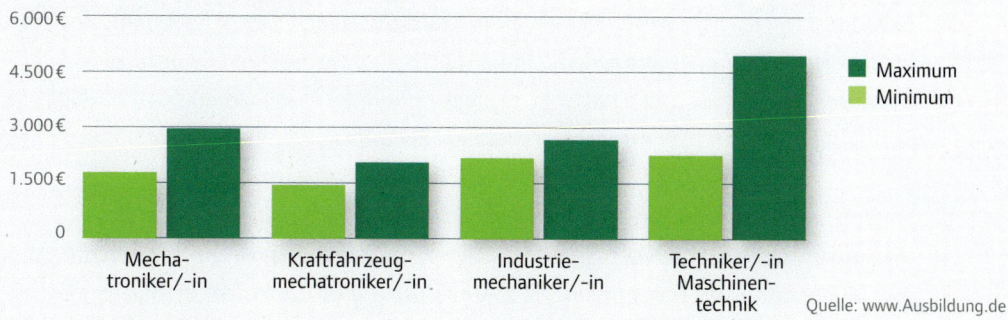

Quelle: www.Ausbildung.de

Einen informierenden Text schreiben

Die Schreibaufgabe klären

❶ Bevor du deinen informierenden Text gliederst und ordnest, musst du zunächst die Schreibaufgabe (→ S. 60) klären. Beantworte dazu folgende Fragen in Stichpunkten:
- Wie lautet das **Thema**?
- Welche **Art von Text** sollst du schreiben?
- Welchen **Zweck** soll der Text erfüllen?
- Wer sind die **Adressatinnen/Adressaten** (Leser/-innen) deines Textes?

Den Text planen

❷ Markiere in deiner Mindmap (→ S. 60, Aufgabe 3) alle Informationen, die du für deinen Text verwenden willst. Hierbei kannst du Schwerpunkte auf einzelne Aspekte legen, die für den Zweck und die Adressatinnen/Adressaten deines Textes besonders wichtig sind.

❸ Entscheide dich, in welcher Reihenfolge du im Hauptteil deines Textes auf die einzelnen Aspekte eingehen willst. Nummeriere die Aspekte in deiner Mindmap entsprechend.
Tipps & Hilfen (→ S. 303)

Den Text formulieren

❹ Erläutere, welche der folgenden Textanfänge du als Einleitung für deinen Text nutzen würdest. Beziehe auch die Informationen im Info-Kasten auf Seite 66 mit ein.

    A   *Fazit meines Praktikums als Mechatroniker/-in: Der wundervollste Beruf der Zukunft. Krisensicher. Spannend. Fantastische Weiterbildungsmöglichkeiten! Daher würde ich euch gerne diesen Beruf mit ein paar wichtigen Informationen näherbringen.*

    B   *Die Unterstützung der Arbeit durch Maschinen und Elektronik ist in der heutigen Arbeitswelt nicht mehr wegzudenken. Dafür, dass dabei technisch alles reibungslos funktioniert, sind die Mechatroniker/-innen zuständig, die mit ihren Kenntnissen die Maschinen warten und reparieren. Doch der Beruf des Mechatronikers beinhaltet auch zahlreiche andere interessante Aufgaben.*

    C   *Im folgenden Text informiere ich dich über die Möglichkeiten, die der Beruf des Mechatronikers bietet. Dieser Beruf der Mechatronikerin/des Mechatronikers ist sehr interessant, weil er als besonders zukunftsfähig gilt. Außerdem ist er sehr vielseitig und wird in vielen Bereichen benötigt.*

5 a) Überprüfe, ob die unterstrichenen Verknüpfungswörter in folgendem Textauszug aus dem Hauptteil eines Informationstextes passend sind. Ersetze unpassende.

b) Überprüfe, ob du die korrekt verwendeten Verknüpfungswörter im Text durch andere Wörter aus dem Wortspeicher ersetzen kannst, ohne den Sinn zu verändern. Begründe deine Entscheidungen.

Die grundlegende Tätigkeit eines Mechatronikers besteht darin, die Schnittstelle zwischen Mensch und Maschine zu besetzen. Das bedeutet, <u>sodass</u> die handwerkliche Wartung und Reparatur <u>genauso</u> zum Alltag eines Mechatronikers gehört <u>wie</u> beispielsweise das Programmieren mit dem Laptop <u>als</u> der Umgang mit sensibler Elektronik. Mechatroniker sind <u>danach</u> in Bezug auf ihre Tätigkeiten echte Generalisten. <u>Seitdem</u> ist ihr Arbeitstag sehr abwechslungsreich.

Verknüpfungswörter (Konnektoren)

aber · allerdings · also · anschließend · auch · bevor · beziehungsweise · bis · da · dabei · dadurch · dafür · daher · damit · darum · dass · dazu · demnach · denn · dennoch · deshalb · ebenso … wie · einerseits … andererseits · entweder … oder · falls · folglich · jedoch · nachdem · nämlich · obgleich · obwohl · oder · seit · seitdem · sobald · sodass · sofern · solange · sondern · sonst · sowie · sowohl … als auch · trotzdem · um … zu · und · vorher · während · weder … noch · weil · wenn … dann · wenngleich · zunächst

6 Wähle passende Verknüpfungswörter aus dem Wortspeicher für die einzelnen Lücken des folgenden Textausschnitts aus. Gib auch mögliche Alternativen an.

␣␣␣␣␣ man praktische Fertigkeiten erwirbt, werden in der Ausbildung zur Mechatronikerin / zum Mechatroniker ␣␣␣␣␣ mechanische Verfahren erlernt, wie z. B. Drehen, Fräsen oder Feilen. ␣␣␣␣␣ das Lesen von Schaltplänen ␣␣␣␣␣ das Programmieren von Maschinen ␣␣␣␣␣ der Umgang mit Computer und Laptop gehören zur Ausbildung. ␣␣␣␣␣ benötigt man unbedingt mathematisches und technisches Verständnis.

7 Formuliere nun den Hauptteil deines Informationstextes. Orientiere dich dabei an den Aspekten deiner Mindmap (→ S. 60, Aufgabe 3) und beachte deine Markierungen und die von dir erarbeitete Gliederung (→ S. 64, Aufgabe 3).
Tipps & Hilfen (→ S. 303)

⑧ Verfasse einen Schluss für deinen Informationstext. Orientiere dich dabei an den Hinweisen im Info-Kasten. Du kannst eine der folgenden Starthilfen nutzen.

- *A Besonders geeignet ist der Beruf des Mechatronikers daher für …*
- *B Der Beruf des Mechatronikers ist in jedem Fall ein Beruf mit Zukunft, denn …*
- *C Es handelt sich bei dem Beruf des Mechatronikers also um einen sehr vielseitigen Beruf, da …*

⑨ Verfasse nun einen Informationstext zu einem Beruf deiner Wahl, den du für deinen Praktikumsbericht verwenden kannst. Gehe dabei so vor:

- Lege in deinem Heft eine Mindmap mit den vier Aspekten „Tätigkeiten", „Fähigkeiten/ Qualifikationen", „Ausbildung" und „Berufsaussichten" an.
- Recherchiere Informationsmaterialien zu den vier Aspekten und werte sie aus. Notiere alle wichtigen Informationen in deiner Mindmap.
- Markiere und ordne die gesammelten Informationen, indem du sie z. B. nummerierst.
- Schreibe deinen Informationstext. Beachte auch die Hinweise zum sachlichen Schreiben auf den Seiten zum Ausdruckstraining (→ S. 67–69).

Info: Einen informierenden Text schreiben

- **Einleitung:**
Die meisten informierenden Texte erfordern eine hinführende Einleitung. Wähle in diesem Fall einen Einstieg, der das Interesse der Leser/-innen weckt, indem du zum Beispiel mit einem Detail einsteigst, das deine Leser/-innen besonders interessiert. Benenne dann das Thema deines Textes, z. B.:

  Auf Platz 1 der beliebtesten Ausbildungsberufe bei weiblichen Jugendlichen steht mit einigem Abstand die „Kauffrau für Büromanagement". Für diesen Beruf spricht, dass er äußerst vielseitig ist, indem er … Zudem … Es lohnt sich also, sich genauer mit diesem Beruf zu beschäftigen.

- **Hauptteil:**
Ordne die Informationen im Hauptteil deines Textes nach den einzelnen **Aspekten des Themas**. Dabei kannst du mit Blick auf den Zweck und die Adressatinnen/Adressaten deines Textes Schwerpunkte auf einzelne Aspekte legen.

- **Schluss:**
Ziehe ein Fazit. Du kannst auch einen Ausblick geben oder eine Empfehlung aussprechen, z. B.:

  Auch wenn sich durch die zunehmende Digitalisierung die Anforderungen an diesen Beruf verändern werden, wird der Beruf „Kauffrau für Büromanagement" auch weiterhin ein spannender Beruf sein, vor allem für diejenigen, die Interesse an abwechslungsreichen Tätigkeiten und Spaß am Organisieren haben.

Schreibe im **Präsens** und achte auf einen **sachlichen** und **gut verständlichen** Schreibstil.

Sachlich-informativ schreiben

Mediengestalter/-in

Hast du schon einmal vom Beruf des Mediengestalters gehört?
Dieser Beruf garantiert dir in jedem Fall einen Job mit viel Kreativität an vielen tollen Arbeitsplätzen rund um den Globus! In der
Tat wird diese Ausbildung immer beliebter, und es werden jährlich
5 mehr und mehr Jugendliche, die sich ins Abenteuer Mediengestaltung
stürzen und mit dieser Ausbildung absolut happy sind. Doch was
macht man eigentlich als Mediengestalter/-in genau? Die Arbeit ist
in jedem Fall unheimlich vielseitig und geht von der Gestaltung von
Büchern oder Zeitschriften bis hin zu Werbefilmen. Genauso vielfältig
10 sind auch die Kunden. Man unterscheidet im Übrigen zwischen
Mediengestaltung für „Bild und Ton" und für „Digital und Print".
Auch die Ausbildungsvergütung von 560 bis 930 Euro im Monat ist
absolut o. k., genauso wie das Gehalt von 2.300 bis 3.000 Euro,
wenn man fertig ist.

Mediengestalter/-in „Digital und Print"

Mediengestalter/-innen „Digital und Print" planen unterschiedliche
Medienprojekte wie Zeitschriften, Werbebroschüren oder Internetseiten.
Sie ermitteln Kundenwünsche, erstellen darauf abgestimmte Kalku-
lationen, formulieren Angebote und schließen Verträge ab. Im Team
5 mit anderen Fachkräften erarbeiten sie Konzepte für einzelne Projekte
und präsentieren ihre Ergebnisse den jeweiligen Kunden. Bei der
Umsetzung des Projekts koordinieren die Mediengestalter/-innen
zudem verschiedene Dienstleister, die an dem Projekt beteiligt sind.
Auch Marketingaufgaben gehören zum Tätigkeitsbereich des
10 Mediengestalters „Digital und Print".
Die Ausbildungsvergütung bewegt sich abhängig von der Firma und
dem Ausbildungsjahr zwischen 560 und 930 Euro im Monat. Das
Einstiegsgehalt nach der Ausbildung liegt bei 2.300 bis 3.000 Euro.

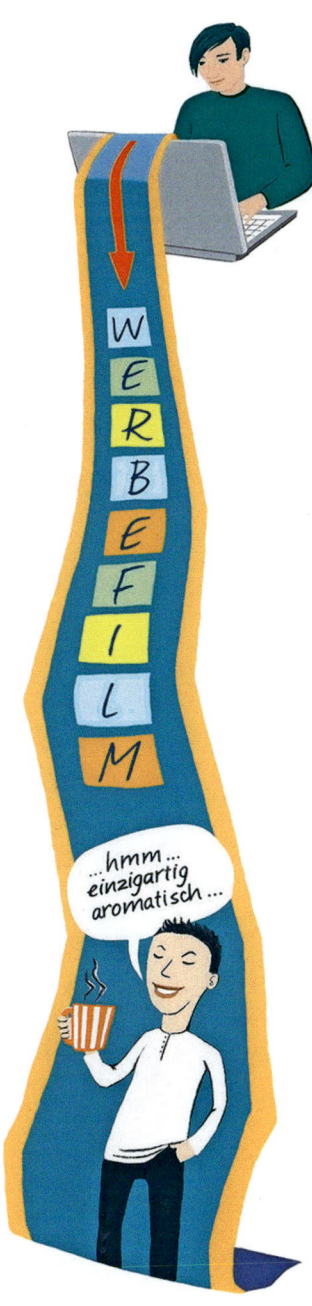

❶ Vergleiche die beiden Texte zum Beruf der Mediengestalterin / des Mediengestalters
im Hinblick auf Informationsgehalt und Ausdrucksweise.

❷ a) Erläutere, welchen der beiden Texte du als Informationstext über diesen Beruf in deinem
Praktikumsbericht verwenden würdest.

b) Leite Regeln für das Verfassen eines sachlich-informativen Textes ab.

3 Wähle drei der mündlichen Aussagen von Auszubildenden im Beruf der Mediendesignerin / des Mediendesigners aus und formuliere sie so um, dass du sie als abschließende Einschätzung oder Empfehlung für den Schluss eines schriftlichen Informationstextes über diesen Beruf verwenden könntest.

Der Job ist super attraktiv. Man hat ganz verschiedene Projekte und deshalb wird es nie langweilig. Außerdem lernt man vieles dazu und man lernt nie aus. Wichtig: Man sollte kreativ sein und Spaß an der Arbeit mit dem Computer haben. Wer schon mal bei einem Praktikum mit dem Computer und mit Layout-Programmen gearbeitet hat, hat ganz klare Vorteile!

Den Ausbildungsberuf finde ich super, es ist allerdings wichtig, dass man unbedingt „am Ball" bleibt. Wer nicht in der Werbefolienklebefirma XY versauern will, sondern Lust auf wirklich kreative Arbeit hat, sollte sich unbedingt privat weiterbilden oder vielleicht sogar noch ein Studium nach der Ausbildung machen.

Mediengestalter/-in ist in jedem Fall was für kreative Leute. Man muss aber auch ein bisschen technisch interessiert sein – einfach eine gesunde Mischung aus beidem. Außerdem sollte man in jedem Fall flexibel und offen für neue Aufgaben und Programme sein und Lust haben, immer ein bisschen über den Tellerrand zu schauen.

Vor allem der Schwerpunkt „Digital" ist sehr spannend, weil man hier nicht nur layoutet, sondern auch viel über das Programmieren von Websites lernt. Manchmal wird es allerdings etwas stressig, wenn ein Abgabetermin vor der Tür steht. Dann ist das Motto: „Ruhe bewahren!"

Die Ausbildung zur Mediengestalterin / zum Mediengestalter ist in jedem Fall machbar. Ein bisschen Talent sollte man aber schon haben. Diejenigen, die bisher kein Interesse für Design oder Zeichnen hatten, haben es natürlich schwerer. Auch die „Chiller", die keine Disziplin haben, bleiben meist nicht lange dabei. Im Beruf später wird man zwar meist nicht zum Großverdiener, aber dafür hat man einen coolen Beruf.

4 a) Überprüfe folgende Textausschnitte aus dem Hauptteil eines Informationstextes mit der Checkliste unten: Gegen welche Regeln wurde jeweils verstoßen? Begründe mit Beispielen.

b) Überarbeite die Textausschnitte in deinem Heft.

> A Als Mediengestalter/-in hat man extrem viele tolle Aufgaben. Die meisten Projekte sind super spannend. Nur ganz selten hat man auch einmal was total Langweiliges zu tun.
>
> B Im Beruf des sogenannten Mediengestalters werden eigentlich sehr unterschiedliche Projekte geplant, die natürlich immer auf die Kundenwünsche abgestimmt werden müssen. Es werden zunächst meistens die Kosten kalkuliert, dann wird oft eine Projektkonzeption erstellt und schließlich wird ein erster Entwurf angefertigt. Bei allen Schritten wird ziemlich oft im Team gearbeitet.
>
> C Bei der Entscheidung, eine Ausbildung zum Mediengestalter „Bild und Ton" zu beginnen, einer Ausbildung also, die eine besondere Form des Berufs des Mediengestalters ist, ist es wichtig zu bedenken, dass es sinnvoll sein kann, bereits vorher einige Erfahrungen mit Film- und Tonaufnahmen gemacht zu haben und zudem über technisches Interesse und Know-how zu verfügen.
>
> D Mediengestalter/-innen für „Bild und Ton" machen Ton- und Bildaufnahmen, z. B. für Talkshows, Hörspiele oder Werbespots. In der Ausbildung muss man jedoch zunächst Erfahrungen mit der speziellen Software machen, um die Bearbeitung von Bild- und Tonaufnahmen zu machen und sie zu verwalten.

Checkliste: ✔ Sachlich-informativ schreiben

Ein **sachlich-informativer Text** zeichnet sich dadurch aus, dass er für die Leser/-innen **leicht verständlich** ist und **genaue Informationen zum Thema** liefert. Beachte dabei folgende Kriterien für einen sachlich informierenden Text:

Einfachheit:
- ✓ Verwende kurze, klare Sätze und vermeide Schachtelsätze.
- ✓ Nutze geläufige, allgemein gut verständliche Wörter.
- ✓ Verzichte auf überflüssige Passivkonstruktionen.

Genauigkeit:
- ✓ Nutze verständliche Fachbegriffe wie z. B. *Konzeption, Präsentation.*
- ✓ Verzichte auf wertende Formulierungen wie *extrem, total, super, dummerweise.*
- ✓ Vermeide Füllwörter oder Floskeln wie *eigentlich, sogenannt.*
- ✓ Vermeide nichtssagende Verben wie *machen, tun, haben.*

Ein Anschreiben für eine Bewerbung verfassen

**Die Bundespolizei stellt Polizeimeisteranwärter (m/w)
für die Laufbahn des mittleren Polizeivollzugsdienstes ein.**

Um dich für die zweieinhalbjährige Ausbildung für den mittleren Polizeivollzugsdienst zu qualifizieren, solltest du
- bereits oder in Kürze über den mittleren Bildungsabschluss oder einen entsprechenden Bildungsstand verfügen oder erfolgreich die Hauptschule besucht haben.
- dich in englischer Sprache verständigen können.
- in den Fächern Deutsch und Englisch mindestens die Note 4 (ausreichend), im Fach Sport mindestens die Note 3 (befriedigend) haben.

Der Beruf des/der Polizeivollzugsbeamten/-in ist anspruchsvoll und nur etwas für starke Charaktere. Deshalb sollte man folgende Eigenschaften mitbringen:

- Leistungsbereitschaft
- soziale Kompetenz
- Flexibilität und Mobilität
- geistige und körperliche Fitness
- Demokratieverständnis

- physische und psychische Belastbarkeit
- Teamfähigkeit
- Zivilcourage
- Entscheidungsvermögen
- positives Erscheinungsbild

Richten Sie Ihre Bewerbung an die
Polizeidirektion Musterbach, Frau Altendorf, Landstraße 1–6, 12345 Musterbach.

❶ Lies die Bewerbungsanschreiben auf den beiden folgenden Seiten und begründe, warum sie gut geeignet sind, sich auf die Stelle als Polizeimeisteranwärter/-in zu bewerben.

❷ Wähle ein Bewerbungsschreiben aus und beschreibe die Form mithilfe folgender Begriffe.

Anlagen · Ort und Datum des Schreibens · Anrede · Unterschrift · Betreffzeile · Grußformel · Empfänger-Adresse · Absender · Fließtext

Marie Hansen
Bachstelzenweg 12
54321 Glücksdorf
0176 …
mariehansen@…

Polizeidirektion Musterbach
Frau Altendorf
Landstraße 1–6
12345 Musterbach   Glücksdorf, den 31.10.20..

Bewerbung als Polizeimeisteranwärterin

Sehr geehrte Frau Altendorf,

während eines Orientierungspraktikums in der Polizeidirektion Lübeck habe
ich bereits Ihre Kolleginnen und Kollegen von meiner Leistungsbereitschaft
und meiner Teamfähigkeit überzeugt. Gleichzeitig bestärken mich die dort
gemachten Erfahrungen darin, dass ich über die geforderten Eigenschaften
5 verfüge, die ich in die Arbeit der Polizeidirektion Lübeck einbringen kann.

Im kommenden Sommer werde ich die Goethe-Schule Mainz mit einem
qualifizierten mittleren Schulabschluss verlassen. Dabei sind meine Neigungs-
fächer Deutsch, Englisch, Sport und Sozialkunde hervorzuheben. Dass ich
über gesunden Ehrgeiz und Mannschaftsgeist verfüge, beweise ich auch durch
10 meine Tätigkeit bei der freiwilligen Feuerwehr und als Mittelfeldspielerin der
B-Jugend des Fußballvereins Fußballclub Mainz e.V.

Mein Klassenlehrer Herr von Maat (0173 …) wird Ihnen gern meine Belastbarkeit, meinen Fleiß und mein soziales Engagement innerhalb und außerhalb
der Schule bestätigen.

15 Als Streitschlichterin in der Schule verfüge ich über einen ausgeprägten
Gerechtigkeitssinn. Mit meiner Bewerbung für die Ausbildungsstelle einer
Polizeimeisteranwärterin möchte ich nun die Chance ergreifen, diesen in eine
spannende, anspruchsvolle und lehrreiche Ausbildung einzubringen. Deshalb
bewerbe ich mich für einen Ausbildungsplatz ab August diesen Jahres.
20 Ich freue mich über eine Einladung zum Assessment-Center!

Mit freundlichen Grüßen

Marie Hansen

Lebenslauf
Zeugnisse

Jonas Freitag
An der Mühle 22
78910 Mühlstadt
0171 ...
jonas_freitag@...

Polizeidirektion Musterbach
Frau Altendorf
Landstraße 1–6
12345 Musterbach   Mühlstadt, den 31.10.20.

Bewerbung als Polizeimeisteranwärter

Sehr geehrte Frau Altendorf,

seit mir vor einigen Jahren durch gute Polizeiarbeit das Leben gerettet wurde,
arbeite ich darauf hin, einmal selbst Polizist zu werden. Durch persönliche
Kontakte und ein Orientierungspraktikum in Ihrer Polizeidirektion konnte ich
bereits fast alle Bereiche des Arbeitsalltags eines Polizeimeisters, von der Straf-
5 verfolgung bis hin zur Verwaltung, miterleben. Bereits hier konnte ich meine
Leistungsbereitschaft und Vielseitigkeit unter Beweis stellen und zeigen, dass
ich eine Bereicherung für Ihr Team sein werde.

Das Praktikum bei der Polizei im vergangenen Jahr gefiel mir so gut, dass ich
seitdem erfolgreich an mehreren Fortbildungen zur Streitprävention und
10 -deeskalation an unserer Schule teilgenommen habe. Durch meine tägliche Arbeit
als Streitschlichter und Schüler-Beratungskraft kann ich so schon jetzt zu einem
friedlichen Schulalltag beitragen, unterschiedliche Interessen ausgleichen und
Gewaltprävention fördern. Dabei wurde mir von verschiedenen Seiten bestätigt,
dass ich meine Aufgaben sehr gut löse und dass sich die von mir beratenen
15 Schüler/-innen sehr wohlfühlen. Meine Klassenlehrerin Hilke Petersen kann
Ihnen dazu gerne weitere Auskünfte geben. Sie erreichen sie unter 02345 ...

Meinen qualifizierten mittleren Schulabschluss werde ich im Juli machen. Ich
bewerbe mich um die von Ihnen ausgeschriebene Ausbildung als Polizeimeisteranwärter zum Herbst dieses Jahres. Gerne stelle ich mich persönlich bei Ihnen
20 vor. Auf Ihre Antwort freue ich mich.

Mit freundlichen Grüßen

Jonas Freitag

Lebenslauf
Zeugnisse

❶ Vergleiche Inhalt und Aufbau des Fließtextes beider Anschreiben und nenne Unterschiede und Gemeinsamkeiten.

❷ Offizielle Briefe, wie ein Bewerbungsanschreiben, sollten sich in ihrer Form an der sogenannten DIN-Norm 5008 orientieren.
Informiere dich über diese Norm und verfasse ein entsprechendes Bewerbungsschreiben zu einer Stellenanzeige deiner Wahl.

Info: Ein Anschreiben für eine Bewerbung verfassen

Äußere Form:

Ein **Bewerbungsanschreiben** ist ein **sachlicher Brief** und muss bestimmte formale Voraussetzungen erfüllen. Diese sind in der DIN-Norm 5008 festgehalten. Notwendige Teile des Anschreibens sind:

- **Adresse der Absenderin/des Absenders** mit Telefonnummer und E-Mail-Adresse
- **Adresse der Empfängerin/des Empfängers** mit Ansprechpartner/-in
- **Ort und Datum**, z. B.: *Stuttgart, den 20.02.20..*
- **Betreffzeile,** fett gedruckt und ohne das Wort „Betreff"
- **Anrede**, z. B.: *Sehr geehrte Frau Möller, …; Sehr geehrter Herr Dr. Weber, …*
- **Fließtext** (→ „Inhalt und Aufbau")
- **Grußformel,** z. B.: *Mit freundlichen Grüßen; Freundliche Grüße*
- **Unterschrift**
- **Anlagen,** z. B.: *Lebenslauf, Zeugniskopie, Praktikumsbescheinigungen*

Inhalt und Aufbau:

Das Anschreiben enthält die Argumente, die notwendig sind, damit du eingestellt wirst.

- Bringe **nach der Anrede sofort dein überzeugendstes Argument** ein. Dieses muss so überzeugend sein, dass es zum Weiterlesen der Bewerbung animiert, z. B.:
  Im Rahmen meines Orientierungspraktikums habe ich bereits Ihre Kolleginnen und Kollegen von meiner Leistungsbereitschaft überzeugt.
- Leite das Anschreiben aus den **Daten deines Lebenslaufs** ab. Besonders wichtig sind dein Bildungsweg, deine Lernleistungen, besonderes Engagement oder Mitgliedschaften, z. B.:
  Dass ich zuverlässig, leistungsfähig und teamfähig bin, belegt meine aktive Mitgliedschaft bei der 1. Mannschaft des Hockeyvereins HCL.
- Verdeutliche deine **Motivation**, dich ausgerechnet für diese Stelle zu bewerben, z. B.:
  Nach meinem Orientierungspraktikum in Ihrem Unternehmen weiß ich, dass ich Veranstaltungstechnikerin werden möchte. Daher bewerbe ich mich auf die Stelle …
- Gib als Referenz **Namen und Telefonnummer von Fürsprecherinnen/Fürsprechern** an, die Auskunft über deine Eignung für diesen Beruf geben können, z. B.:
  Mein Klassenlehrer Herr Franzke (0631 …) wird Ihnen gern bestätigen, dass …
- Äußere den Wunsch, miteinander ins Gespräch zu kommen. Verwende den **Indikativ**, z. B.:
  Ich freue mich auf eine Einladung zum Vorstellungsgespräch.

Zum Schmökern, Schauen, Weiterdenken

Die digitale Arbeitswelt von heute und morgen
Ulf Rinne, Klaus F. Zimmermann

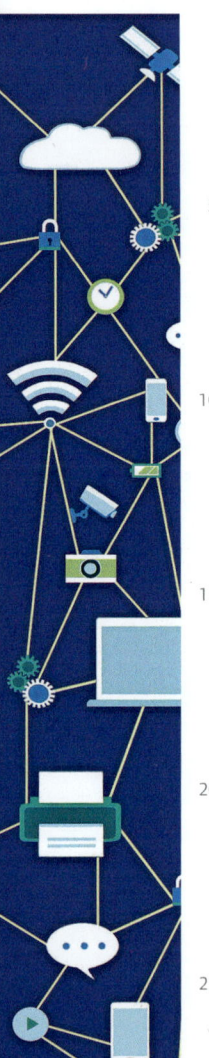

Werden wir Zeugen einer digitalen Revolution, die unsere Arbeitswelt schon bald auf den Kopf stellt? Wir können nicht mit Sicherheit sagen, wie unsere Arbeitswelt von morgen aussehen wird, aber der Wandel ist da. Heute produziert das größte Medienunternehmen der Welt keine eigenen
5 Inhalte (Facebook), der weltweit größte Anbieter von Unterkünften besitzt keine eigenen Immobilien (Airbnb), und das größte Taxiunternehmen der Welt hat keine eigenen Fahrzeuge (Uber). [...] Im Ergebnis entstehen neue Risiken, aber es eröffnen sich auch vielfältige Chancen und Potenziale. [...]

Auch die private Nutzung von Informations- und Kommunikations-
10 technologien erreicht in Deutschland inzwischen eine Größenordnung, bei der von einer erheblichen Durchdringung des Alltags gesprochen werden muss. Zwischen 2004 und 2017 ist der Anteil der Computernutzer/-innen von 67 auf 89 Prozent gestiegen, während sich der Anteil der privaten Internetnutzer/-innen im gleichen Zeitraum von 53 auf 81 Prozent erhöht
15 hat. [...] Die Menschheit sieht sich bereits seit Jahrhunderten mit den Herausforderungen konfrontiert, die der technische Wandel mit sich bringt. Allerdings scheint sich dieser permanente Transformationsprozess aktuell mit vorher nicht bekannter Geschwindigkeit zu vollziehen. So sind in den vergangenen Jahren die Geschäftsmodelle einer Reihe von Industrien er-
20 heblich unter Druck geraten. Zum Teil müssen sie sich deshalb neu erfinden. Dazu gehört zum Beispiel die Nachrichten- und Unterhaltungsindustrie, der Angebote wie YouTube, Facebook und Twitter erheblich zusetzen. Das Musikgeschäft hat sich im Zuge neuer Angebote bereits fundamental gewandelt. [...] Trotz wachsender Geschwindigkeit kann der Wandel wei-
25 terhin als ein Prozess der „kreativen Zerstörung" bezeichnet werden. Dazu gehört, dass namhafte Unternehmen vom Markt verschwinden, ebenso einstmals mächtige Wirtschaftszweige und altbekannte Berufe. Gleichzeitig entstehen jedoch neue Tätigkeitsfelder, Firmen und Branchen, die es in der Vergangenheit nicht oder nicht in dieser Bedeutung gegeben hat.

1 Benenne die zentralen Thesen des Textes.
2 Stelle in Anlehnung an den Text Hypothesen auf, welche Berufe sich durch die Digitalisierung verändern, ihre Bedeutung verlieren oder neu entstehen könnten.
3 Diskutiert, wie sich der im Text beschriebene digitale Wandel auf euren Alltag auswirken könnte.

Arbeitswelt 2030 *Gesa Schölgens*

Welche Berufe es in Zukunft geben könnte, untersucht die Stiftung „Trends der Arbeitswelt" in Zusammenarbeit mit einer Gruppe von Wissenschaftlern.

Urbaner Bauer: Bienen auf dem Dach halten oder Obst und Gemüse in Balkon-Beeten züchten: Immer mehr Städter folgen dem Urban-Farming-Trend. Lebensmittel könnten in Zukunft nicht mehr von weit her eingeflogen oder -gefahren werden, sondern werden direkt vor Ort angebaut. Besonders Hochhäuser bieten viel Fläche für die sogenannten „vertical farms". Für das Berufsbild werden Experten zufolge Kenntnisse in traditioneller Landwirtschaft, Treibhausanbau, Energieeffizienz – zum Beispiel die Nutzung von Solarenergie – und Architektur bzw. Ingenieurswissenschaften nötig sein.

Tele-Chirurg: Mediziner sollen in Zukunft über weite Distanzen hinweg mittels eines Roboters und einer Kamera operieren können. Klingt nach Science-Fiction, ist aber gerade für dünn besiedelte Regionen eine Möglichkeit, die Versorgung zu gewährleisten. Der Patient wird dann von einem kleinen medizinischen Team vorbereitet, den Rest übernehmen die sicher geführten Roboter-Hände des Arztes. Tele-Chirurgen müssen sich auf dieses Gebiet spezialisieren. Sie haben ein medizinisches Studium absolviert, können komplexe Roboter bedienen und ihre menschlichen Assistenten mit sicherer Hand und klarem Kopf per Videoschalte koordinieren.

Biofilm-Installateur: 2030 könnte es Technologien geben, die uns helfen, Abwasser und den eigenen Müll zu Hause zu recyceln – mittels sogenannter „Biofilme". Es handelt sich um eine Zellschicht mit Mikroorganismen, die zum Beispiel auf innere Wände aufgetragen wird und für ein gutes Raumklima sorgt. Als Biofilm-Installateur entwickelt man Ideen für energieeffiziente Gebäude und berät Kunden, bevor man die neuen lebenden Zellfilme im Haus anbringt. Eine gute Berufswahl, um sich selbstständig zu machen. Grundkenntnisse in Biologie, Chemie, Klima- und Sanitärtechnik und BWL bzw. ein gutes Netzwerk mit entsprechenden Experten sind wichtig.

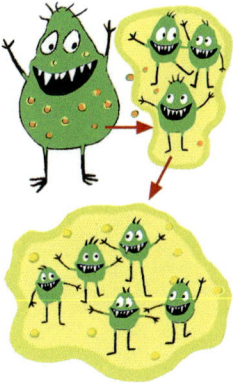

① Diskutiert: Wird es diese Berufe im Jahr 2030 eurer Einschätzung nach tatsächlich geben?
② Verfasse ein Bewerbungsanschreiben für einen dieser drei Berufe.
③ Recherchiere im Internet nach weiteren Berufen der Zukunft und stelle sie vor.

Die geheimen Verführer aus dem Netz *Julia Löhr*

Der goldene Becher ist nicht zu übersehen, mit dem Caro Daur so betont lässig an einer Hausfassade in München lehnt. Auch das weiße Logo sticht sofort ins Auge: Starbucks. Daur hält den Becher in genau jenem Winkel, dass der Schriftzug für die Kamera gut zu erkennen ist. Die 22-Jährige hat
5 das Foto vor einigen Tagen auf ihrem Instagram-Profil veröffentlicht. Dass es sich dabei nicht um einen privaten Schnappschuss handelt, sondern um ein Foto, für das Starbucks Daur bezahlt, erfahren die Leser/-innen eher beiläufig. Erst nach einem längeren Gewinnspiel-Aufruf und etlichen Emojis findet sich der Hinweis: „#advertisement #anzeige".
10 Daur ist eine sogenannte Influencerin. So werden Menschen genannt, die auf Youtube, Facebook oder Instagram mehr als 15 000 Anhänger haben. Influencer prägen Meinungen und Moden. Und, noch viel wichtiger: Sie beeinflussen Kaufentscheidungen. Caro Daur folgen auf Instagram 1,1 Millionen Menschen. Mehr als 34 000 haben ihr Starbucks-Foto mit einem
15 Herzchen versehen, knapp 400-mal wurde es kommentiert. Die meisten dieser Kommentare sind positiv. Tolle Frau, toller Kaffeebecher, tolles Bild.
Wie Starbucks spannen immer mehr Unternehmen Influencer/-innen für Werbezwecke ein. Kein Wunder: In einer Zeit, in der viele Menschen herkömmliche Werbung ablehnen, im Fernsehen wegzappen, im Internet
20 Werbeblocker installieren, bieten die sozialen Netzwerke eine willkommene Alternative. Die Youtube- und Instagram-Promis genießen unter ihren Anhängern großes Vertrauen. Und nichts animiert Konsumentinnen und Konsumenten mehr zum Kauf als eine Empfehlung von Freunden, selbst wenn diese nur virtueller Natur sind.
25 Einer Studie der Hamburger Agentur Territory zufolge haben mittlerweile zwei von drei Markenherstellern ein eigenes Budget für Influencer/-innen, versorgen diese kostenlos mit neuen Produkten oder zahlen dafür, dass sie bestimmte Produkte in die Kamera halten. Zwischen 5000 und 10 000 Euro je Beitrag sind für deutsche Influencer/-innen Branchen-
30 kennern zufolge keine Seltenheit. [...] Noch gibt es keine verlässlichen

Zahlen, wie viel Geld insgesamt in diese noch junge Werbeform fließt. Einig sind sich die Analysten nur darin, dass es international schon mehrere Milliarden im Jahr sein dürften. Und dass diese Zahl ziemlich schnell wächst. [...]

35 Den Unternehmen geht es dabei vor allem um die Jungen. Umfragen zufolge kaufen 50 Prozent der 14- bis 19-Jährigen Produkte, die Blogger/ -innen im Internet empfehlen. In der Gruppe der über 40-Jährigen sind es weniger als zehn Prozent.

Doch je beliebter das Marketing mit Influencern wird, desto offensicht-
40 licher werden auch die damit verbundenen Probleme – allen voran die Frage der Kennzeichnung. Bislang kommunizieren nur die wenigsten Influencer/-innen an prominenter Stelle, wenn Unternehmen ihnen Produkte schenken oder sie dafür bezahlen, dass sie diese in Beiträgen zeigen. Häufig findet sich erst am Ende einer langen Bildzeile ein knappes „#ad"
45 – die Abkürzung für advertisement, zu Deutsch: Werbung. Und selbst dieser Hinweis fehlt oft genug. Schleichwerbung ist keine Ausnahme, sondern eher die Regel. [...]

Glaubt man den Agenturen und ihren Studien, stört das muntere Werbetreiben zumindest die Anhänger der Influencer/-innen aber nicht allzu
50 sehr. „Den meisten Nutzerinnen und Nutzern ist es total egal, ob Werbung gemacht wird – Hauptsache, sie ist als solche gekennzeichnet", sagt Patrizia Difonzo von der Agentur Plan.net. „Man darf auch nicht unterschätzen, wie wählerisch Influencer/-innen sind. Die suchen sich ihre Produkte genau aus."

55 Und sie werden, wenn dabei etwas schiefgeht, auch schnell mal von der Gemeinschaft abgestraft. Wie kürzlich die Riege der Castingshow-Stars, die sich für die Waschmittel-Marke Coral ins Zeug legte und dabei reichlich seltsame Bilder produzierte. Da hockte die ehemalige Germany's-next-Topmodel-Kandidatin Fiona Erdmann schlammverschmiert mit
60 Coral-Flasche in der Hand vor einer Waschmaschine („Ich liebe es ja, mich dreckig zu machen"). Popstars-Absolventin Mandy Capristo machte einen Ausflug mit Waschmittelflasche im blumengeschmückten Fahrradkorb. Das Urteil ihrer Anhänger fiel vernichtend aus: „Alter, Mandy, hast du so blöde Werbung nötig?"

1 Erläutere, warum Influencer/-innen einen so großen Einfluss auf Konsumentscheidungen der 14- bis 19-Jährigen haben.

2 Stelle ein konkretes Beispiel von Influencer-Werbung vor.

3 Diskutiert in Form einer Plenumsdebatte (→ S. 317): Handelt es sich bei der Tätigkeit einer Influencerin / eines Influencers um einen Beruf?

Was macht ein „Seeding Expert"? *Tobias Brunner*

Erst säen, dann ernten: Simone Neipp füttert das Internet mit viraler Werbung – und das mit ausgeklügelten Strategien. Skurril können die Spots sein, die Botschaft ist eher versteckt – denn gelungene Werbung im Internet funktioniert anders als in anderen Medien.

5 Manchmal taucht im Internet plötzlich ein Video auf, von dem niemand genau weiß, wo es eigentlich herkommt, das aber doch jeder gerne weiterschickt, schließlich ist es irgendwie witzig, kurios: Schau dir das mal an! Klick. Manchmal sitzt Simone Neipp dann an ihrem Schreibtisch und freut sich. Nicht weil ihr das Video den Tag versüßt, sondern weil sie erfolgreich

10 war: Die 28-Jährige sät diese Inhalte im Internet, damit sie sich irgendwann von selbst verbreiten. Und „säen" trifft es dabei ganz genau, denn Simone Neipp ist Seeding-Spezialistin.

Es ist einer der Berufe, die es ohne das schnelllebige Netz nicht gäbe. Ohne die sozialen Netzwerke und Neuen Medien. Facebook durchforsten,

15 auf Youtube surfen, in Blogs stöbern – und damit auch noch Geld verdienen. Die Aufgaben lesen sich wie das perfekte Stellenangebot der modernen Generation. „Es klingt traumhaft, aber man muss es gezielt angehen", sagt Neipp. Denn die Videos sollten Interesse wecken und sind nicht selten mit einer großen Kampagne verbunden: hier ein Link zur Internetseite

20 des Produkts, dort ein Gewinnspiel. „Es ist ein neuer Weg, an eine Zielgruppe heranzutreten, ein Rundum-Marketing-Ansatz."

Doch ein gutes Video alleine garantiert noch keinen Erfolg. Um aus der Masse hervorzustechen, muss Neipp die Zielgruppe der jeweiligen Kampagne kennen – und wissen, wo sie diese im Internet findet. Mit Program-

25 men analysiert sie deshalb die Plattformen: Bei Jugendlichen eignen sich Facebook und Youtube, bei teureren Produkten und speziellen Themen ist es eher ein Fachforum. Anhand dieser Voraussetzungen entwickelt Simone Neipp zusammen mit dem Auftraggeber die Strategie. Zuletzt muss der Schneeball noch angestoßen werden. Im Idealfall kennt Neipp dafür be-

30 reits Blogger und Netzwerke, denen sie das Video zuschickt.

① Erläutere den Beruf eines „Seeding Expert" in eigenen Worten.
② Verfasse eine Stellenanzeige für einen „Seeding Expert", aus der hervorgeht, welche besonderen Fähigkeiten man für diesen Beruf mitbringen muss.
③ a) Recherchiere, welche anderen neuen Berufe rund ums Internet entstanden sind. Stelle einen dieser Berufe in einem Fünf-Minuten-Vortrag vor.
   b) Unterstütze deinen Vortrag mit einer Bildschirmpräsentation mit maximal zwei Folien.

Materialgestützt informieren

Materialgestützt informieren	Beispiele

1. Schritt: Kläre die Schreibaufgabe:
- Wie lautet das **Thema**?
- Welche **Textsorte** wird von dir verlangt?
- Welchen **Zweck** soll der Text verfolgen?
- Wer sind die **Adressatinnen/Adressaten** des Textes?

Aufgabe: Verfasse einen Informationstext über den Beruf des Fluglotsen für eine Berufsinformationsbroschüre für Schüler/-innen.
- → ***Thema:*** *Beruf des Fluglotsen*
- → ***Textsorte:*** *Informationstext*
- → ***Zweck:*** *sachlich über den Beruf informieren*
- → ***Adressatinnen/Adressaten:*** *Jugendliche*

2. Schritt: Werte die Materialien aus:
- **Überfliege** die Materialien, um herauszufinden, ob sie Informationen zu deiner Fragestellung enthalten.
- **Lies** die geeigneten Materialien **gezielt** im Hinblick darauf, welche Informationen du für deinen Text verwenden kannst.
- **Markiere** alle Informationen, die du für deinen Text nutzen möchtest.

Material 1: „Fluglotsen und Fluglotsinnen kontrollieren die Bewegungen aller Luftfahrzeuge auf den Flughäfen und in einem zugeteilten Luftraum, dem sogenannten Sektor. Von den Kontrolltürmen oder -zentralen aus überwachen sie als Tower- oder Centerlotsen und -lotsinnen ihren Sektor am Radarschirm und regeln die zeitlichen und räumlichen Abstände zwischen Flugzeugen.“

3. Schritt: Plane deinen Text:
- **Notiere** alle Informationen aus den Materialien, die für dich wichtig sind, nach geeigneten Aspekten geordnet.
- **Ordne** die Aspekte sinnvoll an.

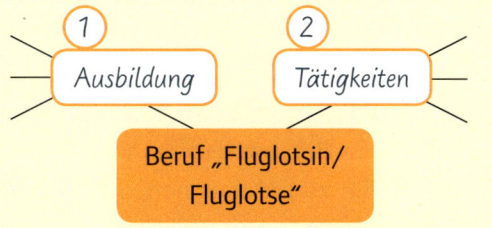

4. Schritt: Verfasse deinen Text:
- **Einleitung:** Wähle einen interessanten Einstieg, wenn der Zweck des Textes das erfordert.
- **Hauptteil:** Stelle die Informationen nach den einzelnen Aspekten des Themas geordnet dar.
- **Schluss:** Ziehe ein Fazit. Du kannst auch einen Ausblick geben oder eine Empfehlung aussprechen.

Schreibe im **Präsens** und achte auf einen **sachlichen** und **gut verständlichen Schreibstil.**

Einleitung: Anders als die Tätigkeiten eines Piloten spielt sich die Tätigkeit eines Fluglotsen aus Sicht der Reisenden eher im Hintergrund ab. Doch ohne diesen spannenden und verantwortungsvollen Beruf wäre keine einzige Urlaubs- oder Geschäftsreise mit dem Flugzeug möglich.

Schluss: Der Beruf des Fluglotsen ist also äußerst attraktiv und vielseitig. Auch die Zukunftsaussichten in diesem Beruf sind positiv, da aufgrund des immer dichter werdenden Flugverkehrs die Arbeit des Fluglotsen auch weiterhin unerlässlich bleiben wird.

Die Blinden *Nikos Kazantzakis*

Es war einmal, sagte er, ein kleines Dorf in der Wüste. Alle Einwohner dieses Dorfes waren blind. Eines Tages kam dort ein großer König mit seinem Heer vorbei. Er ritt auf einem gewaltigen Elefanten. Die Blinden hatten viel von Elefanten erzählen hören und wurden von einer heftigen Lust befallen, heranzutreten und den Elefanten des Königs berühren zu dürfen und ihn zu untersuchen, um eine Vorstellung davon zu bekommen, was das für ein Ding sei. Einige von ihnen – vielleicht waren es die Gemeindeältesten – traten vor und verneigten sich vor dem König und baten um die Erlaubnis, seinen Elefanten berühren zu dürfen. Der eine packte ihn beim Rüssel, der andere am Fuß, ein dritter an der Seite, einer reckte sich hoch auf und packte das Ohr, und ein anderer wieder durfte einen Ritt auf dem Rücken des Elefanten tun. Entzückt kehrten alle ins Dorf zurück, und die Blinden umringten sie und fragten eifrig, was denn das ungeheuerliche Tier Elefant für ein Wesen sei. Der Erste sagte: „Er ist ein großer Schlauch, der sich hebt und senkt, und es ist ein Jammer um den, den er zu packen kriegt." Der Zweite sagte: „Es ist eine mit Haut und Haaren bekleidete Säule." Der Dritte sagte: „Es ist wie eine Festungsmauer und hat auch Haut und Haare." Der, der ihn am Ohr gepackt hatte, sagte: „Es ist keineswegs eine Mauer, es ist ein dicker, dicker Teppich, der sich bewegt, wenn man ihn anfasst." Und der Letzte sagte: „Was redet ihr für Unsinn? Es ist ein gewaltiger Berg, der sich bewegt!"

① Gib den Inhalt der Erzählung in eigenen Worten wieder.

② „Die Erzählung ‚Die Blinden' ist weder eine Geschichte über einen Elefanten und seinen Körperbau noch eine über blinde Menschen."
Setze dich mit dieser Einschätzung des Textes auseinander.

③ Überlege, in welchen Situationen man sich diese Geschichte erzählen könnte und was man mit ihr zum Ausdruck bringen kann.

④ Kennt ihr weitere Erzählungen dieser Art? Erzählt sie euch gegenseitig.

In diesem Kapitel …

· setzt du dich mit bildhaftem Sprechen und Schreiben auseinander.
· lernst du Parabeln als eine Form bildhaften Sprechens kennen.
· untersuchst du Parabeln und andere kurze Geschichten.
· verfasst du eine Interpretation zu einer Parabel.

Bildhafte Sprache verstehen

Hund und Fuchs   *Fabel aus Korea*

Ein Hund und ein Fuchs erblickten gleichzeitig eine schöne große Wurst, die jemand verloren hatte, und nachdem sie eine Weile unentschieden darum gekämpft hatten, kamen sie überein, mit der Beute zum klugen Affen zu gehen. Dessen Schiedsspruch sollte gültig sein. Der Affe hörte die
5 beiden Streitenden aufmerksam an. Dann fällte er mit gerunzelter Stirn das Urteil: „Die Sachlage ist klar. Jedem von euch gehört genau die halbe Wurst!" Damit zerbrach der Affe die Wurst und legte die beiden Teile auf eine Waage. Das eine Stück war schwerer. Also biss er hier einen guten Happen ab. Nun wog er die Stücke von Neuem. Da senkte sich die andere
10 Schale; happ-schnapp, kürzte er auch diesen Teil. Wiederum prüfte er sie auf Gleichgewicht, und nun musste wieder die erste Hälfte ihr Opfer bringen. So mühte der Affe sich weiterhin, jedem sein Recht zu schaffen. Die Enden wurden immer kleiner und die Augen von Hund und Fuchs immer größer. Schließlich, rutsch-futsch!, war der Rest hier und dort verschlun-
15 gen. Mit eingeklemmten Ruten schlichen Hund und Fuchs in verbissener Wut davon. In gehöriger Entfernung fielen sie übereinander her und zerzausten sich. Die Fabel lehrt: ▬▬▬

❶ Ergänze einen Schluss, der die Lehre der Fabel beinhaltet.
❷ Vergleicht die Lehren, die ihr verfasst habt.
  Falls ihr ähnliche Lehren formuliert habt: Woran könnte dies liegen?

3 Wiederhole die Merkmale einer Fabel am Beispiel von „Hund und Fuchs". Setze dazu die folgende Definition fort und verwende dabei die Begriffe und Formulierungen aus dem Wortspeicher.

Eine Fabel ist eine kürzere Erzählung mit belehrender Absicht, in der meist Tiere auftreten, die ...

> Lösung des Konfliktes · Menschen, ängstlich/schwach ·
> Ausgangssituation · Gewinner und Verlierer ·
> menschliche Eigenschaften · Rede und Gegenrede ·
> Eigenschaften der Tiere · Konflikt · „Held" · Gegenspieler ·
> stark · übertragene Bedeutung · Moral oder Lehre

4 Erläutere die folgende Darstellung in eigenen Worten am Beispiel der Fabel „Hund und Fuchs" oder anhand der Erzählung „Die Blinden" (→ S. 80). Erkläre, was das Besondere am bildhaften Sprechen ist.

BILDEBENE: das, was im Text als Handlung oder Folge von Ereignissen erzählt wird	konkret erzähltes Geschehen **(Bildebene) verweist auf** eine allgemeine Einsicht **(Sachebene)**	SACHEBENE: das, was gemeint ist und was die Leserin / der Leser erschließen soll
	entschlüsselt ← Leser/-in → erschließt	

5 Mit den sprachlichen Mitteln Vergleich, Metapher und Personifikation hast du neben der Fabel noch weitere Formen bildhaften Sprechens kennen gelernt. Ordne die Beispiele unten den drei genannten Stilmitteln zu und begründe deine Entscheidungen:

A Der Mond blinzelt durch die Wolken.
B ein zuckersüßes Lächeln
C Sie kämpfte wie eine Löwin.

6 Welche der folgenden Bilder sind schwer und welche einfach zu verstehen? Erkläre, warum das so ist.
Tipps & Hilfen (→ S. 304)

A Die Sonne brennt. / Die Sonne lacht.
B Er ist listig wie ein Fuchs. / Er ist ein Fuchs.
C Du bist lahm wie eine Ente. / Du lahme Ente. / Du Ente!
D Der Mann ist ein Schrank. / Diese Frau ist ein Stein. / Das Kind ist ein Kleiderbügel.

Merkmale von Parabeln untersuchen

Die Stachelschweine *Arthur Schopenhauer*

Eine Gesellschaft Stachelschweine drängte sich, an einem kalten Winter-
tage, recht nahe zusammen, um, durch die gegenseitige Wärme, sich vor
dem Erfrieren zu schützen. Jedoch bald empfanden sie die gegenseitigen
Stacheln, welches sie dann wieder voneinander entfernte. Wann nun das
5 Bedürfnis der Erwärmung sie wieder näher zusammenbrachte, wieder-
holte sich jenes zweite Übel, sodass sie zwischen beiden Leiden hin- und
hergeworfen wurden, bis sie eine mäßige Entfernung voneinander herausgefunden hatten, in der sie es am besten aushalten konnten.

So treibt das Bedürfnis der Gesellschaft, aus der Leere und Monotonie
10 des eigenen Innern entsprungen, die Menschen zueinander; aber ihre vielen widerwärtigen Eigenschaften und unerträglichen Fehler stoßen sie
wieder voneinander ab. Die mittlere Entfernung, die sie endlich herausfinden, und bei welcher ein Beisammensein bestehen kann, ist die Höflich-
keit und feine Sitte. Dem, der sich nicht in dieser Entfernung hält, ruft man
15 in England zu: keep your distance! – Vermöge derselben wird zwar das
Bedürfnis gegenseitiger Erwärmung nur unvollkommen befriedigt, dafür
aber der Stich der Stacheln nicht empfunden. – Wer jedoch viel eigene,
innere Wärme hat, bleibt lieber aus der Gesellschaft weg, um keine Be-
schwerde zu geben noch zu empfangen.

❶ Erläutere Bildebene und Sachebene und formuliere die Aussageabsicht des Textes.
❷ Diskutiert, ob es sich bei Schopenhauers kurzer Erzählung um eine Fabel handelt.
Nehmt dazu die in Aufgabe 3 auf Seite 83 formulierte Definition zu Hilfe.

Ein Mensch *Herbert Heckmann*

Ein Mensch ängstlicher Natur, den allein schon die Vorstellung von Gefahr in Schrecken jagte, beschloss, sich zu
sichern, um dem Grauen aus dem Wege gehen zu können,
das überall auflauerte. Er kehrte sich von der Welt ab, er-
5 richtete in einsamer Gegend, die er freilich mit seinen
Träumen bevölkerte, rings um sich eine Mauer, die er
nach oben hin zu schließen beabsichtigte, sodass sie zu
einem kegelförmigen Gebäude hochwuchs. Er mühte sich
mit Steinen ab, die er von überallher zusammentrug. Ob-
10 wohl er mit größter Umsicht ans Werk ging, konnte er es
nicht verhindern, dass schließlich der Schutz über ihn
hereinbrach und ihn begrub. Da keiner in der Nähe weilte,
konnte niemand die Feststellung treffen, dass ein solches
Maß an Schutz keineswegs eine Sicherheit bietet.

❶ Erschließe die Bildebene der Erzählung, indem du ihren Inhalt in eigenen Worten
wiedergibst.

❷ a) Erschließe die Sachebene der Erzählung, insbesondere die übertragene Bedeutung der
Mauer, die „zu einem kegelförmigen Gebäude hochwuchs" (Z. 7 f.).

b) Beschreibe Situationen oder Lebensweisen, auf die sich das Bild vom Mann und seiner
Mauer übertragen lässt.
Tipps & Hilfen (→ S. 304)

❸ Begründe, warum es sich bei der Erzählung um eine Parabel handelt (→ Info-Kasten).

Info: Merkmale einer Parabel

Parabeln (von griechisch *parabole*: Vergleich) sind kurze Erzählungen, die eine allgemeine
Erkenntnis oder Lebensweisheit bildhaft verdeutlichen.
Das **konkrete erzählte Geschehen (Bildebene)** verweist auf eine allgemeine Einsicht
(Sachebene).
Anders als bei Fabeln gibt es in Parabeln keine „vorgefertigten" Figuren mit bestimmten
Eigenschaften. Die Besonderheiten und Handlungsmotive der Figuren müssen jeweils
erschlossen werden.
In der Parabel wird der Zusammenhang zwischen Bild- und Sachebene meist nicht ausdrück-
lich ausgeführt. Die Leser/-innen werden aufgefordert, selbst Vergleiche anzustellen und
eine übertragene Bedeutung zu erschließen.
In der Parabel fehlt die „Moral" der Fabel. Parabeln können auch rätselhaft und vieldeutig
sein.

Bild- und Sachebene erschließen

Wenn die Haifische Menschen wären (Anfang)
Bertolt Brecht

„Wenn die Haifische Menschen wären", fragte Herrn K. die kleine Tochter seiner Wirtin, „wären sie dann netter zu den kleinen Fischen?" [...]

❶ Wie würdest du die Frage der kleinen Tochter beantworten? Mache dir dazu bewusst, welche Bilder und Vorstellungen du mit „Haifischen" und „Menschen" verbindest:

Haifische sind …	Menschen sind/können …
…	…

Wenn die Haifische Menschen wären (Fortsetzung)
Bertolt Brecht

[...] „Sicher", sagte er. „Wenn die Haifische Menschen wären, würden sie im Meer für die kleinen Fische gewaltige Kästen bauen lassen, mit allerhand Nahrung drin, sowohl Pflanzen als auch Tierzeug. Sie würden dafür sorgen, daß die Kästen immer frisches Wasser hätten, und sie würden
5 überhaupt allerhand sanitärische Maßnahmen treffen, wenn z.B. ein Fischlein sich die Flosse verletzen würde, dann würde ihm sogleich ein Verband gemacht, damit es den Haifischen nicht wegstürbe vor der Zeit. Damit die Fischlein nicht trübsinnig würden, gäbe es ab und zu große Wasserfeste; denn lustige Fischlein schmecken besser als trübsinnige.
10 Es gäbe natürlich auch Schulen in den großen Kästen. In diesen Schulen würden die Fischlein lernen, wie man in den Rachen der Haifische schwimmt. Sie würden z.B. Geographie brauchen, damit sie die großen Haifische, die faul irgendwo rumliegen, finden könnten. Die Hauptsache wäre natürlich die moralische Ausbildung der Fischlein. Sie würden unter-
15 richtet werden, daß es das Größte und Schönste sei, wenn ein Fischlein sich freiwillig aufopfert, und sie alle an die Haifische glauben müßten, vor allem, wenn sie sagten, sie würden für eine schöne Zukunft sorgen. Man würde den Fischlein beibringen, daß diese Zukunft nur gesichert sei, wenn sie Gehorsam lernten. Vor allen niedrigen, materialistischen[1], egoisti-

---

1 materialistische Neigungen: Wunsch, Dinge zu besitzen, zu konsumieren und wohlhabend zu sein

20 schen und marxistischen² Neigungen müßten sich die Fischlein hüten und es sofort melden, wenn eines von ihnen solche Neigungen verriete.

Wenn die Haifische Menschen wären, würden sie natürlich auch untereinander Krieg führen, um fremde Fischkästen und fremde Fischlein zu erobern. Die Kriege würden sie von ihren eigenen Fischlein führen lassen.
25 Sie würden die Fischlein lehren, daß zwischen ihnen und den Fischlein der anderen Haifische ein riesiger Unterschied bestehe. Die Fischlein, würden sie verkünden, sind bekanntlich stumm, aber sie schweigen in ganz verschiedenen Sprachen und könnten einander daher unmöglich verstehen. Jedem Fischlein, das im Krieg ein paar andere Fischlein, feindliche, in anderer Sprache schweigende Fischlein, tötete, würden sie Orden aus Seetang anheften und den Titel Held verleihen.

Wenn die Haifische Menschen wären, gäbe es bei ihnen natürlich auch eine Kunst. Es gäbe schöne Bilder, auf denen die Zähne der Haifische in prächtigen Farben, ihre Rachen als reine Lustgärten, in denen es sich
35 prächtig tummeln läßt, dargestellt wären.

Die Theater auf dem Meeresgrund würden zeigen, wie heldenmütige Fischlein begeistert in die Haifischrachen schwimmen, und die Musik wäre so schön, daß die Fischlein unter ihren Klängen, die Kapelle voran, träumerisch, und in die allerangenehmsten Gedanken eingelullt, in die
40 Haifischrachen strömten.

2 marxistische Neigungen: Der Marxismus (nach Karl Marx, 1818–1883) fordert, dass sich sozial Schwache gegen die Ausbeutung durch Mächtige zur Wehr setzen.

Auch eine Religion gäbe es ja, wenn die Haifische Menschen wären. Sie würde lehren, daß die Fischlein erst im Bauche der Haifische richtig zu leben begännen.

Übrigens würde es auch aufhören, daß alle Fischlein, wie es jetzt ist,
45 gleich sind. Einige von ihnen würden Ämter bekommen und über die anderen gesetzt werden. Die ein wenig größeren dürften sogar die kleineren fressen. Dies wäre für die Haifische nur angenehm, da sie dann selber öfter größere Brocken zu fressen bekämen. Und die größeren, Posten innehabenden Fischlein würden für die Ordnung unter den Fischlein sorgen,
50 Lehrer, Offiziere, Ingenieure im Kastenbau werden.

Kurz, es gäbe erst eine Kultur im Meer, wenn die Haifische Menschen wären." ⒭

❷ Vergleiche Herrn K.'s Antwort mit deiner Antwort aus Aufgabe 1 auf Seite 86. Beschreibe, was dir auffällt.

❸ Erläutere, wie die Parabel auf dich wirkt: z. B. bissig / befremdlich / komisch / ironisch …

❹ a) Unterteile Herrn K.'s Erzählung von den Haifischen in 4 oder 5 Abschnitte. Gib den Abschnitten Überschriften.

b) Fasse für jeden Abschnitt in Stichpunkten zusammen, welche Absichten die Haifische verfolgen und was sie tun, um diese Absichten zu verwirklichen.
Tipps & Hilfen (→ S. 304)

Absichten der Haifische	Was die Haifische dafür tun
1. Grundversorgung der Fische (Z. 1–9) – die kleinen Fische am Leben erhalten, solange das den Haien nutzt – …	– Kästen bauen, Wasser, Nahrung, medizinische Versorgung bereitstellen (vgl. Z. 1–7) … – …

❺ Auf der Bildebene der Parabel werden Absichten und Handlungen der Haifische beschrieben. Erschließe die Sachebene der Parabel, indem du die Absichten und Handlungen auf den menschlichen Bereich überträgst, z. B.:

Die Absicht, die „kleinen Fische" am Leben und gesund zu erhalten, haben auch Herrscher, die Soldaten oder Arbeiter für ihre Zwecke benutzen wollen. Sie lassen z. B. Kasernen und Lazarette bauen und sorgen für Verpflegung, damit die Untergebenen gesund und für den Krieg verwendbar bleiben.
Tipps & Hilfen (→ S. 304)

❻ Die Frage der kleinen Tochter beantwortet Herr K. am Ende zusammenfassend: „Kurz, es gäbe erst eine Kultur im Meer, wenn die Haifische Menschen wären."
Nimm begründet Stellung zu dieser Antwort. Verwende deine Ergebnisse aus Aufgabe 5.

Einen Interpretationsaufsatz verfassen

Interpretation der Parabel
„Wenn die Haifische Menschen wären"
von Bertolt Brecht

Bertolt Brecht verdeutlicht in seiner um 1940 entstandenen Parabel „Wenn die Haifische Menschen wären", wie sich die Mächtigen gegenüber den Schwächeren einer Gesellschaft verhalten: Sie geben
5 *vor, sie zu schützen und zu versorgen, während sie in Wirklichkeit egoistische Motive verfolgen und auf den Erhalt ihrer Macht bedacht sind. Unter dem Deckmantel der Fürsorge nutzen sie die Schwächeren aus und bereichern sich an ihnen.*

10 *Die Tochter seiner Wirtin fragt Herrn K., ob die Haifische die kleinen Fischen besser behandeln würden, wenn sie Menschen wären. Herr K. bestätigt dies, ohne zu zögern, und begründet seine Antwort ausführlich, indem er das Verhalten der Haifische gegen-*
15 *über den kleinen Fischen darstellt.*
Er führt aus, wie die Haifische für die kleinen Fische große Kästen bauen lassen, wie sie Nahrung und medizinische Versorgung sicherstellen und den Fischlein eine Schulbildung zukommen lassen.
20 *Wären die Haifische Menschen, hätten die kleinen Fische auch Zugang zu Kunst, Theater und Musik, und es gäbe eine Religion. Abschließend fasst Herr K. zusammen, dass es im Meer überhaupt erst eine Kultur gäbe, wenn die Haifische Menschen wären.*
25 *Der Text steht vorwiegend im Konjunktiv II, mit dem hier etwas Irreales, bloß Vorgestelltes ausgedrückt wird: Alle Aussagen Herrn K.'s gelten unter der Voraussetzung, dass „die Haifische Menschen wären" (Z.1). Das kleine Mädchen geht dabei von der Vorstellung*
30 *aus, dass Menschen (als kultivierte Wesen) sich „menschlich", d. h. moralisch besser verhalten würden als Haifische, die als Raubtiere davon leben, andere, kleinere und schwächere Lebewesen zu fressen. Herrn*

Einleitung
- Nennung von **Titel, Textsorte, Autor, Jahr der Entstehung oder Veröffentlichung** (falls bekannt)
- **Deutungsthese**: Aussage über die Sachebene der Parabel: Wofür steht das Gesagte, welche Aussageabsicht hat die Parabel?

Hauptteil
- **Inhaltswiedergabe**, in der die Bildebene der Parabel kurz zusammengefasst wird

- **Deutung**
  - stützt Deutungsthese, die am Ende der Einleitung formuliert wurde
  - erläutert den Zusammenhang zwischen Bild- und Sachebene der Parabel

K.s Antwort scheint das anfangs zu bestätigen

35 („Sicher", Z. 1): Die verschiedenen Errungenschaften
menschlicher Kultur (Ernährung, medizinische Versorgung, Bildung, Militär, Kunst usw.) werden auf das
Leben im Meer übertragen. Die „Haifische" auf der
Bildebene der Parabel stehen dabei für die mächtigen

40 Menschen einer Gesellschaft, während die „Fischlein" als
Metapher für die schwächeren Mitglieder der menschlichen Gesellschaft verstanden werden können. Die
„Haifische" verfügen über die Mittel, die die „Fischlein"
zum Leben brauchen (vgl. Z. 1–9), sie bestimmen über

45 die Bildung der „Fischlein" (vgl. Z. 10–21) und weisen
ihnen ihre Aufgaben zu (vgl. Z. 22–31).
Allerdings wird die Hoffnung des kleinen Mädchens nur
scheinbar bestätigt: An mehreren Stellen im Text wird
deutlich, dass die Haifische (wenn sie Menschen wären)

50 nicht aus Freundlichkeit und Sorge um die schwächeren
Fischlein so handeln, sondern aus egoistischen Motiven:

Die „Kultur" ist damit nur Fassade. Sie soll die „Fischlein" glauben machen, die Haifische würden für ihr

55 Wohl sorgen, während sie in Wahrheit ausgenutzt
werden. Auf die Sachebene übertragen übt Brecht
damit Kritik an der menschlichen Gesellschaft.

Die Parabel kann als Kritik an einer Gesellschaft

60 verstanden werden, in der Macht und Reichtum sehr
ungleich verteilt sind und in der die verschiedenen
Bereiche der Kultur die Ungleichheit bestärken und
den Blick von der Ungerechtigkeit ablenken.
Die Parabel bringt indirekt aber auch die Vorstellung

65 einer idealen Gesellschaft zum Ausdruck. Bildung,
Kunst und Kultur würden in dieser Gesellschaft nicht
die ungerechten Verhältnisse zementieren, sondern den
Menschen Möglichkeiten der freien Entfaltung bieten.

---

grundsätzliche Erläuterungen zur
Sachebene (hier: Darstellung der
Herrschaft sozial Starker über sozial
Schwache)
Belege für diese Deutung auf der
Bildebene

genauere Erläuterungen zur Sachebene
(hier: Motivation der Herrschenden)

Belege auf der Bildebene (müssen hier
ergänzt werden)
genauere Erläuterungen zur Sachebene
(hier: Verschleierung der tatsächlichen
Motivation)

Belege auf der Bildebene (müssen hier
ergänzt werden)

Schluss
Der Schluss fasst die Aussageabsicht der
Parabel nochmals zusammen.

---

❶ Ergänze die im Beispielaufsatz ausgesparten Textpassagen in Z. 52 und Z. 58 in deinem
Heft. Belege jeweils die vorhergehende Aussage des Aufsatzes am Text der Parabel.
Tipps & Hilfen (→ S. 305)

Eine Parabel schriftlich interpretieren

Der hilflose Knabe (Auszug)   *Bertolt Brecht*

[...] Einen vor sich hin weinenden Jungen
fragte ein Vorübergehender nach dem Grund
seines Kummers. ‚Ich hatte zwei Groschen für
das Kino beisammen‘, sagte der Knabe, ‚da
5 kam ein Junge und riß mir einen aus der
Hand‘, und er zeigte auf einen Jungen, der in
einiger Entfernung zu sehen war. ‚Hast du
denn nicht um Hilfe geschrien?‘, fragte der
Mann. ‚Doch‘, sagte der Junge und schluchzte
10 ein wenig stärker. ‚Hat dich niemand gehört‘,
fragte ihn der Mann weiter, ihn liebevoll strei-
chelnd. ‚Nein‘, schluchzte der Junge. ‚Kannst
du denn nicht lauter schreien?‘, fragte der
Mann. ‚Dann ▒▒▒▒   Ⓡ

❶ Der Schluss der Parabel ist weggelassen. Verfasse einen eigenen Schluss.
   Tipps & Hilfen (→ S. 305)
❷ Vergleicht eure Schlüsse. Welcher Schluss passt am besten zur vorangegangenen
   Handlung und zum Verhalten der beiden Figuren? Achtet besonders auf die dargestellte
   Ausgangssituation, Aktion und Reaktion.
❸ Am Anfang der Parabel wurde ein Satz weggelassen. Er lautet:

> „Herr K. sprach über die Unart, erlittenes Unrecht stillschweigend in sich
> hineinzufressen, und erzählte folgende Geschichte: ...”

Prüft nochmals eure Varianten. Welche scheiden vor dem Hintergrund des ersten Satzes
aus? Warum?
❹ Bei Bertolt Brecht lautet der Schluss der Parabel: „Dann gib auch den her, sagte er, nahm
   ihm den letzten Groschen aus der Hand und ging unbekümmert weiter.”
   Erkläre das Verhalten von Herrn Keuner am Schluss der Parabel aus der vorangegangenen
   Handlung (Ausgangssituation, Aktion, Reaktion).
❺ Erkläre die Aussageabsicht der Parabel.
❻ Verfasse auf der Grundlage der Ergebnisse der Aufgaben 3 bis 5 eine schriftliche
   Interpretation zu Brechts Parabel „Der hilflose Knabe”.
   Orientiere dich am Beispielaufsatz auf Seite 89 f.

Zum Schmökern, Schauen, Weiterdenken

Der Adler und die Schnecke   *August Friedrich Ernst Langbein*

Der Adler:
„Wie find ich dich, du träges Tier,
Auf diesem Eichenwipfel hier?
Wie kamst du her? – So rede doch!"

Die Schnecke:
„Je nun, ich kroch."

Sein hohes Ehrenamt gewann
Nicht anders mancher Schneckenmann.

Das Geschenk der Feen   *Gotthold Ephraim Lessing*

Zu der Wiege eines jungen Prinzen, der in der Folge einer der größten Regenten seines Landes ward, traten zwei wohltätige Feen.

„Ich schenke diesem meinem Liebling", sagte die eine,
5 „den scharfsichtigen Blick des Adlers, dem in seinem weiten Reiche auch die kleinste Mücke nicht entgeht." „Das Geschenk ist schön", unterbrach sie die zweite Fee. „Der Prinz wird ein einsichtsvoller Monarch werden. Aber der Adler besitzt nicht allein Scharfsichtigkeit, die kleinsten
10 Mücken zu bemerken. Er besitzt auch die edle Verachtung, ihnen nicht nachzujagen. Und diese nehme der Prinz von mir zum Geschenk!" „Ich danke dir, Schwester, für diese weise Einschränkung", versetzte die erste Fee. „Es ist wahr, viele würden weit größere Könige gewesen sein, wenn sie
15 sich weniger mit ihrem durchdringenden Verstand bis zu den kleinsten Angelegenheiten hätten erniedrigen wollen."

❶ Begründe, warum das Gedicht „Der Adler und die Schnecke" eine Fabel ist.

❷ Gib die Moral der Fabel mit eigenen Worten wieder. Beachte hierbei die Doppeldeutigkeit des Wortes „kriechen".

❸ Beschreibe, wie sich die Feen in Lessings Text den idealen Monarchen vorstellen.

❹ Erkläre, auf welche unterschiedlichen Weisen der Adler als König der Lüfte in den beiden Texten vorkommt.

Das Auge *Khalil Gibran*

Das Auge sagte eines Tages: „Ich sehe hinter diesen Tälern im blauen Dunst einen Berg. Ist er nicht wunderschön?"

Das Ohr lauschte und sagte nach einer Weile:
5 „Wo ist ein Berg? Ich höre keinen."

Darauf sagte die Hand: „Ich versuche vergeblich, ihn zu begreifen. Ich finde keinen Berg."

Die Nase sagte: „Ich rieche nichts. Da ist kein Berg."

10 Da wandte sich das Auge in eine andere Richtung. Die anderen diskutierten weiter über diese merkwürdige Täuschung und kamen zu dem Schluss: „Mit dem Auge stimmt etwas nicht."

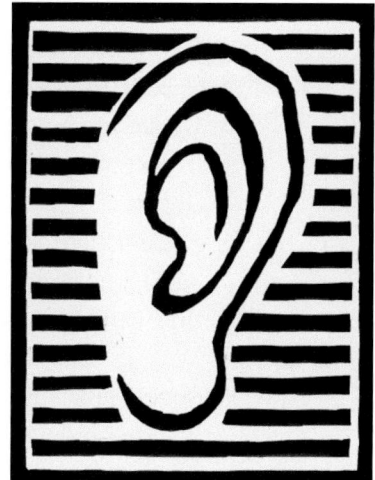

❶ Begründe, warum die Erzählung „Das Auge" eine Parabel ist.

❷ Formuliere eine „Moral der Geschichte".

❸ Vergleiche „Das Auge" mit der Parabel „Die Blinden" (→ S. 80). Beschreibe Ähnlichkeiten und Unterschiede.

Das Gleichnis *Robert Gernhardt*

Wie wenn da einer, und er hielte
ein früh gereiftes Kind, das schielte,
hoch in den Himmel und er bäte:
„Du hörst jetzt auf den Namen Käthe!" –
5 Wär dieser nicht dem Elch vergleichbar,
der tief im Sumpf und unerreichbar
nach Wurzeln, Halmen, Stauden sucht
und dabei stumm den Tag verflucht,
an dem er dieser Erde Licht ...
10 Nein? Nicht vergleichbar? Na, dann nicht!

❶ Erläutere, warum Gernhardts Gedicht komisch wirkt.

❷ Informiere dich über die Textform „Gleichnis". Halte fest, worin sich Parabel und Gleichnis ähneln und worin sie sich unterscheiden.

❸ Schreibe das Gedicht ab Vers 9 weiter, indem du einen weit hergeholten Vergleich zwischen Mann und Elch ausführst. Das Gedicht muss sich nicht reimen. Du kannst so beginnen:
an dem er dieser Erde Licht erblickte / – sind nicht beide auf Suche ...

Die Taube   *Franz Hohler*

Eine Taube flog über das Kriegsgebiet und wurde vom Rotorblatt eines Kampfhelikopters zerfetzt.

Eine ihrer schönen weißen Federn schwebte in den Hof eines Hauses, wo sie von einem Kind aufgelesen wurde.

5 Kurz darauf mussten die Großeltern und die Mutter mit dem Kind flüchten.

„Wir nehmen nur das Nötigste mit", sagte die Mutter, raffte ein paar Kleider zusammen und stopfte sie mit ihren Dokumenten und etwas Geld und Schmuck in einen Koffer, der Großvater füllte zwei Flaschen mit

10 Wasser, die Großmutter packte das letzte Brot, einige Äpfel und eine Schokolade ein.

Das Kind nahm die Feder mit.

① Beschreibt, was die Großeltern und die Mutter unter dem „Nötigste[n]" (Z. 7) verstehen.

② Überlege, warum der Vater in der Geschichte nicht vorkommt.

③ Verfasse einen inneren Monolog, in dem das Kind erläutert, warum es die Feder mitnimmt.

Gold in Alaska   *Jürg Schubiger*

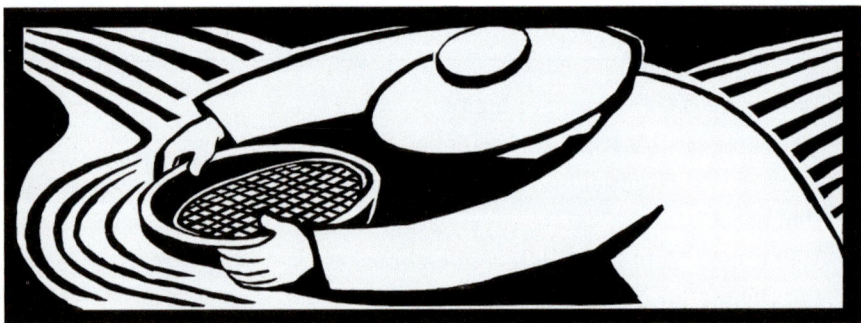

In den Zeitungen stehen manchmal Berichte über die Goldgräberei in Alaska. Immer heißt es da, diese Gräberei sei ein mühsames Handwerk, das keinen Menschen reich mache. Und immer sind auch Fotografien dabei. Sie zeigen zerlumpte Menschen, die in Stiefeln im Wasser stehen, die

5 am Abend verzweifelt sind und billigen Schnaps in die Kehle gießen. Glaubt nicht, was in den Zeitungen steht! In Alaska gibt es nämlich Berge, die innen ganz aus Gold sind. Von außen sieht man ihnen nichts an. Sobald aber einer die Bergrinde schürft, beginnt es zu glänzen, und bei jedem Hackenschlag fallen ihm große Klumpen von reinem Gold direkt vor die

10 Füße. Die Menschen, die man in den Zeitungen sieht, haben sich bloß

verkleidet, um uns zu täuschen. Sie wollen nicht, dass wir hingehen, um selber von diesem Gold zu holen. Wenn Journalisten nach Alaska kommen, ergreifen diese Menschen ein Sieb und waschen mühsam kleine gelbe Körnchen aus dem Flusssand. Sie drehen ihre Zigaretten selber, in den

15 Taschen aber tragen sie die teuersten Zigarren, die Heuchler!

❶ Stelle einander gegenüber, was die Zeitungen über die Goldgräberei in Alaska berichten und was der Erzähler hierüber mitteilt.

❷ Deute die Aussageabsicht des Textes.

❸ Ein Goldgräber gesteht einer Journalistin den Betrug und erzählt von seinem wahren Leben. Schreibe das Geständnis.

Messer und Brot   *Friedrich Wolf*

Es war einmal ein Mann aus der Stadt, der hatte ein Messer, und ein Mann vom Lande, der hatte ein Brot.

„Gib mir ein Stück Brot", sprach der Stadtmann, „so will ich dir mein Messer leihen, und du kannst dir selbst ein Teil herunterschneiden." – „Lei-

5 hen", sprach der Mann vom Lande, „du musst es mir ganz geben." – „Für ein Stück Brot das Messer hergeben", zürnte der andere, und sie stritten bis Abend weiter. Aber der Hunger plagte sie. „Ich will dir ein Stück Brot geben", sprach der Landmann, „leih mir dein Messer." „Nein", entgegnete jetzt der andre, „gib mir das ganze Brot, und du erhältst das Messer."

10 Das taten sie; und wieder hatte jetzt der eine das Brot und der andere das Messer.

❶ Erläutere, warum sich der „Stadtmann" und der „Landmann" in der beschriebenen Weise verhalten.

❷ Prüfe, ob es sich bei der kurzen Erzählung um eine Parabel handelt. Überlege, auf welche Lebenssituation der dargestellte Ablauf übertragen werden könnte.

❸ Verfasse einen Paralleltext mit einer ähnlichen Aussageabsicht.

Morgenworte   *Christine Nöstlinger*

„Zeit ist Geld! Zeit ist jede Menge Geld!", sprach Meier senior tagtäglich zu Meier junior, und dann machte er sich an die Arbeit.

Vom frühen Morgen bis in die späte Nacht hinein arbeitete er und gönnte sich kein bisschen Zeit für andere Dinge als Arbeit. Und so hatte er auch keine Zeit zum Geldausgeben. Reich und immer reicher wurde er.
Dann starb er eines Tages, und Meier junior erbte das ganze Geld.

„Ich will es meinem Vater gleichtun", sprach Meier junior.

„Wie hat er doch tagtäglich zu mir gesagt?" Lange dachte Meier junior nach, denn leider war er ein Morgenmuffel und hatte seines Vaters Morgenworte nie so recht mitbekommen. Endlich meinte er, sich genau erinnern zu können. „Ach ja", rief er, „Geld ist Zeit! Das hat der gute Alte immer gesagt! Geld ist jede Menge Zeit!"

Und dann kündigte Meier junior seinen Job und lebte vom Geld, das ihm Meier senior hinterlassen hatte, und er hatte tatsächlich jede Menge Zeit für andere Dinge als Arbeit.

❶ Formuliere die Aussageabsicht des Textes in einem Satz.
② Bewerte das Verhalten von Meier junior
   a) aus der Perspektive von Meier senior.
   b) aus deiner eigenen Sicht.

Fische   *Christa Reinig*

Ein Fisch biss in einen Angelhaken. Was flatterst du so hektisch herum?, fragten ihn die anderen Fische. Ich flattere nicht hektisch herum, sagte der Fisch an der Angel, ich bin Kosmonaut und trainiere in der Schleuderkammer. – Wer's glaubt, sagten die anderen Fische und sahen zu, wie es weitergehen sollte. Der Fisch an der Angel erhob sich und flog in hohem Bogen aus dem Wasser. Die Fische sagten: Er hat unsere Sphäre verlassen

und ist in den Raum hinausgestoßen. Mal hören, was er erzählt, wenn er zurückkommt. Der Fisch kam nicht wieder. Die Fische sagten: Stimmt also, was die Ahnen uns überliefert haben, dass es da oben schöner ist als
10 hier unten. Ein Kosmonaut nach dem anderen begab sich zum Training in die Schleuderkammer und flog in den Raum hinaus. Die Kosmonauten standen in Reih und Glied und warteten, bis sie drankamen. Am Ufer saß ein einsamer Angler und weinte. Einer der Kosmonauten sprach ihn an und fragte: O großer Fisch, was weinst du, hast du auch gedacht, dass es
15 hier oben schöner ist? – Darum weine ich nicht, sagte der Angler, ich weine, weil ich niemandem erzählen kann, was hier und heute geschieht. Achtundfünfzig in einer Stunde und kein Zeuge weit und breit.

❶ Erläutere, wie die Erzählung auf dich wirkt und wie du sie verstehst.
❷ Diskutiert, ob folgende Deutungsthese plausibel ist: „‚Fische' von Christa Reinig ist eine Parabel, in der es um die menschliche Unfähigkeit zur Zufriedenheit geht."
❸ Vergleiche die Situation und die Verhaltensweisen der „Fische" in Reinigs Erzählung und in Brechts „Wenn die Haifische Menschen wären".

Profitierangebot   *Franz Hohler*

Fisch, Pasteten, Soßenbeutel, Brätkügeli, Nudeln – ich nehme eines nach dem andern aus dem Auffangfach, in das es nach dem Eintippen des Preises geschoben wurde, und verstaue die Waren in meiner Tasche. Die Kassiererin fragt alle Kundinnen und Kunden, ob sie beim Profitierangebot
5 mitmachen wollen, 8-mal einkaufen bis Ende des Monats, und zwar für mindestens 35 Franken, dafür einen Stempel auf die Karte kriegen, und

beim 9. Einkauf gibt's 10 % Rabatt. Wenn sich jemand dafür entscheidet, die Karte mitzunehmen, stempelt sie diese ab mit dem fröhlichen Satz: „Sehen Sie, jetzt haben Sie schon den ersten Stempel!", und auch ich neh-
10 me eine mit, obwohl ich sicher bin, dass ich sie nicht brauche.

Hinter mir aber reagiert die nächste Kundin ganz anders. Es ist eine runzlige kleine Frau in einem dicken schwarzen Mantel, die als Antwort ein Bündelchen Gutscheine auf den Tresen legt, jene Gutscheine, die man zusammen mit dem 5-Franken-Bon für die Cumulus-Karte zugeschickt
15 bekommt. Es stehen beträchtliche, vielversprechende Beträge darauf, aber sie sind zweckgebunden, also 50 Franken beim Kauf eines kompletten Schlagbohrsets oder 125 Franken beim Kauf einer Hollywoodschaukel.

Die Kassiererin erklärt der alten Frau, dass sie die Gutscheine nur bei den entsprechenden Käufen in der entsprechenden Filiale einlösen kann,
20 und schiebt sie wieder zurück, die Frau starrt einen Moment darauf und schiebt sie dann entschlossen wieder der Verkäuferin zu, welche noch-mals zur selben Erklärung ausholt. Vergebens, denn ihre Freundlichkeit prallt am Weiblein im dicken schwarzen Mantel ab, das offensichtlich keiner hiesigen Sprache mächtig ist, wer weiß, welches Idiom ihr vertraut
25 ist, das Kurdische, das Georgische oder das Kasachische, aber die Zahlen kann sie lesen, und die Zahlen versprechen ihr, dass sie etwas zugut hat, deshalb schiebt sie das ganze Gutscheinangebot erneut über die kleine Wechselgeldmulde zur Kassiererin hinüber und schaut sie durchdringend an. Ist sie hier im gelobten Land oder nicht? Sie ist es nicht. Die Verkäufe-
30 rin sagt nochmals dasselbe, lauter und langsamer diesmal, greift sich die Cumulus-Karte des Weibchens aus den Gutscheinen heraus, lässt diese über den Scanner gleiten, welcher sie piepsend quittiert, und händigt sie ihrer Kundin wieder aus, welche sie schließlich ebenso verständnislos wie klaglos in ihr Täschchen steckt, zusammen mit all den leeren Verspre-
35 chungen. Lug und Trug, sie hat es geahnt, sind diese Zahlen, sie sind für andere, wie alles hier, für andere, aber nicht für sie, deren Augen den Blick in Steppen oder in unendliche Hochebenen gewohnt sind, die weit hinter der Kasse und der Verkäuferin und diesem Einkaufszentrum liegen, in dem man ihr nichts vom reichen Segen zugestehen will, der ihr nach ei-
40 nem entbehrungsreichen Leben zusteht.

❶ Beschreibe, wie die Werbeangebote des Supermarkts in der Erzählung dargestellt werden.
❷ Stelle Vermutungen an: Mit welchen Erwartungen könnte die alte Frau in die Schweiz gekommen sein?
❸ Erzähle die Geschichte aus der Sicht der Frau. Gib dabei auch ihre Gedanken und Gefühle wieder.

Katzensprache   *Stephan Sarek*

„Oma wird senil", dachte der Enkel, als Oma zum wiederholten Male ihre Katze fragte, ob sie auch was essen wolle.

Sie waren bei ihr zu Besuch, Kaffee trinken, wie sie es nannten.

Seine Frau sah zu ihm hinüber und hatte den Reiß-dich-zusammen-
5 Blick, den er an ihr nicht leiden konnte. Sicher, Oma war schon 75 Jahre alt und alte Leute werden nun mal schrullig. Aber wenn ihm etwas auf den Keks ging, dann waren das Dinge, die völlig sinnlos waren.

„Stell ihr einfach was hin, dann wirst du doch sehen, ob sie etwas frisst", sagte der Enkel deshalb.

10 Er goss Milch in seinen Kaffee, etwas ängstlich, weil er befürchtete, sie könne auch dieses Mal gerinnen. Wie bei ihrem letzten Besuch.

„Hast du schon Kaffee?", fragte Oma und korrigierte sich gleich, als ihr einfiel, dass sie ihn eben erst eingegossen hatte.

„Ach, ich bin in letzter Zeit etwas vergesslich", bemerkte sie ohne Selbst-
15 mitleid, „wenn mich meine Katze nicht immer an meine Durchblutungs-
tabletten erinnern würde, ich würde immer dicker werden."

Ihr Enkel stöhnte leise auf. Leise genug, dass seine Oma es nicht hörte, aber laut genug, um sich von seiner Frau wieder einen giftigen Blick einzu-
fangen.

20 Dabei hatte sie eigentlich Verständnis für die Reaktionen ihres Mannes. Als Abteilungsleiter einer Computerfirma war ihm unlogisches Verhalten äußerst zuwider. Was sie nur störte, war, dass er dieses Verhalten noch nicht einmal bei seiner eigenen Oma abstellen konnte.

„Oma", sagte sie deshalb, „man wird nicht dicker, bloß weil das Blut di-
25 cker wird. Außerdem solltest du dich vielleicht nicht so sehr auf deine Katze verlassen, sondern die Medikamente dorthin stellen, wo du sie immer siehst, neben deine Fernbedienung zum Beispiel."

Oma winkte ab. „Ich vergess ja auch immer, wo ich die Fernbedienung hingetan habe."

30 „Deine Katze wird dir bestimmt sagen können, wo du sie hingelegt

hast", platzte ihr Enkel dazwischen, so als wäre dieser Hinweis unheimlich schlagfertig und witzig.

„Ja", sagte seine Oma voller Ernst und sah mit fast kindlichen Kulleraugen in die Runde, „ihr werdet lachen, aber wenn ich meine Fernbedienung 35 suche, führt sie mich immer hin."

Ihr Enkel verdrehte die Augen nach oben. Meine Güte, würde man auch mal so rumspinnen?

Seine Frau trat ihm gegen den Fuß und sah ihn jetzt mit dem Oma-ist-fünfundsiebzig-Jahre-alt-Blick an.

40 Er antwortete ihr mit dem Das-ist-kein-Grund-Blick und sah dann rüber zur Katze, die wie unbeteiligt auf dem Telefontisch saß und mit gelangweilter Miene zu ihnen herüberschaute. Er konnte Katzen nicht ausstehen.

Nicht nur, dass er allergisch gegen sie war, vor allem, wenn sie so unbe-
45 teiligt herumsaßen und gelangweilt dreinblickten, mochte er sie nicht. Die Katze erwiderte seinen Blick. Fast ein ironischer Gesichtsausdruck, stellte er fest. Und als sich dieser Gesichtsausdruck zu einer verächtlichen Herabgelassenheit veränderte, wandte er sich verschreckt seiner Kaffeetasse zu.

„Hast du schon Kaffee?", fragte seine Oma erneut.

50 „Ja doch", antwortete er diesmal mit Nachdruck und leichter Gereiztheit.

„Ach, ich werde in letzter Zeit immer vergesslicher", seufzte seine Oma.

„Frag deine Katze, ob ich Kaffee habe", dachte sich ihr Enkel.

Als sie sich verabschiedeten und die Tür der Wohnung hinter ihnen ins
55 Schloss fiel, waren beide erleichtert.

„Oma ist schon fünfundsiebzig", bemerkte seine Frau, ohne dass ihr Mann etwas gesagt hatte.

„Aber anstrengend ist sie doch", antwortete dieser.

Oma räumte die Kaffeetassen in die kleine Küche und ließ heißes Was-
60 ser in die Spüle laufen.

„Hast du jetzt Hunger, Mausilein?", fragte sie und drehte sich ihrer Katze zu.

„Ja, jetzt könnte ich was essen", dachte diese. „Weißt du eigentlich, dass sie glauben, du wärest nicht ganz richtig im Kopf?"

65 „Ja, sicher weiß ich das, Mausilein", antwortete Oma lachend, „aber mein Gott, sie sind doch beide noch so jung."

❶ Erläutere, worin die Pointe des Textes besteht.

❷ Beschreibe das Verhältnis des Enkels zu seiner Oma.

③ Wie beurteilt die Frau das Verhalten ihres Mannes?

„Sie sind ja sooo wichtig!" *Axel Hacke*

Sie hatte Locken, goldrot wie Kirschholz, ein schmales, klares Gesicht, Augen dunkelgrün. Als sie mir nach der Lesung das Buch zum Signieren hinlegte, sah sie mich länger an, als ich es ge-
5 wohnt bin, wenn man mir ein Buch zum Signieren hinlegt. Ich beugte mich betäubt über die Seite und schrieb meinen Namen. An die Stelle, an die das Datum kommt, setzte ich meine Handy-Nummer. Klappte das Buch zu, gab es ihr
10 zurück.

Als ich das Exemplar des Nächsten in der Schlange signierte, dachte ich: Handy-Nummer! Plumper ging's nicht, was? Wie der stumpfsinnigste Immobilien-Typ! „Sie sind schön, ich bin
15 verwirrt, ich habe meinen Namen vergessen", hätte ich schreiben sollen, dann die Nummer. Was für eine peinliche Scheiße! Wo ist sie? Muss ihr das Buch wegnehmen.

Sie war verschwunden.
20 Ein paar Tage später war ich mit Paola abends in der Stadt.

„Wir haben nichts zu essen daheim", sagte sie. Wir standen vorm Dallmayr und gingen hinein. Der Laden war brechend voll. Am Marmeladenregal klingelte das Handy.

„Ich wollte die Nummer im Buch ausprobieren", sagte eine rothaarige
25 Stimme.

Ich drehte mich um. „Halloo ...", telefonierte ich ins Marmeladenregal hinein.

„Wer ist das?", fragte Paola leise. Ich machte eine abwehrende Handbewegung. Sie schob sich durch das Gewühl zur Salattheke.
30 In dem Moment trat ein älterer, kleiner Mann in einem abgetragenen grauen Lodenmantel neben mich, starrte böse und zischte: „Mein Gott, jetzt telefonieren die Leute schon beim Dallmayr!" Er machte eine Pause, dann sagte er: „Sie sind ja so wichtig, mein Gott, wie wichtig! Müssen beim Dallmayr telefonieren, so wichtig!"
35 „Ist der Dallmayr eine Kirche, oder was?", sagte ich. „Sind Sie noch da?", fragte ich ins Telefon.

„Natürlich", sagte sie.

Der Mann zischte wieder: „Sie sind ja sooo wichtig!"

„Was wollen Sie? Lassen Sie mich in Ruhe!" sagte ich.

40 „Aber Sie haben doch die Nummer in das Buch geschrieben!", sagte die Frau im Telefon.

Ich steckte den Kopf mit dem Telefon tief in eine Lücke zwischen den Marmeladengläsern. Der Mann stellte sich auf die Zehenspitzen. Bellte mir ins Gesicht: „Sind ja sooo wichtig!"

45 „Ich hätte das nicht tun sollen", sagte ich ins Handy.

„Peinlich, dass ich anrufe?", fragte sie.

Der Mann war verrückt. Seine Augen waren hasserfüllt. „Sie sind ja sooo wichtig!", keuchte er durchs Regal. „Müssen beim Dallmayr telefonieren!"

„Nein", sagte ich in den Apparat. „Ich hätte einfallsreicher sein sollen.

50 Etwas wie: ,Sie sind schön, ich bin verwirrt, ich habe meinen Namen vergessen.' Fiel mir erst hinterher ein."

Ich hatte den Kopf fast hinter den Gläsern mit der Erdbeermarmelade.

„Sie sind verwirrt? Haben Ihren Namen vergessen?", fragte sie. Durch das Gezischele des Irren hatte sie nicht den ganzen Satz verstanden. „Mit

55 wem spreche ich?", fragte sie.

Paola blickte von der Salattheke herüber. Der Kopf des Mannes folgte mir, krebsrot. Ist das hier der Dallmayr oder Teufels Küche?, dachte ich. „Sie sind ja sooo wichtig", höhnte der Mann.

„Sind Sie wahnsinnig?", zischte ich. „Nein, ich wollte sagen ... ", sagte ich

60 ins Telefon, „hallo?... Hallo?"

Aufgelegt.

„Arschloch", sagte ich zum Lodenmantel und drängelte durch die Menge zu Paola.

„Ein soooo wichtiger Herr!", höhnte er hinter mir her.

65 „Was wollte der komische Typ von dir?", fragte sie. „Keine Ahnung", antwortete ich müde.

„Und wer war nun am Telefon?", fragte sie.

„Keine Ahnung, nichts verstanden", antwortete ich noch müder.

„Ich habe Salat zum Abendessen gekauft", sagte sie sanft. „Möchtest du

70 noch etwas anderes außerdem?" Sie gab mir einen Kuss.

Ich mach's auch nie wieder, dachte ich, nie wieder! Ich Schwein. Ich Narr. Ich Narrenschwein.

„Ich ... ach, ich bin doch nicht wichtig", sagte ich leise.

❶ Beschreibe, wie der Erzähler nach dem Signieren des Buchs sein Handeln beurteilt.

❷ Erkläre, warum der Erzähler am Ende sagt: „Ich ... ach, ich bin doch nicht wichtig."

❸ Die Frau am Telefon redet am nächsten Tag mit einer Freundin über den Vorfall. Verfasse ein Gespräch.

Eine Parabel interpretieren

Merkmale der Parabel	Beispiele (Parabel „Die Blinden" → S. 80)
Das **erzählte Geschehen (Bildebene)** verweist auf eine **allgemeine Erkenntnis** oder **Lebensweisheit (Sachebene)**.	*Das Abtasten des Elefanten durch die Blinden (Bildebene) verweist auf die menschliche Wahrnehmung der Realität (Sachebene).*
Der **Zusammenhang zwischen Bild- und Sachebene** wird meist **nicht ausdrücklich** hergestellt.	*Die Bedeutung des Elefanten wird nicht erläutert.*
Parabeln können **mehrere Deutungen** zulassen.	*Der Elefant kann als Bild stehen für „die Realität", „das Leben", „den Menschen" …*

Interpretationsaufsatz: Parabel

Aufbau	Beispiel
Einleitung - **Titel, Textsorte, Autor/-in, Jahr der Entstehung oder Veröffentlichung** - **Deutungsthese**: Aussage über die Sachebene der Parabel	*Khalil Gibran verdeutlicht in seiner um 1918 entstandenen Parabel „Das Auge" (→ S. 93), wie unterschiedlich menschliche Wahrnehmung sein kann und dass daraus Missverständnisse entstehen können.*
Hauptteil - **Wiedergabe des Inhalts**: kurze Zusammenfassung der Bildebene - **Interpretation**: erläutert den Zusammenhang zwischen Bild- und Sachebene und belegt die Deutung am Text	*In dem Text sieht das Auge einen Berg, den das Ohr, die Hand und die Nase nicht wahrnehmen können. Das Auge wendet sich schließlich ab und die anderen Sinnesorgane denken, dass die Wahrnehmung des Auges falsch ist.* *Dass die Hand versucht, den Berg zu „begreifen" (Z. 7) und nicht zu (er)greifen, zeigt, dass es nicht um Sinnesorgane geht, sondern um das Bild, das sich der Mensch von der Realität macht …*
Schluss Der Schluss fasst die Aussageabsicht der Parabel nochmals zusammen.	*In der Parabel geht es darum, dass eine abweichende Wahrnehmung der Realität nicht falsch sein muss. Was als Realität erscheint, ist immer von den besonderen Voraussetzungen des Wahrnehmenden abhängig.*

5 Missverständnisse
Komische Texte untersuchen

Streifen zwei Jäger durch das Unterholz, als plötzlich einer der beiden zusammenbricht. Er scheint nicht mehr zu atmen, seine Augen sind verdreht. Der andere Jäger greift nach seinem Handy und wählt den Notruf. „Ich glaube, mein Freund ist tot", schreit der Jäger, „was soll ich machen?" In der Leitstelle versucht man, den Mann zu beruhigen: „Regen Sie sich nicht auf, wir werden Ihnen helfen. Stellen Sie erst einmal sicher, dass er wirklich tot ist." Am anderen Ende der Leitung herrscht einen Augenblick Stille, dann fällt ein Schuss. „Erledigt", sagt der Jäger, „was jetzt?"

1. Erläutere, wodurch bei den Cartoons und dem Witz Komik entsteht.
2. Stellt euch gegenseitig Cartoons, kurze Comedy-Szenen oder eure Lieblingswitze vor und erläutert, weshalb ihr diese lustig findet.
3. Diskutiert: Wovon hängt es ab, ob jemand etwas komisch findet oder nicht?

In diesem Kapitel...

- beschäftigst du dich mit unterschiedlichen komischen Texten.
- lernst du Funktionsweisen des Komischen kennen.
- analysierst du komische Texte im Hinblick auf den Einsatz stilistischer Mittel.
- verfasst du selbst komische Texte.
- untersuchst du, wie Kommunikation funktioniert und wie dabei Missverständnisse entstehen.

Komische Szenen untersuchen

Der Feierabend *Loriot (Vicco von Bülow, 1977)*

Sie: Hermann …
Er: Ja …
Sie: Was machst du da?
Er: Nichts …
5 **Sie:** Nichts? Wieso nichts?
Er: Ich mache nichts …
Sie: Gar nichts?
Er: Nein …
(Pause)
10 **Sie:** Überhaupt nichts?
Er: Nein … ich sitze hier …
Sie: Du sitzt da?
Er: Ja …
Sie: Aber irgendwas *machst* du doch?
15 **Er:** Nein.
(Pause)
Sie: *Denkst* du irgendwas?
Er: Nichts Besonderes …
Sie: Es könnte ja nicht schaden, wenn du mal etwas spazierengingest …
20 **Er:** Neinnein.
Sie: Ich bringe dir deinen Mantel …
Er: Nein, danke …
Sie: Aber es ist zu kalt ohne Mantel …
Er: Ich gehe ja nicht spazieren …
25 **Sie:** Aber eben wolltest du doch noch …
Er: Nein, du wolltest, daß ich spazierengehe …
Sie: Ich? Mir ist es völlig egal, ob *du spazierengehst* …
Er: Gut …
Sie: Ich meine nur, es könnte dir nicht schaden, wenn du mal spazieren-
30 gehen würdest …
Er: Nein, *schaden* könnte es nicht …
Sie: Also was willst du denn nun?
Er: Ich möchte hier sitzen …
Sie: Du kannst einen ja wahnsinnig machen.
35 **Er:** Ach …
Sie: Erst willst du spazierengehen … dann wieder nicht … dann soll ich
deinen Mantel holen … dann wieder nicht … was denn nun?

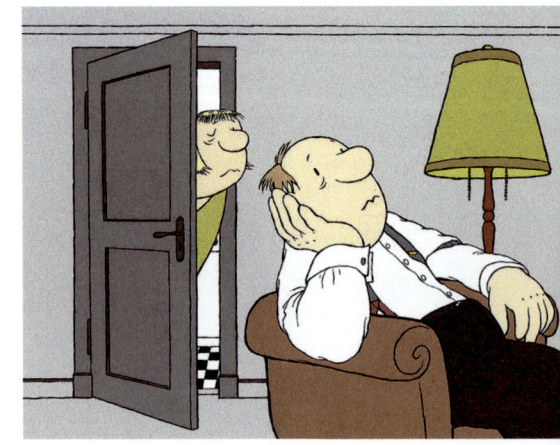

Er: Ich möchte hier sitzen ...

Sie: Und jetzt möchtest du plötzlich da sitzen ...

40 **Er:** Gar nicht plötzlich ... ich wollte immer nur hier sitzen ... und mich entspannen ...

Sie: Wenn du dich wirklich *entspannen* wolltest, würdest du nicht dauernd auf mich *einreden* ...

Er: Ich sag ja nichts mehr ...

45 **Sie:** Jetzt hättest du doch Zeit, irgendwas zu tun, was dir Spaß macht.

Er: Ja ...

Sie: Liest du was?

Er: Im Moment nicht ...

Sie: Dann lies doch mal was ...

50 **Er:** Nachher, nachher vielleicht ...

Sie: Hol dir doch die Illustrierten ...

Er: Ich möchte erst noch etwas hier sitzen ...

Sie: Soll *ich* sie dir holen?

Er: Neinnein, vielen Dank ...

55 **Sie:** Will der Herr sich auch noch bedienen lassen, was?

Er: Nein, wirklich nicht ...

Sie: Ich renne den *ganzen* Tag hin und her ... Du könntest wohl *einmal* aufstehen und dir die Illustrierten holen ...

Er: Ich möchte jetzt nicht lesen ...

60 **Sie:** Dann quengle doch nicht so rum.

Er: *(schweigt)*

Sie: Hermann!

Er: *(schweigt)*

Sie: Bist du taub?

65 **Er:** Neinnein ...

Sie: Du tust eben *nicht*, was dir Spaß macht ... statt dessen *sitzt* du da!

Er: Ich sitze hier, weil es mir Spaß macht ...

Sie: Sei doch nicht gleich so aggressiv ...

Er: Ich bin doch nicht aggressiv ...

70 **Sie:** Warum schreist du mich dann so an?

Er: *(schreit)* ... Ich schreie dich nicht an!! ☒

❶ a) Tragt den Text als szenische Lesung mit verteilten Rollen vor.

b) Ergänzt auf der Grundlage eurer Beobachtungen Regieanweisungen zu Tonfall, Lautstärke, Sprechtempo, Gestik und Mimik. Verwendet dafür Klebezettel oder eine Textkopie.

❷ Arbeitet gemeinsam heraus, wodurch die Komik in dieser Szene entsteht.

Eine komische Erzählung untersuchen

Letzte Sätze   *Horst Evers (2013)*

Von einigen berühmten oder auch nicht so berühmten Menschen wird
behauptet, man kenne die letzten Worte, die sie vor ihrem Tode gesagt
haben. Goethes „Mehr Licht", Archimedes' „Störe meine Kreise nicht!"
oder der schöne, alte Witz über den letzten Satz eines Fluggastes: „Guck
5 mal, ich kann mit meinem Handy die Landeklappen fernsteuern!" haben
schon viele Menschen zum Nachdenken angeregt.

Humphrey Bogart soll als Allerletztes tatsächlich gesagt haben: „Ich
hätte nicht von Scotch zu Martini wechseln sollen", während Bertolt
Brecht mit einem sympathischen: „Lasst mich in Ruhe" abgetreten ist. Nur
10 so mittelmäßig einfallsreich war wohl Luis Buñuel, der gesagt haben soll:
„Ich sterbe", womit er natürlich zwar recht hatte, andererseits aber auch
ein bisschen als Klugscheißer das Diesseits verlassen hat.

2011 habe ich sogar bei der Berlinale einen zweieinhalbstündigen ungarischen Film gesehen, der praktisch nur um den letzten Satz von Friedrich
15 Nietzsche ging. Also quasi. 1889 ist Nietzsche in Paris vors Haus gegangen,
hat einen Kutscher gesehen, der auf sein Pferd eindrosch, sich schützend
vor das Pferd gestellt und ist dann von einer Sekunde auf die andere in eine Art Wachkoma gefallen. Zehn Tage später hat der Philosoph wohl noch
einmal einen hellen Moment gehabt und seinen berühmten letzten Satz
20 gesagt: „Mutter, ich bin dumm." Hernach verbrachte er seine letzten Jahre
schweigend in Demenz. Das alles ist bekannt. Der Film geht allerdings der
sehr interessanten Frage nach: „Was ist eigentlich mit dem Pferd passiert?
Wie ist es dem weiter ergangen?"

Einen solchen Ansatz finde ich immer lobenswert. Auch mal die andere
25 Seite zu betrachten. Also bei Bergsteigerfilmen zum Beispiel nicht nur von

den Dramen und Tragödien der abgestürzten Bergsteiger zu erzählen, sondern auch mal zu überlegen, wie sich eigentlich der Berg damit fühlt, wenn da ständig Menschen von ihm runterfallen ...

... meine Freundin zumindest beherrscht diesen etwas weiteren Blick.
30 Kürzlich, als ich wegen einer mittleren Fischvergiftung schwer leidend über der Kloschlüssel hing, hat sie tatsächlich nur gesagt: „Oje, der arme Fisch."

Im Berlinalefilm passiert dann übrigens zweieinhalb Stunden lang quasi nichts. Klingt seltsam, ist aber großes Kino und gibt mal einen schönen
35 Eindruck über die Gedankenwelt von Pferden ...

... in jedem Falle habe ich mir jetzt auch einen letzten Satz für mich überlegt. Dieser Satz ist hervorragend: philosophisch, humorvoll und absolut geeignet, mich für immer als aber ganz schön intelligent, selbst und gerade im Sterben in Erinnerung zu halten.
40 Mein Problem ist nur: Wie kann ich sicher sein, dass ich ihn auch kurz vor meinem Tod sage. Ich meine, in solchen Situationen, also wenn man gerade stirbt, ist man doch oft mit seinen Gedanken ganz woanders. Werde ich mich da an meinen letzten Satz erinnern? Was, wenn ich sozusagen meinen Text vergesse? Wäre ja nicht das erste Mal.
45 Zudem gibt es das Problem, dass ich den Satz natürlich nicht schon vorher sagen darf. Dann wäre es ja eben nicht mehr mein letzter Satz. Meine unsterblichen, großen, finalen Worte.

Der naheliegendste Gedanke erscheint mir deshalb, das Sterben einfach einmal vorher zu proben. Komplett mit Regie, anderen Schauspielern
50 und Textbuch. Ist aber auch irgendwie schwierig, weil den Satz darf ich ja trotzdem nicht sagen. Außerdem wird es wahrscheinlich schwer, den Schauspielern und dem Regisseur zu erklären, was wir da eigentlich proben. Also zumindest ohne hinterher als recht verschroben zu gelten.

Ich habe noch keine Ahnung, wie ich dieses Problem lösen soll. Womöglich geht es mir am Ende so wie Pancho Villa, dem mexikanischen
55 Freiheitskämpfer. Der soll als letzten Satz zu einem Journalisten gesagt haben: „Oje, das geht zu schnell, bitte schreiben Sie, dass ich etwas gesagt hätte."

Wobei man, meiner Meinung nach, nun sehr darüber streiten kann, ob
60 ihm dieser Journalist mit dieser Überlieferung jetzt seinen letzten Wunsch erfüllt hat oder doch eher gerade eben nicht.

❶ Nenne Textstellen, die du als komisch empfindest. Erläutere, wodurch die Komik jeweils entsteht.

2 a) Untersuche mithilfe der Info-Karten auf der rechten Seite, mit welchen Stilmitteln in den folgenden Textauszügen aus dem Text „Letzte Sätze" eine komische Wirkung erzeugt wird.
Tipps & Hilfen (→ S. 306)

b) Diskutiert eure Lösungen: In welchen Fällen war eine eindeutige Zuordnung möglich und in welchen nicht?

A „[...] der schöne, alte Witz über den letzten Satz eines Fluggastes: ‚Guck mal, ich kann mit meinem Handy die Landeklappen fernsteuern!'" (Z. 4 ff.)

B „Humphrey Bogart soll als Allerletztes tatsächlich gesagt haben: ‚Ich hätte nicht von Scotch zu Martini wechseln sollen.'" (Z. 7 f.)

C „[...] während Bertolt Brecht mit einem sympathischen ‚Lasst mich in Ruhe' abgetreten ist." (Z. 8 f.)

D „Nur so mittelmäßig einfallsreich war wohl Luis Buñuel, der gesagt haben soll: ‚Ich sterbe', womit er natürlich zwar recht hatte, andererseits aber auch ein bisschen als Klugscheißer das Diesseits verlassen hat." (Z. 9 ff.)

E „Womöglich geht es mir am Ende so wie Pancho Villa, dem mexikanischen Freiheitskämpfer. Der soll als letzten Satz zu einem Journalisten gesagt haben: ‚Oje, das geht zu schnell, bitte schreiben Sie, dass ich etwas gesagt hätte.'" (Z. 54 ff.)

F „Also bei Bergsteigerfilmen zum Beispiel nicht nur von den Dramen und Tragödien der abgestürzten Bergsteiger zu erzählen, sondern auch mal zu überlegen, wie sich eigentlich der Berg damit fühlt, wenn da ständig Menschen von ihm runterfallen ...

... meine Freundin zumindest beherrscht diesen etwas weiteren Blick. Kürzlich, als ich wegen einer mittleren Fischvergiftung schwer leidend über der Kloschüssel hing, hat sie tatsächlich nur gesagt: ‚Oje, der arme Fisch.'" (Z. 25 ff.)

Stilmittel des Komischen

Die Verfremdung:

Komik durch Verfremdung entsteht dadurch, dass man eine Situation beispielsweise aus einer anderen Perspektive betrachtet oder in einen anderen Zusammenhang einordnet, z. B.:

- *Weihnachten aus der Sicht des Weihnachtsbaums darstellt* oder
- *eine Kunstausstellung wie ein Fußballspiel kommentiert.*

Die Hyperbel (Übertreibung):

Als Hyperbel bezeichnet man eine starke Übertreibung. Geht die Übertreibung über das Glaubwürdige hinaus, entsteht eine komische Wirkung, z. B.:

- *Der Hund stank sogar auf Fotos.*

Das Understatement (Untertreibung):

Das Understatement spielt besonders im englischen Humor eine große Rolle, z. B.:

- *Eine Million Dollar sind ein ganz hübsches Sümmchen.*

Ironie und Selbstironie:

Ironie bedeutet, dass erkennbar das Gegenteil von dem gesagt wird, was gemeint ist, z. B.:

- *Das ist ja eine schöne Bescherung!*

Selbstironie oder auch Selbstentblößung bedeutet, dass man sich über sich selbst lustig macht, z. B.:

- *Ich kann zwar kochen, aber man kann es nicht essen.*

Die Inkongruenz:

Als Inkongruenz bezeichnet man, wenn zwei Dinge „in einen Topf geworfen" werden, die eigentlich nicht zusammenpassen. Inkongruenz bringt uns zum Lachen, weil sie unsere Erwartungshaltung durchbricht, z. B.:

- *Warum geht ein Kamel durch die Wüste? – Weil es auf die andere Seite will.*

Das Klischee:

Klischees (Vorurteile) wirken insbesondere dann komisch, wenn sie stark übertrieben werden, z. B.:

- *Was macht die Blondine in der Wüste? – Sie saugt Staub.*

③ Suche für diese sechs Stilmittel des Komischen selbst weitere Beispiele.

④ Verfasse einen Text, indem du eine alltägliche Situation so verfremdest, dass sie komisch wirkt, z. B.:
- das Familienfrühstück,
- eine Unterrichtsstunde,
- deinen Schulweg,
- einen Einkauf im Supermarkt,
- einen Arztbesuch.

Eine komische Geschichte interpretieren

Nicht alles gefallen lassen ...   *Gerhard Zwerenz (1962)*

Wir wohnten im dritten Stock mitten in der Stadt und haben uns nie etwas zuschulden kommen lassen, auch mit Dörfelts von gegenüber verband uns eine jahrelange Freundschaft, bis die Frau sich kurz vor dem Fest unsre Bratpfanne auslieh und nicht zurückbrachte. Als meine Mut-
5 ter dreimal vergeblich gemahnt hatte, riss ihr eines Tages die Geduld und sie sagte auf der Treppe zu Frau Muschg, die im vierten Stock wohnt, Frau Dörfelt sei eine Schlampe. Irgendwer muss das den Dörfelts hinterbracht haben, denn am nächsten Tag überfielen Klaus und Achim unsern Jüngsten, den Hans, und prügelten ihn windelweich. Ich stand
10 grad im Hausflur, als Hans ankam und heulte. In diesem Moment trat Frau Dörfelt drüben aus der Haustür, ich lief über die Straße, packte ihre Einkaufstasche und stülpte sie ihr über den Kopf. Sie schrie aufgeregt um Hilfe, als sei sonst was los, dabei drückten sie nur die Glasscherben etwas auf den Kopf, weil sie ein paar Milchflaschen in der Tasche gehabt
15 hatte. Vielleicht wäre die Sache noch gut ausgegangen, aber es war just um die Mittagszeit, und da kam Herr Dörfelt mit dem Wagen angefahren. Ich zog mich sofort zurück, doch Elli, meine Schwester, die mittags zum Essen heimkommt, fiel Herrn Dörfelt in die Hände. Er schlug ihr ins Gesicht und zerriss dabei ihren Rock. Das Geschrei lockte unsere Mutter
20 ans Fenster, und als sie sah, wie Herr Dörfelt mit Elli umging, warf unsre Mutter mit Blumentöpfen nach ihm. Von Stund an herrschte erbitterte Feindschaft zwischen den Familien. Weil wir nun den Dörfelts nicht über den Weg trauten, installierte Herbert, mein ältester Bruder, der bei einem Optiker in die Lehre geht, ein Scherenfernrohr am Küchenfenster.
25 Da konnte unsre Mutter, waren wir andern alle unterwegs, die Dörfelts beobachten. Augenscheinlich verfügten diese über ein ähnliches Instrument, denn eines Tages schossen sie von drüben mit einem Luftgewehr herüber. Ich erledigte das feindliche Fernrohr dafür mit einer Kleinkaliberbüchse, an diesem Abend ging unser Volkswagen unten im Hof in die
30 Luft. Unser Vater, der als Oberkellner im hochrenommierten Café Imperial arbeitete, nicht schlecht verdiente und immer für den Ausgleich eintrat, meinte, wir sollten uns jetzt an die Polizei wenden. Aber unserer Mutter passte das nicht, denn Frau Dörfelt verbreitete in der ganzen Straße, wir, das heißt unsre gesamte Familie, seien derart schmutzig,
35 dass wir mindestens zweimal jede Woche badeten und für das hohe

Wassergeld, das die Mieter zu gleichen Teilen zahlen müssen, verantwortlich wären. Wir beschlossen also, den Kampf aus eigener Kraft in aller Härte aufzunehmen, auch konnten wir nicht mehr zurück, verfolgte doch die ganze Nachbarschaft gebannt den Fortgang des Streites. Am
40 nächsten Morgen schon wurde die Straße durch ein mörderisches Geschrei geweckt. Wir lachten uns halb tot, Herr Dörfelt, der früh als Erster das Haus verließ, war in eine tiefe Grube gefallen, die sich vor der Haustüre erstreckte. Er zappelte ganz schön in dem Stacheldraht, den wir gezogen hatten, nur mit dem linken Bein zappelte er nicht, das hielt er fein
45 still, das hatte er sich gebrochen. Bei alledem konnte der Mann noch von Glück sagen – denn für den Fall, dass er die Grube bemerkt und umgangen hätte, war der Zünder einer Plastikbombe mit dem Anlasser seines Wagens verbunden. Damit ging kurze Zeit später Klunker-Paul, ein Untermieter von Dörfelts, hoch, der den Arzt holen wollte. Es ist be-
50 kannt, dass die Dörfelts leicht übel nehmen. So gegen zehn Uhr begannen sie unsre Hausfront mit einem Flakgeschütz zu bestreichen. Sie mussten sich erst einschießen, und die Einschläge befanden sich nicht alle in der Nähe unserer Fenster. Das konnte uns nur recht sein, denn jetzt fühlten sich auch die anderen Hausbewohner geärgert, und Herr
55 Lehmann, der Hausbesitzer, begann um den Putz zu fürchten. Eine Weile sah er die Sache noch an, als aber zwei Granaten in seiner guten Stube krepierten, wurde er nervös und übergab uns den Schlüssel zum Boden. Wir robbten sofort hinauf und rissen die Tarnung von der Atomkanone. Es lief alles wie am Schnürchen, wir hatten den Einsatz oft genug geübt,
60 die werden sich jetzt ganz schön wundern, triumphierte unsre Mutter und kniff als Richtkanonier das rechte Auge fachmännisch zusammen. Als wir das Rohr genau auf Dörfelts Küche eingestellt hatten, sah ich drüben gegenüber im Bodenfenster ein gleiches Rohr blinzeln, das hatte freilich keine Chance mehr, Elli, unsre Schwester, die den Verlust ihres
65 Rockes nicht verschmerzen konnte, hatte zornroten Gesichts das Kommando „Feuer!" erteilt. Mit einem unvergesslichen Fauchen verließ die Atomgranate das Rohr, zugleich fauchte es auch auf der Gegenseite. Die beiden Geschosse trafen sich genau in der Straßenmitte. Natürlich sind wir nun alle tot, die Straße ist hin, und wo unsre Stadt früher stand, brei-
70 tet sich jetzt ein graubrauner Fleck aus. Aber eins muss man sagen, wir haben das Unsre getan, schließlich kann man sich nicht alles gefallen lassen. Die Nachbarn tanzen einem sonst auf der Nase herum.

1 Worin besteht die Pointe der Geschichte?

❷ Begründe, welche der folgenden Aussagen das Thema des Textes „Nicht alles gefallen lassen …" am besten wiedergibt.

In der Erzählung „Nicht alles gefallen lassen …" von Gerhard Zwerenz aus dem Jahr 1962 geht es um …

A … zwei Familien, die aus einem nichtigen Anlass in Streit geraten, der schnell eskaliert und in kriegerischen Handlungen mit tödlichen Folgen endet.

B … zwei Familien, die sich nicht leiden können und sich gegenseitig das Leben schwer machen, bis eine Familie schließlich eine Atombombe wirft.

C … um Familie Dörfelt, die sich mit einem Atomschlag an ihren Nachbarn rächt, weil diese sie provoziert haben.

❸ a) Skizziere die Personenkonstellation und den Ort der Handlung.

b) Notiere die Eskalationsstufen des Konflikts zwischen der Familie des Ich-Erzählers und den Dörfelts wie im Beispiel.

c) Betrachte den Schluss der Geschichte genauer:
  - An welcher Textstelle beginnt der finale „Showdown"?
  - Was fällt an den letzten beiden Sätzen des Textes auf?

Mutter des Ich-Erzählers bezeichnet Frau Dörfelt einer Nachbarin gegenüber als Schlampe.

Familie Dörfelt leiht sich eine Bratpfanne aus, die sie nicht zurückgibt.

❹ Fasse den Inhalt der Erzählung kurz zusammen. Nutze deine Ergebnisse aus Aufgabe 3.
Tipps & Hilfen (→ S. 306)

❺ Untersuche die sprachliche und stilistische Gestaltung des Textes genauer. Beantworte dazu die folgenden Fragen in Stichpunkten:
- Welche Besonderheit zeichnet die Ich-Erzählerin / den Ich-Erzähler aus?
- Was fällt dir im Hinblick auf die Zeitform auf?
- Welche Stilmittel des Komischen verwendet der Autor? Suche Beispiele für
  - Hyperbeln (Übertreibungen),
  - Understatement (Untertreibungen),
  - Inkongruenz,
  - Ironie.

Tipps & Hilfen (→ S. 306 f.)

❻ Verfasse eine schriftliche Interpretation des Textes „Nicht alles gefallen lassen …". Orientiere dich an den Angaben im Info-Kasten und nutze deine Ergebnisse aus den Aufgaben 1–5.

Tipps & Hilfen (→ S. 307)

⑦ Besprecht, auf welche aktuellen politischen und gesellschaftlichen Konflikte die Geschichte angewendet werden könnte.

⑧ Informiert euch über die politische Situation im Jahr 1962 – dem Entstehungsjahr des Textes. Diskutiert, welche gesellschaftlichen und politischen Umstände der Autor Gerhard Zwerenz mit seiner Geschichte kritisiert haben könnte.

Info: Einen komischen Text interpretieren

Einleitung:
Formuliere einen Einleitungssatz mit Angaben zu **Textsorte, Titel, Name der Autorin / des Autors, Erscheinungsjahr** und **Thema** des Textes.

Hauptteil:
- Stelle den **Ort der Handlung** und die **Personenkonstellation** dar, sofern du im Text etwas darüber erfährst.
- Fasse den **Inhalt** des Textes zusammen.
- Erläutere die **sprachliche und stilistische Gestaltung** mit dem **Schwerpunkt auf der Komik** (→ S. 129) und belege deine Aussagen mit passenden Zitaten, z. B.:
  - *Komisch wirkt der Text auch durch Übertreibungen, wie z. B.: „2011 habe ich sogar bei der Berlinale einen zweieinhalbstündigen ungarischen Film gesehen, der praktisch nur um den letzten Satz von Friedrich Nietzsche ging. Also quasi."* **(direktes Zitat)**
  - *Der Autor nutzt auch Übertreibungen, um eine komische Wirkung zu erzielen, so z. B., wenn er behauptet, er habe bei der Berlinale einen zweieinhalbstündigen Film gesehen, der fast ausschließlich von dem letzten Satz des Philosophen Nietzsche handelte.* **(indirektes Zitat)**

Schluss:
Formuliere eine abschließende Deutung des Textes.

Eine Interpretation überarbeiten

Interpretation der Erzählung „Letzte Sätze" von Horst Evers

In der kurzen Erzählung von Horst Evers geht es um die angeblich letzten Worte berühmter und weniger berühmter Personen.

Die Erzählung wirkt zum einen dadurch komisch, dass die ganze Zeit auf einem einzigen Thema, nämlich den letzten Worten irgendwelcher Personen,
5 herumgeritten wird, also wegen der Anhäufung zahlreicher letzter Worte. Das bewirkt, dass der Text, je weiter man liest, immer absurder wird.

Der Autor verwendet aber auch zahlreiche Stilmittel des Komischen. Eines der zentralen stilistischen Mittel in der Erzählung ist die Inkongruenz, z. B. wenn die fast philosophischen letzten Worte „Mehr Licht" von Goethe (Z. 3)
10 und „Störe meine Kreise nicht!" von Archimedes (Z. 3) mit dem letzten Satz eines unbekannten Fluggastes: „Guck mal, ich kann mit meinem Handy die Landeklappen fernsteuern!" (Z. 4 f.) kontrastiert werden. Da diese Aussage für die Leser/-innen in diesem Moment unerwartet ist, wirkt sie komisch, zumal der unbekannte Fluggast eines unnatürlichen Todes stirbt, den er
15 selbst im Zusammenhang mit seinem letzten Satz verursacht hat.

Es sind außerdem noch viele weitere Beispiele für Inkongruenz in der Erzählung. Ein weiteres im Text verwendetes Stilmittel ist die Ironie. Auch hierfür gibt es einige Beispiele. Horst Evers arbeitet zudem mit Über- und Untertreibungen, indem er beispielsweise behauptet, auf der Berlinale einen
20 zweieinhalbstündigen Film gesehen zu haben, bei dem es „quasi" ausschließlich um den letzten Satz des Philosophen Nietzsche gegangen wäre (vgl. Z. 13 ff.). Die anschließende Aussage, dass es bei diesem Film eigentlich aber nur am Rande um Nietzsche, sondern eigentlich um das Pferd gegangen sei, vor das sich Nietzsche schützend gestellt habe (vgl. Z. 15 ff.), ist
25 wieder ein Beispiel für Inkongruenz. Der Text wimmelt also nur so von Stilmitteln des Komischen.

❶ Beurteile Einleitung und Hauptteil dieser schriftlichen Interpretation der Erzählung „Letzte Sätze" von Horst Evers:
  – Was ist gut gelungen?
  – Wo besteht Verbesserungsbedarf, z. B. hinsichtlich Vollständigkeit der einzelnen Teile, sprachlichem Ausdruck und Arbeit mit Textbelegen?
  Orientiere dich auch an den Informationen im Info-Kasten auf Seite 115.
❷ Überarbeite die Abschnitte, die verbessert werden müssen, in deinem Heft.
❸ Formuliere einen Schluss für diese Textinterpretation.
  Die komische Wirkung des Textes entsteht also vor allem durch ...

Komisch schreiben

Automärchen   *Lothar Stemwedel*

Sie: Nein, ich fahre dieses Auto nicht. Das Auto ist eines Bettlers würdig. Keinesfalls jedoch einer schönen Frau!

Er: Ach Weib! Nun geht es so schon das dritte Jahr. Was soll ich nur tun?

Sie: Blättere in sieben Tagen sieben Autozeitschriften durch, und wenn du meinen Wunsch errätst, sollst auch du einen Wunsch frei haben.

Lernhaltung   *Robert Schurz*

Tochter: Paps, hast du dich schon auf die Präsentation morgen vorbereitet?

Vater: Mach ich schon noch.

Tochter: Immer auf den letzten Drücker, wie?

5 **Vater:** Ja, aber Mäuschen, das ist doch meine Sache, wann ich das mache, ne?

Tochter: Du hast nicht die richtige Haltung dazu.

Vater: Ja, aber die Schumann-Gerster-Sache damals, die habe ich doch richtig gut hingekriegt.

10 **Tochter:** Man darf sich nie auf seinen Lorbeeren ausruhen. Wir können doch auch gemeinsam üben.

Vater: Was weißt du denn schon von Präsentationen.

Tochter: Ich weiß, wie man sich auf etwas vorbereitet und wie man effektiv übt.

15 **Vater:** Ja, ja, äh ... lass nur. Bis morgen hab ich alles drauf.

Tochter: In zwei Stunden schau ich noch mal rein, dann sollte der Stoff sitzen.

Vater: *Stöhnen*

Tochter: Ich erwarte von dir einen Erfolg! Ich will ja schließlich auf dich

20 stolz sein können, Papa.

Vater: Mmmpf ... in vier Stunden. O. k.?

❶ Erläutere, wodurch bei diesen beiden Texten die Komik entsteht.

❷ Wähle einen der beiden Texte aus und verfasse nach diesem Muster einen komischen Text.

❸ a) Die Texte stammen aus der Sendung „Wurfsendung" von Deutschlandfunk Kultur. Recherchiert diese oder ähnliche Podcasts im Internet und achtet darauf, wie die komische Wirkung durch Sprechweise, Geräusche und Musik unterstützt wird.

b) Wählt einen eurer Texte aus und erstellt einen ähnlichen Podcast.

Kommunikation untersuchen

Das Frühstücksei   *Loriot (Vicco von Bülow, 1977)*

Er: Berta!

Sie: Ja …

Er: Das Ei ist hart!

Sie: *(schweigt)*

5 **Er:** Das Ei ist hart!

Sie: Ich habe es gehört …

Er: Wie lange hat das Ei denn gekocht …

Sie: Zu viele Eier sind gar nicht gesund …

Er: Ich meine, wie lange dieses Ei gekocht hat …?

10 **Sie:** Du willst es doch immer viereinhalb Minuten haben …

Er: Das weiß ich …

Sie: Was fragst du denn dann?

Er: Weil dieses Ei nicht viereinhalb Minuten gekocht haben kann!

Sie: Ich koche es aber jeden Morgen viereinhalb Minuten.

15 **Er:** Wieso ist es dann mal zu hart und mal zu weich?

Sie: Ich weiß es nicht … ich bin kein Huhn!

Er: Ach! … Und woher weißt du, wann das Ei gut ist?

Sie: Ich nehme es nach viereinhalb Minuten heraus, mein Gott!

Er: Nach der Uhr oder wie?

20 **Sie:** Nach Gefühl … eine Hausfrau hat das im Gefühl …

Er: Im Gefühl? Was hast du im Gefühl?

Sie: Ich habe es im Gefühl, wann das Ei weich ist …

Er: Aber es ist hart ... vielleicht stimmt da mit deinem Gefühl was nicht ...

Sie: Mit meinem Gefühl stimmt was nicht? Ich stehe den ganzen Tag in
25   der Küche, mache die Wäsche, bring deine Sachen in Ordnung, mache
die Wohnung gemütlich, ärgere mich mit den Kindern rum, und du
sagst, mit meinem Gefühl stimmt was nicht!?

Er: Jaja ... jaja ... jaja ... wenn ein Ei nach Gefühl kocht, dann kocht es eben
nur *zufällig* genau viereinhalb Minuten!

30 **Sie:** Es kann dir doch ganz egal sein, ob das Ei *zufällig* viereinhalb Minuten
kocht ... Hauptsache, es *kocht* viereinhalb Minuten!

Er: Ich hätte nur gern ein weiches Ei und nicht ein *zufällig* weiches Ei! Es
ist mir egal, wie lange es kocht!

Sie: Aha! Das ist dir egal ... es ist dir also egal, ob ich viereinhalb Minuten
35   in der Küche schufte!

Er: Neinnein ...

Sie: Aber es ist *nicht* egal ... das Ei *muß* nämlich viereinhalb Minuten
kochen ...

Er: Das habe ich doch gesagt ...

40 **Sie:** Aber eben hast du doch gesagt, es ist dir egal!

Er: Ich hätte nur gern ein weiches Ei ...

Sie: Gott, was sind Männer primitiv!

Er: *(düster vor sich hin)* Ich bringe sie um ... morgen bringe ich sie um ... Ⓡ

❶ Untersucht, warum die Kommunikation des Ehepaares misslingt. Nennt Textbeispiele.

❷ Tragt das Gespräch mit verteilten Rollen vor. Probiert verschiedene Möglichkeiten aus,
z. B. was den Tonfall, die Lautstärke und das Tempo betrifft.

❸ Entwerft in Partnerarbeit einen ähnlichen Dialog. Ihr könnt folgende Situationen nutzen:

A	B
Mutter und Sohn sitzen auf dem Sofa und beschäftigen sich mit ihren Handys. Es klingelt an der Haustür.	*Die Tochter liegt auf ihrem Bett und hört Musik. Der Vater kommt ins Zimmer.*
Mutter: Es hat geklingelt.	**Vater:** Schreibt ihr nicht morgen Englisch?
Sohn: *(schweigt)*	**Tochter:** Mhm ...
Mutter: ...	**Vater:** ...
...	...

❹ Tauscht eure Dialoge aus und untersucht sie anhand folgender Fragen:
   - Was sagen die Gesprächspartner/-innen jeweils auf der Sachebene (→ S. 120 f.)?
   - Was meinen sie eigentlich mit ihren Äußerungen?

❺ Wählt einen eurer Dialoge aus und spielt ihn vor.

6 Um zu erklären, wie Kommunikation funktioniert und wie Missverständnisse entstehen, gibt es verschiedene Kommunikationsmodelle.
Erläutere das Modell im Info-Kasten in eigenen Worten.

Info: Die vier Seiten einer Nachricht – Ein Kommunikationsmodell

Es gibt unterschiedliche Modelle, mit deren Hilfe man zeigen kann, wie Kommunikation funktioniert. Eines der bekanntesten Modelle ist das **Kommunikationsquadrat** – auch als „Vier-Ohren-Modell" oder „Nachrichtenquadrat" bekannt – von Friedemann Schulz von Thun. Das Modell besagt, dass jede Nachricht vier Seiten hat:

1. eine **Sachebene**: Worüber informiere ich?
2. eine **Selbstkundgabe**: Was gebe ich von mir zu erkennen?
3. einen **Beziehungshinweis**: Was halte ich von dir und wie stehe ich zu dir?
4. einen **Appell**: Was möchte ich bei dir erreichen?

Beispiel:

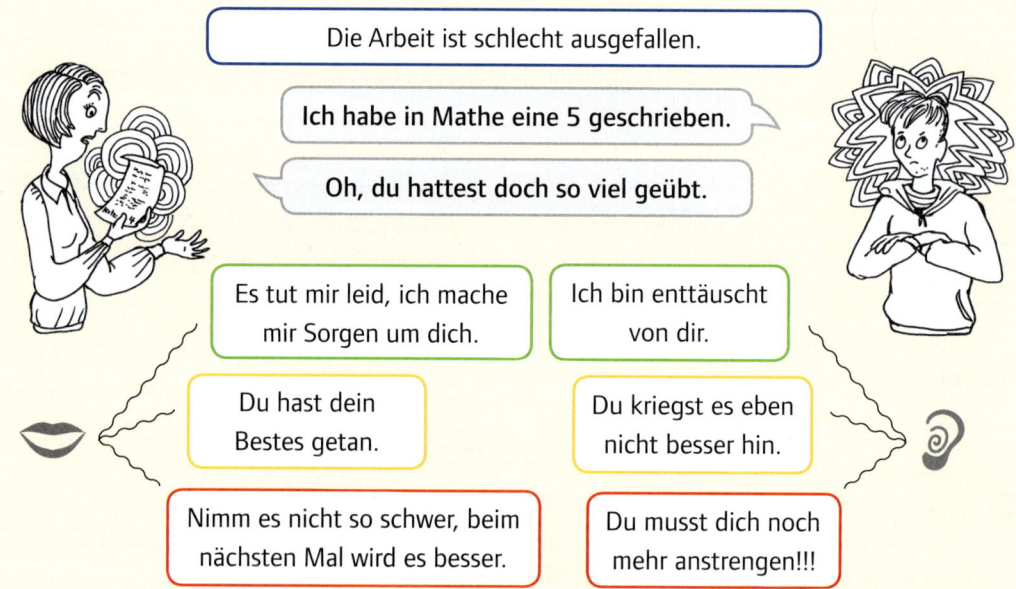

7 a) Erläutere, wie es zu der Reaktion des Mannes auf die Äußerung der Frau kommt.

b) Fülle in deinem Heft die fehlenden Seiten der Nachricht auf der Sender- und auf der Empfängerseite aus.

8 a) Überlege, in welchen Situationen die folgenden Sätze fallen könnten.

A „Du bist zu spät!"   C „Du kannst hier 100 km/h fahren."

B „Ich bin im Stress!"   D „Hast du das Kuchenrezept verändert?"

b) Analysiere für jede Aussage die vier Seiten der Nachricht, z. B.:

    A – *Sachebene: „Du bist später hier als vereinbart."*

      – *Selbstkundgabe: „Ich bin genervt."*

      – *Appell: ...*

c) Formuliere mögliche Antworten auf die Aussagen und erläutere, auf welche Seite der vier Seiten der Nachricht diese Antwort reagiert, z. B.:

Mögliche Antworten auf Aussage A:

– *„Es tut mir leid!" (Sachebene oder Selbstkundgabe)*

– *„Du musst immer an mir herummäkeln." (Beziehungshinweis)*

9 Analysiere die folgenden Auszüge aus dem Sketch „Das Frühstücksei" mithilfe des Kommunikationsmodells auf Seite 120.

Er: Ich meine, wie lange dieses Ei gekocht hat ...?

Sie: Du willst es doch immer viereinhalb Minuten haben ...

Er: Ich hätte nur gern ein weiches Ei und nicht ein *zufällig* weiches Ei! Es ist mir egal, wie lange es kocht!

Sie: Aha! Das ist dir egal ... es ist dir also egal, ob ich viereinhalb Minuten in der Küche schufte!   R

Zum Schmökern, Schauen, Weiterdenken

... und ganz, ganz viele Doofe   *Ninia LaGrande (2014)*

„Sie können froh sein, wenn sie Fahrrad fahren kann. An Ihrer Stelle hätte ich ansonsten nicht so viel Hoffnung. Sonderschule. Ja, aber viel mehr ... das ist schlecht einzuschätzen", sagt der Arzt und nimmt das Ultraschallgerät vom Bauch meiner Mutter. In ihr drin bin ich. Bereit, die Welt zu
5 entdecken. Aus einer anderen Perspektive.

Als ich am 12. August 1983 auf die Welt komme, bin ich klitzeklein. So klein, dass mein 1,90 großer Vater mit einer riesigen Hand das ganze Mich tragen kann. Ein Anne-Geddes-Foto, als es Anne-Geddes-Fotos noch gar nicht gab. Ich bin hübsch. Aber ich habe einen gigantischen Kopf mit ei-
10 nem winzigen Körper und kleinen, wulstigen Extremitäten. Ich bin ein niedliches Alien aus einem Science-Fiction-Film.

Ich bin drei Jahre alt und immer noch winzig. Ich laufe neben meiner Mutter her. In der Stadt kommen uns drei alte Damen entgegen. Die eine ruft ganz entzückt: „Och, die kann ja schon laufen!" Meine Mutter schaut
15 sie an und imitiert ihren Tonfall: „Ja und bald fliegt sie." Man muss viele Dinge mit Humor nehmen. Vor allem alte Damen.

Im Kindergarten fällt mir auf, dass hier irgendetwas nicht stimmt. Alle anderen sind ziemlich groß. Ich nicht. Aber irgendwie ist das auch cool. Ich habe eine Sonderstellung. Ich bin die Prinzessin auf der Holzburg, weil
20 Dennis und Dennis in mich verliebt sind. Ich darf immer vorne stehen. Ich darf immer das Maskottchen tragen. Ich darf immer alles. Die große Klappe ist nun nur noch eine Frage der Zeit.

Am ersten Schultag bin ich 96 Zentimeter groß. Noch nicht einmal einen Meter. Mir fehlen die vorderen Schneidezähne. Blonde Locken stehen
25 vom Kopf ab. Ich sehe aus wie die Trolle, die wir früher sammelten. Wilde Haare und riesige dunkle Augen. Und die Schultüte ist größer als das Schulkind. Ich bin ziemlich klug. Vor allem, wenn es um Lesen und Schreiben geht. Ich bin immer als Erste fertig und ich habe die schönste Handschrift. Und dann laufen die Kinder auf dem Pausenhof zwischen meiner Hand

30 und der meiner Freundin durch, um uns zu durchbrechen, bei diesem Spiel, dessen Namen ich vergessen habe. Ich fliege mit dem Hinterkopf auf den Steinboden und muss in den Krankenraum getragen werden. Es ist nichts passiert. Außer, dass ich die Erfolgserlebnisse vom Tag vergessen habe, weil dieses Erlebnis jetzt alles beherrscht. Zu Hause erzähle ich nichts.

35 Am ersten Tag auf der Orientierungsstufe fragt ein Junge meine Freundin, wie groß ich bin. Sie schnauzt ihn an: „Das siehst du doch!" Es war das erste Schlüsselerlebnis. Von da an wuchs mein Selbstbewusstsein. Ich machte meinen Nachteil zur Coolness. Ich wurde Klassensprecherin. Ich war das Pausenradio. Und ich war endlich über 1,20 Meter groß. 1,20 Me-
40 ter, das war die magische Grenze. Das hatten die Ärzte prophezeit. „Größer wird sie nicht." Größer wird sie doch.

Irgendwann war ich plötzlich nur noch kleiner als alle anderen, aber nicht anders. Sie sagen: „Es fällt mir erst wieder auf, wenn jemand komisch guckt." Ich lernte, mich zu arrangieren. Ich musste es lernen. Ich war nicht
45 mehr das Prinzesschen auf der Holzburg. Meine Eltern verhätschelten mich nie und meine Freunde „vergaßen" es einfach.

Es gibt Rückschläge. Wenn dich jemand als „BoB" bezeichnet („Blasen ohne Bücken"). Wenn du merkst, dass die alten Leute völlig verwirrt sind, weil eine kleine Frau mit Brüsten und tiefer Stimme neben ihnen steht,
50 aber eben so klein ist wie ein Kind. Und wenn sie dich dann anstarren und du nicht wegkannst, weil sie mit ihrem Blick eine Mauer ohne Fluchtmöglichkeit um dich bauen und dich erstarren lassen. Und es gibt Kinder. Und Teenies.

Es gibt Höhepunkte. Wenn du den Mann triffst, der deine innere Größe
55 sieht. Und dem gar nicht klar ist, was er auslöst, wenn er mit dir ganz normal umgeht. Was ist schon normal? Wenn Menschen dich ansprechen, weil sie dich wiedererkennen und dir nur mal eben sagen wollten, dass sie deinen Auftritt oder deinen Text ganz wunderbar fanden. Wenn Kinder dich fragen, ob sie dich mal fragen dürfen, warum das alles so ist, und sich
60 wirklich dafür interessieren. Und wenn Menschen dir einfach helfen, ohne zu fragen, ob sie helfen sollen. Und wenn Menschen den Übermut Übermut sein lassen und nicht helfen, weil sie merken, dass du es auch alleine kannst. Wenn Freunde in einem ernsten Moment einfach mal fragen, wie du dich eigentlich damit fühlst. Und wenn Männer dir aus Lust und nicht
65 aus Sensationslust hinterhergucken.

Liebe 23 Ärzte, die ihr mich alle in den zwei Jahren nach meiner Geburt gesehen habt. Große Köpfe sagen nichts über das spätere Wachstum aus. Ein langsames Wachstum sagt nichts über die Intelligenz aus. Man kann Eltern manche Dinge auch behutsam beibringen. Und man muss nicht

70 jedem Kind, das klein ist, Wachstumshormone spritzen, nur weil es klein ist.

Ich bin 30 Jahre alt und 140 Zentimeter lang. Größe habe ich weitaus mehr. Ich habe Abitur und einen Magister-Abschluss in Kunstgeschichte und Germanistik. Ich kenne die besten Schimpfwörter und habe eine gro-
75 ße Klappe. Ich hab gute Brüste und einen guten Po. Überhaupt ist mit meinen Proportionen so ziemlich viel in Ordnung. Ich kann singen, schreiben, schauspielern und verwirrt sein. Letzteres am besten. Und ich kann Fahrrad fahren.

Und trotzdem ist der morgendliche Gang durch eine Gruppe von Teen-
80 agern mein persönliches Waterloo. Ein Spießrutenlauf. Ihr könnt gucken, Freunde. Aber gucken ist nicht das Gleiche wie starren und lachen. Das ist es nicht. Also lasst euch von euren Eltern den Lieblingsspruch meiner Mama beibringen und wählt selbst, wo ihr stehen wollt: „Ach, Ninia, es gibt Große, Kleine, Dicke, Dünne, Schlaue und ganz, ganz viele Doofe."

❶ Erläutere anhand von Textbeispielen, wie die Ich-Erzählerin sich selbst darstellt und wie sie die Sicht der anderen auf sie beschreibt.

② Untersuche, mit welchen stilistischen Mitteln die Autorin in ihrem Text eine komische Wirkung erzielt.

③ Recherchiere im Internet nach Ninia LaGrande und stelle sie kurz vor.

Familie Gublers Quality Time   *Martin Suter (2012)*

„Kinder! Quality Time!" Barbara Gubler klatscht in die Hände und steht am Treppenabsatz. Keine Reaktion. Nur das dumpfe Pulsieren der Bässe aus Chris' Zimmer. Seufzend geht sie die Treppe hoch. Sie trägt einen türkis-farbenen Rib-Nylon-Stringbody und eine bequeme Bodyhose mit aus-
5 drucksvollem Muster in Fuchsia, Mandarin und Pink. Zum Rumtollen. Heinz Gruber ist schon im Garten und verankert das Badmintonnetz.

„Scheiße, er verankert das Badmintonnetz", flüstert Jessy ins Telefon. Sie steht hinter der Gardine und ist grungy gestylt. Die Türe geht auf, und Barbara kommt rein. „Quality Time, Jessica, Papa wartet, mach Schluss,
10 zieh dich um."

„Ach, Mama", fängt Jessy an, aber Barbara ist schon draußen und bearbeitet Chris' Türe. Als er sie endlich hereinlässt, ist das Fenster weit offen und der Rauch beinahe abgezogen. „Wir hatten schon letzte Woche Quality Time", brüllt Chris. Barbara stellt den Hip-Hop auf Zimmerlautstärke.
15 „Davon kann man nicht genug haben", sagt Barbara bestimmt, „komm jetzt."

„Aber wenigstens nicht Federball", bettelt Chris, „wenn mich jemand sieht …" Barbara ignoriert ihn und geht zu ihrem Mann in den Garten.

Sie kommt gerade rechtzeitig: Heinz Gubler, ein eher schwammiger, eher unsportlicher, eher unpraktischer und eher cholerischer Mann, kniet
20 vor einem Hering in der Rosenrabatte und schaut zu, wie das Badmintonnetz kurz in einem frechen Herbstlüftchen taumelt und dann unspektakulär und geräuschlos in sich zusammenfällt. Gubler schlägt mit dem Heringshammer wütend auf ein Stöcklein ‚Herzogin von Orléans' ein, fängt sich aber sofort, als er hinter sich Barbaras glockenreines Lachen hört.
25 „Jetzt hättest du dein Gesicht sehen sollen, Schatz", strahlt sie, und Gubler rappelt sich hoch und gluckst übermütig mit. Quality Time.

In Gublers Firma hat man auf der Führungsebene vor Kurzem Quality Time eingeführt. Nicht als Obligatorium, nur als Anregung. In einer Zeit wie dieser, in der der Manager doppelt gefordert ist, kann er nicht einfach
30 doppelt so viel Ferien nehmen. Aber mehr Quality Time. Zeit ist nämlich, wie alles andere auch, in verschiedenen Qualitäten erhältlich. Und deshalb ist Erholungszeit, wie alles andere auch, nicht in erster Linie ein quantitatives, sondern ein qualitatives Problem. Quality Time hat einen hohen Erholungswert, deshalb braucht man weniger davon. Zum Beispiel
35 genügt schon ein Tag mit der Familie. Rumtoben, Spielen, Aufeinandereingehen, wieder Kind sein. Einmal eine Wurst braten, einfach so, verdammt noch mal. Oder Badminton spielen. Herrgott, warum nicht einmal GEMEINSAM BADMINTON SPIELEN! IM GARTEN!

Als Barbara und Heinz Gubler das Badmintonnetz aufgespannt haben,
40 setzt ein feiner Nieselregen ein. „Uhu! Jessy, Chris! Beeilt euch, bevor es zu regnen beginnt!", ruft Barbara mit einem Seitenblick auf Heinz' entschlossene Miene. Als die Kinder endlich in schlampiger Turnkleidung in der Verandatür stehen, ist der Rasen schon ziemlich glitschig. Gubler, der sich mit Barbara in der Zwischenzeit etwas warm gespielt hat,
45 trägt zwei grünbraune Flecken auf der weißen Tennishose.

„Spinnt ihr, im Regen Federball spielen?", ruft Chris.

„Badminton!", bellt Gubler.

„Spinnt ihr, im Regen Badminton spielen?", ruft Jessy.

„Quality Time!", brüllt Gubler. „Ihr spielt jetzt,
50 oder ich polier' euch die Fresse!"

❶ Worüber macht sich der Autor mit diesem Text lustig?
❷ Charakterisiere Heinz Gubler.
❸ Inszeniert den Text als Hörspiel.

Ach, diese Lücke, diese entsetzliche Lücke
Joachim Meyerhoff (2015)

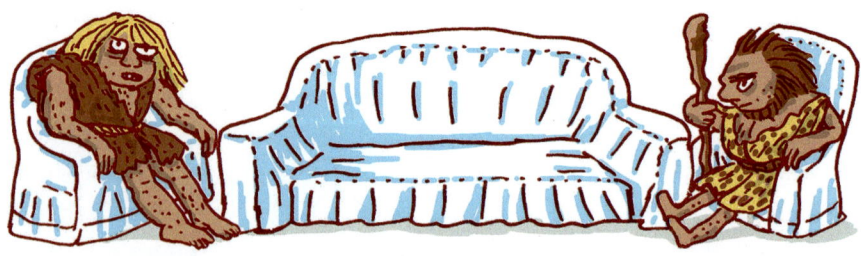

Der Ich-Erzähler lebt während seiner Schauspielausbildung im großbürgerlichen Haus seiner Großeltern in München, direkt gegenüber von Schloss Nymphenburg. Während seiner Zeit dort kommen ihm immer wieder Begebenheiten aus seiner Kindheit in den Sinn, als er zu Besuch bei seinen Großeltern war.

Eine andere frühe Erinnerung an sie ist mit einer radikalen Vorsichtsmaßnahme verbunden, die jedes Mal getroffen wurde, wenn wir sie besuchten. Diese Maßnahme hatte etwas unverhohlen Demütigendes, und insbesondere meine Mutter litt unter ihr, da sie eindeutig auf den geringen Zivilisa-
5 tionsgrad ihrer drei Söhne abzielte.

Sobald wir kamen, wurden über mehrere Sitzmöbel maßgefertigte Plastikhüllen gestülpt. Sowohl über drei Sessel am Esstisch wie über die gesamten Polster im Wohnzimmer. Diese Plastikschoner waren alles andere als dezent. Sie waren aus unfassbar dickem Kunststoff, ähnlich mas-
10 siv wie die Plastikhänger, durch welche Kühlräume in Schlachthäusern abgetrennt werden. Ihre Massivität war auch daran deutlich zu erkennen, dass sie nicht faltbar, in keinster Weise zusammenlegbar waren. Selbst wenn sie nicht über die Stühle und Sofas gestülpt worden waren, fielen sie nicht in sich zusammen. Sie sahen aus wie riesige, von Furcht einflößen-
15 den prähistorischen Insekten abgestreifte Larven. Diese Hüllen konnten selbstständig stehen.

Die Gefahr, die von meinen Brüdern und mir für die Möbel ausging, schien immens zu sein. Diese Plastikungetüme wirkten eher so, als wollten meine Großeltern die Sessel, die Ottomane und Stühle, das Sofa vor
20 einer Flutkatastrophe oder dem Einsturz der Decke schützen. Dass sie aber extra zur Abwehr dreier Enkel gefertigt worden waren, hatte etwas von vornherein Entmündigendes. „Wenn ihr wüsstet, wie wertvoll diese Stühle sind, wie einzigartig diese Bezüge. Seid doch froh, da könnt ihr hier so essen wie zu Hause!"
25 Meine Mutter rannte aus dem Zimmer. Die Stühle waren Geschenke

vom befreundeten Prinzen aus dem gegenüberliegenden Schloss Nymphenburg. Das Sofa war riesig und mit einem bizarr verschlungenen Holzrahmen umgeben. Oft bin ich als Kind mit der Fingerspitze auf dem Plastik den Verlauf dieser Ornamente entlanggefahren und habe versucht, vom
30 einen geriffelten Schnecken-Schnörkel zum anderen zu gelangen. Es gab mehrere herrlich bequeme Sessel aus den Zwanzigerjahren. Auch sie verschwanden unter dicken Plastikbezügen. Wenn ich in meiner kurzen Hose auf dem Kunststoff saß, klebten die Unterschenkel fest, und wenn ich sie hochhob, gab es jedes Mal ein leises Schmatz-Geräusch. Oder meine Beine
35 begannen zu schwitzen und die Oberschenkel glitschten auf dem Plastik herum. Besonders unangenehm war es, sich der Länge nach auf das Sofa zu legen. Man fand kaum Halt, so spiegelglatt war der Kunststoff. Als würde man auf einem Fisch liegen.

Wenn es dann so weit war – meistens war ich derjenige, der kleckerte –
40 und etwas von der Suppe oder dem Bratensaft auf den Plastikpanzer heruntertropfte, rief meine Großmutter nach der Haushälterin. „Was haben wir für ein Glück, dass wir diese Bezüge haben, moooahhhhh. Steh auf, mein Lieberling. Nein, schau dir das an. Stell dir vor, das wäre jetzt alles auf dem Polster gelandet. Du Armer!“ Mit einem einzigen Wischer verschwand
45 der Klecks im Lappen, und ich durfte zurück auf meinen sabbersicheren Idiotenstuhl.

Dadurch, dass die Bezüge im Laufe der Jahre etwas milchig geworden waren, sah man die floralen Muster der Polster verschwommen wie durch eine Eisschicht auf dem Grund eines zugefrorenen Teiches mit seinen
50 winterlich blassen Pflanzen.

Natürlich hatten meine Großeltern eigentlich vollkommen recht. Meine Brüder und ich waren unzurechnungsfähige Chaoten, und sosehr ich mir auch den Vertrauensbeweis eines ungeschützten Nymphenburger Sessels gewünscht hätte, er wäre von mir vollgesaut worden, daran konnte
55 kein Zweifel bestehen. Mit Plastikbezug dachte ich: Was soll's, ich kann hier essen, wie ich will, ist ja eh egal. Aber ohne Bezug zu essen, hätte eine so große Panik in mir ausgelöst, dass ich sicherlich ebenfalls gescheitert wäre.

Als mein ältester Bruder ein bestimmtes Alter erreicht hatte, zwölf oder
60 dreizehn, sah ihn mein Großvater prüfend an. „Na, wollen wir es heute wagen?“ Mein Bruder begriff nicht, worum es ging. „Was denn?“ „Würdest du bitte aufstehen?“ Mein Bruder erhob sich. Mein Großvater stellte sich hinter den Stuhl, legte die Hände seitlich an die Rückenlehne und schob bedeutsam die Schutzhülle in die Höhe. Es gab ein leichtes Sauggeräusch,
65 fast so, als würde der edle Stoff befreit einatmen, tief Luft holen. Immer

höher glitt der Plastikpanzer. Es war wie die feierliche Enthüllung eines Denkmals. Da stand der Stuhl. Und obwohl ja meine Großmutter, mein Großvater, meine Mutter auf exakt den gleichen Stühlen saßen, strahlte der enthüllte Stuhl in anderer Pracht, so als käme er geradewegs aus der
70 Polsterei. „Und nun setz dich!" Mein Bruder nickte, war sich des Ernstes der Ehrung vollauf bewusst. Mit größter Vorsicht nahm er Platz. Mein mittlerer Bruder und ich beobachteten ihn voller Bewunderung. Da sagte meine Großmutter etwas, das ich erst gar nicht begriff. Alle sahen meinen Bruder an, der tatsächlich anders als sonst am Tisch saß, nicht gekrümmt,
75 sondern aufrecht, kerzengerade, die Hände links und rechts, mit geschlossenen Fingern neben dem goldverzierten Teller. Er sah aus wie frisch gekrönt. Und meine Großmutter sagte: „Willkommen!" Hä, dachte ich, was soll das denn jetzt? Willkommen? Wir sind doch schon seit einer Woche hier. Spinnt die? Da begriff ich, dass dieser Willkommensgruß knallhart in
80 Richtung: Willkommen in der Zivilisation ging. Endlich ein Mensch. Jetzt sitzen also nur noch zwei Neandertaler hier an unserer Tafel. Aber wir haben Geduld mit euch. Selbst ihr werdet es eines Tages schaffen, aus den Niederungen eurer Evolutionsstufe herauszukrabbeln.

Damals rechnete ich still vor mich hin, während mein Bruder stilvoll
85 den silbernen Löffel den ganzen Weg vom Teller bis hoch hinauf zu seinem königlichen Haupt durch die Luft balancierte. Wie lange würde es bei mir noch dauern? Drei Jahre für meinen mittleren Bruder, sechs für mich. Das war eine verdammte Ewigkeit! In drei Jahren werde ich dann der letzte kleckernde Steinzeitmensch an diesem Tisch sein. Was für eine Schmach.

90 Meine Großmutter sah mein verzweifeltes Gesicht. „Ach mein Lieberling, du Armer, glaub mir, es ist besser so. Nicht nur für dich, für uns alle. Du brauchst noch ein paar Jahre!" Mein ältester Bruder triumphierte. „Herrlich bequem, so ein Stuhl ohne Plastik. Wie gut man da sitzt. Danke!" Mein mittlerer Bruder philosophierte darüber, ob es zu verantworten wä-
95 re, bei mir schon mit dreizehn Jahren den Schutz zu entfernen. Er plädierte für vierunddreißig. „Ich schwöre es euch!", dozierte er und wies mit dem Kinn auf mich. „Ich kenn den. Früher wird das nichts!" Er sagte das todernst und sogar mein Großvater musste lachen.

❶ Wähle eine Textstelle aus, die du als besonders komisch empfindest, und erläutere, wodurch die Komik hier entsteht.
② Diskutiert: Ist der Ich-Erzähler eine komische Figur?
③ Bereite eine Lesung des Textes vor, die du auf einer Theaterbühne vortragen könntest. Achte darauf, dass du die Komik des Textes zum Ausdruck bringst.

Komische Texte untersuchen und interpretieren

Unter **Komik** versteht man das, was einen zum Lachen bringt. Ob jemand etwas komisch findet oder nicht, ist oft sehr subjektiv und teilweise auch kulturell geprägt.

Mittel des Komischen	Beispiele
- **Inkongruenz:** Es werden Dinge, Regeln, Personen o. Ä. zusammen präsentiert, die eigentlich nicht zusammenpassen. Indem etwas Unerwartetes eintritt, das zu einer absurden Situation führt.	- *Inkongruenz: Nennung der letzten Worte von Goethe, Archimedes etc. in einem Atemzug mit der Aussage von Humphrey Bogart: „Ich hätte nicht von Scotch zu Martini wechseln sollen."* (H. Evers, S. 108, Z. 7 f.)
- **Hyperbel (Übertreibung) oder Understatement (Untertreibung):** Situationen oder Dinge werden stark übertrieben oder untertrieben dargestellt, sodass sie absurd und damit komisch wirken.	- *Hyperbel (Übertreibung): „Diese Hüllen konnten selbstständig stehen." (J. Meyerhoff: S. 126, Z. 15 f.)*
- **Ironie:** Es wird erkennbar das Gegenteil von dem gesagt, was gemeint ist.	- *Understatement (Untertreibung): Durch den Abwurf der Atombombe hat die Familie ein wenig überreagiert.*
- **Selbstironie/Selbstentblößung:** Man betrachtet die eigene Person selbstkritisch und macht sich über seine eigenen Fehler lustig.	- *Ironie: „Natürlich hatten meine Großeltern eigentlich vollkommen recht. Meine Brüder und ich waren unzurechnungsfähige Chaoten [...]." (J. Meyerhoff: S. 127, Z. 51 f.)*
- **Klischees (Vorurteile):** Klischees wirken insbesondere dann komisch, wenn sie stark übertrieben werden.	- *Selbstironie/Selbstentblößung: „Blonde Locken stehen vom Kopf ab. Ich sehe aus wie die Trolle, die wir früher sammelten." (N. LaGrande, S. 122, Z. 24 f.)*
- **Kommunikationsstörungen/ Missverständnisse/Verwechslungen**	- *Klischees: Blondinenwitze, Ostfriesenwitze, Witze über Frauen und Männer*
	- *Missverständnisse/Kommunikationsstörungen: Loriot-Texte (S. 106 f., S. 118 f.)*
	- *Verwechslung: Cartoon S. 104: Verwechslung einer Frau im Pelzmantel mit einem Braunbären*

Die Interpretation schreiben (→ S. 115)
- **Einleitung:** Nenne in einem einleitenden Satz **Textsorte**, **Titel**, **Name der Autorin / des Autors**, **Erscheinungsjahr** und **Thema** des Textes.
- **Hauptteil:** Fasse den **Inhalt** des Textes zusammen und stelle deine Untersuchungsergebnisse in einem zusammenhängenden Text dar. Belege deine Aussagen mit Textbeispielen (→ S. 115).
- **Schluss:** Formuliere eine abschließende Deutung. Hebe dabei noch einmal hervor, was das Besondere an diesem Text ist.

6 „Knallhart"
Jugendromane untersuchen und gestaltend interpretieren

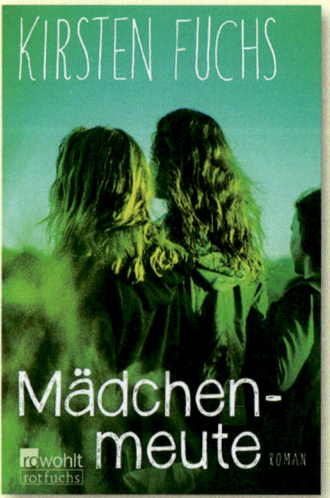

A „Unsere Eltern denken, dass wir im Camp sind. Niemand vermisst uns in den nächsten zwei Wochen. Wir können machen, was wir wollen! Was wir wollen …

Überlegt doch mal! Einfach alles. So frei sind wir nie wieder. Nie wieder in unserem Leben."

Das schlug bei mir ein wie eine Bombe. Freiheit – da gab es so viele Lieder drüber. […] Auf einmal war ich also frei. Genau in diesem Moment! Es roch auch alles ganz frei. Nach freier Nacht, freiem Mond, freiem Gras und freiem Himmel.

B A hat keine Freunde, keine Familie, kein Zuhause – und eigentlich keinen Körper. Er ist nie länger als einen Tag dieselbe Person. Mal männlich, mal weiblich taucht er in die unterschiedlichsten Leben ein. Das ist sein Alltag, etwas anderes kennt er nicht. Doch dann lernt er Rhiannon kennen und verliebt sich unsterblich in sie. Und auf einmal wünscht er sich mehr Kontinuität, als das Universum ihm zugesteht.

❶ Ordne zu, welcher Klappentext zu welchem Buchcover passt. Begründe deine Zuordnung.
❷ Welches der vier Bücher würdest du gerne lesen? Begründe.
❸ Entwirf mögliche Handlungsskizzen zu den vier Büchern.

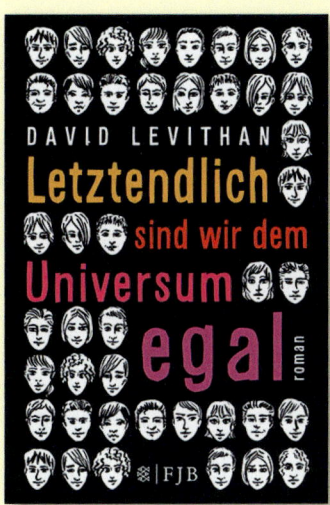

C [...] Seit der Geliebte seiner Mutter sie rausgeschmissen hat, ist Michael Polischka eindeutig im falschen Film. Statt Villa im Berliner Nobelviertel Zehlendorf heißt es jetzt Bruchbude in Neukölln.

Und auf der neuen Schule stellen ihn Errol und seine Rotjacken gleich vor die Wahl: Kohle oder Terror. Da scheint ein Einbruch in Klaus' Villa eine geniale Idee. Richtig gut wird das Ganze aber erst wieder, als Michael den Dealer Hamal kennen lernt. [...]

D Der Kurzschluss in Boudewijns Kopf kommt verspätet – Jahre nach dem Tag des großen Schocks. Was soll das bringen, wenn er auf Anordnung seines Vaters jetzt jeden Abend das *Stabat Mater* von Pergolesi hört und dazu Tagebuch führt?

In diesem Kapitel …

- lernst du Auszüge aus Jugendromanen kennen.
- untersuchst du die Figurengestaltung, die Handlungsführung und die sprachliche Gestaltung eines Jugendromans.
- interpretierst du Textauszüge aus einem Roman.
- setzt du dich mit der Verfilmung eines Jugendromans auseinander und vergleichst diese mit der Romanvorlage.
- lernst du Filmbilder zu analysieren und zu interpretieren.

Den Anfang des Romans lesen

Knallhart *Gregor Tessnow (2004)*

An meinem fünfzehnten Geburtstag wurde ich aus dem Paradies vertrieben. Ich ging nicht allein. Meine Mutter kam mit. Besser gesagt ging meine Mutter und ich folgte ihr. Ich wäre auch geblieben, doch Klaus wollte das nicht.

5 „Du gehörst zu deiner Mutter", hat er gesagt.

„Aber Klaus, du warst für mich wie ein Vater."

[...] Ich mochte Klaus nicht besonders. Wir hatten die letzten fünf Jahre bei ihm gelebt. Meine Mutter als seine Geliebte und ich als der Sohn der Geliebten. Das Haus war riesig. Eine Villa mit tollem Garten, direkt an der

10 Havel. Zehlendorf, Wannsee, teuerste Gegend. Ich hatte drei Zimmer, mit eigenem Bad, und die Putzfrau räumte für mich auf. Fünf Computer waren zu einem Netzwerk verbunden. Hier konnte ich meinen Freunden die virtuellen Köpfe wegballern. Das taten wir nächtelang. [...] Wie im Himmel. Wie im Paradies. Nur war es kein Apfel, der uns all das verlieren ließ. Viel-

15 mehr waren es Sahnetorten, Bratensoßen und Berge von Pralinen, die uns den Rauswurf bescherten.

„Wieso müssen wir gehen?", fragte ich meine Mutter, denn ich wollte hören, ob sie es zugibt.

Ich stand in der Tür ihres Schlafzimmers, sie saß auf

20 dem Bett.

„So ist das halt", sagte sie, „das Leben ist kein Wunschkonzert."

„Aber wieso habt ihr euch gestritten?"

„Wir haben uns nicht gestritten. Wir haben

25 uns einfach auseinandergelebt."

Sie ließ die Schultern hängen und zerknüllte mit der rechten Hand die Bettdecke. Sie guckte dabei auf ihre Füße. Sie konnte mich nicht ansehen.

30 „Kein Wunder in diesem riesigen Haus", setzte sie nach und ich sah, wie ihr Mund zu zittern begann. Ich hasste es, wenn sie heulte, deshalb drehte ich mich weg und ging.

Die Wahrheit würde ich von ihr sowieso nicht erfahren. [...]

35 Meine Mutter hatte über die Jahre zehn Kilo zugenommen. Das war

alles. Sie war ihm schlicht zu fett geworden. Klar klingt das übertrieben, aber sehen wir es doch realistisch: Ein Typ, der sich Klopapier mit Wasserzeichen anfertigen lässt, hat es nun mal nicht nötig, eine Frau auszuhalten, die sich nicht beherrschen kann. [...]

40 Den Umzug müssen wir selber machen. Meine Mutter hat einen kleinen Laster gemietet, groß genug für unsere paar Kisten. Als ich meine Sachen packe, wird mir das erste Mal bewusst, dass ich fünf Jahre lang nur Gast in diesem Haus war. Meine Klamotten, ein paar Bücher, der Gameboy und meine Schulsachen sind alles, was ich mitnehmen kann. Der Rest

45 gehört zur Einrichtung und die will Klaus behalten.

Und jetzt ist es so weit, der Moment des Abschieds ist gekommen. Meine Mutter schiebt gerade den letzten Karton auf die Ladefläche und Klaus kommt aus dem Haus und stellt sich neben mich. Er hat uns nicht geholfen, er hat in seiner Bibliothek gesessen und gelesen.

50 „Tja, das war's dann wohl", sagt er und guckt dabei meine Mutter an.

„Ich werde dich vermissen", sage ich und versuche seinen Blick aufzufangen. Ich habe noch eine leichte Hoffnung, dass ich ab und zu auf Besuch in das Haus kommen könnte. Doch Klaus guckt mich an, als würden wir uns nicht kennen. Überrascht. Skeptisch. Dann legt er mir eine Hand

55 auf die Schulter. Es ist nicht, als wollte er mich umarmen, eher als wollte er mich auf Abstand halten. Die andere Hand streckt er mir zum Abschied entgegen.

„Ich denke, es ist besser, wenn du mich ab jetzt wieder Doktor Peters nennst, meinst du nicht auch?"

60 Er ist tatsächlich das Arschloch, für das ich ihn immer gehalten habe. Ich zögere einen Moment, doch dann sehe ich, dass er etwas in der ausgestreckten Hand verborgen hält. Der kurze Händedruck beschert mir zwanzig Euro. Ich habe auf einen Hunderter gesetzt. Typisch für den alten Geizkragen.

65 „Alles Gute", sagt Doktor Peters und lächelt falsch. [...] Ich laufe zur Beifahrerseite des Lasters und steige ein, ohne zurückzuschauen.

❶ Lies den Anfang des Romans „Knallhart". Was erfährst du hier über die Hauptfigur und den Ort der Handlung? Welcher Konflikt deutet sich an?

❷ Untersuche die Erzählweise des Romans:
- Aus wessen Sicht werden die Ereignisse dargestellt?
- Berichtet der Erzähler mit zeitlichem Abstand oder aus der Situation heraus?
Begründe deine Aussagen mit Textbeispielen.

③ Stell dir vor, der Roman soll verfilmt werden. Wie würdest du die Figuren besetzen? Bringe Fotos aus Zeitschriften oder aus dem Internet mit und begründe deine Vorschläge.

Figuren und Erzählweise untersuchen

Michael wohnt jetzt in Neukölln und wird dort von Errol, den er wegen seines Aussehens Eddie Murphy nennt, und dessen Gang verfolgt und bedroht.

Der Weg nach Hause dauert eigentlich nur zehn Minuten, aber ich brauche fünfzehn, weil ich einen Umweg gehe. [...] Ich bin nur noch zwei Ecken von der Flughafenstraße entfernt, als ich von hinten gepackt und in einen Hauseingang gezerrt werde. [...]

5 „Was glaubst du, kleiner Wichser? Glaubst du, du kannst uns aus dem Weg gehen?"

Es ist der türkische Eddie Murphy mit dem dünnen Oberlippenbart und den schmierigen Haaren. [...] Eddie Murphy lässt ein Messer aufschnappen. Es hat eine schmale Klinge und sieht unangenehm scharf aus.
10 [...]

„Ich hab gehört, du kommst aus Zehlendorf. Reiche Arschlochgegend."

„Wir sind nicht reich", sage ich und höre mich dabei weinerlich an.

Sie lachen und machen Bemerkungen über meine Klamotten. Und natürlich haben sie recht. Es muss wie ein Witz klingen, dass ich kein Geld
15 habe. Ich trage sogar Designersocken. Dafür hat Klaus gesorgt. Es wäre ihm peinlich gewesen, wenn ich mit No-Name-Kleidung aus seinem Haus gekommen wäre.

„Gib mir dein Handy", sagt Eddie Murphy. „Wenn du ein billiges Handy hast, glaube ich dir." [...]
20 „Ich habe gar kein Handy", sage ich und wieder lachen alle.

Eddie Murphy gibt dem Riesen ein Zeichen und der reißt mir die Jacke samt Rucksack von den Schultern. Sie schütten meine Schulsachen auf den Boden und durchwühlen meine Jacke. Einer steckt meinen Taschenrechner ein, ansonsten finden sie nichts von Wert. In Zehlendorf hatte ich
25 natürlich ein Handy, aber das musste ich Klaus zurückgeben. Eddie Murphy guckt mich an, als hätte ich ihm ins Gesicht gespuckt. Er packt mich an den Haaren und steckt mir die Messerspitze in mein linkes Nasenloch.

„Du willst uns verarschen, hä? Du hast gewusst, dass wir dich kriegen. Du blöder Wichser."
30 Er sticht mir in die Innenseite der Nase. Ich weiß nicht, wie tief, aber der Schmerz ist unerträglich. [...]

„Morgen bringst du dein Handy mit, klar?"

Ich stoße ein Jaulen aus.

„Außerdem zahlst du fünfzig Euro Strafe, weil du uns verarschen
35 wolltest."

Wieder ein Jaulen von mir.

„Das Handy und die Kohle bringst du mir, ohne dass ich nachfragen muss. Wenn ich dich suchen muss, kommen wir zu dir nach Hause und ficken deine Mutter. Ist das klar?"

40 Er sticht noch einmal zu, dann zieht er das Messer aus meiner Nase. Jemand tritt mir in die Kniekehlen, ich schreie und falle rückwärts zu Boden. Auf meinen Lippen schmecke ich das Blut, das mir aus der Nase läuft.

Eddie Murphy zeigt auf meine Füße.

„Zieh deine Schuhe aus. Du schuldest mir noch ein Paar." [...]

45 Ich ziehe meine Schuhe aus und gebe sie ihm. Er steckt sie in meinen Rucksack und wirft ihn sich über die Schulter. Eine Sekunde später sind alle verschwunden und ich liege alleine im Hausflur. Meine Jacke haben sie auch mitgenommen. Erleichterung und Angst wechseln sich ab. Ich setze mich auf, lehne mich an eine Wand und heule los.

50 Nach Hause will ich jetzt nicht.

❶ Versetze dich in die Situation von Michael am Ende des Textausschnitts und verfasse einen inneren Monolog, in dem du Auskunft über seine Gedanken und Gefühle gibst, z. B.:
So eine Scheiße. Ich wusste es. Aua – Mann, tut das weh !!! – ...

❷ Lege Figurensteckbriefe für Michael und Errol an und notiere dort alles, was du bisher über die beiden Figuren erfahren hast.
Tipps & Hilfen (→ S. 308)

❸ Erzähle die Ereignisse aus der Sicht eines auktorialen Erzählers, der mehr über Errol und seine Beweggründe weiß und den Leserinnen/Lesern Einblicke in seine Gedankenwelt gibt.
Tipps & Hilfen (→ S. 308)

Info: Die Erzählweise untersuchen

Die Handlung eines Erzähltextes wird durch eine **Erzählerin** / einen **Erzähler** vermittelt.
Diese/-r darf nicht mit der Autorin / dem Autor verwechselt werden. Man unterscheidet z. B.:
- **Ich-Erzähler/-in**: Die Erzählerin / Der Erzähler ist gleichzeitig Handelnde/-r und Erzählende/-r. Sie/Er kann aus der Situation heraus oder mit zeitlichem Abstand erzählen.
- **Er-/Sie-Erzähler/-in**: Die Erzählerin / Der Erzähler tritt als Figur nicht in Erscheinung und erzählt aus der Sicht einer Beobachterin / eines Beobachters in der 3. Person.

Die **Erzählerin** / Der **Erzähler** kann sich **auktorial** verhalten, indem sie/er außerhalb der erzählten Welt steht, das gesamte Geschehen überblickt und Einblick in die Gedanken- und Gefühlswelt der Figuren hat. Man erkennt dies z. B. an Vorausdeutungen, Kommentaren oder an der Ansprache der Leser/-innen.
Sie/Er kann sich aber auch **personal** verhalten, indem sie/er Teil der erzählten Welt ist und aus der Sicht einer beteiligten Figur erzählt, die nur so viel weiß wie diese Figur.

Michael geht nach diesem Angriff zu seinen neuen Freunden Crille und Matze. Die Brüder stehen unter der Aufsicht von Paul, einem Mitarbeiter des Jugendamtes, da sie häufig allein sind, oft die Schule schwänzen und viel Alkohol trinken. Michael, der seine Mutter über ein angebliches Schulprojekt angelogen hat, zieht für einige Zeit bei den beiden ein. In dieser Zeit begehen die drei einen Einbruch in die Villa von Klaus, um für Errol das Handy und das Geld zu besorgen, das er von Michael erpresst.

Wir wurden geweckt, als Paul an der Haustür Sturm klingelte. [...] Obwohl wir Wein und Pizza noch verstecken konnten, war Paul nicht besonders zufrieden mit uns. Er war sogar stinksauer und hat gleich rumtelefoniert, um einen Heimplatz für Matze 5 und Crille klarzumachen. Vorübergehend, bis ihr Alter nach Hause kommt. Es war aber nichts frei, und so musste er die beiden doch wieder alleine lassen. Ich bin mir sicher, dass Paul nur geblufft hat. Mich hat er gleich mitgenommen und zurück zu meiner Mutter geschleift. [...]

10 „Sag mal, spinnst du jetzt völlig, oder was?", fährt sie mich an.

Keine Ahnung, was ich darauf antworten soll. Ich sitze einfach nur da und lasse den Kopf hängen.

„Schule schwänzen und saufen, das kannst du also. Bravo. Reden kannst du aber nicht, oder wie?"

15 Ich zucke mit den Schultern und starre weiter auf meine Fingernägel.

„Hallo, ich rede mit dir, falls du es noch nicht mitbekommen hast."

„Ich weiß", sage ich, ohne sie anzugucken.

„Na toll, dann weiß wenigstens einer von uns irgendetwas. Ich weiß 20 nämlich gar nichts mehr. Schon gar nicht, was mit meinem Sohn los ist, seit wir hierhergezogen sind."

Jetzt ist wohl der Moment gekommen, wo ich weinend zusammenbrechen sollte, um meiner Mutter schluchzend zu erzählen, in was für einer Scheiße ich stecke. Dass ich erpresst und bedroht werde und deshalb einen 25 Bruch gemacht habe. Dass ich Angst habe und nie wieder in diese Schule will. Mein Herz schlägt schneller und meine Hände zittern. Die ganze Wahrheit ist, dass ich meine Ruhe haben will. Aber wie klingt das denn?

Ich schaue meiner Mutter in die Augen und sage:

„Die Schule hier ist die letzte Scheiße. Die ist für Gehirnamputierte. Da 30 reicht es, einmal die Woche hinzugehen, um alles mitzukriegen. Ich krieg da 'ne Macke."

„Deshalb hast du die Schule geschwänzt?"

Ich nicke und setze meinen Hundeblick ein. Nicht zu dramatisch, ich habe im Spiegel geübt.

35 „Das ist alles?", fragt meine Mutter fassungslos. „Deshalb baust du so eine Scheiße?"

„Mir war langweilig. Außerdem hatten Crille und Matze sturmfreie Bude. So was muss man doch ausnutzen."

„Mein Gott, und ich dachte schon, du hättest ernsthafte Probleme, dich
40 hier zurechtzufinden."

Ich schaffe es, ihr ein hilfloses Lächeln zu geben.

„Pubertät", sagt sie jetzt, als wäre ihr eben der Sinn des Lebens eingefallen, „das ist normal. Da hat man eben nur Scheiße im Kopf. Jungs ganz besonders. Darum stehen die Mädchen in dem Alter auch nur auf ältere
45 Typen. Das kannst du dir übrigens merken."

Mit einem Mal ist alle Anspannung von ihr abgefallen. Sie lässt sich mir gegenüber auf den Stuhl sinken und ergreift meine Hand. Jetzt hat sie auf sorgende Mutter umgeschaltet.

„Es ist okay, wenn du ein bisschen ausrastest", spricht sie weiter. „Das
50 kann ich verstehen. Gerade jetzt. Ich würde auch lieber in unserer schönen Villa auf der Terrasse sitzen und auf den Wannsee gucken. Aber das geht im Moment leider nicht. Wir werden ja auch nicht den Rest unseres Lebens in diesem Dreckloch verbringen. Das ist doch nur vorübergehend. Versprochen. Ich sorge dafür, dass es uns bald wieder besser geht."

55 „Was willst du machen?", frage ich. „Putzen gehen?"

„Hey, nicht frech werden. Dass ich mit achtzehn schwanger geworden bin, war vielleicht nicht meine größte Tat, aber wenn ich abgetrieben hätte, wärst du jetzt nicht hier und könntest Blödsinn machen."

„Du hättest doch trotzdem was Anständiges lernen können. Andere
60 Mütter haben das auch geschafft."

Innerlich beglückwünsche ich mich zu diesem Satz. Besser könnte ich gar nicht von mir ablenken. Angriff ist die beste Verteidigung. Meine Mutter stutzt auch gleich und guckt mich komisch an.

4 Erläutere, welche Ziele Michael und seine Mutter mit diesem Gespräch jeweils verfolgen.

5 Setzt das Gespräch zwischen den beiden als Theaterszene um. Besetzt dabei jede Figur zusätzlich mit einem „Alter Ego" – einem zweiten Ich. Während die Figur auf der Bühne spricht und handelt, formuliert das „Alter Ego" die Gedanken dieser Figur.

> Mutter: Sag mal, spinnst du jetzt völlig, oder was?
> „Alter Ego" der Mutter: Ich habe eine Scheißangst um dich gehabt.
> Michael: ...

6 Ergänze deinen Figurensteckbrief für Michael.

Die Sprache des Textes treffen

A „Ist der Laden nicht der Hammer?", fragt Crille, und ich frage mich, ob mein Kumpel noch ganz dicht ist. „Wer hier was kauft, hat sie nicht mehr alle." „Ich glaub kaum, dass hier schon mal irgendwer irgendwas gekauft hat. In dem Laden hat sich nichts mehr verändert, seit ich laufen gelernt habe." Ich sehe ihn an. Was redet er für einen Blödsinn? „Kapier ich nicht", sage ich. „Davon kann doch keiner leben." „Nee, davon nicht." „Wovon dann?" „Geldwäsche." „Hier?" Crille nickt und sieht dabei aus, als wäre es seine eigene Idee gewesen. Crille der Pate. Den Kiez in der Tasche. Alle dreckigen Gelder laufen durch seine Wäscherei. Ohne ihn würde die Unterwelt zusammenbrechen.

B Crille fragt mich, ob ich das Geschäft auch so interessant fände wie er. Ich kann gar nicht glauben, dass hier jemals jemand etwas kauft, und frage Crille erstaunt, wer denn jemals in einem solchen Geschäft einkaufen würde. Crille entgegnet, dass es darum doch gar nicht gehe, sondern dass der Laden zur Geldwäsche genutzt würde. Dabei macht er ein vielsagendes Gesicht, das den Anschein erweckt, all das wäre seine Idee gewesen und Crille wäre in Wirklichkeit der eigentliche Chef der Berliner Unterwelt.

C „Ist das Geschäft nicht super?", fragt Crille, und ich frage mich, ob er das ernst meint. „Wer sollte denn hier etwas kaufen?" „Darum geht es doch gar nicht. Hier kauft natürlich niemand etwas. Das Geschäft wurde nicht mehr modernisiert, seit ich das Laufen gelernt habe." Ich betrachte seinen Gesichtsausdruck. Was redet er da für komische Dinge? „Das verstehe ich nicht. Durch so ein Geschäft kann doch keiner sein Leben finanzieren", antworte ich verständnislos. „Nein, das würde selbstverständlich nicht funktionieren." „Wovon dann?" „Von Geldwäsche natürlich." „Hier?" Zustimmend nickend sieht Crille aus, als wäre dies seine Geschäftsidee gewesen. Es klingt so, als wäre Crille der Chef der Berliner Unterwelt, als hätte er alles im Griff und ohne ihn würde dort nichts mehr funktionieren.

❶ Welcher der drei Texte stammt aus dem Roman „Knallhart"? Begründe deine Entscheidung mit der sprachlichen Gestaltung der Texte.

2 Untersuche die sprachlichen Besonderheiten des Romanausschnitts auf Seite 136 f. genauer. Beantworte folgende Fragen in Stichpunkten und notiere Beispiele.

✓ Welches Tempus wird verwendet?

✓ Ist der Satzbau eher einfach oder herrschen längere und kompliziertere Satzgefüge vor?

✓ Ist die Sprache abwechslungsreich oder dominieren bestimmte Wörter, die häufig wiederholt werden?

✓ Ist der Stil des Textes eher geprägt von Umgangssprache/Jugendsprache oder von gehobener Schriftsprache? Ist der Sprachgebrauch in verschiedenen Situationen unterschiedlich?

✓ Werden Metaphern, Vergleiche oder andere sprachliche Bilder verwendet?

✓ Welche Anteile haben Figurenrede und Erzählerbericht (→ S. 328)?

✓ Kommentiert der Erzähler das Geschehen, und wenn ja, wie?

3 Überarbeite folgenden Beginn eines inneren Monologs Michaels und schreibe ihn zu Ende. Versuche so zu schreiben, dass der Monolog am Ende des Textausschnitts auf Seite 137 eingefügt werden könnte.

Achte besonders auf die sprachlichen Merkmale, die du in Aufgabe 2 herausgearbeitet hast.

> *Eigentlich ganz schön gemein, was ich meiner Mutter gerade an den Kopf geworfen habe. Klar, wenn sie etwas Vernünftiges gelernt hätte, wären wir nicht in diese Situation geraten. Wir müssten nicht in dieser blöden Gegend in so einer winzigen Wohnung wohnen. Und ich würde jetzt nicht von diesen Typen erpresst. Ich wünschte, ich könnte ihr die Wahrheit sagen, nämlich dass ich in einer extrem unangenehmen Lage bin. Genau genommen in einer absolut aussichtslosen Lage. Aber helfen kann sie mir dabei auch nicht. Sie würde sich ja nur noch mehr Sorgen machen.*

Info: Gestaltendes Interpretieren

Gestaltendes Interpretieren bedeutet, den Originaltext durch einen selbst geschriebenen „literarischen" Text zu ergänzen und ihn damit zu interpretieren, indem man z. B.

- das Geschehen aus einer **anderen Perspektive darstellt** oder
- sogenannte **Leerstellen im Text** füllt, z. B. durch **innere Monologe, Dialoge, Briefe** oder **Tagebucheinträge** (→ S. 325 f.).

Anders als beim freien, kreativen Schreiben muss die gestaltende Interpretation den **Inhalt, die (sprachliche) Form** und die **Figurengestaltung** des Originaltextes aufgreifen. Dafür muss man den Originaltext zunächst inhaltlich und sprachlich genau untersuchen und verstehen.

Ziel des gestaltenden Interpretierens ist es z. B., die Figuren, ihre inneren Konflikte und ihre Handlungsweisen besser zu verstehen.

Die Figuren charakterisieren

Obwohl Michael Errol sein Handy und Geld gegeben hat, wird er weiter von der Gang erpresst und bedroht. Er beschließt, mit Gegengewalt zu antworten.

Errol ist kaum mehr als einen Schritt entfernt. Ich mache diesen Schritt auf ihn zu und dann kommt meine zehnfache Faust. Ohne lange auszuholen, von der Hüfte hoch und ZACK direkt auf den Riechkolben. Ich bin selber überrascht, was für einen Schwung meine Faust durch das Gewicht
5 erhält. Und vor allen Dingen mit welcher Wucht sie schließlich in Errols Gesicht landet. Ich hätte das gerne auf Video, damit ich es mir wieder und wieder in Zeitlupe ansehen kann. Ich spüre, wie seine Nase bricht. Blut schießt heraus und landet auf dem Ärmel meiner Jacke. Errol kippt nach hinten, doch bis zum Boden kommt er nicht, denn seine Leute fangen ihn
10 auf. Er heult nicht, wie ich mir das ausgemalt hatte. Zuerst scheint er nur geschockt. Er fasst sich an die kaputte Nase, verzieht dann das Gesicht. Er lässt sich wieder auf die Beine stellen. Dann schreit er, aber nicht heulend wie ein Kind, sondern eher heulend wie ein Wolf. Er schreit mich an. Ich verstehe nicht, was er sagt. Ist wohl Türkisch. Ich stehe einfach nur da und
15 starre ihn an. Weiter ging mein Plan nicht.

Niemand weicht vor mir zurück. Errol spuckt Blut in meine Richtung. Er hat auf einmal ein Messer in der Hand. Schreit immer noch. Schreit und kommt auf mich zu. Das Messer in der Hand. […]

Wir sehen uns in die Augen, jeder wartet auf das Zucken seines Gegen-
20 übers. Wie zwei Cowboys mit der Hand auf dem Colt. Plötzlich tauchen hinter Errol zwei Schatten auf. Beide ganz in Schwarz gekleidet. Jeans, Lederjacken, dunkle Brillen, schwarze Haare. Sie sehen aus wie Bodyguards. Gefährlich. Der eine tritt Errol in die Kniekehlen. Fast wie nebenbei. Errol klappt zusammen, den Schreck im Gesicht. Die Gang um mich herum ist
25 still geworden. […]

„Du. Komm her", sagt der Typ, der Errol zu Fall gebracht hat. Ich steige über Errol hinweg und der Bodyguard zieht mich zu sich und guckt dann einmal in die Runde.

„Er steht unter unserem Schutz."

30 Mehr sagt er nicht. Danach nehmen mich die beiden in die Mitte und führen mich durch parkende Autos zur Straße. Ein blauer BMW steht in zweiter Spur. [...] Der eine Typ setzt sich vorne rein und der andere kommt nach hinten und drückt mich in die Mitte der Sitzbank. Ganz nach links kann ich nicht durchrutschen, denn dort sitzt schon jemand.

35 „Hamal", sage ich und Hamal lächelt und fährt sich mit einer Hand über die Föhnwelle.

„Hast du schon länger mit diesen Pennern Ärger?", fragt er mich und gibt ein Zeichen. Der Wagen setzt sich in Bewegung. Langsam, ganz so als würde uns die Straße gehören.

40 „Kennst du Errol?", frage ich. Was anderes fällt mir nicht ein. Ich wunder mich, dass ich überhaupt den Mund aufkriege.

„Klar kenne ich Errol. Er ist ein dummer Wichser. Ein Arschloch ohne Ehre. Seine eigenen Leute wollen nichts mit ihm zu tun haben. Darum hängt er mit diesen Spastis herum. Nicht mal sein eigener Vater guckt ihm

45 mehr ins Gesicht. Dabei ist er der älteste Sohn." [...]

„Hunger?", fragt Hamal, während der Typ rechts neben mir ein Handy rausholt. Ich habe eigentlich keinen besonderen Hunger, aber aus Filmen weiß ich, dass Südländer beleidigt sein können, wenn man eine Einladung ausschlägt.

50 „Bisschen", sage ich deshalb.

„Falafel in Ordnung?"

Döner wär mir zwar lieber gewesen, dennoch nicke ich.

„Zwiebeln? Sesamsoße oder Knoblauch?"

„Mit allem", sage ich, um die Sache abzukürzen. [...]

55 Obwohl ich mir ziemlich sicher bin, dass ich eingeladen wurde, zücke ich mein Geld und will die Falafel bezahlen. Ich werde von allen vieren ausgelacht, aber auf eine nette Weise. Ich stecke das Geld wieder weg und bedanke mich, sicher, einen Pluspunkt gemacht zu haben.

„Ist das alles, wofür du dich bedanken willst?", fragt Hamal nach dem

60 zweiten Bissen.

Ich muss nicht lange überlegen, was er meint.

„Du meinst, weil ihr mich gerettet habt?", frage ich scheinheilig.

Hamal nimmt einen weiteren Bissen und nickt als Antwort leicht mit dem Kopf.

65 „Dafür bin ich euch so dankbar, dass ich es gar nicht in Worte fassen kann", sage ich.

Sie lachen wieder alle vier. Dieses Mal bin ich nicht sicher warum.

„Du hast recht", sagt Hamal nach einer Pause. [...]

„Worte sind auch nicht genug, wenn es um die eigene Sicherheit geht",
70 spricht Hamal weiter. „Obwohl ich dir gerne geholfen habe, denn meine Großmutter mag dich. Sie sagt, du hast ein ehrliches Gesicht. Und Leute mit ehrlichem Gesicht kann ich immer gut brauchen."

„Danke", sage ich und schiebe mir den letzten Bissen in den Mund. [...] „Danke ja. Oder Danke nein?"

75 „Ja oder nein wozu?", frage ich zurück, obwohl es mir in diesem Moment dämmert. Hamal hat es mir wohl vom Gesicht abgelesen, denn er wartet einfach ab.

Eigentlich gibt es an dieser Stelle nicht viel zu überlegen. Ich habe genug Gangsterfilme gesehen, um zu wissen, dass ein Nein nicht infrage
80 kommt. Mit einem Nein ist mein frisch ausgesprochener Schutz nur noch einen feuchten Furz wert.

„Klar würde ich gerne für dich arbeiten", sage ich.

„Okay", sagt Hamal und nickt zufrieden.

❶ Stell dir vor, Michael erzählt seinen Freunden Crille und Matze von der Begegnung mit Hamal und von seiner Entscheidung, für ihn als Drogenkurier zu arbeiten.
Schreibe das Gespräch zwischen den dreien auf. Achte darauf, dass du die Sprache des Textes triffst (→ S. 138 f.).
Tipps & Hilfen (→ S. 309).

> Michael: Ich arbeite jetzt übrigens für Hamal.
> Crille: Was ??? ...
> Matze: ...

❷ Lege einen Figurensteckbrief für Hamal an und ergänze die Figurensteckbriefe für Errol und Michael.

❸ Wähle eine der folgenden Aufgaben a) oder b) aus:

a) Verfasse eine Charakterisierung (→ S. 323) für Hamal. Nutze den Figurensteckbrief und arbeite mit Textbelegen.
Tipps & Hilfen (→ S. 309)

b) Überlege, was dazu geführt haben könnte, dass Errol „ein Arschloch ohne Ehre" geworden ist. Schreibe eine Rollenbiografie für ihn. Formuliere in der Ich-Perspektive.
Tipps & Hilfen (→ S. 309)

❹ Erstellt ein Storyboard (→ S. 151) für die Verfilmung eures Gesprächs zwischen Michael, Crille und Matze (→ Aufgabe 1).

Michael bewährt sich als Drogenkurier für Hamal, bis er eines Tages von Errol und seiner Gang überfallen wird, die ihm seinen Rucksack mit dreißigtausend Euro klauen.

„Ist irgendwas im Rucksack? Was, wo dein Name draufsteht?"

„Meine Schulsachen."

Eine Ampel wird rot. Der Wagen hält an. Wir schweigen. Es fährt kein einziges Auto über die Kreuzung. Die Gegend ist wie ausgestorben.

5 „Das ist ein Problem", sagt Hamal, und die Ampel schaltet auf Grün.

Ich nicke, er hat recht, das ist ein Problem.

„Du bist damit ein Problem", sagt Hamal.

Wir schweigen, und ich denke, vielleicht kriege ich ja den Rucksack beim Fundbüro wieder. Vielleicht habe ich Glück. Ich sage es Hamal. Er

10 schüttelt den Kopf.

„Die gucken auf alle Fälle rein, und was glaubst du, werden die machen, wenn sie dreißigtausend Scheine im Rucksack eines fünfzehnjährigen Wichsers finden?"

„Ach Scheiße", sage ich.

15 „Was wirst du den Bullen erzählen?"

„Dass ich das Geld gefunden habe."

„Vielleicht klappt das sogar."

„Ich werde ihnen bestimmt nichts von dir erzählen. Bestimmt nicht."

Bilder aus Gangsterfilmen kommen mir in den Kopf. Ein kleiner Hand-

20 langer hat Mist gebaut und versucht jetzt beim Boss sein Leben zu retten. Er winselt und bettelt, doch so viel er auch heult, es hilft nichts. So eine Szene geht nie gut aus. Der Gangsterboss darf sein Gesicht nicht verlieren, sonst tanzen ihm seine Leute auf der Nase herum. Er muss zeigen, dass er skrupellos ist, um den Respekt zu behalten.

25 „Wo fahren wir hin?"

Die Angst hat mir den Hals so weit zugeschnürt, dass es Mühe macht, die Worte hervorzupressen.

„Ich will sichergehen, dass du den Mund hältst."

Der Satz schmerzt. Ich möchte winseln und um Gnade flehen, aber ich
30 muss locker bleiben. Wenn ich zu flennen anfange, ende ich, wie Gangster
im Film enden, da bin ich sicher. Die Hauptrollen sind fast immer cool und
lässig, wenn es um ihr Leben geht. Hauptrollen sterben nie. Ich bin hier die
Hauptrolle.

„Müssen wir dafür in die Pampa fahren?", frage ich und setze mich auf
35 meine Hände, damit sie zu zittern aufhören.

„Ja", sagt Hamal, und dann schweigen wir wieder.

Nach fünfzehn Minuten fahren wir an einem Ortsschild vorbei. Berlin
ist mit einem roten Balken durchgestrichen. Ein paar Hundert Meter später endet die Straßenbeleuchtung. Unsere Scheinwerfer sind das einzige
40 Licht. Ein Augenpaar leuchtet am Straßenrand auf. Ein Fuchs, gefangen im
Lichtkegel. Unser Fahrer hupt, der Fuchs zuckt, als wollte er noch über die
Straße rennen, überlegt es sich anders und verschwindet wieder im Gebüsch. Ich beneide ihn.

Wir biegen von der Straße in einen Feldweg ein. Vor uns taucht eine
45 Baumgruppe aus der Dunkelheit auf. Der Fahrer hält an und stellt den
Motor aus. Die Scheinwerfer gehen automatisch auf Standlicht. Keiner
sagt einen Ton.

Als sich meine Augen an die Dunkelheit gewöhnt haben, sagt Hamal:
„Bringen wir es hinter uns", und öffnet die Tür.
50 Ich steige hinter Hamal aus. [...] Barut ist nach hinten gegangen und
öffnet den Kofferraum. Er holt etwas Schweres heraus. Ich kann sehen, wie
das Heck entlastet wird. Dann klappt er den Kofferraum
wieder zu und kommt zu uns nach vorn. Er zieht einen
Sack hinter sich her und wirft ihn mir vor die Füße in
55 den Lichtkegel. Der Sack hat schwarze, gegelte Haare
und trägt eine rote Jacke.

„Ist er tot?", frage ich und schäme mich innerlich,
dass ich auf ein Ja hoffe.

„Noch nicht", sagt Hamal und lässt sich vom
60 Beifahrer eine Plastiktüte geben. [...]

„Hol sie raus", sagt Hamal.

Ich zögere einen Moment, vermute eine Falle.
Hamal raschelt etwas mit der Tüte und ich greife
hinein. Es ist ein Revolver. [...]
65 „Was soll ich damit?", frage ich.

„Erschieß dich selbst."

„Was?"

Mir wird schlagartig heiß. [...]

„Oder fällt dir was Besseres ein?"

70 Mein Blick fällt auf den am Boden liegenden
    Errol.

    „Ich soll ihn erschießen?" […]

    „Du oder er", sagt Hamal.

    Selber werde ich mich wohl kaum erschießen.

75 Bleibt Errol. Oder ich knall die vier Araber ab. Im
    Film wäre das eine Möglichkeit. Aber im Film wä-
    re Errol mein bester Freund, und die vier hier
    wären meine Feinde, die von mir verlangen, dass
    ich meinen besten Freund erschieße. Ich würde in

80 letzter Sekunde umschwenken und sie wie ein Sieb
    durchlöchern. Aber ich bin nicht im Film und Errol ist
    nicht mein bester Freund. Auch habe ich nichts gegen Hamal. Er war im-
    mer nett zu mir und hat mich fair behandelt. Ich kann ihn sogar verstehen.
    Er will sich schützen. Ich kann ihn wirklich verstehen. Errol ist das Arsch-

85 loch. Er hat es sich selber zuzuschreiben, dass er jetzt vor mir im Dreck
    liegt. Wieso musste er … Wieso hat er nur …

5 a) Wie wird sich Michael in dieser Situation verhalten? Begründe deine Ansicht mit Michaels
       Entwicklung im Laufe des Romans und mit diesem Textausschnitt.
    b) Stelle die Entwicklung von Michael als Flussdiagramm dar. Nutze deinen Figuren-
       steckbrief und füge passende Zitate aus den Textausschnitten in diesem Kapitel ein.

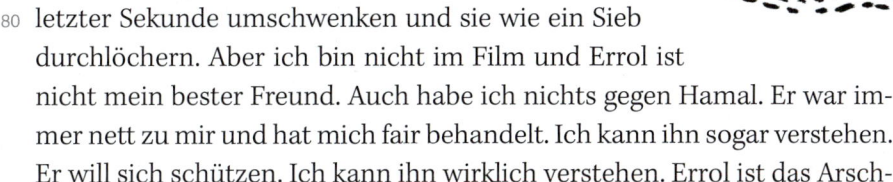

> 1. verwöhnter Junge aus Zehlendorf:
> „Ich hatte drei Zimmer, mit eigenem Bad, und die Putzfrau räumte für
> mich auf. Fünf Computer waren zu einem Netzwerk verbunden. Hier
> konnte ich meinen Freunden die virtuellen Köpfe wegballern. Das taten
> wir nächtelang. […] Wie im Himmel." (S. 132, Z. 10–13)

…

6 Schreibe eine Charakterisierung (→ S. 323) für Michael. Nutze deine Arbeitsergebnisse aus
   den Aufgaben 1 und 2.

7 Der Ich-Erzähler verweist immer wieder auf Filme. Besprecht, welche Rolle diese Verweise
   hier spielen.
   Tipps & Hilfen (→ S. 309)

8 Diskutiert: Wer ist in dem Roman Täter, wer ist Opfer?

9 Verfasse ein passendes Ende für den Roman. Nutze deine Arbeitsergebnisse aus Aufgabe 5.

Eine Romanverfilmung untersuchen

Die Exposition untersuchen

1

2

3

4

5

6

7

8

❶ Die Bilder auf Seite 146 zeigen Screenshots aus den ersten zweieinhalb Minuten der Verfilmung des Romans „Knallhart".

a) Beschreibe die Bilder. Beantworte dabei die W-Fragen:
  - Wann und wo spielt die Handlung?
  - Was wird dargestellt?
  - Welche Personen werden gezeigt?
  - Wie werden die Handlungsorte und die Personen dargestellt?

b) Wähle zwei Filmbilder aus und analysiere die „Mise en Scène" dieser Bilder mithilfe der Angaben im Info-Kasten.

❷ a) Erläutere, wie die Bilder auf dich wirken und welchen Eindruck du von der Hauptfigur erhältst.

b) Beschreibe, welche Erwartungen der Anfang des Films (die Exposition) bei dir weckt.

❸ a) Vergleiche die Exposition des Films „Knallhart" mit dem Anfang des Romans (→ S. 132 f.).

b) Diskutiert: Welche Gründe könnte der Filmregisseur gehabt haben, diesen Einstieg in den Film zu wählen?

④ In dem Film spielt die Filmmusik eine große Rolle.
Überlegt, mit welchen Geräuschen und/oder welcher Musik ihr diesen Anfang des Films unterlegen würdet. Begründet eure Entscheidung.

Info: Mise en Scène

Mit dem Begriff **Mise en Scène** (franz. für „In-Szene-Setzen") bezeichnet man die Bildkomposition von Filmbildern.

Bei der Untersuchung der Mise en Scène betrachtet man einerseits das, **was** dargestellt wird **(Bildinhalt)**, und andererseits **wie** es dargestellt wird **(Bildgestaltung)**.

- Zum **Bildinhalt** gehören z. B. das Setting (die Handlungsorte und das Milieu, in dem der Film spielt), die Ausstattung mit Kostümen und Requisiten, Hinweise auf die Zeit der Handlung (Tageszeit, Jahreszeit oder historische Zeit), die Darstellung der Figuren mit ihrem äußeren Erscheinungsbild und ihrer Gestik und Mimik.
- Zur **Bildgestaltung** gehören u. a. die Anordnung der Bildinhalte (die Bildkomposition), die Einstellungsgrößen, die Kameraperspektiven, die Kamerabewegung und die Licht- und Farbgestaltung.

Die Filmsprache analysieren

➊ Beschreibe die Bildkomposition (Mise en Scène) der drei Filmbilder.

➋ Analysiere die Filmbilder genauer:
- Benenne die jeweiligen Einstellungen und Kameraperspektiven.
- Benenne den Point of View (Erzählerstandort).
- Beschreibe die Wirkung von Mise en Scène, Schnitt und Montage.

➌ Die Bilder dieser Szene spielen für den Fortgang der Handlung keine entscheidende Rolle. Überlegt, weshalb der Regisseur sich trotzdem für diese Darstellung entschieden hat.

④ Sieh dir den Films „Knallhart" von dem Moment an, wo Michael ins Bild kommt. Dokumentiere die Einstellungen bis zu dem Moment, wo der Polizist Gerber auftritt, in einem Einstellungsprotokoll.

Einstellungsprotokoll: „Knallhart"

Handlung	Einstellungsgröße	Kamera-perspektive	Dauer der Einstellung	Musik/Geräusche
– Michael läuft durch Neukölln – wartet auf Polizeiwache auf Polizisten	...	...	...	Musik

Info: Die Filmsprache analysieren

Einstellungsgrößen:

Mit der Einstellungsgröße wird der Bildausschnitt gewählt, und es wird deutlich, in welcher Distanz sich die Zuschauer/-innen zum Geschehen befinden. Man unterscheidet:

- **Panoramaeinstellung:** Die Panoramaeinstellung vermittelt den Betrachterinnen/ Betrachtern einen Überblick über das Geschehen. Sie zeigt Landschaften oder Stadt- silhouetten. Menschen werden nur sehr klein und eher nebenbei dargestellt.
- **Totale:** Die Totale zeigt eine Person oder eine Gruppe in ihrer Umgebung. Die Zuschauer/ -innen erhalten so einen Überblick über den Schauplatz.
- **Halbtotale:** Bei der Halbtotalen stehen mehrere Figuren im Mittelpunkt, die das Bild vollständig ausfüllen. Die Umgebung ist eher unwichtig.
- **Nahaufnahme:** Mit der Nahaufnahme zeigt die Kamera nur Gesicht und Oberkörper einer Person.
- **Detailaufnahme:** Von einer Detailaufnahme spricht man, wenn ein Teil einer Figur oder eines Gegenstands vergrößert dargestellt wird.

Kameraperspektiven:

Auch die Kameraperspektive spielt für die Wirkung einer Filmszene eine große Rolle. Man unterscheidet:

- **Froschperspektive (Untersicht):** Die Kamera findet sich unterhalb des gefilmten Objekts und zeigt schräg nach oben. Dadurch wirken Gegenstände und Figuren häufig mächtig und bedrohlich.
- **Vogelperspektive (Aufsicht):** Die Kamera befindet sich oberhalb des gefilmten Objekts und zeigt nach unten. Gegenstände und Figuren erscheinen so klein und unterlegen.
- **Normalsicht:** Die Kamera befindet sich auf Augenhöhe der handelnden Figuren.

Erzählerische Mittel des Films:

- **Mise en Scène** (→ S. 147)
- **Der Point of View:** Als Point of View bezeichnet man den Erzählerstandort im Film. Deckt sich der Blick der Kamera mit dem einer Figur, entsteht ein personales Erzähl- verhalten (subjektive Perspektive). Überblickt die Kamera dagegen das Geschehen, entsteht ein auktoriales Erzählverhalten (objektive Perspektive).
- **Schnitt und Montage:** Schnitt und Montage sind wichtige Mittel filmischen Erzählens. Bezeichnet wird damit sowohl die Kombination von Bild und Ton als auch das Zusammen- fügen einzelner Bilder und Einstellungen zu einem Handlungsstrang. Soll z. B. eine Parallelhandlung gezeigt werden, werden die Bilder beider Handlungsstränge häufig abwechselnd aneinandergeschnitten.
  Der Schnittrhythmus bestimmt das Tempo eines Films: Viele Schnitte und kurze Einstellungen erhöhen das Tempo und erzeugen Hektik. Wenige Schnitte und lange Einstellungen verlangsamen das Erzähltempo.

Vom Buch zum Film – ein Storyboard entwerfen

❶ Lies noch einmal den Ausschnitt aus dem Roman, als Hamal mit Michael aus Berlin hinausfährt und ihn auffordert, Errol zu erschießen (→ S. 144, Z. 37 – S. 145, Z. 86). Notiere in Stichpunkten, wie du den Abschnitt filmisch umsetzen würdest.

❷ a) Schreibe in Form eines inneren Monologs auf, was Michael am Ende dieser Textstelle durch den Kopf gehen könnte.

b) Überlege, wie du den inneren Monolog filmisch umsetzen könntest.

❸ Skizziere zu diesem Romanausschnitt und zu dem von dir verfassten inneren Monolog ein Storyboard wie im Beispiel.

Orientiere dich dabei an den Hinweisen im Info-Kasten (→ S. 151).

Beispiel:

Storyboard zu einem Ausschnitt aus dem Roman „Knallhart"

	Bildausschnitt	Inhalt/Text	Funktion
1		Michael sieht, dass sie jetzt über die Stadt-grenze von Berlin fahren	subjektive Sicht von Michael, der quasi im Auto gefangen ist; Farbgestaltung zeigt die Bedrohung
2		Auto biegt in den Feldweg ab	Zuschauer/-in bekommt einen Überblick, wo die Handlung spielt.
3	...	...	...

④ Überprüfe, ob man anhand deines Storyboards die Handlung und die Stimmung des Textes nachvollziehen kann, ohne den Text gelesen zu haben.

⑤ Sieh dir die entsprechende Szene im Film an und vergleiche sie mit deinen Ideen.

Info: Ein Storyboard erstellen

Das Storyboard ist die **zeichnerische Version des Drehbuchs**. Im Storyboard werden die einzelnen Einstellungen, Kameraperspektiven, die Positionen der Schauspieler/-innen und die Schauplätze wie in einem Comic skizzenhaft festgehalten.

Beantworte vor der Gestaltung des Storyboards folgende Fragen:
- **Was** passiert in der Szene (äußere und innere Handlung)?
- **Welche Inhalte** sollen der Zuschauerin / dem Zuschauer präsentiert werden?
- **Welche Figuren** treten auf?
- An **welchem Ort** spielt die Handlung?
- Wie kann die **Stimmung** des Textes im Film transportiert werden?

Kläre für dich:
- In welcher **Reihenfolge** sollen die Bildinhalte den Zuschauerinnen/Zuschauern präsentiert werden?
- Welche **Einstellungen** und **Kameraperspektiven** sollen für die einzelnen Bildinhalte verwendet werden?
- Wo ist jeweils der **Point of View**?
- Wie sieht die **Bildkomposition** (Mise en Scène) aus? Achte u. a. auf die Farbgestaltung, auf die Verteilung von Licht und Schatten, auf die Platzierung der einzelnen Figuren und der Gegenstände im Raum.

Zum Schmökern, Schauen, Weiterdenken

Letztendlich sind wir dem Universum egal
David Levithan (2012)

5994. Tag

Ich werde wach.

    Und muss auf der Stelle herausfinden, wer ich bin. Nicht nur äußerlich – die Augen aufschlagen und nachsehen, ob
5 ich am Arm helle oder dunkle Haut habe, ob meine Haare lang oder kurz sind, ob ich dick oder dünn bin, Junge oder Mädchen, voller Schrammen und Narben oder glatt und unversehrt. Darauf stellt man sich am leichtesten ein, wenn man es gewöhnt ist, jeden Morgen in einem neuen Körper
10 aufzuwachen. Aber das Leben darum herum, das Umfeld – das ist manchmal schwer in den Griff zu bekommen.

    Jeden Tag bin ich jemand anders. Ich bin ich – so viel weiß ich – und zugleich jemand anders.

    Das war schon immer so.

15 Die Information ist da. Ich werde wach, schlage die Augen auf und begreife: wieder ein neuer Morgen, wieder ein neuer Ort. Die Lebensgeschichte schaltet sich zu, ein willkommenes Geschenk von dem Nicht-Ich-Teil in meinem Kopf. Heute bin ich Justin. Nein, falsch, bin ich nicht, aber heute heiße
20 ich so und leihe mir für einen Tag Justins Leben aus. Ich sehe mich um. Das ist also sein Zimmer. Das ist sein Zuhause. In sieben Minuten klingelt der Wecker.

    Ich bin nie zweimal dieselbe Person, aber in solchen Typen wie dem hier habe ich definitiv schon dringesteckt.
25 Überall Klamotten. Deutlich mehr Videospiele als Bücher. Schläft in seinen Boxershorts. Nach dem Geschmack im Mund zu urteilen, ist er Raucher. Aber nicht so süchtig, dass er sich gleich nach dem Aufwachen eine anstecken muss.

    „Guten Morgen, Justin", sage ich, um seine Stimme zu testen. Leise. Die
30 Stimme in meinem Kopf klingt immer anders.

    Justin geht nicht gut mit sich um. Seine Kopfhaut juckt. Seine Augen wollen zubleiben. Er hat nicht viel Schlaf gekriegt.

    Schon jetzt weiß ich, dass mir der Tag heute nicht gefallen wird.

    Es ist schwer, im Körper von jemandem zu sein, den man nicht mag,

2

35 weil man ihn trotzdem achten muss. In der Vergangenheit habe ich manchmal Schaden im Leben von anderen angerichtet und bin zu der Erkenntnis
gekommen, dass es mich nicht loslässt, wenn ich Mist baue. Also versuche
ich, vorsichtig zu sein.

Soweit ich das feststellen kann, sind alle, in die ich schlüpfe, so alt wie
40 ich. Ich springe nicht von sechzehn zu sechzig. Im Augenblick bin ich immer nur sechzehn. Keine Ahnung, wie das funktioniert, oder warum. Den
Versuch, dahinterzukommen, habe ich schon vor langer Zeit aufgegeben.
[...]

Ich kann nur Fakten abfragen, keine Gefühle. Ich weiß, dass das hier
45 Justins Zimmer ist, aber ich habe keine Ahnung, ob er es mag oder nicht.
[...] Einerseits bin ich froh, meine eigenen Gedanken und Gefühle zu haben, andererseits wäre hier und da ein kleiner Hinweis, wie und was der
andere denkt, schon ganz hilfreich. Wir haben alle unsere Geheimnisse –
insbesondere von innen heraus betrachtet.

50 Der Wecker klingelt. Ich greife nach einem Hemd und einer Jeans, aber
wie es aussieht, hat er das Hemd gestern schon angehabt. Ich suche mir ein
neues. Nehme die Klamotten mit ins Bad, dusche und ziehe mich an. Seine
Eltern sind jetzt in der Küche. Sie haben keine Ahnung, dass irgendwas
anders ist.

55 Sechzehn Jahre sind eine lange Übungszeit. Normalerweise mache ich
keine Fehler. Nicht mehr.

Seine Eltern sind leicht zu durchschauen: Justin redet morgens nicht groß
mit ihnen, also muss ich auch nicht mit ihnen reden. Ich habe mir ein Ge-
spür dafür antrainiert, ob Erwartungen da sind oder nicht. Ich schaufle
60 mir eine Portion Cornflakes rein, stelle die Schüssel so, wie sie ist, ins Spül-
becken, schnappe Justins Schlüssel und gehe.

Gestern war ich ein Mädchen aus einem Ort, der schätzungsweise zwei
Stunden von dem hier entfernt liegt. Vorgestern war ich ein Junge und
lebte noch mal drei Stunden weiter weg. Schon jetzt vergesse ich, was die
65 beiden im Einzelnen ausgemacht hat. Das muss ich, sonst weiß ich end-
gültig nicht mehr, wer ich wirklich bin.

Justin hört laute, grausige Musik auf einem lauten, grausigen Sender mit
lauten, grausigen DJs, die sich mit lauten, grausigen Witzen durch den Vormittag kämpfen. Mehr muss ich über Justin eigentlich nicht wissen. Ich
70 mache eine Abfrage und lasse mir von seinem Gedächtnis den Weg zur
Schule zeigen, den richtigen Parkplatz und den richtigen Spind. Die Zah-
lenkombination seines Schlosses. Die Namen der Leute im Flur, die er
kennt. [...]

Als ich Justins Bücher aus seinem Spind nehme, spüre ich jemanden im
75 Hintergrund. Ich drehe mich um, und das Mädchen, das da steht, ist durch-
sichtig wie Glas, was ihre Gefühle angeht – zaghaft und erwartungsvoll,
nervös und voller Bewunderung. Ich muss keine neue Abfrage starten, um
zu wissen, dass das Justins Freundin ist. Niemand sonst würde so auf ihn
reagieren, in seiner Gegenwart so unsicher wirken. Sie ist hübsch, aber das
80 sieht sie nicht. Sie versteckt sich hinter ihren Haaren, ist glücklich und unglücklich zugleich bei meinem Anblick.

Sie heißt Rhiannon. Und einen Moment lang – den Bruchteil eines
Herzschlags – denke ich, ja, der Name passt zu ihr. Keine Ahnung, wieso.
Ich kenne sie ja gar nicht. Aber er kommt mir passend vor.

85 Das ist nicht Justins Gedanke. Es ist meiner. Ich versuche, ihn zu igno-
rieren. Ich bin nicht der, mit dem sie reden will.

„Hey", sage ich, übertrieben lässig.

„Hey", murmelt sie.

Sie schaut zu Boden, auf ihre angemalten Chucks. Sie hat rund um die
90 Sohlen mit dem Filzstift Wolkenkratzerstädte emporwachsen lassen. Irgendwas ist zwischen ihr und Justin vorgefallen, und ich weiß nicht, was.
Vermutlich hat Justin es zu dem Zeitpunkt gar nicht mitgekriegt.

„Alles okay mit dir?", frage ich.

Es gelingt ihr nicht, ihre Überraschung zu verbergen. So was fragt Justin
95 sie normalerweise nicht.

Und das Komische ist: Ich will die Antwort wissen. Umso mehr, als es
ihm offensichtlich egal ist.

❶ Untersuche den Anfang des Romas „Letztendlich sind wir dem Universum egal": Was
erfährst du über die Ich-Erzählerin / den Ich-Erzähler? Welche Konflikte deuten sich an?
❷ Sammelt Vor- und Nachteile, die es haben kann, wenn man jeden Tag das Leben einer
anderen Person lebt.
❸ Wie könnte das Mittagessen mit Rhiannon verlaufen? Erzähle davon aus der Sicht des
Ich-Erzählers. Beziehe auch die Informationen aus dem Klappentext (→ S. 130) mit ein.

Das hier ist kein Tagebuch   *Erna Sassen (2015)*

7. Februar

Das hier ist kein Tagebuch.
Ich sage es bloß der Deutlichkeit halber dazu.
Mal angenommen, jemand gräbt es in hun-
5 dert Jahren zufällig aus und denkt:
„Nein, wie erbärmlich! Ein Sechzehnjähri-
ger, der Tagebuch geführt hat!"
Ich bin weder erbärmlich, noch führe ich
Tagebuch.
10 Das hier ist ein Heft.
Und ich schmiere es voll, weil mein Vater
mir ein Ultimatum gestellt hat. [...]
„Ist mir piepegal, wie du deine Tage ver-
bringst!", brüllte besagter besorgter Papa.
15 „Aber ab jetzt schreibst du *jeden Tag* etwas
in dieses Heft. Egal, ob du Lust hast oder
nicht. Darüber, was du getan hast oder ge-
fühlt oder gedacht. Und du hörst dir jeden Tag mindestens eine von diesen
CDs an. Falls nicht, dann lasse ich dich in eine psychiatrische Anstalt ein-
20 weisen!" Er knallte das Heft auf mein Bett und einen Stapel CDs auf meinen Schreibtisch. [...]
Das mit der psychiatrischen Anstalt nahm ich natürlich nicht ernst.
Bis zum nächsten Tag, als mein Vater kam und meine „Hausaufgaben"
kontrollierte. Er war wütend. (Ich hatte sie nicht gemacht.)
25 Er zeigte mir seinen Kalender, in den er einen Termin für ein Kennenlern-
gespräch mit einem Freund eingetragen hatte, einem Psychiater beim
Psychiatrischen Gesundheitsdienst in Amsterdam. Er sagte: „Ich habe
dein Verhalten jetzt lange genug toleriert!"
Und: „Wenn du weiter hier wohnen willst, musst du selbst die Verantwor-
30 tung für deine Gesundung übernehmen. Jeden Tag schreiben und dir eine
CD anhören. Sonst lasse ich dich einweisen."
Gesundung.
Als ob ich krank wäre.
Ich dachte rasend schnell nach und schrieb dann mit Riesenbuchstaben
35 auf die erste Seite:

FÜR UNBEFUGTE VERBOTEN

und zeigte das meinem Vater.

Er schwieg eine Weile und sagte dann: „Ich muss es nicht wirklich lesen. Ich meine einfach nur, dass du ab und zu jemandem zeigen musst, dass du
40 etwas hineinschreibst. Marjan oder Fussel zum Beispiel."
Ich nickte kaum merklich. Um zu zeigen, dass ich tun würde, was er von mir verlangte, allerdings unter Protest und mit mächtigem Widerwillen. Na denn. Mir bleibt wohl nichts anderes übrig.

Nichts gemacht heute.
45 Gestern auch nichts gemacht.
Und vorgestern auch nicht.

Ach ja. *Pergolesi gehört. Stabat Mater. (D. h. die halbe CD.)*
Ich dachte, ich fange gleich mit dem Allerschlimmsten an, dann haben wir das schon mal hinter uns.
50 *Außerdem lag sie obenauf.*
Ganz übler Titel. Stabat Mater.
Aber gut. Musik ging sogar.
Hat mich an ausländische Thermalbäder erinnert: so prunkvolle Kurorte mit Säulengalerien und Marmorfußböden, wohin Leute kommen, um von diesem
55 *oder jenem geheilt zu werden.* [...]

Und vorgestern ein Ei für meine kleine Schwester gebraten.

8. Februar
Die kleinen Schwestern, sie leben hoch.
Alle kleinen Schwestern auf der ganzen Welt sollen hochleben, aber be-
60 sonders meine.
Sie ist sieben Jahre alt und wir nennen sie Fussel, aber sie heißt Doris; offi-ziell Dolores, denn das wollte meine Mutter gern. Bloß war es völlig dane-ben. Dolores, das ist ein Name für eine dicke fünfzigjährige spanische Hure mit schwarzblauem Haar und Doppel-D.
65 Meine Schwester hatte bei ihrer Geburt kaum Haare, aber das bisschen, was sie hatte, war strahlend weiß und fusselig. Daher ihr Spitzname.

Nichts gemacht heute.

Nichts gedacht, nichts gefühlt.

Und der Tag ist auch einfach vorbeigegangen, Gott sei Lob und Dank.

70 Jeder Tag geht von selbst zu Ende, das hat er gut geregelt.

Keine Musik gehört.
Zu müde.

9. Februar

Die Bedeutung einer Mutter wird m. E. schwer überschätzt. [...]

75 Heutzutage finden sich fast keine Mütter mehr, die einen nachmittags mit
einer Tasse Tee erwarten, wenn man aus der Schule kommt.

Die gemütliche Mutter gehört zu einer aussterbenden Art.

Derzeit gibt es:

die ehrgeizige, hochgebildete Mutter mit einer 40-stündigen Arbeitswoche,

80 die geschiedene Mutter mit einer 40-stündigen Arbeitswoche,

die reiche Mutter mit einer 60-stündigen Fitness- und Beauty-Woche.

Und die Hartz-IV-Mutter gibt es auch noch. Aber auch die ist den ganzen
Tag auf Achse, sich irgendwo bewerben.

Vielleicht sollten wir sie in einem Reservat züchten, nette Mütter.

85 Und sie anschließend im Wattenmeer aussetzen.

Fühle mich: müde.

Müde ist kein Gefühl, sagt mein Vater. Er hat unrecht. Müde ist ein alles
beherrschendes Mistgefühl.

① Was erfährst du über den Ich-Erzähler? Wie wirkt er auf dich? Schreibe eine kurze
Charakterisierung.

② Besprecht: Was erfahrt ihr über den Vater? Welche Gründe könnte er haben, seinem
Sohn dieses Ultimatum zu stellen?

③ Dieser Roman wurde auch als Theaterstück auf die Bühne gebracht.
Überlegt, wie man den hier abgedruckten Anfang des Buches dramatisieren könnte.
Denkt dabei auch an die Besetzung der Rollen und an das Bühnenbild.

Mädchenmeute   *Kirsten Fuchs (2015)*

Es war der Sommer, in dem ich aufhörte, einen knallroten Kopf zu bekommen, wenn ich mehr als drei Wörter sagen sollte. Ich hatte am Ende eine Narbe an der Hand und meinen ersten Kuss bekommen. Ich war sogar fast ein bisschen berühmt geworden. Aber der Reihe nach.

5 Am Anfang hielt mir meine Mutter eine Anzeige aus der Zeitung unter die Nase. Ein Ferien-Fun-Survival-Camp. Mein Muskel zum Schulterzucken war zu der Zeit super trainiert und ungeschlagen im Fliegengewicht der fünfzehnjährigen Mädchen.

Meine Mutter wusste eigentlich, dass Schulterzucken zwar „ja" und
10 „nein" heißen konnte, meistens aber „nein" hieß.

„Das Camp liegt bei Bad Heiligen", las sie aus der Anzeige vor. „Das ist ein beliebtes Seebad. In Heiligen war dieser Maler."

„Ach, der!", sagte ich.

Drei Wochen später überreichte meine Mutter mir ein Anmeldeformu-
15 lar. Ihrem Gesicht nach zu urteilen, hätte ich ihr mit einem Jubelschrei um den Hals fallen sollen: „O Mutsch, du bist einfach die Beste!" Sie hatte zu viel Fernsehen gesehen, echt.

„Da muss man sogar eine Bewerbung schicken. Da wollen bestimmt total viele hin. Stell dir mal vor, und von allen Bewerberinnen nehmen sie
20 dann dich."

Das klang für mich, als ob ein Typ mit Luftballons aus dem Gebüsch springt, wenn man in einen Rest Hundekacke gelatscht war. Mit einem Schild: Sie sind der einhundertste Besucher dieser Hundekacke.

„Oder willst du lieber mit zu Oma?"
25 Ich zuckte die Schultern. Das Aufregendste im Dorf meiner Oma war, dass manchmal ein Schuppen einfach so zusammenfiel. Im ganzen Ort wohnten nur alte Frauen, denen die Männer weggestorben waren. Die einzige Sehenswürdigkeit dort war der Apothekersohn. Die Witwen humpelten jeden Tag zu ihm.
30 Wenn ich dort war, begann ich schon nach wenigen Minuten, Schimmel anzusetzen. Oma würde höchstens fragen, ob ich die Haare anders hätte. Sie wollte immerzu über Haare reden. Wahrscheinlich, weil sie nur noch so wenige hatte. Am Kinn zum Beispiel.

Meine Mutter und mein Vater ackerten sich immer durch den Garten.
35 Ging ich raus, musste ich helfen. Blieb ich drin, brüllte mich ein Shopping-Kanal an, den Oma gern sah, obwohl sie nie etwas bestellte.

Also, warum nicht stattdessen in so ein Survival-Camp?

Meine Mama meinte, das wäre gut für mich. War es ja auch, aber sie hatte sicherlich eine andere Art „gut für mich" gemeint.

40 [...]

Dann kam ein dicker Umschlag, der nicht in den Briefkasten passte. Die Postbotin klingelte extra. Ich konnte durch die Milchglasscheibe sehen, wie sie draußen stand und sich den Umschlag ansah. Sie war ein Mädchen aus dem Nachbarort, das dieses Jahr seine Ausbildung bei der Post abge-
45 schlossen hatte.

„Post für Sie", sagte sie. Letztes Jahr hätten wir uns noch geduzt.

Auf dem Umschlag waren drei Aufkleber. Solche, die man mit Adressen bedrucken kann. Auf einem stand meine Adresse. Auf dem zweiten stand: „Wilde Mädchen". Auf dem dritten: „Der Wald will nichts von dir. Du willst
50 was vom Wald." Im Umschlag drin wurde es noch besser: „Herzlichen Glückwunsch, du wirst einen tollen Sommer haben." Drei Ausrufezeichen. Dann folgte eine Erklärung, warum es besser ist, wenn wir ohne Mobiltelefone anreisen. Wir sollten im Camp lernen, uns zu orientieren. Ganz ohne Technik und Internet. Unser selbstständiges Handeln und Denken sollte
55 gefördert werden, ebenso das Erleben der Natur. Unten war ein kleiner Zettel zum Abtrennen. Hiermit berechtige ich Sie, meiner Tochter Pünktchen Pünktchen Pünktchen das Mobiltelefon abzunehmen, falls sie doch eines bei sich hat, bladibla ... wird dieses für die Zeit des Camps einbehalten. [...]

Ich war mir sicher, dass meine Mutter das nicht tun würde. Mich ohne
60 Mobiltelefon in den Wald schicken. Sie lachte übertrieben, warf den Kopf in den Nacken. Jaja, das wäre mal eine Umstellung für mich. Manchmal benahm sich meine Mutter, als hätte sie was über Jugendliche gelesen und würde mich mit denen verwechseln, nur weil wir gleich alt waren. Als ob ich ständig am Smartphone hing! Ich hatte zwei Freundinnen. Das war
65 zum einen unsere Katze Nieseweiß, genannt Niesi. Zum anderen war das Severine, die wohnte nebenan. Wenn wir was voneinander wollten, hielten wir die Köpfe aus dem Kinderzimmer und riefen es rüber. So hatten wir es schon immer gemacht. So würde es bleiben. Zum Studieren wollten

wir später zusammen nach Potsdam und uns eine kleine Wohnung teilen.

70 Da würden wir nicht mal mehr den Kopf aus dem Fenster halten müssen.

Dieser Mobiltelefonzettel sollte zusammen mit der Anmeldung zurückgeschickt werden. An eine Adresse in Schluchnow. Kannte ich nicht. Klang aber auch so, als ob nur die Schluchnower Schluchnow kannten.

Im Wilde-Mädchen-Umschlag war allerlei Krempel: eine Lupe, eine
75 Trillerpfeife, ein Klappzahnputzbecher. Überall war Pfiffi, das pfiffige Eichhörnchen, drauf. Es hatte ein schwarzes Halstuch um und anstatt Pinselohren zwei Zöpfe. Das Zeug sah aus, als stamme es aus der Kindheit meiner Eltern und wäre inzwischen in einem Container einmal um die Welt gefahren. Die Lupe hatte einen Kratzer, der Klappzahnputzbecher klappte
80 immer wieder von allein zusammen, aus der Trillerpfeife kam Sand. Sollte das so Survival-mäßig sein? Extra auf alt gemacht? So wie man selbst eine Schatzkarte bastelt und die Ecken mit dem Feuerzeug ankokelt? War das Camp für Zehnjährige?

Ich fragte meine Mutter, was in der Anmeldung zum Alter gestanden
85 hätte. Sie suchte den Zeitungsschnipsel raus. Er war winzig. Bestimmt die billigste Annonce, die man aufgeben konnte. Da stand ‚ab vierzehn Jahre‘. Jetzt hatte ich allerdings Angst, dass auch achtzehn- oder neunzehnjährige Mädchen dabei sein könnten. Die waren schon ganz andere Lebewesen als ich. Da kam ich mir immer vor wie eine Fruchtfliege.

90 Als Letztes fand ich einen Zettel im Umschlag. Eine Aufzählung, was benötigt wurde und was nicht benötigt wurde. Nicht benötigt wurde zum Beispiel eine Taschenlampe, „wird vom Camp gestellt". Benötigt wurde aber ein Schlafsack, eine Zeckenzange, ein Feuerzeug, festes Schuhwerk (hatte ich gar nicht. Musste extra gekauft werden), Regensachen (hatte ich
95 auch nicht. Haben wir billig gekauft. Hätten wir teurer kaufen sollen), ein Messer mit Etui oder ein Klappmesser (hatte ich nicht. Bekam ich von Papa mit der eindringlichen Aufforderung, dass dieses Messer ihm schon dreimal das Leben gerettet hätte und er es unbedingt wiederbekommen müsse. Jaja, sagte ich), eine Zeigeruhr (hatte ich nicht. Wir kauften eine
100 billige. Auch da hätten wir lieber mehr Geld ausgeben sollen. Die Billige blieb stehen, weil sie zwei Tage nach Beginn der Reise nass wurde. Dabei ging es da erst richtig los).

1 Welche Erwartungen weckt der Anfang des Romans „Mädchenmeute" bei dir?

2 Im Klappentext des Buches (→ S. 130) heißt es: „So frei sind wir nie wieder." Tauscht euch darüber aus, inwiefern sich diese Freiheit in dem Romananfang andeutet.

3 Welcher der drei im Leseteil vorgestellten Romane (→ S. 152–160) motiviert dich am ehesten zum Weiterlesen? Begründe deine Wahl.

Einen Roman untersuchen und gestaltend interpretieren

Aspekte/Fragen zur Untersuchung eines Romans	Beispiele (*Aus: David Levithan: Letztendlich sind wir dem Universum egal*)
Zeit und Ort der Handlung: - **Wann** und **wo** spielt die Handlung?	Zeit: *Gegenwart* Ort: *USA, wechselnde Orte*
Figuren: - Was erfährst du über **die Figuren**? - In welcher **Beziehung** stehen die Figuren **zueinander**? - Wie **entwickeln sich die Figuren**?	*A wacht jeden Morgen in einer anderen Person auf. Sie/Er versucht, das Leben dieser Menschen möglichst wenig zu beeinflussen. Als er sich in Rhiannon verliebt, die Freundin eines dieser Menschen, verändert er sein übliches Verhalten.*
Handlung: - **Was passiert** in dem Roman?	*Aus Liebe zu Rhiannon hält A auch im Körper anderer Menschen weiterhin Kontakt zu ihr, obwohl das gegen seine Prinzipien verstößt. Schließlich muss er ihr sein Geheimnis verraten, was ihn in neue Schwierigkeiten stürzt.*
Erzählweise: - Aus **wessen Sicht** wird erzählt? - Ist das Verhalten des Erzählers **auktorial** oder **personal**? - Überwiegen **Erzählerbericht** oder **Figurenrede**?	*Die Handlung wird aus der Sicht eines Ich-Erzählers erzählt, der sich personal verhält, indem er aus der Situation heraus und ohne zeitlichen Abstand erzählt.* *Insgesamt überwiegt der Erzählerbericht, z. T. aber auch Figurenrede.*
Sprachliche Gestaltung: - Welche **Zeitform** ist vorherrschend? - Gibt es **sprachliche Besonderheiten**, z. B. Jugendsprache oder Umgangssprache? - Werden **stilistische Mittel** verwendet, z. B. Metaphern, Ellipsen oder Hyperbeln?	Zeitform: *Präsens* Sprachliche Besonderheiten: *kurze, manchmal auch unvollständige Sätze; vor allem Jugendsprache, aber z. T. auch poetisch, vor allem wenn es um die Liebe zwischen dem Ich-Erzähler und Rhiannon geht*

Einen Roman gestaltend interpretieren (→ S. 139):

1. **Schritt:** Untersuche zunächst den Text, den du gestaltend interpretieren sollst. Achte auf die **Handlungsführung**, die **Gestaltung der Figuren** und die **sprachliche Gestaltung**.
2. **Schritt:** Vergegenwärtige dir die **Merkmale der von dir geforderten Textsorte**, z. B. eines **inneren Monologs**, eines **Dialogs**, eines **Briefs** oder eines **Tagebucheintrags**.
3. **Schritt:** Greife in deinem Text die **Figurengestaltung** und die **Sprache des Originaltextes** auf. Achte darauf, dass sich dein Text logisch in den Originaltext einfügt.

Yasmina Reza zur Idee für ihr Drama „Der Gott des Gemetzels"

Woher kommt der „Gott des Gemetzels"?
Aus einer wahren Begebenheit, die mir
mein 13-jähriger Sohn erzählt hat: Einer
seiner Schulfreunde hat einem anderen
5 mit einem Stock einen Zahn ausgeschlagen. Ich habe dann zwei Zähne daraus gemacht, das ist die einzige Veränderung!
Das hat mich noch nicht gleich auf eine
Idee gebracht, aber kurz darauf bin ich
10 zufällig der Mutter des Opfers begegnet,
die mir erzählte: „Stellen Sie sich vor, die
Eltern haben mich nicht angerufen!" Da
habe ich gedacht, das sei ein wunderbarer
Stoff. Ich hatte eine Situation, und ich
15 wusste, dass es im Desaster enden würde,
aber ich wusste nicht, in welcher Form.

Der Gott des Gemetzels
Yasmina Reza

Personenverzeichnis:
Véronique Houillé
Michel Houillé
Annette Reille
Alain Reille

Véronique: Also, unsere Stellungnahme ...
Sie fassen dann Ihre eigene ab ... „Am
3. November um 17:30 Uhr schlug Ferdinand Reille, 11 Jahre, bewaffnet mit
5 einem Stock, nach einer verbalen Auseinandersetzung auf dem Square de
l'Aspirant Dunand unserem Sohn Bruno Houillé ins Gesicht. Die Folgen dieser Tat sind neben einer geschwollenen
10 Oberlippe zwei abgebrochene Schneide-

Yasmina Reza: Der Gott des Gemetzels. Zürcher Schauspielhaus 2006

zähne, beim rechten Schneidezahn ein-
hergehend mit Schädigung des Nervs."
Alain: Bewaffnet?
Véronique: Bewaffnet? „Bewaffnet" gefällt
15   Ihnen nicht, aha, was sollen wir sagen,

Michel, ausgestattet, ausgerüstet, ausgestattet mit einem Stock, ist Ihnen das
recht?
Alain: Ausgestattet, ja.
20 **Michel:** Ausgestattet mit einem Stock.

❶ Erläutere, worum es in dem Gespräch am Anfang des Dramas geht.
❷ Stelle Vermutungen an,
   a) was in dem Drama „Der Gott des Gemetzels" passieren könnte.
   b) warum die Autorin des Theaterstücks die erwähnte wahre Begebenheit für einen
     „wunderbare[n] Stoff" hält.

In diesem Kapitel …

· untersuchst du die Figuren und die Entwicklung des Konflikts in einem Drama.
· analysierst du die Dialoge in Dramenszenen.
· verfasst du eine Interpretation einer Dramenszene.

Die Exposition untersuchen

Im Wohnzimmer der Houillés.

Véronique: [...] Jedenfalls danken wir Ihnen, dass Sie gekommen sind. Keiner hat was davon, wenn wir uns von Gefühlsmechanismen steuern lassen.

5 **Annette:** Wir haben zu danken. Wir.

Véronique: Ich glaube, wir brauchen uns nicht gegenseitig zu danken. Zum Glück gibt es immer noch die Kunst des zivilisierten Umgangs miteinander, oder?

Alain: Die die Jungs offenbar nicht beherrschen. Also, ich meine, unserer!

10 **Annette:** Ja, unserer! ... Und was wird aus dem Zahn, dessen Nerv verletzt ist? ...

Véronique: Tja, das ist noch unklar. Die Ärzte sind zurückhaltend mit einer Prognose. Anscheinend liegt der Nerv nicht gänzlich bloß.

Michel: Nur eine kleine Stelle liegt bloß.

15 **Véronique:** Ja. Ein Teil liegt bloß, der Rest ist noch geschützt. Deswegen wird der Zahn nicht verödet, jedenfalls vorerst nicht.

Michel: Der Zahn soll noch eine Chance bekommen.

Véronique: Es wäre auf jeden Fall besser, eine Wurzelkanalbehandlung zu vermeiden.

20 **Annette:** Ja ...

Véronique: Also wird der Zahn jetzt beobachtet, damit der Nerv eine Chance hat, sich zu erholen.

Michel: Solange bekommt er ein keramisches Inlay.

Véronique: Ein Zahnersatz kann jedenfalls nicht

25 vor dem achtzehnten Lebensjahr gemacht werden.

Michel: Nein.

Véronique: Dauerhafter Zahnersatz wird erst nach abgeschlossenem Wachstum eingesetzt.

30 **Annette:** Natürlich. Ich hoffe, dass ... Ich hoffe, dass alles gut wird.

Véronique: Hoffen wir's.

Leichte Unschlüssigkeit.

Annette: Hinreißend, diese Tulpen.

35 **Véronique:** Die sind von dem kleinen Blumenladen im Mouton-Duvernet-Markt. Sie wissen schon, ganz oben der.

Annette: Ah ja.

Yasmina Reza: Der Gott des Gemetzels.
Zürcher Schauspielhaus 2006

Véronique: Sie kommen jeden Morgen frisch aus Holland, zehn Euro für
einen Arm voll, fünfzig Stück.

Annette: Ach was! [...]

Véronique: Haben Sie gewusst, dass er Ferdinand nicht verraten wollte.

Michel: Nein, wollte er nicht.

Véronique: Das war beeindruckend, dieses Kind mit seinem zerschmetterten Gesicht, den zerschmetterten Zähnen zu sehen, das ihn partout
nicht verraten wollte.

Annette: Kann ich mir vorstellen.

Michel: Aber seien wir ehrlich, Véronique, das lag auch daran, dass er vor
seinen Klassenkameraden nicht als Denunziant dastehen wollte, das
war nicht nur Tapferkeit.

Véronique: Stimmt schon, aber Tapferkeit ist auch eine Art Gemein-
schaftssinn.

Annette: Natürlich ... Und wie ...? Also, ich meine, wie haben Sie erfahren,
dass es unser Ferdinand war?

Véronique: Wir haben Bruno erklärt, dass er diesem Jungen keinen Gefallen tut, wenn er ihn deckt.

Michel: Wir haben zu ihm gesagt, wenn dieser Junge denkt, er kann unge-
straft drauflosprügeln, warum sollte er dann damit aufhören?

Véronique: Wir haben zu ihm gesagt, wenn wir die Eltern dieses Jungen
wären, wir würden unbedingt Wert darauf legen, dass man uns informiert.

Annette: Natürlich.

1 Stell dir vor, du inszenierst dieses Drama als Regisseur/-in auf der Bühne. Erläutere den
Schauspielern, welchen Eindruck die Figuren vermitteln sollen. Erkläre dazu:

a) Welche Absichten verfolgen die Figuren? Du kannst Formulierungen aus dem
Wortspeicher verwenden. Belege deine Einschätzungen am Text.

> die Schwere des Vorfalls betonen · den Vorfall als wenig bedeutend einstufen ·
> auf eine Entschuldigung hinwirken · sich selbst positiv darstellen · beschwichtigen ·
> sich entschuldigen · ablenken

b) Charakterisiere, in welcher Art und Weise die Figuren ihre Absichten verfolgen.
Tipps & Hilfen (→ S. 310)

c) In welchem Tonfall könnten die Figuren sprechen? Erläutere an ausgewählten Textstellen.

2 Tragt die Szene mit verteilten Rollen vor.

3 Erläutere, inwiefern der Anfang des Dramas (Textauszüge auf S. 162 bis 165) die Funktion
einer Exposition (→ S. 331) erfüllt.

Den Gesprächsverlauf und die Figurenbeziehungen untersuchen

Die Paare sitzen bei Kaffee und Kuchen im Wohnzimmer.
Lächelnde Unschlüssigkeit.

Annette: Wir sind Ihnen wirklich sehr dankbar für Ihre Großzügigkeit, wir wissen es zu schätzen, dass Sie die Sache beilegen möchten, statt sie zu
5   verschärfen.

Véronique: Das ist ja das Mindeste, aber wirklich.

Michel: Ja!

Annette: Keineswegs. Wie viele Eltern ergreifen absolut kindisch die Partei ihrer Kinder. Wenn Bruno unserem Ferdinand zwei Zähne ausge-
10   schlagen hätte, würden Alain und ich nicht viel gereizter reagieren? Ich weiß nicht, ob wir so gelassen wären wie Sie.

Michel: Aber sicher!

Alain: Gar nicht so sicher, sie hat recht.

Michel: Doch. Wir alle wissen sehr gut, dass es genauso gut umgekehrt
15   hätte passieren können.

Unschlüssigkeit.

Véronique: Und was sagt Ferdinand? Wie geht er mit der Situation um?

Annette: Er redet nicht viel. Ich glaube, er ist überfordert.

Véronique: Aber ihm ist klar, dass er seinen Klassenkameraden entstellt
20   hat?

Alain: Nein. Nein, ihm ist nicht klar, dass er seinen Klassenkameraden entstellt hat.

Annette: Warum sagst du das? Natürlich ist es ihm klar!

Alain: Ihm ist klar, dass sein Verhalten brutal war, ihm ist nicht klar, dass
25   er seinen Klassenkameraden entstellt hat.

Véronique: Ihnen gefällt das Wort nicht, aber leider ist es das treffende Wort.

Alain: Mein Sohn hat Ihren Sohn nicht entstellt.

Véronique: Ihr Sohn hat unseren Sohn entstellt. Kommen Sie um fünf
30   wieder und sehen sich seinen Mund und seine Zähne an.

Michel: Vorübergehend entstellt.

Alain: Sein Mund wird wieder abschwellen, und falls man wegen der Zähne zum besten Zahnarzt gehen muss, bin ich auch bereit, mich an den Kosten …

35 **Michel:** Dafür gibt es Versicherungen. Wir möchten einfach, dass die beiden Jungen sich wieder vertragen und dass so etwas nicht wieder vorkommt.

Yasmina Reza: Der Gott des Gemetzels. Zürcher Schauspielhaus 2006

Annette: Wir könnten eine Begegnung arrangieren.

Michel: Ja. Genau.

40 **Véronique:** In unserer Gegenwart?

Alain: Sie brauchen kein Coaching. Sie können das unter Männern regeln.

Annette: Unter Männern, Alain, das ist doch lächerlich. Aber ich finde
   auch, wir brauchen vielleicht nicht dabei zu sein. Es wäre besser, wenn
   wir nicht dabei sind, oder?

45 **Véronique:** Die Frage ist nicht, ob wir dabei sein sollten. Die Frage ist,
   wollen sie miteinander reden, wollen sie sich aussprechen?

Michel: Bruno will.

Véronique: Aber Ferdinand?

Annette: Der wird nicht nach seiner Meinung gefragt.

50 **Véronique:** Er muss es von sich aus wollen.

Annette: Ferdinand führt sich auf wie ein Rüpel, da sind uns seine Ge-
   fühlsregungen egal.

Véronique: Was soll Gutes dabei herauskommen, wenn Ferdinand es als
   Strafmaßnahme empfindet, dass er Bruno treffen muss?

55 **Alain:** Madame, unser Sohn ist ein Wilder. Es ist illusorisch, von ihm spon-
   tane Reue zu erwarten. Gut, tut mir leid, aber ich muss in die Kanzlei
   zurück. Annette, du bleibst hier, Sie werden mir erzählen, was Sie beschlossen haben, ich bin hier sowieso überflüssig. Die Frau denkt, der
   Mann muss dabei sein, der Vater, als wäre das zu etwas nutze. Der
60 Mann ist nur ein Päckchen, das man mit sich herumschleppt, prompt
   steht er im Weg und ist ungeschickt, ach, Sie sehen ein Stück von der
   Hochbahn, wie lustig!

Annette: Es tut mir leid, aber ich kann auch nicht länger bleiben ... [...]

Véronique: Also, was beschließen wir?

65 **Annette:** Könnten Sie heute Abend gegen neunzehn Uhr dreißig mit Bruno bei uns vorbeikommen?

Véronique: Neunzehn Uhr dreißig? ... Was meinst du, Michel?

Michel: Ich ... Also, wenn Sie erlauben ...

Annette: Bitte.

70 **Michel:** Ich denke, eigentlich müsste eher Ferdinand hierherkommen.

Véronique: Ganz meine Meinung.

Michel: Warum sollte das Opfer sich auf den Weg machen.

Véronique: Das stimmt.

Alain: Also um neunzehn Uhr dreißig kann ich nirgendwo sein.

75 **Annette:** Wir brauchen dich nicht, du bist ja zu nichts nutze. [...] Wichtig ist doch, dass die Kinder miteinander reden. Ich komme mit Ferdinand um neunzehn Uhr dreißig zu Ihnen, dann können die beiden sich aussprechen. Nein? Sie sehen nicht überzeugt aus.

Véronique: Wenn Ferdinand nicht gezwungen wird, die Verantwortung
80 für sein Handeln zu übernehmen, starren sie sich nur an wie zwei Kampfhähne, und es gibt eine einzige Katastrophe.

Alain: Was wollen Sie damit sagen, Madame? Was heißt gezwungen wird, die Verantwortung für sein Handeln zu übernehmen?

Véronique: Ihr Sohn ist ganz sicher kein Wilder.

85 **Annette:** Ferdinand ist absolut kein Wilder.

Alain: Doch.

Annette: Alain, das ist idiotisch, warum sagst du so was?

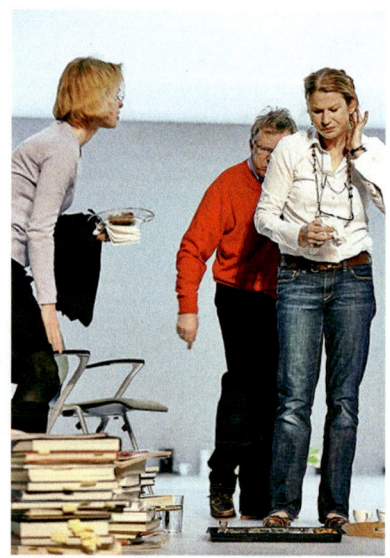

Alain: Weil er ein Wilder ist.

Michel: Was sagt er selbst zu seiner Tat?

90 **Annette:** Er will nicht darüber reden.

Véronique: Das wäre aber wichtig.

Alain: Madame, vieles wäre wichtig. Es wäre wichtig, dass er herkommt, es wäre wichtig, dass er darüber redet, es wäre wichtig, dass
95 es ihm leidtut, Sie verfügen ganz offensichtlich über Kompetenzen, die uns abgehen, wir werden uns bessern, aber bis dahin seien Sie doch bitte nachsichtig.

Michel: Bitte, bitte! So wollen wir doch nicht
100 auseinandergehen.

Véronique: Es geht mir um ihn, es geht mir um Ferdinand.

Yasmina Reza: Der Gott des Gemetzels.
Zürcher Schauspielhaus 2006

168

Alain: Das war mir klar.

Annette: Setzen wir uns noch zwei Minuten.

105 **Michel:** Noch einen kleinen Kaffee?

Alain: Gut, einen Kaffee.

Annette: Ich dann auch. Danke.

Michel: Lass nur, Vero, ich geh schon.

❶ Untersuche den Gesprächsverlauf.

a) Teile das Gespräch in 3 oder 4 Phasen. Kläre, mit welchen Gesprächsimpulsen die Phasen jeweils eröffnet werden.

b) Formuliere Überschriften für die Gesprächsphasen.

c) Untersuche, welche Figuren die Initiative ergreifen und das Gespräch steuern und welche Figuren eher reagieren.

❷ Beschreibe das Verhalten der Figuren vom Beginn der Auseinandersetzung (Z. 17) bis zu Michels Versuch der Beschwichtigung (Z. 100 f.). Vervollständige dazu die folgende Tabelle in deinem Heft. Verfahre ebenso mit den drei anderen Figuren.

Tipps & Hilfen (→ S. 310)

Annette: Verhalten, Aussagen	
zum Vorfall	*sieht die Schuld bei ihrem Sohn (vgl. Z. 49 und 51 f.)*
als Mutter/Vater	*nimmt ihren Sohn in Schutz („Ich glaube, er ist überfordert", Z. 18), will ihn aber zu einem Gespräch zwingen (vgl. Z. 49).*
gegenüber der Partnerin / dem Partner	*Alains Idee einer Klärung „unter Männern" (Z. 42) sei lächerlich ...*
gegenüber dem fremden Ehepaar	*...*

③ a) Stellt in zwei Standbildern das Verhältnis der Figuren zueinander dar:

- zu Beginn der Szene (Momentaufnahme Z. 15),
- gegen Ende der Szene (Momentaufnahme Z. 98).

Eine Regisseurin / Ein Regisseur ordnet jeweils vier Darsteller/-innen an und bestimmt dabei Position (z. B. Nähe oder Distanz), Körperhaltung (z. B. Zuwendung oder Abwendung, offensive oder defensive Körpersprache), Mimik und Gestik. Während dieser Phase wird nicht gesprochen.

b) Besprecht eure Standbilder: Die Zuschauer/-innen erläutern und kommentieren die Bilder.

Passt die Darstellung zum Text?

Begründet eure Einschätzung anhand von Textstellen.

Die Sprache der Figuren untersuchen

Von Alains permanenten Telefonaten genervt, wird Annette übel. Sie übergibt sich im Wohnzimmer über den Kunstbildbänden von Véronique.
Véronique begleitet Annette ins Bad und kehrt ins Wohnzimmer zurück.

Véronique: Das ist ja der reinste Albtraum!

Michel: Also, der muss aufpassen, sonst garantiere ich für nichts.

Véronique: Sie ist auch grässlich.

Michel: Nicht so wie er.

5 **Véronique:** Sie ist falsch.

Michel: Mich stört sie nicht so.

Véronique: Sie sind beide grässlich. Warum schlägst du dich auf ihre Seite? *(besprüht die Tulpen)*

Michel: Ich schlage mich nicht auf ihre Seite, was soll das heißen?

10 **Véronique:** Du bist so windelweich, du willst es allen recht machen.

Michel: Kein bisschen!

Véronique: Oh doch. Du erzählst diese Geschichten von dir als tollem Bandenchef, du sagst, es steht ihnen frei, mit ihrem Sohn zu machen, was sie wollen, dabei ist der Bengel eine Gefahr für andere, wenn ein

15 Kind eine Gefahr für andere ist, geht das alle was an, und dann kotzt die auch noch auf meine Bücher, das ist doch krank! *(besprüht den Kokoschka)*

Michel: *(deutet darauf)* Die Mongolen …

Véronique: Wenn man merkt, dass man kübeln muss, geht man rechtzei-

20 tig raus.

Michel: … Der Fujita.

Véronique: *(besprüht alles)* Ekelhaft.

Michel: Bei den Spülsystemen war ich kurz vorm Platzen[1].

Véronique: Du warst perfekt.

25 **Michel:** Ich hab gut reagiert, oder?

Véronique: Perfekt. Das mit dem Lageristen war perfekt.

Michel: So ein Arschloch. Wie nennt er sie?

Véronique: Wauwau.

Michel: Stimmt, Wauwau!

30 **Véronique:** Wauwau! *(beide lachen)*

---

1 Michel verkauft als Haushaltswarenvertreter unter anderem Toilettenspülungen. Alain fragt ihn in der Szene zuvor mit demonstrativ gespieltem Interesse über Spülsysteme aus, um Michel und seinen Beruf herabzusetzen. Michel geht auf die Provokation nicht ein, sondern antwortet betont sachlich.

Alain: *(kommt aus dem Bad, den Föhn in der Hand)* Ja, ich nenne sie Wauwau.

Véronique: Oh ... Pardon, es war nicht böse gemeint ... Es ist immer leicht,
35 sich über die Kosenamen anderer Leute lustig zu machen. Und wir, wie nennen wir uns, Michel? Sicher schlimmer?

Alain: Sie wollten den Föhn?

Véronique: Danke.

40 **Michel:** Danke. *(nimmt den Föhn)* Wir nennen uns Darjeeling, wie der Tee. Ich finde das eindeutig lächerlicher.
Michel steckt den Stecker des Föns in die Steckdose und trocknet die Bücher.
45 *Véronique streicht die feuchten Bätter glatt.*

Yasmina Reza: Der Gott des Gemetzels. Zürcher Schauspielhaus 2006

❶ Unterteile das Gespräch in Phasen.
Beschreibe, worum es in den Abschnitten jeweils geht.

❷ Spielt euch die Szene gegenseitig in einer szenischen Lesung vor. Teilt euch eure Beobachtungen mit. Überarbeitet eure Lesungen im Hinblick auf Tonfall, Lautstärke, Tempo, Mimik und Gestik und tragt erneut vor.

❸ a) Untersuche die Sprache von Véronique und Michel. Beziehe die sprachlichen Mittel auf die Absichten, die sie in dieser Szene verfolgen.
Achte z. B. auf die Sprachebene, auf abwertende und aufwertende Wörter, Ironie, provozierende Äußerungen, Übertreibungen, indirekt Mitgeteiltes.
Tipps & Hilfen (→ S. 311)

b) Beschreibe anhand deiner Ergebnisse, wie das bisherige Bild der Figuren Véronique und Michel und ihrer Beziehung zueinander ergänzt oder verändert wird.

④ Analysiere folgende Gesprächsbeiträge mithilfe des Kommunikationsmodells Schulz von Thuns (→ S. 120).
„Du bist so windelweich, du willst es allen recht machen." (Z. 10)
„So ein Arschloch. Wie nennt er sie?" (Z. 27)

Nutze dabei eine Tabelle wie die folgende:

Äußerung	Sache	Selbstkundgabe	Beziehung	Appell
„Das ist ja der reinste Alb-traum!" (Z. 1)	Einschätzung der Situation als bedrückend	Ich fühle mich schlecht, das ist kaum auszuhalten.	Wir können uns unsere Gefühle offen anvertrauen.	Stimm mir zu! Unterstütze mich!

Figurenrede wiedergeben

Véronique: Ich verbiete Ihnen, irgendwelche Urteile über unsere Familie abzugeben.

Alain: Dann geben Sie auch keine Urteile über meinen Sohn ab.

Véronique: Das hat nichts miteinander zu tun! Ihr Sohn hat unseren miss-
5   handelt!

Alain: Sie sind jung, das sind Jungs, schon immer haben sich Jungs in der großen Pause gegenseitig vertrimmt. Das ist ein Gesetz des Lebens.

Véronique: Nein, nein! …

Alain: Aber sicher. Es braucht eine gewisse Lehrzeit, um Gewalt durch
10   Recht ersetzen zu können. Ursprünglich, vergessen Sie das nicht, ursprünglich herrschte das Recht des Stärkeren.

Véronique: Bei den Neandertalern vielleicht. Nicht bei uns.

Alain: „Bei uns"! Das müssen Sie mir erklären, „bei uns".

Véronique: Sie öden mich an, diese Art Gespräch ödet mich an.

15 **Alain:** Véronique, ich glaube an den Gott des Gemetzels. Das ist der einzige Gott, der seit Anbeginn der Zeiten uneingeschränkt herrscht. Sie interessieren sich doch für Afrika, nicht wahr … *(zu Annette, die würgt)* … Geht's dir nicht gut?

Annette: Kümmer dich nicht um mich.

20 **Alain:** Aber doch.

Annette: Alles bestens.

Alain: Schauen Sie mal, zufällig bin ich gerade aus dem Kongo zurückgekommen. Da unten lernen Achtjäh-
25   rige das Handwerk des Tötens. Noch als Kinder bringen sie möglicherweise Hunderte von Leuten um, mit der Machete, mit der Twelve, mit der Kalaschnikow, mit dem Grenade-
30   launcher, da werden Sie verstehen, dass ich nicht gar so entsetzt und indigniert[1] bin wie Sie, weil mein Sohn auf dem Square de l'Aspirant Dunand mit einem Bambusstab ei-
35   nem Klassenkameraden einen Zahn ausschlägt oder meinetwegen auch zwei.

Yasmina Reza: Der Gott des Gemetzels. Zürcher Schauspielhaus 2006

1 indigniert: entrüstet

❶ Im Rahmen der schriftlichen Interpretation einer Dramenszene bieten sich zwei verschiedene Möglichkeiten an, Äußerungen von Figuren wiederzugeben: die Paraphrase (Umschreibung) und das Zitat.

a) Erläutere anhand der folgenden Beispiele, worin sich Paraphrase und Zitat unterscheiden.

Die Paraphrase (Beispiel):

Alain weist auf seine Eindrücke aus dem Kongo hin, wo nach seinen Ausführungen Kinder zum Töten erzogen werden. Im Vergleich mit den Verhältnissen dort sei der Vorfall zwischen Ferdinand und Bruno eine Bagatelle (vgl. Z.30–37).

Das Zitat (Beispiel):

Véronique unterstreicht nochmals ihre scharfe Anschuldigung: „Ihr Sohn hat unseren misshandelt!" (Z.4f.). Alains beschwichtigendem Einwand setzt sie ein schroffes „Nein, nein!" (Z.8) entgegen.

b) Wann bietet es sich in einer Interpretation an, eine Paraphrase zu verwenden, wann ein Zitat? Begründe deine Einschätzung.

❷ Formuliere Sätze, in denen du das Gespräch zwischen Alain und Véronique analysierst. Entscheide dabei, ob du Textstellen direkt zitierst oder paraphrasierst.

Du kannst bei der Analyse auf Anregungen in der Tabelle unten zurückgreifen.

Nutze für die Wiedergabe der Figurenäußerungen aussagekräftige Verben des Redens.

Verwende Verben aus dem Wortspeicher, z. B.:

Alain weist darauf hin, dass Schlägereien zwischen Jungen unvermeidlich und natürlich seien (vgl. Z.6f.). Er bringt damit zum Ausdruck, dass ...

> betonen · ausführen · fordern · hinweisen auf · einwerfen ·
> nachfragen · abwehren · darlegen · belehren · beharren auf ·
> zustimmen · zurückweisen · entgegnen

Analyse von Figurenäußerungen (→ Kommunikationsmodell von Schulz von Thun, S.120)	
Alain: „Sie sind jung, das sind Jungs, schon immer haben sich Jungs in der großen Pause gegenseitig vertrimmt. Das ist ein Gesetz des Lebens." (Z.6f.)	*Véronique: „Bei den Neandertalern vielleicht. Nicht bei uns." (Z.12)*
Sachebene: Schlägereien zwischen Jungen sind unvermeidlich und natürlich.	*Sachebene: Das Recht des Stärkeren galt nur in grauer Vorzeit.*
Selbstkundgabe: Dass mein Sohn Ihren verletzt hat, berührt mich emotional wenig.	*Selbstkundgabe: Ich bin empört über Ihr Verhalten und das Ihres Sohnes.*
Beziehung: Ich unterwerfe mich nicht Ihrer Forderung, mich moralisch zu rechtfertigen.	*Beziehung: Ich stehe moralisch auf einem höheren Standpunkt als Sie.*
Appell: Bleiben Sie gelassen!	*Appell: Leisten Sie Buße!*

Eine Szeneninterpretation schreiben

Yasmina Reza: Der Gott des Gemetzels. Zürcher Schauspielhaus 2006

Véronique: Verschwinden Sie! Ich kann Sie nicht mehr sehen!
    (nimmt Annettes Handtasche und schleudert sie Richtung Tür) Raus!
Annette: Meine Handtasche! ... *(wie ein kleines Mädchen)* Alain! ...
Michel: Was ist denn jetzt los? Die sind ja völlig entfesselt.
5 **Annette:** *(sammelt den verstreuten Inhalt ihrer Tasche auf)* Alain, Hilfe! ...
Véronique: Alain, Hilfe!
Annette: Schnauze! ... Sie hat mein Puderdöschen zerbrochen! Und mei-
    nen Zerstäuber! *(zu Alain)* Verteidige mich, warum verteidigst du mich
    nicht? ...
10 **Alain:** Wir gehen. [...]
Véronique: Die tut, als würde ich sie erwürgen!
Annette: Was habe ich Ihnen getan?!
Véronique: Es sind nicht beide Seiten im Unrecht! Man darf Opfer und
    Henker nicht verwechseln!
15 **Annette:** Henker!
Michel: Oh, Véronique, du gehst mir auf den Sack, wir haben die Nase voll
    von deinen Binsenweisheiten!
Véronique: Ich bleibe dabei. [...]
Annette: Warum lässt du deinen Sohn als Henker bezeichnen? Wir kom-
20   men in ihr Haus, um diese Sache zu klären, und dann werden wir be-
    schimpft, angegriffen und mit Predigten über globalen Bürgersinn trak-
    tiert, Ferdinand hatte völlig recht, Ihren Sohn zu schlagen, und mit
    Ihren Menschenrechten wisch ich mir den Hintern ab!

Michel: Ein Schlückchen Schnaps, und zack! schon kommt das wahre Gesicht zum Vorschein. Wo ist nur diese zuvorkommende und zurückhal-
tende Frau geblieben, mit ihren sanften Gesichtszügen ...

Véronique: Hab ich's dir nicht gesagt! Hab ich's dir nicht gesagt!

Alain: Was haben Sie ihm gesagt?

Véronique: Dass sie falsch ist. Diese Frau ist falsch. Tut mir leid.

Annette: *(verzweifelt)* Ha, ha, ha!

Alain: Wann haben Sie das gesagt?

Véronique: Als Sie im Bad waren.

Alain: Sie kannten sie erst seit einer Viertelstunde, aber Sie wussten
schon, dass sie falsch ist.

Véronique: Ich spüre so was sofort.

Michel: Stimmt.

Véronique: Für so was habe ich ein Feeling.

Alain: Falsch, was soll das heißen?

Annette: Ich will's nicht hören! Warum zwingst du mich, das zu ertragen,
Alain!

Alain: Beruhige dich, Wauwau.

Véronique: Die will alles verharmlosen. Punktum. Ganz gleich, wie sie
sich aufführt. Sie ist genauso wenig besorgt wie Sie.

Michel: Das stimmt.

Alain: Das stimmt.

Véronique: Das stimmt! Sie sagen, das stimmt?

Michel: Die scheißen drauf! Sie scheißen schon die ganze Zeit drauf, ganz
klar! Die da auch, du hast völlig recht!

Alain: Sie vielleicht nicht? *(zu Annette)* Lass mich reden, Liebling. Erklären
Sie mir mal, weswegen Sie besorgt sind, Michel. Erst mal, was soll dieses Wort bedeuten? Sie sind glaubwürdiger, wenn Sie sich fürchterlich
benehmen. In Wahrheit ist hier kein Mensch besorgt, außer Véronique,
deren Integrität[2] in der Tat anzuerkennen ist.

Véronique: Ich verzichte auf Ihre Anerkennung, ich verzichte darauf!

Annette: Aber ich bin es. Ich bin absolut besorgt.

Alain: Das sind wir alle, Annette, aber als Hysteriker, nicht als Helden der
Gesellschaft. *(zu Véronique)* [...] Sie gehören zur selben Kategorie Frau-
en, diesen würdevollen Frauen, die für alles eine Lösung parat haben,
das schätzt man an Frauen nicht, an Frauen schätzt man Sinnlichkeit,
Leichtsinn, Hormone, aber Frauen, die die ganze Zeit zeigen müssen,
wie hellsichtig sie sind, diese Hüterinnen der Welt, die stoßen uns ab,
sogar den armen Michel hier, Ihren Mann, den stößt das genauso ab ...

2 Integrität: Rechtschaffenheit

Yasmina Reza: Der Gott des Gemetzels. Zürcher Schauspielhaus 2006

Michel: Reden Sie nicht für mich!

Véronique: Es ist uns völlig schnuppe, was Sie an Frauen mögen! Was soll
65   diese Tirade[3]? Die Ansichten von einem wie Ihnen sind uns völlig
        schnurz und schnuppe!

Alain: Sie schreit. Ein Quartiermeister auf einem Thunfischboot im neun-
        zehnten Jahrhundert.

Véronique: Und sie, schreit sie nicht?! Wenn sie sagt, ihr kleines Arschloch
70   hat gut daran getan, unseren Jungen zu schlagen?

Annette: Jawohl, hat er! Wenigstens haben wir nicht so eine winselnde
        kleine Schwuchtel!

Véronique: Dafür haben Sie eine Petzliese, ist Ihnen das lieber?

Annette: Alain, wir gehen! Was machen wir noch in dieser Bude? *(scheint*
75   *gehen zu wollen, dann geht sie zu den Tulpen zurück und drischt auf sie*
        ein. Die losen Blütenblätter fliegen überall herum.) So, und so, das mache
        ich mit Ihren Scheißblumen, Ihren grässlichen Tulpen! ... Ha, ha, ha! ...
        (bricht in Tränen aus) ... Für mich ist das auch der unglücklichste Tag
        meines Lebens.

3   Tirade: heftiger Wortschwall

Stell dir vor, du erhältst folgende Aufgabe:
Interpretiere die vorliegende Szene im Hinblick auf das Gesprächsverhalten der Figuren und
ihre Beziehungen zueinander.
Die folgenden Aufgaben helfen dir bei der Analyse und Interpretation.

1 Untersuche das Gespräch unter folgenden Aspekten und halte deine Ergebnisse in Stichpunkten fest.

a) Beschreibe, welche Absichten die Figuren in der Szene verfolgen, z. B.:

> *Véronique: will Annette und Alain als heuchlerisch entlarven (vgl. Z. 42 f.), ihre eigene moralische Überlegenheit unterstreichen, will verletzen*
> *Michel: ...*

Tipps & Hilfen (→ S. 311)

b) Kläre, wer eher initiativ ist und wer eher reagiert.

c) Untersuche den Gesprächsverlauf. Benenne Stufen der Eskalation, z. B.:

> *Véronique wird tätlich, wirft Annettes Handtasche. (vgl. Z. 2)*
> *Annette ...*

d) Notiere, mit welchen (sprachlichen) Mitteln die Figuren ihre Absichten verfolgen und welche Gefühle und Haltungen dabei deutlich werden. Du kannst Wörter aus dem Wortspeicher verwenden, z. B.:

> *Véronique: Sprache: Häufung von Ausrufen ... Gefühle/Haltungen: aggressiv, vorwurfsvoll ...*

Tipps & Hilfen (→ S. 311)

> vollständige/unvollständige Sätze · Ausrufe · Befehle · Appelle · rhetorische Fragen · aufwertende/abwertende Formulierungen · Ironie · gewählte/derbe Ausdrucksweise

2 Verfasse eine Szeneninterpretation. Verwende die Ergebnisse aus Aufgabe 1. Orientiere dich beim Aufbau an der Übersicht auf Seite 191.

a) Setze den folgenden Satz fort und formuliere zunächst eine Einleitung.

> *Interpretation der Schlussszene des Dramas „Der Gott des Gemetzels"*
> *In der vorliegenden Szene aus Yasmina Rezas Drama „Der Gott des Gemetzels" aus dem Jahr 2006 geht es um ...*

b) Bei der Einordnung der Szene in den Handlungsverlauf und der Zusammenfassung der Handlung der Szene kannst du folgende Formulierungen verwenden.

> *Nachdem die Elternpaare am Anfang des Stücks die große Bedeutung ... betont hatten, zeigten sich im Verlauf des Stücks bereits ... In der Schlussszene schließlich ist das Verhalten der Eheleute untereinander und gegenüber dem anderen Elternpaar von ... geprägt.*
> *Die Szene zeigt das Scheitern ... Die beiden Frauen werden tätlich und ... Die Männer ...*

c) Stelle anschließend die Ergebnisse deiner Analyse aus Aufgabe 1 dar. Belege deine Interpretation mit Textbeispielen. Nutze hierfür sowohl Zitate als auch Paraphrasen (→ Ausdruckstraining, S. 172 f.). Verwende aussagekräftige Verben des Redens (→ Wortspeicher auf S. 173), z. B.:

> *Véronique wirft Alain und Annette vor, sie seien vom Verhalten ihres Sohnes in Wahrheit nicht emotional betroffen (vgl. Z. 42 f.). Sie möchte die beiden als Heuchler bloßstellen und ihre eigene moralische Überlegenheit betonen.*

d) Fasse im Schlussteil deine Untersuchungsergebnisse knapp zusammen.

Eine Rezension schreiben

Kotzen auf Kokoschka   *Simone Kaempf*

Jürgen Goschs „Gott des Gemetzels" (Uraufführung 2006 am Zürcher Schau-
spielhaus) kommt nach Berlin.

Berlin, 17. Mai 2007. Da stehen sie und können nicht anders. Korrekt ge-
kleidete Menschen in einer gestylten Wohnschachtel, die die Welt retten
5 wollen, teilweise zumindest, und in einer Zimmerschlacht enden.

Der Anlass ist nichtig: Der Sohn der Reilles hat dem der Houillés auf dem
Schulhof zwei Schneidezähne ausgeschlagen. Das nachmittägliche Treffen
zwischen den Eltern soll den Schaden wiedergutmachen. Aber schon das
Wörtchen „bewaffnet", das Véronique, die Mutter des verletzten Jungen, in
10 die gemeinsame Erklärung schreibt, heizt die Stimmung aggressiv an.

Krisenkonversation im Salon

Véronique ist Schriftstellerin und sitzt an einem Buch über Darfur. Ihr
Mann Michel verkauft Küchengeräte. Annette ist Vermögensverwalterin.
Alain arbeitet als Rechtsanwalt. Wie er, gespielt von Michael Maertens, ne-
15 benbei mit seiner Kanzlei telefoniert und ungeniert einen Pharmaskandal
vertuschen will, könnte man meinen, die vier kennen sich schon seit Jahren.
Aber die anderen hören nur genauso ungeniert mit. Die Wohlerzogenheit
bröckelt, und mit ihr verliert jeder schrittweise die Beherrschung. Véronique verplappert sich auch noch, dass Michel den Hamster ausgesetzt hat,
20 was den Stein nur noch schneller ins Rollen bringt.

Ausgetragen wird die Krisenkonversation in
einer von Johannes Schütz' Bühnenschachteln,
diesmal in der supercleanen Labor-Version: weiß,
mit heller Neonbeleuchtung, gestapelten Kunst-
25 bänden, Stühlen und zwei Vasen mit weißen Tulpen. Eine abstrakte Version des Bürgersalons, Bühne für den Krieg im Mittelstandsmilieu, zu dem es
dann aber doch nicht reicht. Dafür wirken die Aus-
brüche einfach zu gut gestylt, die Jürgen Gosch im
30 forcierten Plauderton auf die Bühne bringt.

Gären unter der Oberfläche

„Der Kokoschka, oh Gott", brüllt Véronique (Dörte
Lyssewski) wirkungsvoll durch den Raum, als Annette in einem Übelkeitsanfall die Kunstbände der
35 Gastgeberin vollkotzt. Die Bände werden gewaschen, geföhnt, parfümiert, zum großen Vergnügen

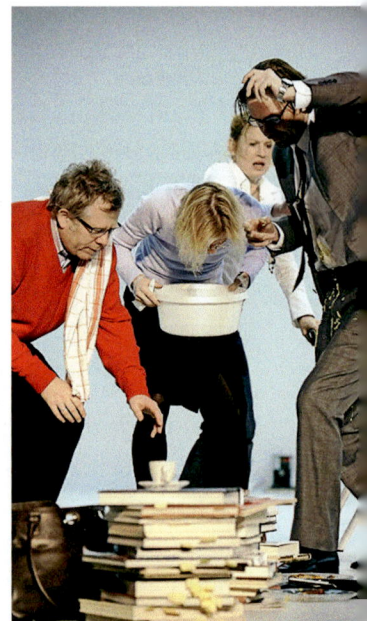

Yasmina Reza: Der Gott des Gemetzels.
Zürcher Schauspielhaus 2006

des Publikums, und mit der Sauberkeit kehrt zumindest wieder für Minuten gutmenschelnde „Wir können zivilisiert damit umgehen"-Vernunft zurück. Corinna Kirchhoff spielt die dünnhäutige Annette, der die ganze
40 Situation unendlich peinlich scheint. Das Handy ihres Mannes versenkt sie in einem Wutanfall in der Blumenvase, worauf Alain nun mit den Nerven am Ende ist: „Dich müsste man einsperren! Das ist bodenlos! Da ist alles drin! Es ist ganz neu, ich hab Stunden gebraucht, um es zu konfigurieren."

Die Paare verzanken sich gegenseitig, miteinander und kreuzweise.
45 Vom ausgeschlagenen Zahn ist längst keine Rede mehr. Ähnlich wie in Rezas „Kunst", wo der Kauf eines monochromen weißen Gemäldes nur den Anlass abgibt, dass drei Freunde über ihre Beziehung zueinander in Streit geraten, umkreist „Der Gott des Gemetzels" beständig jene Hitzeflecken im bürgerlichen Wohlstandsleben, an denen es unter den schönen
50 Oberflächen gefährlich gärt, und man weiß nicht warum.

Lachen über Lieblingsspieler

„Nehmen wir eine Tragödie und beschleunigen sie, so haben wir eine Komödie", stellte Eugène Ionesco einst fest. Reza befolgt die alte Regel, und Goschs Inszenierung hält das Tempo. Die Komödie indes verliert unter-
55 wegs die Tragödie. Es bleibt beim allgemein moralischen Anspruch, der immerhin Schmerz daraus zieht, dass man so wenig an seiner Rolle als Frau, Mann, Künstler, Anwalt ändern kann. Es trifft, wenn Alain sagt: „Ich glaube an den Gott des Gemetzels. Das ist der einzige Gott, der seit Anbeginn der Zeiten uneingeschränkt herrscht." Über die Motive allerdings,
60 warum Veränderung so schwerfällt, verrät der Abend fast gar nichts. Man bleibt eben in seinen Rollen gefangen. Punkt.

Eindreiviertel Stunden kann man sich natürlich dennoch leidlich über die Pointen amüsieren. Das Berliner Publikum nutzte jede Chance. Selbst das übervolle Einschenken eines Wasserglases mit Rum provozierte Ge-
65 lächtersalven. Man feierte seine Schauspielerstars, die man von früher gut kennt. Aber zufrieden konnte einen der Abend nicht machen.

❶ a) Erläutere die Wahl der Zwischenüberschriften im Text.

b) Notiere mit Zeilenangaben, wo du folgende Elemente einer Rezension im Text findest:

Information über Figuren und Handlung · Benennung des Themas des Stücks · Thesen zur Aussageabsicht der Inszenierung · Vorstellung und Interpretation des Bühnenbilds · positive/negative Kritikpunkte

❷ In der Rezension finden sich einige Zitate aus dem Drama. Erkläre, warum diese Zitate ausgewählt wurden und welche Funktion sie in der Rezension erfüllen.

Im Hamsterrad der Bürgerlichkeit *Wolfgang Höbel*

Yasmina Rezas neues Stück „Der Gott des Gemetzels" zeigt zwei Ehepaare beim Kampf jeder gegen jeden und erweist sich bei der Uraufführung in Zürich als smarter und zum Brüllen komischer Klamauk, der die Theaterbühnen in aller Welt erobern wird.

5 Einmal, als sich alle vier Menschen, zwei erfolgsverwöhnte Männer und zwei elegante Frauen, schon hoffnungslos ineinander verbissen und verkeilt haben, als man sich rundherum geküsst und geschlagen und beschimpft hat, dass das Gift nur so spritzte (und allerlei ungute Flüssigkeiten mehr), da gibt es einen kurzen Augenblick der Besinnung und der

10 Einkehr auf der Bühne des Zürcher Schauspielhauses: Es ist der Augenblick, in dem Corinna Kirchhoff in der Rolle der Anwaltsgattin Annette ihrem ständig ins Telefon bellenden Wichtigtuergatten Alain (Michael Maertens) das Handy entreißt und es kurz entschlossen im Blumenwasser einer gläsernen Vase versenkt. Die Folge ist ein Moment des Schweigens,

15 und dann wimmert der baumlange, arrogante, mit langen Schmierhaaren geschmückte Kerl, das triefende, kaputte Gerät in der Hand: „Aber das ist doch mein ganzes Leben!" [...]

Johlende Zuschauer – Schauspieler in Topform

Mit großem Geschick dreht Reza die Handlung immer noch eine Windung

20 weiter ins Groteske[1]. Plötzlich verbünden sich die Männer gegen die Frauen, weil sie John Wayne verehren und finden, dass das Prügeln ein althergebrachtes Recht aller Elfjährigen sei; dann wieder will der tranige Michel seiner Frau das Schnapstrinken verbieten und ringt mit ihr um die Flasche; wenig später verhöhnt der schurkische Anwalt Alain, den Maertens hier

25 als echt grandioses Arschloch spielt, das Gutmenschentum von Annette, weil sie an einem Buch über den Krieg im Sudan arbeitet: „Ich versteh', dass man sagt, au ja, da schreib ich mal ein Buch über ein Massaker."

Die Aufführung fängt spröde und fast standbildhaft an, nach einer halben Stunde aber laufen die Schauspieler zu großer, slapstickvernarrter

30 Form auf, rutschen durch Kuchenreste und Blumenwasser. Die Bühne von Johannes Schütz ist ein kühl stilisiertes Schickimicki-Wohnzimmer aus grauen Glasflächen, in dem Bücherstapel die einzigen Möbel sind. Die Menschen, die darin bald die verschmutzten Klamotten und die Masken des Anstands fallen lassen, wirken selbst ein wenig wie Versuchstiere im

35 Labor, die irgendein Forscher (oder der von Alain zitierte „Gott des Gemetzels") aufeinander losgelassen hat.

Klatschend, johlend und glucksend zappeln die Premierenzuschauer in

---

1 grotesk: verzerrt, absonderlich

ihren Stühlen, weil dem Regisseur Gosch das Kunststück gelingt, all das
philosophisch-anthropologische[2] Gepäck, das die Figuren mit sich herum-
40 schleppen (von wegen der Mensch sei dem Menschen ein Wolf[3]), plötzlich
federleicht aussehen zu lassen. Der Zürcher „Gott des Gemetzels" ist eine
heitere Sensation der aktuellen Theatersaison, das Stück aber wird nach
diesem Triumph ganz sicher in aller Welt nachgespielt werden. Und überall wird der fiese Alain in sein tropfnasses, total ruiniertes Mobiltelefon
45 hineinwinseln: „Aber das ist doch mein ganzes Leben!"

2 anthropologisch: *hier:* zum Menschsein gehörend
3 Der Mensch ist dem Menschen ein Wolf: Gemeint ist die Vorstellung, zwischen den Menschen herrsche
  ursprünglich ein feindseliges Verhältnis, das erst aus Vernunftgründen in ein friedliches umgestaltet werde.

③ Vergleiche die Bewertung der Inszenierung in den beiden Rezensionen (S. 178–181).
Welche Aspekte werden bei der Beurteilung jeweils hervorgehoben?
Tipps & Hilfen (→ S. 311)

④ Arbeite heraus, an welchen Überzeugungen die Autorin / der Autor jeweils die Qualität der
Aufführung misst.

„Im Hamsterrad der Bürgerlichkeit"	„Kotzen auf Kokoschka"
– *Theater muss das Publikum auch amüsieren.*	– *Ein Theaterstück sollte ...*
– *...*	– *...*

⑤ Verfasse eine eigene Rezension zu einer von dir besuchten Theateraufführung.
Du kannst auch eine Rezension zur Verfilmung von „Der Gott des Gemetzels" von Roman
Polański aus dem Jahr 2011 schreiben.

Info: Eine Rezension schreiben

In einer Rezension setzt sich die Verfasserin / der Verfasser kritisch mit einem Werk (Buch,
Film, Theateraufführung) auseinander und gibt eine positive oder negative Empfehlung.
Eine Rezension enthält in der Regel folgende Teile:
- einen **interessanten Einstieg**, der Interesse weckt und zum Weiterlesen anregt,
- einen **informierenden Teil** über das Thema und die Grundzüge der Handlung und
  gegebenenfalls einen vertiefenden Teil mit Hintergrundinformationen zur Autorin / zum
  Autor, zur Entstehung, zum Erscheinen des Werks, zu anderen Fassungen o. Ä.,
- eine **begründete Meinungsäußerung**, die sich auf verschiedene Aspekte beziehen kann,
  z. B. auf die Behandlung des Themas, auf die Gestaltung der Handlung und die
  Ausgestaltung der Figuren oder auf die darstellerische Leistung der Schauspieler/-innen.
Sprachlich kann die Rezension frei gestaltet werden. Oft finden sich unterhaltsame Elemente
(z. B. Überraschendes, Komisches, Ironisches) und sprachliche Mittel wie z. B. rhetorische
Fragen, Ausrufe, sprachliche Bilder.

Zum Schmökern, Schauen, Weiterdenken

Der Besuch der alten Dame (1. Akt)   *Friedrich Dürrenmatt*

Am Bahnhof der Stadt Güllen haben sich einige Einwohner/-innen versammelt, um die Milliardärin Claire Zachanassian, geborene Kläri Wäscher, zu begrüßen. Diese ist nach 45 Jahren erstmals in ihren Heimatort zurückgekehrt. Da die Stadt und ihre Bewohner/-innen stark verarmt sind, erhoffen sich die Güllener eine größere Spende von Claire, die die Stadt finanziell retten soll. Teil der Delegation sind der Bürgermeister und Alfred Ill, Klaras Jugendliebe.

Der Bürgermeister: Verehrte, gnädige Frau. Als Bürgermeister von Güllen habe ich die Ehre, Sie, gnädige, verehrte, Frau, als ein Kind unserer Heimat ...

Durch das Geräusch des davonrasenden Zuges wird der Rest der Rede des
5 *Bürgermeisters, der unentwegt weiterspricht, nicht mehr verstanden.*

Claire Zachanassian: Ich danke, Herr Bürgermeister, für diese schöne Rede.

Sie geht auf Ill zu, der ihr etwas verlegen entgegengetreten ist.

Ill: Klara.

10 **Claire Zachanassian:** Alfred.

Ill: Schön, daß du gekommen bist.

Claire Zachanassian: Das habe ich mir immer vorgenommen. Mein Leben lang, seit ich Güllen verlassen habe.

Ill *unsicher*: Das ist lieb von dir.

15 **Claire Zachanassian:** Auch du hast an mich gedacht?

Ill: Natürlich. Immer. Das weißt du doch, Klara.

Claire Zachanassian: Es war wunderbar, all die Tage, da wir zusammen waren.

Ill *stolz*: Eben. *Zum Lehrer* Sehen Sie, Herr Lehrer, die habe ich im Sack.

20 **Claire Zachanassian:** Nenne mich, wie du mich immer genannt hast.

Ill: Mein Wildkätzchen.

Claire Zachanassian *schnurrt wie eine alte Katze*: Wie noch?

Ill: Mein Zauberhexchen.

Claire Zachanassian: Ich nannte dich: mein schwarzer Panther.

25 **Ill:** Der bin ich noch.

Claire Zachanassian: Unsinn, du bist fett geworden. Und grau und versoffen.

Ill: Doch du bist die Gleiche geblieben, Zauberhexchen.

Friedrich Dürrenmatt: Der Besuch der alten Dame. Deutsches Theater, Berlin 2014

Claire Zachanassian: Ach was. Auch ich bin alt geworden und fett. Dazu
30 ist mein linkes Bein hin. Ein Autounfall. Ich fahre nur noch Schnell-
züge. Aber die Prothese ist vortrefflich, findest du nicht? *Sie hebt ihren*
Rock in die Höhe und zeigt ihr linkes Bein. Läßt sich gut bewegen.
Ill *wischt sich den Schweiß ab*: Wäre nie darauf gekommen, Wildkätzchen.
Claire Zachanassian: Darf ich dir meinen siebenten Gatten vorstellen,
35 Alfred? Besitzt Tabakplantagen. Führen eine glückliche Ehe.
Ill: Aber bitte.
Claire Zachanassian: Komm, Moby, verneig dich. Eigentlich heißt er Pe-
dro, doch macht sich Moby schöner. Es paßt auch besser zu Boby, wie
der Kammerdiener heißt. Den hat man schließlich fürs Leben, da müs-
40 sen sich dann eben die Gatten nach seinem Namen richten.
Gatte VII verneigt sich.   R

① Wähle Aufgabe a oder b.
  a) Stell dir vor, Ill wendet sich nach der Begegnung mit Claire am Bahnhof an das Publikum
     und reflektiert in einem Monolog über das Wiedersehen. Er geht auf seine Absichten und
     die des Bürgermeisters ein, auf seine Erfolgsaussichten und auf Claires Verhalten.
     Schreibe den Monolog.
  b) Erläutere, welche Absichten der Bürgermeister und Ill in dieser Szene verfolgen und mit
     welchen Mitteln sie dies tun. Stelle auch Vermutungen über Claires Intentionen an und
     belege diese am Text.
② Erläutere, wie im Text Komik erzeugt wird.

Der Besuch der alten Dame (1. Akt) *Friedrich Dürrenmatt*

Die Güllener haben sich zu einer Begrüßungsfeier für Claire versammelt. Der Bürgermeister hält eine Rede.

Der Bürgermeister: Gnädige Frau, meine lieben Güllener. Es sind jetzt fünfundvierzig Jahre her, daß Sie unser Städtchen verlassen haben, welches, vom Kurfürsten Hasso dem Noblen gegründet, so freundlich zwischen dem Konradsweilerwald und der Niederung von Plückenried gebettet liegt. Fünfundvierzig Jahre, mehr als vier Jahrzehnte, eine Menge Zeit. Vieles hat sich inzwischen ereignet, viel Bitteres. Traurig ist es der Welt ergangen, traurig uns. Doch haben wir Sie, gnädige Frau – unsere Kläri – *Beifall* – nie vergessen. […] Sie, gnädige Frau, – als blond – *Ill flüstert ihm etwas zu* – rotgelockter Wildfang tollten Sie durch unsere nun leider verlotterten Gassen – wer kannte Sie nicht. Schon damals spürte jeder den Zauber Ihrer Persönlichkeit, ahnte den kommenden Aufstieg zu der schwindelnden Höhe der Menschlichkeit. *Er zieht das Notizbüchlein hervor* Unvergessen sind Sie geblieben. In der Tat. Ihre Leistung in der Schule wird noch jetzt von der Lehrerschaft als Vorbild hingestellt, waren Sie doch besonders im wichtigsten Fach erstaunlich, in der Pflanzen- und Tierkunde, als Ausdruck Ihres Mitgefühls zu allem Kreatürlichen, Schutzbedürftigen. Ihre Gerechtigkeitsliebe und Ihr Sinn für Wohltätigkeit erregte schon damals die Bewunderung weiter Kreise. *Riesiger Beifall* Hatte doch unser Kläri einer armen alten Witwe Nahrung verschafft, indem sie mit ihrem mühsam bei den Nachbarn verdienten Taschengeld Kartoffeln kaufte und sie so vor dem Hungertode bewahrte, um nur eine ihrer barmherzigen Handlungen zu erwähnen. *Riesiger Beifall* Gnädige Frau, liebe Güllener, die zarten Keime so erfreulicher Anlagen haben sich denn nun kräftig entwickelt, aus dem rotgelockten Wildfang wurde eine Dame, die die Welt mit ihrer Wohltätigkeit überschüttet, man denke nur an ihre Sozialwerke, an ihre Müttersanatorien und Suppenanstalten, an ihre Künstlerhilfe und Kinderkrippen, und nun möchte ich der nun Heimgefundenen zurufen: Sie lebe hoch, hoch, hoch!

Beifall. Claire Zachanassian erhebt sich.

Claire Zachanassian: Bürgermeister, Güllener. Eure selbstlose Freude über meinen Besuch rührt mich. Ich war zwar ein etwas anderes Kind, als ich nun in der Rede des Bürgermeisters vorkomme, in der Schule wurde ich geprügelt, und die Kartoffeln für die Witwe Boll habe ich gestohlen, gemeinsam mit Ill, nicht um die alte Kupplerin vor dem

Hungertode zu bewahren, sondern um mit Ill einmal in einem Bett zu liegen, wo es bequemer war als im Konradsweilerwald oder in der Peterschen Scheune. Um jedoch meinen Bei-
40 trag an eure Freude zu leisten, will ich gleich erklären, daß ich bereit bin, Güllen eine Milliarde zu schenken. Fünfhundert Millionen der Stadt und fünfhundert Millionen verteilt auf alle Familien.

45 *Totenstille*

Der Bürgermeister *stotternd*: Eine Milliarde.
Alle immer noch in Erstarrung.
Claire Zachanassian: Unter einer Bedingung.
Alle brechen in einen unbeschreiblichen Jubel aus.
50 *Tanzen herum, steigen auf die Stühle, der Turner turnt usw. Ill trommelt sich begeistert auf die Brust.*
Ill: Die Klara! Goldig! Wunderbar! Zum Kugeln!
Voll und ganz mein Zauberhexchen! *Er küßt sie.*

Friedrich Dürrenmatt: Der Besuch der alten Dame.
Deutsches Theater, Berlin 2014

Der Bürgermeister: Unter einer Bedingung, haben gnädige Frau gesagt.
55 Darf ich diese Bedingung wissen?
Claire Zachanassian: Ich will diese Bedingung nennen. Ich gebe euch eine Milliarde und kaufe mir dafür die Gerechtigkeit.
Totenstille
Der Bürgermeister: Wie ist das zu verstehen, gnädige Frau?
60 **Claire Zachanassian:** Wie ich es sagte.
Der Bürgermeister: Die Gerechtigkeit kann man doch nicht kaufen!
Claire Zachanassian: Man kann alles kaufen. Ⓡ

Im weiteren Verlauf stellt sich heraus, dass Klara von Alfred Ill schwanger war, dieser jedoch die Vaterschaft des Kindes vor Gericht abstritt und sogar falsche Zeugen anführte. Klara verließ daraufhin Güllen, das Kind wurde ihr weggenommen und starb bald darauf. Nun fordert Claire die Tötung Ills, um Gerechtigkeit herzustellen.

❶ Untersuche die Rede des Bürgermeisters. Beschreibe die sprachlichen Mittel, mit denen er seine Absichten verfolgt.
❷ Vergleiche Claires Rede mit der des Bürgermeisters. Gehe auf die Absichten ihrer Rede und ihre sprachliche Gestaltung ein.
③ Haltet eine Versammlung der Bürger von Güllen ab. Diskutiert, ob ihr Claires Angebot annehmt und auf ihre Bedingung eingeht.

Der Besuch der alten Dame (2. Akt)   *Friedrich Dürrenmatt*

Der Polizist: Was wünschen Sie, Ill? Nehmen Sie Platz.

Ill bleibt stehen.

Der Polizist: Sie zittern.

Ill: Ich verlange die Verhaftung von Claire Zachanassian.

5 **Der Polizist** *stopft sich eine Pfeife, zündet sie gemächlich an*: Merkwürdig, äußerst merkwürdig. [...]

Ill: Ich verlange es als der zukünftige Bürgermeister.

Der Polizist *Rauchwolken paffend*: Die Wahl ist noch nicht vorgenommen.

Ill: Verhaften Sie die Dame auf der Stelle.

10 **Der Polizist:** Das heißt, Sie wollen die Dame anzeigen. Ob sie dann verhaftet wird, entscheidet die Polizei. Hat sie was verbrochen?

Ill: Sie fordert die Einwohner unserer Stadt auf, mich zu töten.

Der Polizist: Und nun soll ich die Dame einfach verhaften? *Er schenkt sich Bier ein.* [...]

15 **Ill:** Ihre Pflicht.

Der Polizist: Merkwürdig. Äußerst merkwürdig. *Er trinkt Bier.*

Ill: Die natürlichste Sache der Welt.

Der Polizist: Lieber Ill, so natürlich ist die Sache nicht. Untersuchen wir den Fall nüchtern. Die Dame machte der Stadt Güllen den Vorschlag,

20 Sie gegen eine Milliarde – Sie wissen ja, was ich meine. Das stimmt, ich war dabei. Doch damit ist für die Polizei noch kein Grund geschaffen, gegen Frau Claire Zachanassian einzuschreiten. Wir sind schließlich an die Gesetze gebunden.

Ill: Anstiftung zum Mord.

25 **Der Polizist:** Passen Sie mal auf, Ill. Eine Anstiftung zum Mord liegt nur dann vor, wenn der Vorschlag, Sie zu ermorden, ernst gemeint ist. Das ist doch klar.

Ill: Meine ich auch.

Der Polizist: Eben. Nun kann der Vorschlag nicht ernst gemeint sein, weil

30 der Preis von einer Milliarde übertrieben ist, das müssen Sie doch selber zugeben, für so was bietet man tausend oder vielleicht zweitausend, mehr bestimmt nicht, da können Sie Gift drauf nehmen, was wiederum beweist, daß der Vorschlag nicht ernst gemeint war, und sollte er ernst gemeint sein, so kann die Polizei die Dame nicht ernst neh-

35 men, weil sie dann verrückt ist. Kapiert?

Ill: Der Vorschlag b e d r o h t mich, Polizeiwachtmeister, ob die Dame nun verrückt ist oder nicht. Das ist doch logisch.

Der Polizist: Unlogisch. Sie können nicht durch einen Vorschlag bedroht

40 werden, sondern nur durch das Ausführen eines Vorschlags. Zeigen Sie mir einen wirklichen Versuch, diesen Vorschlag auszuführen, etwa einen Mann, der ein Gewehr auf Sie richtet, und ich komme in Windeseile. Doch gerade diesen Vorschlag will ja niemand ausführen, im Gegenteil. [...] *Er trinkt Bier.*

Ill: Ich bin nicht ganz so sicher, Herr Polizeiwachtmeister.

45 **Der Polizist:** Nicht ganz so sicher?

Ill: Meine Kunden kaufen bessere Milch, besseres Brot, bessere Zigaretten.

Polizist: Freuen Sie sich doch! Ihr Geschäft geht dann ja besser. *Er trinkt Bier.* [...]

Ill: Kognak kaufte Helmesberger bei mir. Dabei verdient er seit Jahren

50 nicht und lebt von der Suppenanstalt.

Polizist: Den Kognak werde ich heute Abend ausprobieren. Ich bin bei Helmesberger eingeladen. *Er trinkt Bier.*

Ill: Alle tragen neue Schuhe. Neue gelbe Schuhe.

Polizist: Was Sie nur gegen neue Schuhe haben? Ich trage schließlich auch

55 neue Schuhe. *Er zeigt seine Füße.*

Ill: Auch Sie.

Polizist: Sehn Sie.

Ill: Auch gelbe. Und trinken Pilsener Bier.

Der Polizist: Es schmeckt.

60 **Ill:** Vorher haben Sie das hiesige getrunken.

Der Polizist: War gräßlich. ⒭

Friedrich Dürrenmatt: Der Besuch der alten Dame. Deutsches Theater, Berlin 2014

❶ Bereitet eine szenische Lesung vor. Plant dazu Sprechweise und Körpersprache der Figuren.

❷ a) Ergänze im Dialog Aussagen Ills, in denen er ausdrückt, wie er sich fühlt und warum.
b) Wiederholt die Lesung und sprecht die Ergänzungen zur Seite mit.

❸ Erläutere die Absichten des Polizisten. Beschreibe, wie er sie verfolgt. Du kannst dazu ausgewählte Textstellen mit dem Kommunikationsmodell Schulz von Thuns (→ S. 120) analysieren.

Der Besuch der alten Dame (2. Akt) *Friedrich Dürrenmatt*

Friedrich Dürrenmatt: Der Besuch der alten
Dame. Deutsches Theater, Berlin 2014

*Ill wendet sich an Claire, die sich auf dem Balkon ihres
Hotels aufhält.*

Ill: Klara. Sag doch, daß du Komödie spielst, daß
dies alles nicht wahr ist, was du verlangst. Sag es
doch!

Claire Zachanassian: Wie seltsam, Alfred. Diese
5 Erinnerungen. Ich war auch auf einem Balkon,
damals, als wir uns zum ersten Mal sahen, es war
ein Herbstabend wie jetzt, die Luft ohne Bewegung, nur hin und wieder ein Rascheln in den
Bäumen im Stadtpark, heiß, wie es vielleicht jetzt
10 auch heiß ist, aber mich friert es ja immer in der
letzten Zeit. Und du standst da und du schautest
hinauf zu mir, immerzu. Ich war verlegen und
wußte nicht, was tun. Ich wollte hineingehen ins
dunkle Zimmer und konnte nicht hineingehen.

15 **Ill:** Ich bin verzweifelt. Ich bin zu allem fähig. Ich warne dich, Klara. Ich bin
zu allem entschlossen, wenn du jetzt nicht sagst, daß alles nur ein Spaß
ist, ein grausamer Spaß. *Er richtet das Gewehr auf sie.*

Claire Zachanassian: Und du gingst nicht weiter, unten auf der Straße.
Du starrtest zu mir herauf, fast finster, fast böse, als wolltest du mir ein
20 Leid antun, und dennoch waren deine Augen voll Liebe. *Ill läßt das
Gewehr sinken.*

Claire Zachanassian: Und zwei Burschen standen neben dir, Koby und
Loby. Sie grinsten, da sie sahen, wie du zu mir hinaufstarrtest. Und
dann verließ ich den Balkon und kam hinunter zu dir. Du hast mich
25 nicht gegrüßt, du sagtest kein Wort zu mir, aber du hast meine Hand
genommen, und so sind wir aus dem Städtchen gegangen, in die Felder
hinein, und hinter uns wie zwei Hunde Koby und Loby. Und dann hast
du Steine genommen vom Boden und nach ihnen geworfen, und sie
sind jaulend in die Stadt zurückgerannt, und wir waren allein.

30 *Vorne rechts kommt der Butler.*

Claire Zachanassian: Führ mich in mein Zimmer, Boby. Ich habe dir zu
diktieren. Muß schließlich eine Milliarde transferieren.

Sie wird vom Butler ins Zimmer geführt. ⓡ

❶ Untersuche das Gesprächsverhalten der Figuren.
❷ Stellt die Beziehung zwischen Ill und Claire in dieser Szene in einem Standbild dar.

Der Besuch der alten Dame (3. Akt)   *Friedrich Dürrenmatt*

Der Bürgermeister: Guten Abend, Ill. Lassen Sie sich nicht stören. Ich
schaue nur schnell bei Ihnen herein.

Ill: Aber bitte.

Schweigen.

5 **Der Bürgermeister:** Ich bringe ein Gewehr.

Ill: Danke.

Der Bürgermeister: Es ist geladen.

Ill: Ich brauche es nicht.

Der Bürgermeister lehnt das Gewehr an den Ladentisch.

10 **Der Bürgermeister:** Heute Abend ist Gemeindeversammlung.
Im „Goldenen Apostel". Im Theatersaal.

Ill: Ich komme.

Der Bürgermeister: Alle kommen. Wir behandeln Ihren Fall.
Wir sind in einer gewissen Zwangslage.

15 **Ill:** Finde ich auch.

Der Bürgermeister: Man wird den Vorschlag ablehnen.

Ill: Möglich.

Der Bürgermeister: Man kann sich freilich irren.

Ill: Freilich.

20 *Schweigen.*

Der Bürgermeister *vorsichtig*: In diesem Fall, würden Sie den Urteils-
spruch annehmen, Ill? Die Presse ist nämlich dabei.

Ill: Die Presse?

Der Bürgermeister: Auch der Rundfunk, das Fernsehen, die Filmwochen-
25 schau. Eine heikle Situation, nicht nur für Sie, auch für uns, glauben Sie
mir. Als Heimatstädtchen der Dame und durch ihre Heirat im Münster
sind wir so bekannt geworden, daß eine Reportage über unsere alten
demokratischen Einrichtungen gemacht wird.

Ill *beschäftigt sich mit der Kasse*: Sie geben den Vorschlag der Dame nicht
30 öffentlich bekannt?

Der Bürgermeister: Nicht direkt – nur die Eingeweihten werden den Sinn
der Verhandlung verstehen.

Ill: Daß es um mein Leben geht.

Schweigen.

35 **Der Bürgermeister:** Ich orientiere die Presse dahin, daß – möglicherweise – Frau Zachanassian eine Stiftung errichten werde und daß Sie,
Ill, diese Stiftung vermittelt hätten als ihr Jugendfreund. Daß Sie dies

waren, ist ja nun bekannt geworden. Damit sind Sie rein äußerlich rein-
gewaschen, was sich auch ereignet.

40 **Ill:** Das ist lieb von Ihnen.

Der Bürgermeister: Ich tat es nicht Ihnen, sondern Ihrer kreuzbraven,
ehrlichen Familie zuliebe, offen gestanden.

Ill: Begreife.

Der Bürgermeister: Wir spielen ein faires Spiel, das müssen Sie zugeben.
45 Sie haben bis jetzt geschwiegen. Gut. Doch werden Sie auch weiterhin
schweigen? Wenn Sie reden wollen, müssen wir das Ganze eben ohne
Gemeindeversammlung machen.

Ill: Verstehe.

Der Bürgermeister: Nun?

50 **Ill:** Ich bin froh, eine offene Drohung zu hören.

Der Bürgermeister: Ich drohe Ihnen nicht, Ill, Sie drohen uns. Wenn Sie
reden, müssen wir dann eben auch handeln. Vorher.

Ill: Ich schweige.

Der Bürgermeister: Wie der Beschluß der Versammlung auch ausfällt?

55 **Ill:** Ich nehme ihn an.

Der Bürgermeister: Schön.

Schweigen.

Der Bürgermeister: Daß Sie sich dem Gemeindegericht unterziehen,
freut mich, Ill. Ein gewisses Ehrgefühl glimmt noch in Ihnen. Aber wäre
60 es nicht besser, wenn wir dieses Gemeindegericht gar nicht erst ver-
sammeln müßten?

Ill: Was wollen Sie damit sagen?

Der Bürgermeister: Sie sagten vorhin, Sie hätten das Gewehr nicht nötig.
Vielleicht haben Sie es nun trotzdem nötig.

65 *Schweigen.* ⓇR

Alfred Ill wird auf der Gemeindeversammlung zum Tode verurteilt.

❶ Untersuche das Gesprächsverhalten der Figuren in dieser Szene.
❷ Bereitet eine Lesung der Szene vor. Ergänzt dabei eine Figur, die jeweils die verdeckten
Appelle in den Gesprächsbeiträgen des Bürgermeisters ausspricht.
❸ Haltet ein Gericht über die Gemeinde von Güllen ab. Verteilt dafür folgende Rollen:
- Verteidigerinnen/Verteidiger,
- Staatsanwaltschaft und
- Richter/-in.

Eine Dramenszene interpretieren

1. Schritt: Figuren- und Gesprächsanalyse
- Welche **Absichten** verfolgen die Figuren?
- Welche **Redeanteile** haben die Figuren? Wer ist initiativ, wer reagiert?
- Wie ist der **Gesprächsverlauf**? Gibt es Zuspitzungen, wie endet das Gespräch …?
- Mit welchen **sprachlichen Mitteln** verfolgen die Figuren ihre Absichten? Wie ist der
  Sprachstil? Gibt es z. B. Übertreibungen, Beschwichtigungen, Ironie, indirekt Mitgeteiltes?
- Welche **Gefühle** werden deutlich?
- Welche Rolle spielen die **Regieanweisungen**?

2. Schritt: Die Szeneninterpretation schreiben

Szeneninterpretation	Beispiele
Einleitung Autor/-in, Titel des Dramas, Thema der Szene	*In der vorliegenden Szene aus Friedrich Dürrenmatts Drama „Der Besuch der alten Dame" versucht Ill, den Güllener Polizisten dazu zu bringen, Claire Zachanassian zu verhaften.*
Hauptteil - Einordnung der Szene in den Handlungsverlauf	*Im ersten Akt des Dramas hatte die Milliardärin eine hohe Belohnung auf Ills Tod ausgesetzt. Das Gespräch mit dem Polizisten zeigt Ills Bemühen, die Güllener auf seine Seite zu bringen, bevor er später resigniert und den Ereignissen ihren Lauf lässt (Ende des 3. Aktes).*
- knappe Zusammenfassung der Handlung der Szene	*Ill weist den Polizisten darauf hin, dass die Güllener das Geld, das als Belohnung für seinen Tod versprochen ist, bereits ausgeben. Der Polizist betont, nichts für Ill tun zu können. Es zeigt sich, dass auch er bereits auf die angekündigte Zahlung spekuliert …*
- Darstellung der Ergebnisse der Figuren- und Gesprächsanalyse	*Während Ill von der Polizei offen Schutz fordert, verfolgt der Polizist seine Absichten verdeckt. Er möchte selbst von der Zahlung profitieren, dies aber nicht preisgeben. Er versucht Ill zu beschwichtigen, um ihn von Gegenwehr abzuhalten, und er will sich nicht zu seinen unmoralischen Absichten bekennen. Deshalb bringt er Scheinargumente vor, die Ill seine Befürchtungen ausreden sollen, so z. B. sei die Ankündigung Claires nicht ernst gemeint, „weil der Preis von einer Milliarde übertrieben ist" (Z. 29 f.).* ….
Schluss kurze Zusammenfassung der Ergebnisse	*Die Szene zeigt am Beispiel des Polizisten die Heuchelei der Güllener. Diese wollen aus egoistischen Motiven Ills Tötung unterstützen, streiten ihre offensichtlichen Absichten jedoch ab.*

8 „Die Liebe hemmet nichts …"
Gedichte untersuchen und interpretieren

Die Liebe   *Matthias Claudius (1798)*

Die Liebe hemmet nichts; sie kennt nicht Tür noch Riegel
    Und dringt durch alles sich;
Sie ist ohn Anbeginn, schlug ewig ihre Flügel
    Und schlägt sie ewiglich.

❶ Welches Bild von der Liebe vermitteln die beiden Gedichte? Begründe.

❷ Beschreibt das Bild auf Seite 193 und versucht, seine Aussage zu deuten.

❸ Liebe hat viele Gesichter. Sammelt in einem Cluster alles, was ihr mit dem Thema „Liebe" verbindet.

❹ Bringt Liebesgedichte und Liebeslieder mit in den Unterricht, die euch besonders gut gefallen. Erläutert euren Mitschülerinnen/Mitschülern, warum euch diese Gedichte oder Lieder ansprechen.

Wir wussten schon vom Hörensagen   *Frantz Wittkamp (2007)*

Wir wussten schon vom Hörensagen
dass Liebe eine Krankheit ist.
Sie wird durch Liebe übertragen
bestätigt jetzt ein Internist.

In diesem Kapitel …

- beschäftigst du dich mit Gedichten aus unterschiedlichen Epochen zum Thema „Liebe".
- wiederholst du die wichtigsten Merkmale von Gedichten.
- lernst du mit dem Sonett eine neue Gedichtform kennen.
- untersuchst du die Beziehung zwischen Inhalt, Form, sprachlicher Gestaltung und Wirkung.
- lernst du, Gedichte zu analysieren und eine Gedichtinterpretation zu verfassen.

Das Motiv der Liebe untersuchen

So soll es bleiben   *Ich + Ich (2008, Songtext)*

Ich warte schon so lange
Auf den einen Moment
Ich bin auf der Suche
Nach hundert Prozent
5 Wann ist es endlich richtig?
Wann macht es einen Sinn?
Ich werde es erst wissen
Wenn ich angekommen bin

Ich will sagen:
10 So soll es sein
So kann es bleiben
So hab ich es mir gewünscht
Alles passt perfekt zusammen
Weil endlich alles stimmt
15 Und mein Herz gefangen nimmt

Wenn es da ist, werd ich feiern
Ich weiß, da ist noch mehr
Es liegt noch so viel vor mir
Ich lauf noch hinterher
20 Bis jetzt fühl ich nur die Hälfte
Von allem, was geht
Ich muss noch weitersuchen
Weil immer noch was fehlt

Ich will sagen:
25 So soll es sein
So kann es bleiben
So hab ich es mir gewünscht
Alles passt perfekt zusammen
Weil endlich alles stimmt
30 Und mein Herz gefangen nimmt
[…]

Ich weiß nicht, wo du bist
Oder wo du wohnst
Aber eins ist sicher
35 Dass es sich lohnt
Ich bete jede Nacht
Dass ich dich finde

Und du sagst:
So soll es sein
40 So kann es bleiben
So hab ich es mir gewünscht
Alles passt perfekt zusammen
Weil endlich alles stimmt

So soll es sein
45 So kann es bleiben
Genau so ist es gut
Alles passt perfekt zusammen
Weil alles endlich in mir ruht

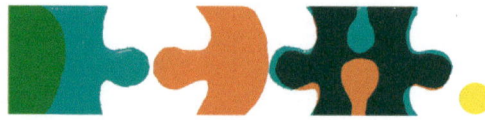

❶ Beschreibe, in welchem Zustand sich das lyrische Ich befindet. Belege deine Aussagen mit Textstellen.

❷ Suche nach einem anderen Titel für diesen Songtext und begründe deine Entscheidung.

❸ Sammelt Ideen, wie ihr den Text als Musikvideo inszenieren würdet.

④ Recherchiere das originale Musikvideo zu „So soll es bleiben" und vergleiche es mit euren Ideen.

Ein Jüngling liebt ein Mädchen

Heinrich Heine (1822)

Ein Jüngling liebt ein Mädchen,
Die hat einen andern erwählt;
Der andre liebt eine andre,
Und hat sich mit dieser vermählt.

5 Das Mädchen heiratet aus Ärger
Den ersten besten Mann,
Der ihr in den Weg gelaufen;
Der Jüngling ist übel dran.

Es ist eine alte Geschichte,
10 Doch bleibt sie immer neu;
Und wem sie just passieret,
Dem bricht das Herz entzwei.

❶ Lustig, traurig, düster, heiter … Wie wirkt das Gedicht auf dich? Begründe.

❷ Untersuche die formale Gestaltung des Gedichts. Welche Auffälligkeiten stellst du fest?

❸ Informiere dich im Info-Kasten, was man unter einem literarischen Motiv versteht, und erläutere, um welches literarische Motiv es sich in Heinrich Heines Gedicht handelt.

④ Erstellt ein Lernplakat oder dreht ein Erklärvideo zur Interpretation dieses Gedichts.

Info: Das literarische Motiv

Als **literarisches Motiv** bezeichnet man ein thematisches Element, das wiederholt in einem Text auftritt oder sich durch verschiedene Werke der Literaturgeschichte zieht, z. B.:
das Motiv des Liebesleids, der Sehnsucht nach Liebe, der Unbeständigkeit der Liebe oder der Vergänglichkeit der Liebe.

Angst und Hohn der Liebe Lohn

Daniel Czepko von Reigersfeld (1605–1660)

Nimm die Rose von den Dörnern,
Zeige dann den Frühling an;
Nimm die Ähren mit den Körnern,
Sage, was der Sommer kann.
5   Nimm der Trauben süßen Preis,
Sprich darauf, der Herbst ist kommen,
Nimm das Schmelzglas von dem Eis,
Auch der Winter wird genommen.
Nimm der Liebe Qual und Pein,
10 Liebe wird nicht Liebe sein.

❶ Erläutere die Überschrift des Gedichts in eigenen Worten.

❷ Welcher der folgenden Zitate berühmter Persönlichkeiten zum Thema „Liebe" passt am ehesten zur Aussage des Gedichts? Begründe.

> Glück ist Liebe, nichts anderes. Wer lieben kann, ist glücklich.
>
> *Hermann Hesse*

> Die wahre echte Liebe ist meist eine unglückliche Erscheinung; man quält sich selbst und wird von der Welt misshandelt.
>
> *Karoline von Günderrode*

> Die Liebe ist so unproblematisch wie ein Fahrzeug. Problematisch sind nur die Lenker, die Fahrgäste und die Straße.
>
> *Franz Kafka*

> Liebe ist die einzige Sklaverei, die als Vergnügen empfunden wird.
>
> *George Bernard Shaw*

❸ Formuliere das Gedicht in einen allgemein verständlichen Prosatext um.
Tipps & Hilfen (→ S. 312)

❹ Untersuche das Versmaß, das Reimschema und die sprachliche Gestaltung des Gedichts. Informiere dich bei Bedarf im Merkwissen (→ S. 214).
Tipps & Hilfen (→ S. 312)

Die Liebe gleicht dem April   *Emanuel Geibel (1834/35)*

Die Liebe gleicht dem April:
Bald Frost, bald fröhliche Strahlen,
Bald Blüten in Herzen und Talen,
Bald stürmisch und bald still,
Bald heimliches Ringen und Dehnen,
Bald Wolken, Regen und Tränen –
Im ewigen Schwanken und Sehnen
Wer weiß, was werden will!

❶ Um welchen Aspekt der Liebe geht es hier? Benenne das Motiv (→ S. 195) des Gedichts.
❷ a) Untersuche, wie das Gedicht inhaltlich aufgebaut ist.
   b) Betrachte die Form und die sprachliche Gestaltung des Gedichts und stelle einen Bezug
   zwischen Inhalt und Form her.
   Tipps & Hilfen (→ S. 312)
❸ Findest du den Vergleich der Liebe mit dem April gelungen? Nimm schriftlich Stellung.
❹ Schreibe ein Parallelgedicht zu dem Gedicht von Emanuel Geibel, in dem du die Liebe mit
einem anderen Monat vergleichst.

freut   *Sabine Schiffner (2017)*

das mädchen lachte
der junge lachte
das mädchen sah den jungen an
der junge sah zum mädchen hin
5 das mädchen dachte
der junge habe geguckt
und dann über sie gelacht
der junge aber hat gelacht
weil er gedacht hat
10 es sei nicht gut
dass das mädchen lachte
und sich über ihn
lustig machte

❶ Geht es hier um die Liebe? Begründe.
❷ Erläutere, in welche Strophen du das Gedicht unterteilen würdest.
❸ Entscheide dich für die Perspektive des Mädchens oder die des Jungen und verfasse einen
Tagebucheintrag über die Begegnung der beiden.

Barock – Gedichte einer Epoche erschließen

Vergänglichkeit der Schönheit   *Christian Hofmann von Hofmannswaldau (1695)*

Es wird der bleiche todt mit seiner kalten hand
Dir endlich mit der zeit um deine brüste streichen /
Der liebliche corall der lippen wird verbleichen;
    Der schultern warmer schnee wird werden kalter sand /

5   Der augen süsser blitz / die kräffte deiner hand /
Für welchen solches fällt / die werden zeitlich weichen /
Das haar / das itzund kan des goldes glantz erreichen /
    Tilgt endlich tag und jahr als ein gemeines band.

Der wohlgesetzte fuß / die lieblichen gebärden /
10   Die werden theils zu staub / theils nichts und nichtig werden /
    Denn opfert keiner mehr der gottheit deiner pracht.

Diß und noch mehr als diß muß endlich untergehen /
Dein hertze kan allein zu aller zeit bestehen /
    Dieweil es die natur aus diamant gemacht.

Hans Baldung: Der Tod und
das Mädchen (1517)

❶ Auf welche Strophe des Gedichts würdest du die Aussage des Bildes beziehen? Begründe.
❷ a) „Übersetze" die einzelnen Verse des Gedichts in heutiges Deutsch.
   Tipps & Hilfen (→ S. 312)
   b) Informiere dich im Info-Kasten auf Seite 199 über das Zeitalter des Barock und suche
      typische inhaltliche Merkmale dieser Literaturepoche in diesem Gedicht.
   c) Weise formal und inhaltlich nach, dass es sich bei diesem Gedicht um ein Sonett handelt.
❸ a) Trage das Gedicht vor und erläutere, welche Rolle die Zeichensetzung für deinen Vortrag
     spielt.
   b) Weise nach, dass es sich bei dem vorherrschenden Versmaß des Gedichts um einen
     Alexandriner handelt.

Info: Der Alexandriner

Der **Alexandriner** ist ein **Versmaß**, das aus einem sechshebigen Jambus (→ S. 214) besteht,
der nach der dritten Hebung eine Zäsur (einen Einschnitt) hat: xx́ xx́ xx́ / xx́ xx́ xx́.
Der Alexandriner war vor allem in der Dichtung des 17. und 18. Jahrhunderts populär.

4 Untersuche die sprachliche Gestaltung des Gedichts:

a) Ordne zu, um welches der folgenden sprachlichen (rhetorischen) Mittel es sich in den Versen A – G jeweils handelt.

Tipp: Informiere dich im Merkwissen (→ S. 214 f.), wenn du unsicher bist.

> Vergleich Personifikation Metapher Oxymoron Alliteration

A „der bleiche todt mit seiner kalten hand" (V. 1)

B „Der liebliche corall der lippen" (V. 3)

C „Der schultern warmer schnee" (V. 4)

D „warmer Schnee [...] kalter sand" (V. 4)

E „Der augen süsser blitz" (V. 5)

F „goldes glantz" (V. 7)

G „Dein hertze [...] / [...] aus diamant [...]" (V. 13 f.)

b) Erläutere die folgenden unterstrichenen bildsprachlichen Ausdrücke in eigenen Worten: Tipps & Hilfen (→ S. 312 f.)

H „Tilgt endlich tag und jahr <u>als ein gemeines band</u>." (V. 8)

I „Denn opfert keiner mehr der <u>gottheit deiner pracht</u>." (V. 11)

5 Formuliere die Aussage des Gedichts in eigenen Worten. Begründe und belege mit Zitaten. Tipps & Hilfen (→ S. 313)

Info: Die Epoche des Barock

Das Zeitalter des **Barock (ca. 1600 – 1750)** war geprägt von Krieg, Seuchen und Hungersnöten, was unmittelbare Auswirkungen auf die in dieser Zeit entstandene Literatur hatte. In der barocken Kunst und Literatur gibt es drei wichtige Motive:

1. das **Vanitas-Motiv** (lat. *vanitas:* Eitelkeit), das die Vergänglichkeit der Welt thematisierte,
2. das Motiv des „Memento mori" (lat.: „Bedenke deines Todes!") und
3. das „Carpe-diem"-Motiv (lat.: „Nutze den Tag!"), das im Gegensatz dazu die Menschen aufforderte, die Gegenwart zu genießen, ohne an die Vergänglichkeit der Welt zu denken.

Eine für den Barock charakteristische Gedichtform ist z. B. das **Sonett**, das einem strengen Bauplan folgt: **Zwei Strophen** mit jeweils **vier Versen** (**Quartetten**) folgen **zwei Strophen** mit jeweils **drei Versen** (**Terzetten**). Oft findet sich auch eine inhaltliche Zäsur zwischen Quartetten und Terzetten: Die erste Strophe beinhaltet eine **These** (Aussage, Behauptung), die zweite die **Antithese** (Gegenbehauptung) und die dritte und vierte Strophe bilden die **Synthese** (Ergebnis, Entscheidung). Manchmal stehen sich aber auch die These in den beiden Quartetten und die Antithese in den beiden Terzetten gegenüber.

Ein Gedicht interpretieren

Die beiden   *Hugo v. Hofmannsthal (1896)*

Sie trug den Becher in der Hand
– Ihr Kinn und Mund glich seinem Rand –,
So leicht und sicher war ihr Gang,
Kein Tropfen aus dem Becher sprang.

5 So leicht und fest war seine Hand:
Er ritt auf einem jungen Pferde,
Und mit nachlässiger Gebärde
Erzwang er, dass es zitternd stand.

Jedoch, wenn er aus ihrer Hand
10 Den leichten Becher nehmen sollte,
So war es beiden allzu schwer:
Denn beide bebten sie so sehr,
Dass keine Hand die andre fand
Und dunkler Wein am Boden rollte.

❶ Welche der folgenden Aussagen gibt das Thema des Gedichts korrekt wieder? Begründe.

In dem Gedicht „Die beiden" geht es um ...
A ... eine Frau, die einem Mann einen Becher Wein reichen will.
B ... eine Liebesbeziehung zwischen einer Frau und einem Mann.
C ... die Schwierigkeit von zwei Liebenden, zueinanderzufinden.
D ... einen Mann, der es nicht schafft, die Initiative zu ergreifen.

❷ Erläutere, welche Bedeutung die Hand in diesem Gedicht hat. Berücksichtige dabei sowohl die Handlungsebene als auch die übertragene Bedeutung.
Tipps & Hilfen (→ S. 313)

❸ Untersuche, aus welcher Perspektive das Geschehen dargestellt wird.

4 Untersuche die inhaltliche Gliederung des Gedichts.
Übertrage dazu die Tabelle in dein Heft und ergänze sie.

	Handlung	Deutung
1. Strophe	– Sie (namenlose Frau) hält einen gefüllten Becher in der Hand, ohne etwas zu verschütten.	– Es handelt sich um eine unbeschwerte und selbstsichere („leicht und sicher war ihr Gang"), schöne Frau (Kinn und Mund so rund wie der Becherrand).
2. Strophe	...	...
3. Strophe	...	...

5 Untersuche die formale und sprachliche Gestaltung der 2. und 3. Strophe des Gedichts wie im Beispiel und notiere deine Ideen zur Deutung.
Arbeite mit einer Überdeckfolie oder einer Textkopie.
Tipps & Hilfen (→ S. 313)

Die beiden   *Hugo v. Hofmannsthal (1896)*

x x́ x x́ x   x́ x x́
a Sie trug den Becher in der Hand

   x x́   x x́   x x́ x   x́
a – Ihr Kinn und Mund glich seinem Rand –,

   x x́   x x́ x x́ x x́
b So leicht und sicher war ihr Gang,

   x x́ x x́ x x́ x   x́
b Kein Tropfen aus dem Becher sprang.

Form, Sprache und Deutung

– *regelmäßiger Jambus* → *wirkt ruhig, harmonisch*
– *Paarreim* → *verbindet inhaltlich zusammenhängende Verse; harmonisch*
– *verständliche Wortwahl* → *alltägliche Begebenheit?*
– *Hand ist Schlüsselwort (vgl. erste Verse der anderen beiden Strophen)*
– *elliptischer Satzbau in Vers 4 (Konjunktion „dass" fehlt)* → *Betonung von „kein" durch Position am Versanfang*
– *Vergleich Becherrand – Kinn und Mund* → *Anschaulichkeit*
– *Personifikation des Tropfens* → *betont die Energie des Tropfens*

6 Diskutiert im Team: Könnte man das Gedicht auch als Sonett abdrucken?
Orientiert euch an den formalen und inhaltlichen Merkmalen im Info-Kasten auf Seite 199.
7 Vergleiche das Gedicht mit Sabine Schiffners „freut" (S. 197). Welche Gemeinsamkeiten und Unterschiede lassen sich im Hinblick auf das Gelingen einer Annäherung feststellen?

8 Erläutere, wie in der folgenden Interpretation die Untersuchung von Inhalt, Sprache und Form und die Deutung miteinander verknüpft sind.

Interpretation des Gedichts „Die beiden"

In dem Gedicht „Die beiden" von Hugo von Hofmannsthal aus dem Jahr 1896 geht es um eine namenlose Frau und einen namenlosen Mann, deren Annäherung scheitert.

In der ersten Strophe schildert das lyrische Ich aus der Beobachterperspektive eine
5   Frau, die als selbstsicher dargestellt wird: „So leicht und sicher war ihr Gang" (V. 3). Durch die Aussage, dass ihr Kinn und Mund der runden Form des Becherrandes gleichen (vgl. V. 2), wird sie als schön beschrieben. Sie hält einen gefüllten Becher in der Hand, den sie so ruhig und sicher hält, dass sie keinen Tropfen des Inhalts verschüttet.
10 Im Zentrum der zweiten Strophe …
    Die dritte Strophe …
    Die äußere Form und der inhaltliche Aufbau des Gedichts erinnern an ein Sonett mit zwei Quartetten und zwei Terzetten, wobei die beiden Terzette hier zu einer Strophe mit sechs Versen zusammengefasst werden. Während in der ersten Strophe
15 der Blick durch das lyrische Ich ausschließlich auf die Frau und in der zweiten Strophe ausschließlich auf den Mann gelenkt wird, steht in der dritten Strophe die Begegnung der beiden im Mittelpunkt.
    Das Versmaß der ersten Strophe ist ein regelmäßiger vierhebiger Jambus. Die vier Verse dieser Strophe werden durch einen Paarreim (aa bb) verbunden. Das
20 Reimwort „Hand" am Ende des ersten Verses wird auch in den ersten Verszeilen der folgenden Strophen wiederholt, wodurch der Hand in diesem Gedicht eine besondere Bedeutung zugewiesen wird. Die Sprache der Strophe ist einfach und gut verständlich, was auch dadurch unterstützt wird, dass hier Vers- und Satzende zusammenfallen und keine Enjambements auftreten. Der dritte und vierte Vers
25 weisen jedoch einen elliptischen Satzbau auf, indem die Konjunktion „dass" fehlt. Dadurch wird das Wort „kein" am Anfang des vierten Verses betont. Dass der Tropfen zudem in der Aussage „Kein Tropfen aus dem Becher sprang" (V. 4) personifiziert wird, betont noch einmal die Ruhe und Sicherheit der Frau, der es gelingt, den Inhalt des Bechers zu bändigen. …

9 a) Ergänze die Inhaltszusammenfassung für die zweite und dritte Strophe des Gedichts.
   b) Vervollständige den Hauptteil der Interpretation, indem du die zweite und dritte Strophe des Gedichts nach diesem Muster interpretierst.
   c) Ergänze den Schluss der Interpretation. Orientiere dich dabei an der Übersicht auf Seite 203.

Untersuchungsergebnisse und Deutung verknüpfen

1 Wähle ein Gedicht aus dem Kapitel aus und verfasse eine vollständige schriftliche Interpretation.

Einleitung	
Autor/-in, Titel, Jahr und Thema	– *In dem Gedicht … von … aus dem Jahr … geht es um …*
Erster Eindruck / Grundstimmung	– *Im Gedicht wird eine … Grundstimmung vermittelt, die sich darin zeigt, dass …*
Hauptteil	
Zusammenfassung des **Inhalts**	– *In der ersten Strophe geht es um … Die zweite Strophe handelt von … In der dritten Strophe wird beschrieben, wie …*
Sprecherin / Sprecher	**Lyrisches Ich** – *Das lyrische Ich tritt … in Erscheinung. Seine Haltung gegenüber …*
Darstellung der **äußeren Form** im Hinblick auf den Inhalt und die Wirkung	**Strophen und Verse:** – *Das Gedicht umfasst … Strophen mit jeweils … Versen.* **Reimschema:** – *Das Reimschema ist ein …, der … unterstützt.* – *Die Änderungen im Reimschema richten die Aufmerksamkeit auf …* – *Es ist kein durchgängiges Reimschema erkennbar, wodurch …* **Metrum:** – *Bei dem Metrum in den Strophen … handelt es sich um …, wodurch eine … Wirkung erzielt wird.* – *Auffällig ist der Wechsel des Metrums in den Versen …, der … bewirkt.*
Bedeutung des **Gedichttitels**	**Titel:** – *Bereits im Titel des Gedichts wird angedeutet, dass …* – *Der Titel „ … " gibt bereits einen Hinweis auf …*
Untersuchung und Deutung der **sprachlichen Gestaltung**	**Sprachliche Mittel:** – *Die Metapher / der Vergleich / die Personifikation „ … " (V. …) bedeutet, dass …* – *Die positiven/negativen Adjektive/Verben … können als … gedeutet werden (vgl. V. …).*
Schluss Zusammenfassung/Fazit/Aktualitätsbezug	– *Die Untersuchung des Gedichts zeigt, dass …* – *Insgesamt wirkt das Gedicht …* – *Vergleicht man die Auffassung von … mit der heutigen Ansicht zu …*

203

Zum Schmökern, Schauen, Weiterdenken

Wie kan der Liebe Joch   *Sibylle Schwarz (1621–1638)*

Wie kan der Liebe Joch doch süß und lieblich seyn /
weil manches Herze pflegt vohn ihren Schmertzen sagen /
und über ihre Last / und tieffe Wunden klagen?
wie ist dan süße das / das allen bringet Pein /

5   das wie ein starckes Gifft die Hertzen nimmet ein /
das manchen Helden würgt / ihr vihl auch heist verzagen?
wie kan uns das alsdan doch Frewd und Lust erjagen?
Nein / nein / der Liebe Tranck ist bitter Wermuhtwein.

Doch gleichwohl ist sie süß / weil vielen wird gegeben /
10 durch ihre Süßigkeit / ein angenehmes Leben.
Drüm / schließ ich / ist die Lieb ein angenehmes Leid;

(wiewohl eß selten kompt / daß wiedrig' Eigenschafften
an einem Dinge nuhr zu gleiche können hafften)
die Liebe heisst und ist die süße Bitterkeit.

❶ a) Notiere strophenweise alle Wörter, die das lyrische Ich verwendet, um die Liebe
   zu beschreiben.
   Benenne auf dieser Grundlage das Thema der einzelnen Strophen.
   b) Erläutere, welches Bild von der Liebe in diesem Gedicht vermittelt wird.
❷ Begründe inhaltlich und formal, dass es sich bei diesem Gedicht um ein Sonett (→ S. 199)
   handelt.
❸ Verfasse eine schriftliche Interpretation des Gedichts.

Sibylle Schwarz (1621–1638) – Biografische Notiz

Sibylle Schwarz wurde 1621 als jüngste Tochter einer Greifswalder Patrizierfamilie[1] geboren. In ihrer Kindheit und Jugend prägten die Auswirkungen des Dreißigjährigen Krie-
5 ges mit Plünderungen, Vergewaltigun-gen und Morden das Leben in der Stadt.

Sibylles Vater Christian Schwarz, der in dieser Zeit Greifswalder Bürgermeis-ter wurde, erkannte früh die Begabung
10 seiner Tochter und stellte Samuel Gerlach als Hauslehrer für sie ein, da die damals für Jungen des Bürgertums üblichen Latein-schulen und erst recht die Universitäten Mäd-chen in dieser Zeit grundsätzlich verwehrt waren.

15 Im Alter von zehn Jahren begann Sibylle Schwarz zu dichten und wurde dabei von ihrem Lehrer unterstützt, der sie mit dem „Buch von der deut-schen Poeterey" des berühmten Barockdichters Martin Opitz bekannt machte.

Obwohl sie bereits mit 17 Jahren starb, hinterließ Sibylle Schwarz ca.
20 300 Gedichte, darunter zahlreiche Liebessonette und Lieder, die Samuel Gerlach nach ihrem Tod veröffentlichte. Themen ihrer Gedichte sind – ebenso wie bei ihren männlichen Dichterkollegen des Barock – Freund-schaft, Liebe, Krieg und Tod.

Nach der Veröffentlichung ihrer Gedichte war Sibylle Schwarz zunächst
25 recht bekannt, geriet aber im Laufe des 18. Jahrhunderts zunehmend in Vergessenheit. Erst in den letzten Jahrzehnten hat die Forschung sie wie-derentdeckt und so deutlich gemacht, dass es auch im Zeitalter des Barock Frauen gab, die als Dichterinnen künstlerischen Erfolg hatten.

1 Patrizier: wohlhabende Bürger in mittelalterlichen Städten

1 Recherchiere im Internet nach weiteren Gedichten von Sibylle Schwarz. Wähle ein Gedicht aus und trage es in der Klasse vor.

2 Informiert euch, welche anderen deutschsprachigen Dichterinnen es im 17. Jahrhundert gab. Verfasst eine kleine Broschüre, in der ihr jede Dichterin mit einer Kurzbiografie und einem ausgewählten Gedicht vorstellt.

3 Informiere dich über den Barockdichter Martin Opitz und stelle ihn in einem Kurzvortrag in der Klasse vor. Unterstütze deinen Vortrag mit einem Plakat oder einer Bildschirm-präsentation (→ S. 351).

Freudvoll und leidvoll
Johann Wolfgang Goethe (1788)

Freudvoll
Und leidvoll,
Gedankenvoll sein,
Langen
5 Und bangen
In schwebender Pein,
Himmelhoch jauchzend,
Zum Tode betrübt;
Glücklich allein
10 Ist die Seele, die liebt.

An das Herz
Jakob Michael Reinhold Lenz (1776)

Kleines Ding, um uns zu quälen,
Hier in diese Brust gelegt!
Wüsste mancher was er trägt,
Würde wünschen, tätst ihm fehlen!

5 Deine Schläge, wie so selten
Mischt sich Lust in sie hinein
Und wie sind sie schnell, mit Pein
Jede Lust ihm zu vergelten!

Dennoch, weder Lust noch Qualen
10 Wär' weit schrecklicher als das.
Lieber schmelzt mein Herz zu Glas!
Meines Schicksals heiße Strahlen,

Lieben, hassen, streben, zittern,
Hoffen, zagen bis ins Mark.
15 Kann das Leben zwar verbittern,
Aber ohne sie wär's Quark!

❶ Den beiden Gedichten liegt eine ähnliche Vorstellung von Liebe zugrunde. Formuliere diese Vorstellung in eigenen Worten.

② Belege mithilfe der Informationen im Info-Kasten, dass beide Gedichte Merkmale der Epoche des „Sturm und Drang" aufweisen.

③ Analysiere und interpretiere das Gedicht von Jakob Michael Reinhold Lenz.

Info: Die literarische Epoche des „Sturm und Drang" (ca.1765 – 1785)

Junge Autoren dieser Literaturepoche begehrten gegen Tradition und Autorität der vor allem an der Vernunft orientierten Aufklärung auf und setzen dieser das Gefühl entgegen.

Starre inhaltliche und poetische Regeln vergangener Literaturepochen lehnten sie ab und betonten im Gegensatz dazu ihre **Individualität** und **Originalität**. Aus diesem Grund wird die Epoche auch als „**Genie-Epoche**" bezeichnet.

Im Zentrum der Lyrik des „Sturm und Drang" steht das Gefühl und das **subjektive Erleben** des Einzelnen, die in einer **gefühlsbetonten, ausdrucksstarken Sprache** mit zahlreichen sprachlichen Bildern ihren Ausdruck finden. Wichtige Themen des „Sturm und Drang" sind die Liebe und das Erleben der Natur als Spiegel der Seele.

Die schwebende Pein[1] – Interpretation von „Freudvoll und leidvoll" *Marcel Reich-Ranicki (2001)*

Goethes Worte – es sind insgesamt nicht mehr als dreiundzwanzig – beschreiben einen Gemütszustand von außergewöhnlicher Labilität[2]. Ihn charakterisieren extreme Schwankungen – zwischen „freudvoll" und „leidvoll" bis hin zu dem Gegensatz von dem höchsten Lebensgefühl und tiefs-
5   ter Niedergeschlagenheit, wenn nicht Verzweiflung.

Bezieht sich die Formulierung „Himmelhoch jauchzend, zum Tode betrübt" auf jemanden, der an einer psychischen Krankheit leidet? Wollte Goethe das Bild eines manisch-depressiven Menschen skizzieren? Nicht unbedingt. Wir haben es jedoch mit einem insofern krankhaften oder zu-
10 mindest scheinbar krankhaften Fall zu tun, als die raschen und heftigen Schwankungen zwischen Euphorie und Melancholie, von denen hier die Rede ist, keinen rationalen Grund haben. Gleichwohl wird, was sie auslöst, deutlich benannt – allerdings erst mit dem letzten Wort des Gedichts: Es geht um die Liebe.

15 Zwischen den beiden Gegenüberstellungen – der nachdenklich gemäßigten und der extrem gesteigerten, bei der es keinen Platz mehr für die Vokabel „gedankenvoll" gibt – verweist Goethe auf das Element, das zu diesen polaren Spannungen und Schwankungen gewiss beiträgt, ja sie offenbar verursacht: die Angst.

20 Indes heißt es am Ende: „Glücklich allein ist die Seele, die liebt!" Glücklich trotz der schwebenden Pein? Nein, nicht trotz, sondern eben dank der unentwegten Furcht, das Einzigartige, das kaum Fassbare könne so plötzlich zu Ende gehen, wie es begonnen hat. Nur derjenigen Liebe, die auch gefährdet, also unsicher ist, verdankt der Mensch das höchste Glück. Die
25 Angst erscheint somit nicht bloß als eine unvermeidbare Begleiterscheinung der Liebe, sondern als ihr Fundament und ihre Voraussetzung.

1   die Pein: der Schmerz
2   die Labilität: (psychischer) Zustand, in dem man schnell verunsichert oder krank wird

1 a) Dieser Text stammt von dem ausgewiesenen Literaturkenner und Literaturkritiker Marcel Reich-Ranicki (1920 – 2013).
Benenne die Kernthese seiner Deutung des Gedichts „Freudvoll und leidvoll".
b) Erläutere, inwiefern sich diese Interpretation von Gedichtinterpretationen unterscheidet, die du aus dem Deutschunterricht kennst.
2 Wähle ein Gedicht aus diesem Kapitel aus und verfasse eine Interpretation im Stil von Marcel Reich-Ranicki.

Sachliche Romanze   *Erich Kästner (1928)*

Als sie einander acht Jahre kannten
(und man darf sagen: sie kannten sich gut),
kam ihre Liebe plötzlich abhanden.
Wie andern Leuten ein Stock oder Hut.

5 Sie waren traurig, betrugen sich heiter,
versuchten Küsse, als ob nichts sei,
und sahen sich an und wussten nicht weiter.
Da weinte sie schließlich. Und er stand dabei.

Vom Fenster aus konnte man Schiffen winken.
10 Er sagt, es wäre schon Viertel nach vier
und Zeit, irgendwo Kaffee zu trinken.
Nebenan übte ein Mensch Klavier.

Sie gingen ins kleinste Café am Ort
und rührten in ihren Tassen.
15 Am Abend saßen sie immer noch dort.
Sie saßen allein, und sie sprachen kein Wort
und konnten es einfach nicht fassen.

❶ Erläutere den Zusammenhang zwischen dem Titel und dem Inhalt des Gedichtes.
② Erörtere, ob der Text nur sachlich oder auch gefühllos wirkt. Begründe und belege mit Zitaten aus dem Text.

Brief an die Mutter vom 14.11.1926   *Erich Kästner*

Mein liebes gutes Muttchen!
8 Tage vorm Totensonntag. 14. November 1926. – Den Tag werd ich mir
merken müssen. ... Eben, 8:50 h abends, ist Ilse nach Dresden zurückge-
fahren. [...] So fuhr sie heute Abend und sagte mir dies erst heute Mittag,
5 sodass dann die Aussprache, die von 3:00–8:50 h dauerte, schnell vom
Zaun gebrochen werden musste.
Also die Hauptsache: Zwischen Ilse und Erich ist's aus. Sie machte mir bis
8:00 h damit das Leben noch einmal schwer, dass sie behauptete: Sie habe
mich trotz allem lieb. Eine Weinerei zum Herzzerbrechen. Um 8:00 h be-
10 gann ich dann, ihr zu erzählen, wie es wirklich war. Ich sagte: Du hast mich
nie lieb gehabt. Die erste Zeit war's sexuelle Neugierde der 18-Jährigen.

Und seit 6 Jahren etwa weißt du, dass du mich nicht liebst und nie geliebt hast. Aber du hast dir selber immer wieder weisgemacht: Ich liebe ihn doch. Faktisch hast du mich nur gerngehabt, weil ich anständig, zuverläs-
15 sig, ehrlich und gescheit bin. [...] Und deswegen bedauerst du auch, dass es zu Ende ist, da der andere, den du lieber hast, nicht da ist.

Ilse war von meinem „Scharfsinn" überrascht und gab mir recht. Wenn auch sehr ungern. [...]

Unterwegs widerrief sie wieder. Nein, sie habe mich doch lieb gehabt. Und
20 sie fühle genau, dass sie jetzt ihr Glück bewusst von sich weise. Nie wieder werde sie einen Mann wie mich finden. [...]

Nun, dann habe ich ihr auch noch gut zugesprochen, obwohl ja eigentlich ich bei der Sache der Genasführte bin. Wir werden uns gelegentlich schreiben. Und wenn sie Rat braucht, soll sie sich an mich wenden. – Dann war
25 es Zeit, in den Zug zu steigen. Sie hat geweint und gewinkt. Und ich habe gewinkt und auch beinahe geweint. Und nun liegt endlich wieder alles klar vor mir. [...] Jetzt wird wieder von vorne angefangen. Das ist zunächst noch ein bisschen seltsam, denn dass ich sie lieb hatte und habe, ist nicht zu ändern. Und hätte sie mich so lieb gehabt wie ich sie – es wäre wunder-
30 schön auf der Welt gewesen!

Nun, so muss es auch gehen. Und es wird gehen. Gut sogar. [...]

Na, hopp, mein Pferdchen! Nicht mit den Augen gezwinkert. Das Leben kann noch immer eine ganz feine Sache werden. Tausend Grüßchen und Küsschen von deinem „Glückallein."
35 Dein Junge

❶ Handelt es sich bei der im Brief beschriebenen Begebenheit um eine „sachliche Romanze"? Begründe.

❷ Eine oft angewandte Interpretationsmethode ist, Literatur mit dem Leben der Autorin / des Autors zu erklären.
Diskutiert in der Kleingruppe: Hilft euch der Brief Erich Kästners an seine Mutter beim Verständnis des Gedichts? Belegt eure Einschätzung mit konkreten Beispielen.

❸ Interpretiere das Gedicht „Sachliche Romanze". Entscheide, ob du die Informationen aus dem Brief an die Mutter nutzen möchtest oder nicht.

Großstadtliebe   *Mascha Kaléko (1933)*

Man lernt sich irgendwo ganz flüchtig kennen
Und gibt sich irgendwann ein Rendezvous.
Ein Irgendwas, – 's ist nicht genau zu nennen –
Verführt dazu, sich gar nicht mehr zu trennen.

5 Beim zweiten Himbeereis sagt man sich ‚du'.
Man hat sich lieb und ahnt im Grau der Tage
Das Leuchten froher Abendstunden schon.
Man teilt die Alltagssorgen und die Plage,
Man teilt die Freuden der Gehaltszulage,
10 … Das übrige besorgt das Telephon.

Man trifft sich im Gewühl der Großstadtstraßen.
Zu Hause geht es nicht. Man wohnt möbliert.
– Durch das Gewirr von Lärm und Autorasen,
– Vorbei am Klatsch der Tanten und der Basen
15 Geht man zu zweien still und unberührt.
Man küßt sich dann und wann auf stillen Bänken,
– Beziehungsweise auf dem Paddelboot.
Erotik muß auf Sonntag sich beschränken.
… Wer denkt daran, an später noch zu denken?
20 Man spricht konkret und wird nur selten rot.

Man schenkt sich keine Rosen und Narzissen,
Und schickt auch keinen Pagen sich ins Haus.
– Hat man genug von Weekendfahrt und Küssen,
Läßt man's einander durch die Reichspost wissen
25 Per Stenographenschrift ein Wörtchen: ‚aus'!   Ⓡ

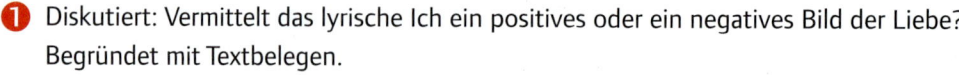

❶ Diskutiert: Vermittelt das lyrische Ich ein positives oder ein negatives Bild der Liebe?
   Begründet mit Textbelegen.
② Erläutere, welche Wirkung die Verwendung des Wortes „man" in diesem Gedicht hat.
③ Verfasse eine modernisierte Fassung des Gedichts.

Wolke vier   *Philipp Dittberner & Marv (Songtext, 2015)*

Lass uns die Wolke vier bitte nie mehr verlassen
Weil wir auf Wolke sieben viel zu viel verpassen
Ich war da schon ein Mal, bin zu tief gefallen
Lieber Wolke vier mit dir als unten wieder ganz allein

5 Ziemlich gut, wie wir das so gemeistert haben
Wie wir die großen Tage unter kleinen Dingen begraben
Der Moment, der die Wirklichkeit maskiert
Es tut nur gut zu wissen, dass das wirklich funktioniert

Lass uns die Wolke vier bitte nie mehr verlassen
10 Weil wir auf Wolke sieben viel zu viel verpassen
Ich war da schon ein Mal, bin zu tief gefallen
Lieber Wolke vier mit dir als unten wieder ganz allein

Hab nicht gesehen, was da vielleicht noch kommt
Was am Ende dann mein Leben und mein kleines Herz zerbombt
15 Denn der Moment ist das, was es dann zeigt, dass die Tage ziemlich dunkel sind
Doch dein Lächeln bleibt. Doch dein Lächeln bleibt …

Lass uns die Wolke vier bitte nie mehr verlassen
Weil wir auf Wolke sieben viel zu viel verpassen
Ich war da schon ein Mal, bin zu tief gefallen

20 Lieber Wolke vier mit dir als unten wieder ganz allein
Lieber Wolke vier mit dir als unten wieder ganz allein
Lieber Wolke vier mit dir als unten wieder ganz allein

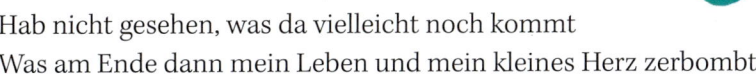

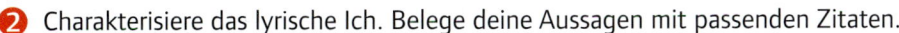

❶ Erläutere die Bedeutung des Songtitels. Beziehe den Inhalt des Songs mit ein.
❷ Charakterisiere das lyrische Ich. Belege deine Aussagen mit passenden Zitaten.
❸ Vergleiche die Einstellung des lyrischen Ichs zur Liebe mit der Haltung des lyrischen Ichs in dem Songtext „So soll es bleiben" (→ S. 194).
❹ Sammelt Ideen, wie ihr diesen Text als Musikvideo umsetzen würdet.

Schlaflied für die Sehnsucht

Selma Meerbaum-Eisinger (ca. 1941)

O lege, Geliebter, den Kopf in die Hände
und höre, ich sing' dir ein Lied.
Ich sing' dir von Weh und von Tod und vom Ende,
ich sing' dir vom Glücke, das schied.

5 Komm, schließe die Augen,
ich will dich dann wiegen,
wir träumen dann beide die goldensten Lügen,
wir träumen uns weit, weit zurück.

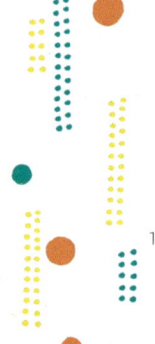

Und sieh nur, Geliebter,
10 im Traume da kehren
wieder die Tage voll Licht.
Vergessen die Stunden, die wehen und leeren
von Trauer und Leid und Verzicht.

Doch dann – das Erwachen,
15 Geliebter, ist Grauen,
ach, alles ist leerer als je –
Oh, könnten die Träume mein Glück wieder bauen,
verjagen mein wild-heißes Weh!

❶ Analysiere das Gedicht inhaltlich unter dem Aspekt von Traum und Wirklichkeit.
❷ Bereite eine Rezitation des Gedichts „Schlaflied für die Sehnsucht" vor und trage sie vor.
❸ Entwirf eine Bildschirmpräsentation zum Gedicht „Schlaflied für die Sehnsucht":
  - Wähle Musik aus, die zur Stimmung des Gedichts passt.
  - Suche zu jeder Strophe ein passendes Bild.
  - Erstelle eine Bildschirmpräsentation, in der du Bild, Text und Musik miteinander verbindest.

Selma Meerbaum-Eisinger (1924 – 1942) – Biografische Notiz

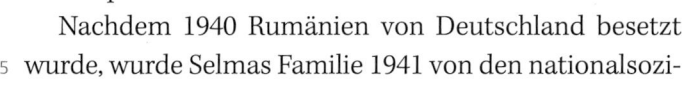

Selma Meerbaum- Eisinger wurde am 15.08.1924 in Czernowitz in der Bukowina geboren, einer Region, die damals zu Rumänien gehörte und heute in der Ukraine liegt. Selma gehörte der jüdischen Minderheit in der Bu-
5 kowina an, in der außerdem Rumänen, Ukrainer und Deutsche lebten.

Mit fünfzehn Jahren begann sie, Gedichte zu schreiben, die sie in ihrem Album „Blütenlese" sammelte. Sie widmete ihre Gedichte ihrem Freund Lejser Fichman,
10 ihrer großen Liebe, an den auch „Schlaflied an die Sehnsucht" gerichtet ist. Wie alle ihre Gedichte verfasste Selma Meerbaum-Eisinger auch dieses Gedicht in deutscher Sprache.

Nachdem 1940 Rumänien von Deutschland besetzt
15 wurde, wurde Selmas Familie 1941 von den nationalsozialistischen Besetzern gezwungen, in das Getto von Czernowitz umzuziehen, das dort, ebenso wie in vielen anderen Städten Osteuropas, für die jüdische Bevölkerung eingerichtet wurde. Von dort aus wurde die Familie 1942 in das Konzentrationslager Michailowka deportiert, wo Selma bald
20 darauf – am 16.12.1942 – mit nur achtzehn Jahren an Flecktyphus starb.

Bis zu ihrem Tod umfasste Selmas Gedichtsammlung 58 Gedichte. Diese gelangten über eine Freundin, die nach Palästina emigrieren konnte, nach Israel, wo sie erstmals im Jahr 1976 von Selmas ehemaligem Lehrer Hersch Segal in einem Privatdruck veröffentlicht wurden.

25 In Deutschland wurden Meerbaum-Eisingers Gedichte erst 1980 veröffentlicht, nachdem der Reporter und Exilforscher Jürgen Serke von der Dichterin Hilde Domin auf die Gedichte aufmerksam gemacht worden war. Heute gelten Selma Meerbaum-Eisingers Gedichte – zusammen mit den Gedichten von Rose Ausländer und Paul Celan – als eines der wichtigsten
30 Zeugnisse der ausgelöschten deutsch-jüdischen Kultur der Bukowina.

❶ Inwiefern lassen sich die Lebensumstände der Autorin mit ihrem Gedicht „Schlaflied für die Sehnsucht" in Verbindung bringen? Begründe.

❷ Verfasse eine schriftliche Interpretation des Gedichts. Beziehe dabei die Informationen aus der biografischen Notiz mit ein.

❸ Recherchiere weitere Gedichte von Selma Meerbaum-Eisinger. Wähle ein Gedicht aus und trage es in der Klasse vor.

Gedichte interpretieren

Bei der **Untersuchung eines Gedichts** helfen dir folgende Untersuchungsaspekte und Leitfragen:

	Leitfragen	Beispiel *(Sibylle Schwarz: „Wie kan der Liebe Joch")*
Inhalt	- Worum geht es in dem Gedicht? - Wird eine Handlung dargestellt? - Welche Gedanken und Stimmungen werden dargestellt?	*In dem Gedicht „Wie kan der Liebe Joch" von Sibylle Schwarz, geht es um die beiden Seiten der Liebe: Freude und Leid. Die Stimmung des Gedichts ist …*
Sprecherin/ Sprecher	- Tritt ein lyrisches Ich in Erscheinung?	*- lyrisches Ich tritt nur in dem Wörtchen „uns" (V. 7) in Erscheinung*

Form	- Wie viele Strophen und Verse hat das Gedicht? Weist das Gedicht eine besondere Form auf, z. B. die Sonett-Form?
	- Gibt es ein **Reimschema**, z. B.:
	  - **Paarreim** aa bb,
	  - **Kreuzreim** ab ab,
	  - **umarmender Reim** ab ba?
	- Sind **weitere Reimformen** zu erkennen, z. B.:
	  - **Alliterationen:** mehrere aufeinanderfolgende Wörter beginnen mit demselben Laut,
	  - **Binnenreime:** Gleichklänge innerhalb eines Verses?
	- Ist ein **Metrum** erkennbar?
	  - **Jambus:** xx́ xx́ xx́
	  - **Trochäus:** x́x x́x x́x
	  - **Daktylus:** x́xx x́xx x́xx
	  - **Anapäst:** xxx́ xxx́ xxx́
	  - **Alexandriner:** xx́ xx́ xx́ / xx́ xx́ xx́
		- Sonett mit zwei Quartetten und zwei Terzetten
		
		- Reimschema der Quartette: umarmender Reim (ab ba)
		- Reimschema der Terzette: ccd eed
		
		- „weil manches Herze pflegt vohn ihren Schmertzen sagen"
		
		- Alexandriner:
		
		x x́ x x́ x x́ /
		„wie ist dan süße das /
		
		x x́ x x́ x x́
		das allen bringet Pein"

Sprache	- Treten bestimmte Wortarten gehäuft auf? - Wird ein bestimmtes Wortfeld verwendet?	*- häufige Wiederholung des Adjektivs „süß" (V. 1, 4, 9 …)* *- negative Nomen wie „Schmertzen" (V. 2), „Last" (V. 3), „Wunden" (V. 3), „Pein" (V. 4)*

Sprache	– Werden bestimmte sprachliche (rhetorische) Mittel verwendet, z. B.:	
	– die **Anapher**: Wiederholung von Wörtern am Versanfang,	– *„das wie ein starckes Gifft [...] das manchen Helden würgt" (V. 5 f.)*
	– das **Enjambement** (Zeilensprung): Fortführung eines Satzes über das Versende hinaus,	– *„weil vielen wird gegeben / durch ihre Süßigkeit / ein angenehmes Leben." (V. 9 f.)*
	– die **Metapher**: Verwendung eines Begriffs im übertragenen Sinn ohne das Vergleichswort *wie*,	– *„der Liebe Joch" (V. 1)*
	– das **Oxymoron**: Verknüpfung gegensätzlicher Begriffe,	– *„süße Bitterkeit" (V. 14)*
	– die **Personifikation**: Vermenschlichung/Verlebendigung,	– *„weil manches Herze pflegt vohn ihren Schmertzen sagen" (V. 2)*
	– der **Vergleich**?	– *„das wie ein starckes Gifft [...]" (V. 5)*

Orientiere dich beim Verfassen deiner **Gedichtinterpretation** an folgendem Aufbau:

Aufbau	Beispiele
Nenne in der **Einleitung** – den **Titel**, – die **Autorin** / den **Autor**, – das **Entstehungsjahr** und – das **Thema** des Gedichts.	*In dem Gedicht „Wie kan der Liebe Joch" von Sibylle Schwarz, das in den Jahren zwischen 1631 und 1638 entstanden ist, geht es um die zwei Seiten der Liebe, die sowohl Freude als auch Schmerz verursacht.*
Stelle im **Hauptteil** die Ergebnisse deiner Gedichtuntersuchung dar. Dazu gehören: – die **Interpretation des Titels**, – eine kurze **Zusammenfassung des Inhalts**, – die **Darstellung der äußeren Form im Hinblick auf den Inhalt**, – die **sprachlichen Mittel** und die **Erläuterung ihrer Wirkung**.	*Den Titel des Gedichts bildet die erste Hälfte des ersten Verses, in dem die Frage gestellt wird, ...* *Dieser Widerspruch zwischen Freude und Leid der Liebe zieht sich durch alle vier Strophen des Gedichtes.* *Inhaltlich geht es in dem Gedicht um: ...* *Die Form des Gedichts ist das Sonett, bestehend aus ...* *Durch das Reimschema ... Typisch für ein Sonett wird das Thema in den ersten beiden Strophen entwickelt, indem ...* *In den Terzetten spricht sich das lyrische Ich schließlich für die Liebe aus, um abschließend das Fazit zu ziehen, dass Liebe immer „süße Bitterkeit" (V. 14) bedeute.* *Das Gedicht enthält zahlreiche sprachliche Mittel, z. B.: ...*
Fasse im **Schluss** die wichtigsten Ergebnisse deiner Interpretation noch einmal kurz zusammen.	*Zusammenfassend lässt sich sagen, dass ...* *Besonders interessant finde ich an diesem Gedicht ...*

9 Planet Plastik

Sachtexte analysieren

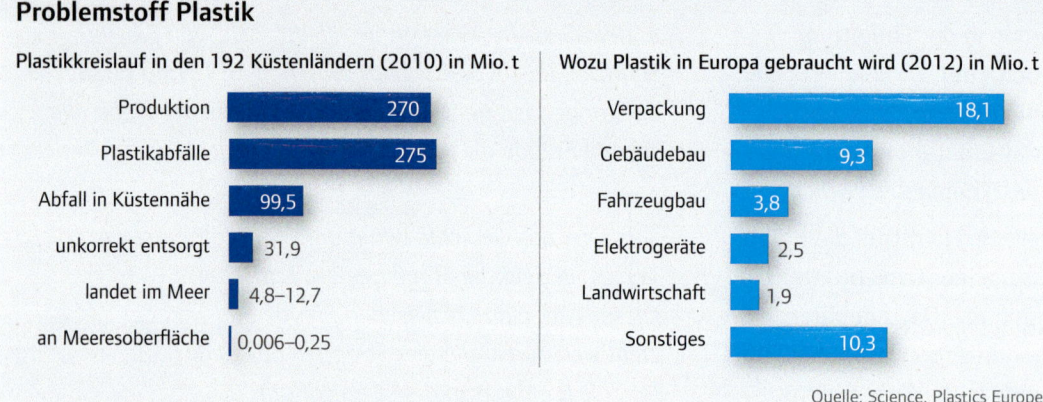

Problemstoff Plastik

Plastikkreislauf in den 192 Küstenländern (2010) in Mio. t	
Produktion	270
Plastikabfälle	275
Abfall in Küstennähe	99,5
unkorrekt entsorgt	31,9
landet im Meer	4,8–12,7
an Meeresoberfläche	0,006–0,25

Wozu Plastik in Europa gebraucht wird (2012) in Mio. t	
Verpackung	18,1
Gebäudebau	9,3
Fahrzeugbau	3,8
Elektrogeräte	2,5
Landwirtschaft	1,9
Sonstiges	10,3

Quelle: Science, Plastics Europe

Zahlen und Fakten zum Thema Plastikmüll

- 62% des Plastikmülls in Europa stammen von Einwegverpackungen.
- Mehr als 1 Million Seevögel und 100.000 andere Meereslebewesen verenden jährlich wegen Plastikmülls.
- Eine Plastiktüte zersetzt sich im Meer nach 1–20 Jahren, eine Plastikflasche nach ca. 450 Jahren.
- Meerestiere nehmen Plastik und Mikroplastik auf (mikroskopisch kleine Teilchen).
- Eine Mahlzeit Muscheln enthält ca. 90 Partikel Mikroplastik.

Quelle: www.wissenschaftsjahr.de

1. Erläutere anhand der Informationen auf Seite 216, warum man vom „Problemstoff Plastik" spricht.

2. a) Notiere Beispiele für Gegenstände aus Plastik, die du häufig verwendest.
   b) Lege eine Tabelle an: Auf welche dieser Gegenstände könntest du ganz verzichten, welche könntest du gegen Alternativen ohne Plastik austauschen, welche Gegenstände aus Plastik sind für dich nicht ersetzbar?

3. Diskutiert, welche Maßnahmen zur Reduktion von Plastikmüll aus eurer Sicht sinnvoll wären. Bezieht die Informationen auf Seite 216 mit ein.

In diesem Kapitel

- erschließt du Sachtexte zu den Themen „Grenzen der Ressourcen" und „Umweltschutz".
- untersuchst du Sachtexte im Hinblick auf Inhalt, sprachliche Mittel und Textfunktion.
- analysierst und bewertest du informierende und kommentierende journalistische Texte.
- verfasst du eine Sachtextanalyse.

Inhalt und Textfunktion erschließen

Plastik im Meer   *Inka Reichert*

Im Frühjahr 2012 verendete ein Pottwal an der Küste Andalusiens. In seinem Bauch: 17 Kilo Plastik. Mehr als 140 Millionen Tonnen Kunststoff haben sich in den Weltmeeren angesammelt, schätzen Forscher. Sie zerfallen langsam in immer kleinere Fragmente, die von Meeresorganismen
5 mit der Nahrung aufgenommen werden. Ein ökologisches Desaster, auf das allmählich auch die Politik reagiert.

In den Meeren hält sich Plastik sehr lange, oft mehrere Jahrhunderte. 450 Jahre brauchen eine Plastikflasche oder eine Wegwerfwindel, bis sie sich vollständig zersetzt haben. Der Kunststoff zerfällt in immer kleinere
10 Partikel. Einen Teil des Unrats schwemmen die Wellen an die Strände. Das meiste bleibt jedoch im Meer. Mehr als zwei Drittel des Plastikmülls sinken auf den Meeresboden.

Das restliche Drittel treiben Wind und Meeresströmung Hunderte von Kilometern durch die Ozeane. Die Kunststoffpartikel sammeln sich in rie-
15 sigen Wirbeln an, die durch gleichmäßige Winde angetrieben werden. Einen solchen Meeresstrudel hat ein internationales Team von Wissenschaftlern untersucht. Das Ergebnis: In einem Quadratkilometer schwimmen fast eine Million Plastikteilchen, sagen die Forscher. Der Wirbel bekam daraufhin seinen Namen: Great Pacific Garbage Patch (deutsch: Großer pazifi-
20 scher Müllfleck).

Für die Tiere im Meer werden die Kunststoffe zum Verhängnis. 267 verschiedene marine Arten leiden unter dem Plastikmüll im Meer, heißt es in einem Bericht des Umweltprogramms der Vereinten Nationen. Schildkröten verheddern sich in Fischernetzen und Nylonschnüren, sie fressen
25 ganze Plastiktüten, weil sie diese mit Quallen verwechseln. Fische, Garnelen und Kleinstlebewesen wie Plankton nehmen die winzigen Partikel zu sich, die durch die Meere schweben. Über die Nahrungskette gelangen die Teilchen in den Organismus von Vögeln, Meeressäugern und Menschen.

Die weltweite Plastikproduktion steigt rasant an. Anfang der 50er-Jahre
30 wurden rund 2 Millionen Tonnen Plastik produziert, im Jahr 2015 sind es bereits 448 Millionen Tonnen. Die Folge: Immer mehr davon gelangt in die Natur. Jedes Jahr landen so zwischen 4,8 und 12,7 Millionen Tonnen Plastikmüll im Meer, schätzt ein US-amerikanisches Forscherteam. Wird diese Entwicklung nicht gestoppt, schwimmen im Jahr 2050 mehr Plastikabfälle
35 als Fische in unseren Ozeanen.

Im Jahr 2008 erließ die EU die Meeresstrategie-Rahmenrichtlinie, in der

der Müll in den Ozeanen erstmals explizit als Umweltgefahr eingestuft wird: Die Mitgliedsstaaten sollen den Müll so weit reduzieren, dass er weder im Wasser noch an den Küsten Schaden anrichtet. Die EU-Mit-
40 gliedstaaten werden im Rahmen der EU-Gesetzgebung handeln müssen. Bis 2020 noch haben sie Zeit, einen „guten Zustand der Meeresumwelt" in den europäischen Meeren zu erreichen und zu erhalten.

planet-wissen.de

Wo kommt der Müll her?

MÜLL VON STRÄNDEN

MEER ALS MÜLLKIPPE

SCHIFFE

ABWASSER

Industrieländer:
- **über die Kanalisation ins Meer:** winzige Plastik-kügelchen aus Kosmetik-produkten, Abrieb z. B. von Fleece-Pullis aus Waschmaschinen

- **Tourismus:** Müll von Stränden
- **Schifffahrt:** illegale Müllentsorgung, z. B. alte Fischereinetze

Entwicklungs- und Schwellenländer:
Oft gelangt Plastikmüll direkt oder über die Flüsse ins Meer.

❶ Erschließe den Text und die Infografik mithilfe folgender Strategien (→ S. 333):
   a) **Sich einen Überblick verschaffen:** Überfliege den Text und betrachte die Info-Grafik. Benenne das Thema in ein bis zwei Sätzen.
   b) **Den Text gliedern:** Lies den Text und gliedere ihn in vier oder fünf Sinnabschnitte. Notiere die entsprechenden Zeilenangaben im Heft und formuliere zu jedem Abschnitt eine Zwischenüberschrift.
   c) **Unbekannte Begriffe klären:** Kläre unbekannte Wörter.
❷ Fasse den Inhalt von Text und Info-Grafik in Form einer Mindmap zusammen.
   Tipps & Hilfen (→ S. 314)
❸ Erläutere, welche Funktion (→ Info-Kasten S. 221) der Text hat.

Plastikmüll: Eingetütet *Petra Pinzler*

Die EU hat eine kluge Idee: Weniger Plastikmüll

Erst die Glühbirne, dann das Ölkännchen und jetzt die Tüte? Auf den ersten Blick scheint es, als passe sich die Brüsseler Idee, die Plastiktüte aus der Welt schaffen zu wollen, nahtlos in die Liste der irren europäischen
5 Regulierungsideen ein. Doch so einfach ist es diesmal nicht. Denn die praktische dünne Verpackung erzeugt tatsächlich ein katastrophales Problem: die Vermüllung der Erde.

Weltweit nimmt die Menge des Unrats rasant zu: 3,5 Millionen Tonnen Müll wirft die Menschheit weg – jeden Tag. Tüten sind zwar nur ein kleiner
10 Teil davon, doch sind sie besonders perfide. Sie halten lange, sie vergiften Tiere, wehen über die afrikanischen Felder, liegen in den Wäldern Asiens und verschandeln die Strände in Lateinamerika. Im Pazifik schwimmt inzwischen ein Plastikstrudel von der Größe Indiens.

Der Strudel wird natürlich nicht verschwinden, nur weil die EU-Kom-
15 mission den Regierungen erlauben will, die Tüte zu verbieten. Aber es wäre ein Anfang. Die Rechnung geht so: Jeder Deutsche verbraucht im Jahr im Durchschnitt 71 dieser Verpackungen. Bei einem Verbot nur hierzulande würden jährlich fast sechs Milliarden weniger weggeworfen.

Damit weltweit etwas geschieht, müssten auch Organisationen wie die
20 UN[1] das Problem aufgreifen. Dann sollte es aber nicht nur um die Tüte gehen, sondern auch um die Dinge, die drin sind. Auch die sollten nicht mehr so schnell auf der Halde landen. Unternehmen müssten die Wiederverwertung planen, noch bevor die Produktion begonnen hat. Kreislaufwirtschaft nennt sich das. Ideen, wie die gefördert werden könnte, werden
25 dringend gebraucht. Sie dürften auch gern wieder aus Brüssel kommen.

---

1 UN: United Nations: Zusammenschluss von rund 200 Staaten zur Regelung internationaler Fragen

① a) Benenne Anlass und Thema des Textes „Plastikmüll: Eingetütet".

Der Text „Plastikmüll: Eingetütet" greift ... auf ... Er behandelt das Problem ...

b) Fasse die Aussage des Textes in wenigen Sätzen zusammen.

② a) Untersuche die Textfunktionen (→ Infokasten) des Textes „Plastikmüll: Eingetütet".
Notiere Belegstellen für die verschiedenen Textfunktionen.

b) Entscheide, welche Textfunktion im Text „Plastikmüll: Eingetütet" jeweils dominiert.

③ Untersuche die Sprache des Textes „Plastikmüll: Eingetütet".

Achte z. B. auf

- wertende Wörter,
- den Gebrauch von Modalverben,
- sprachspielerische Elemente,
- rhetorische Mittel (→ S. 225).

Erkläre die Wahl der sprachlichen Mittel im Zusammenhang mit der Textintention.

Tipps & Hilfen (→ S. 314)

④ Schreibe einen Leserbrief, in dem du zu Petra Pinzlers Artikel Stellung nimmst.

In ihrem Artikel „Plastikmüll: Eingetütet" in der „Zeit" vom 7.11.2013 fordert Petra Pinzler ... Ich finde ...

Info: Funktionen (Intentionen) von Sachtexten erkennen

Sachtexte haben verschiedene **Textfunktionen**. Je nach der dominierenden Absicht (Intention) des Textes lassen sich folgende Funktionen unterscheiden:

- **informierend** (die Sache steht im Zentrum): Informationstexte stellen Tatsachen und Zusammenhänge sachlich ausgewogen dar. Beispiele sind:
Bericht, wissenschaftlicher Text, Lexikonartikel, informierender Beitrag auf einer Website oder in einer Zeitschrift,
- **bewertend/kommentierend**: Die Verfasserin / Der Verfasser stellt seine Meinung zu einem Thema dar. Beispiele sind:
Kommentar in einer Zeitung,
- **appellierend**: Die Leserin / Der Leser steht im Zentrum und wird zu etwas aufgefordert. Beispiele sind:
Rede, Werbetext, Aufruf,
- **über sich kommunizierend / gefühlsbetont**: Die Verfasserin / Der Verfasser steht im Zentrum. Sie/Er möchte etwas über sich selbst mitteilen. Beispiele sind:
persönlicher Brief, Tagebuch.

Ein Text kann mehrere Textfunktionen haben. So kann z. B. eine Reportage informierend, bewertend und über sich kommunizierend sein. Oft überwiegt jedoch eine Textfunktion.

Sprache untersuchen und Texte bewerten

Konsumverhalten: Ich will Verbote! *Sebastian Dalkowski*

Es war die Gabel. Ein kurzes, weißes, vierzackiges Stück Plastik. Allen Autofahrern, Mobiltelefonbesitzern und Steakessern, die mir in den nächsten Minuten einen Vogel zeigen werden, antworte ich deshalb: Sagt, was ihr wollt, aber habt ihr mal die Gabel gesehen? Eigentlich hatte ich im Super-

5 markt nur einen Salatkopf kaufen wollen. Das Unglück war, dass ich vorher an der Kühltheke mit den in Plastik verpackten Fertigsalaten vorbeikam. Blätter, Cocktailtomaten, Mais, Putenbruststreifen, Dressing im Plastikbeutelchen. Aufreißen, zusammenkippen, durchmischen, essen. Sogar an eine Gabel hatte der Hersteller gedacht. Nichts davon hätte ich gebraucht.

10 Einen Salatkopf kann ich selbst zerlegen. Dressing zusammenrühren auch. Erst recht besitze ich eine eigene Gabel. Ich wollte den Salat schließlich zu Hause essen. Trotzdem dachte ich: Ist doch praktisch, mehr Zeit für mich. Zwei Packungen legte ich in den Korb. Einen Tag später erneut. Die Gabeln warf ich in den Müll. Und ich werde es wieder tun. [...]

15 Verschwendung ist kein Kavaliersdelikt. Niemand hat das Recht, sich mehr zu nehmen, als er braucht. Es sei denn, uns haut endlich jemand auf die Finger. Es sei denn, jemand sagt: Lass das! Liebe Angela Merkel, lieber Staat, liebe EU, liebe Weltregierung, ich fordere euch hiermit auf: Verbietet mir, was ich gerne haben möchte, aber besser nicht haben sollte. Anders

20 ist die Welt nicht mehr zu retten. Protect me from what I want, sang schon

die Band Placebo. Verbote zu fordern heißt, die Fehlbarkeit des Menschen verstanden zu haben.

Die meisten von uns wissen natürlich, dass vieles von dem, was wir kaufen und verbrauchen, nicht gut ist. Und damit meine ich nicht, dass
25 wir davon dick werden und alle möglichen Krankheiten bekommen. Unser Konsum schadet auch uns selbst, klar, aber am meisten schadet er anderen. Denen, die mit uns auf der Erde leben, die wir nicht sehen, weil sie weit weg wohnen. Und denen, die nach uns noch hier leben wollen. In seinem Buch „Neben uns die Sintflut" wirft der Soziologe Stephan Lesse-
30 nich den wohlhabenden Staaten vor, die Kosten ihres Lebensstils anderen, ärmeren Regionen aufzudrücken.

Man kann das auch mit Zahlen belegen. In Deutschland ist der Gesamtstromverbrauch heute zehn Prozent höher als noch vor 20 Jahren, nämlich rund 7.380 Kilowattstunden pro Kopf und Jahr. Um diese Menge
35 auf einem Hometrainer zu erzeugen, müsste man 3.075 Tage lang in die Pedale treten. Für die Produktion von einem Kilo Kartoffeln braucht man 100 Liter Wasser, für ein Kilo Rindfleisch 15.000. Trotz eines leichten Rückgangs liegt der durchschnittliche Fleischkonsum in Deutschland noch immer bei 60 Kilo pro Kopf pro Jahr.
40 Der sogenannte Earth Overshoot Day markiert das Datum, an dem mehr Rohstoffe verbraucht worden sind, als während des gesamten Jahres nachhaltig gewonnen werden können. 1990 war das noch der 7. Dezember, 2016 war es der 8. August. Ein knappes halbes Jahr lang leben wir über unsere Verhältnisse.
45 Niemand kann bestreiten, dass das aufhören muss. Freiwillig allerdings verzichten die wenigsten. Eine Weile hat man das ja versucht: mit Aufrufen, weniger Fleisch zu essen, für kurze Wege das Fahrrad zu benutzen, beim Einkaufen einen Stoffbeutel mitzunehmen. Hat alles nichts gebracht. Gute Vorsätze funktionieren meist nur vorübergehend, danach siegt die
50 Bequemlichkeit. Es ist schon schwer genug, sich das Rauchen abzugewöhnen oder ein paar Kilo abzunehmen – dabei steht da sogar der eigene Nutzen im Vordergrund. Wenn ich ein Steak sehe, denke ich: Lecker! Nicht an die Drei-Stunden-Doku, in der es darum ging, wie viel Wasser, Getreide und so weiter in die Aufzucht eines Tieres gehen, bevor daraus Fleisch auf
55 meinem Teller wird. Kurzfristiger Gewinn sticht Schaden für die Allgemeinheit. Die Folgen unseres Konsums werden wir erst dann bemerken, wenn irgendwann der Ozean vor der Tür steht. Bloß ist es dann eben zu spät.

Verbietet doch einfach Plastikverpackungen da, wo sie nicht nötig sind!
60 Verbietet überflüssige Autofahrten, indem jeder Bürger nur noch das

Recht auf eine bestimmte Menge Sprit hat! Verbietet die Neuzulassung von Autos, die einen bestimmten Verbrauch überschreiten! Und bei der Gelegenheit: Führt ein generelles Autobahn-Tempolimit von 120 ein! Verbietet auf alte Art erzeugten Strom! Macht Ökostrom zur Pflicht!

65 Und wer sich nicht an die Verbote hält, der wird vor ein Gericht gestellt, genau wie jemand, der Giftmüll im See entsorgt. Verschwendung ist nämlich kein Kavaliersdelikt. Es ist nicht in Ordnung, alles an sich zu raffen, nur weil es greifbar ist. Niemand hat das Recht, sich mehr zu nehmen, als er braucht.

70 In einer Welt mit vielen Verboten müssten wir uns keine Gedanken mehr darüber machen, ob das, was wir tun, der Umwelt oder unseren Mit-

Plastiksalat mit Plastikgabel? Das stellen Sie mal schön wieder ins Regal.

menschen schadet. Kein schlechtes Gewissen ertragen, wenn ein Fahrradfahrer mit Jutebeutel an uns vorbei-
75 radelt. Wir wären plötzlich viel freier.

In Wirklichkeit sehne ich, sehnen wir uns nach dem Mann, der im Supermarkt neben uns tritt und sagt: Plastiksalat mit Plastikgabel? Das
80 stellen Sie mal schön wieder ins Regal. Und dann schaut er uns sehr böse an.

❶ a) Erschließe den Text mithilfe der Strategien „Überblick verschaffen", „Text gliedern" und „Informationen in Texten markieren" (→ S. 333). Nutze eine Kopie oder Überdeckfolie.

b) Erschließe die Argumentation des Textes, indem du die folgende Übersicht in dein Heft überträgst und sie mit Stichpunkten vervollständigst.

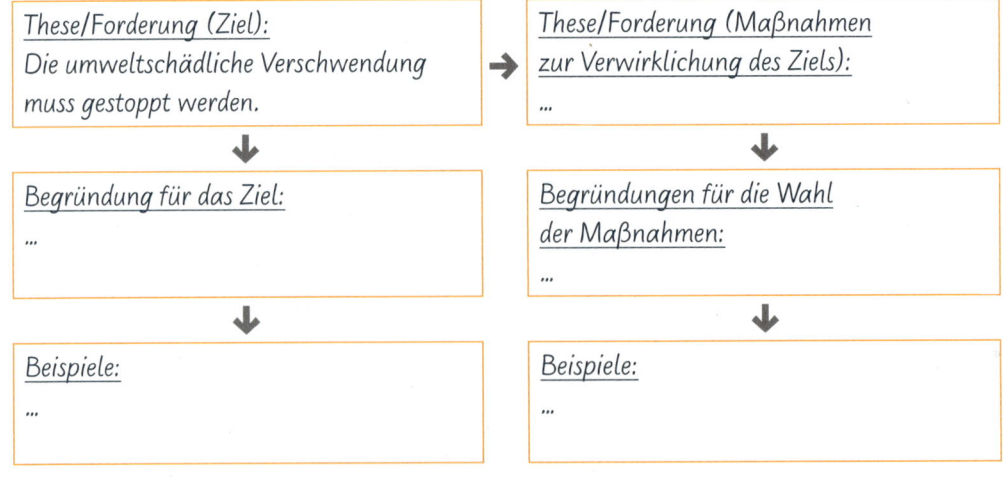

These/Forderung (Ziel):
Die umweltschädliche Verschwendung muss gestoppt werden.

→

These/Forderung (Maßnahmen zur Verwirklichung des Ziels):
...

↓

Begründung für das Ziel:
...

↓

Begründungen für die Wahl der Maßnahmen:
...

↓

Beispiele:
...

↓

Beispiele:
...

❷ a) Kläre, welche Textfunktionen (→ S. 221) im Text enthalten sind und welche dominiert.

b) Ordne den Zeitungsartikel einer journalistischen Textform (→ S. 221) zu.

❸ Notiere in Stichpunkten, welche sprachlichen Mittel der Autor verwendet (→ Info-Kasten unten) und welche Wirkung er damit erzielt. Führe Beispiele mit Zeilenangabe an, z. B.:

Tipps & Hilfen (→ S. 314)

> _Sprachstil:_
> _- in vielen Abschnitten eher mündliche Sprache, z. B. Z. 1–4: vorwiegend kurze,_
>   _teils unvollständige Sätze, Nähe zur Umgangssprache: „einen Vogel zeigen" (Z. 3)._
> _Wirkung: ..._
> _Leseransprache: ..._
> _Wortwahl und rhetorische Mittel: ..._

❹ Verfasse eine knappe schriftliche Stellungnahme zu dem Artikel auf S. 222 ff.

Du kannst dich an folgenden Fragen orientieren:

- Sind die Argumente für die zentrale(n) These(n) schlüssig?
- Ist die sprachliche Gestaltung im Hinblick auf das Thema und den Adressatenkreis angemessen?

Tipps & Hilfen (→ S. 314)

Info: Die sprachliche Gestaltung eines Sachtextes untersuchen

Die sprachliche Gestaltung eines Sachtextes leistet einen wichtigen Beitrag zur Wirkung auf die Leser/-innen. Man kann z. B. folgende Aspekte untersuchen:

- **den Sprachstil:** Wirkt der Text z. B. eher sachlich, provokant oder komisch?
- **die Leseransprache:** Werden die Leser/-innen direkt angesprochen?
- **die Wortwahl:** Prägen z. B. Anglizismen oder wertende Formulierungen den Text?
- **die Verwendung rhetorischer Mittel:** Werden rhetorische Stilmittel eingesetzt wie:
  - **Alliteration:** gleicher Anfangslaut bei aufeinander folgenden Wörtern, z. B.:
      l̲ästige L̲ücken, g̲anz g̲roße G̲emeinsamkeit,
  - **Anapher:** Wiederholung eines oder mehrerer Wörter an Satzanfängen, z. B.:
      Die Erfahrung zeigt ... Die Erfahrung zeigt aber auch ...,
  - **Ellipse:** Auslassung von Wörtern und Satzgliedern in einem Satz, z. B.:
      Je größer die Bequemlichkeit (ist), desto mehr Müll (wird produziert),
  - **Hyperbel:** starke Übertreibung, z. B.: _in unzähligen Schichten Plastik verpackt,_
  - **Metapher:** Verwendung eines Begriffs im übertragenen Sinn ohne das Vergleichswort _wie,_
    z. B.: _eine Flut von Verpackungsmüll,_
  - **Personifikation:** Vermenschlichung oder Verlebendigung, z. B.: _Plastik tötet Tiere,_
  - **Rhetorische Frage:** Frage, deren Antwort bereits feststeht, z. B.:
      Aber wäre ein kompletter Verzicht auf Plastik wirklich möglich?

Eine Sachtextanalyse verfassen

Recycling – Wie aus Pullen Pullis werden

Tragt ihr zufällig gerade einen Fleece-Pulli? Dann steckt ihr buchstäblich mitten im Thema! Denn in diesem Beitrag geht es um alte Plastikflaschen. Lest mal ...

Es knistert, knirscht, knatscht, und – schwupp – hat der Automat die leere
5 Plastikflasche verschluckt. Beim Plattwalzen ploppt der Deckel vom Fla-
schenhals. Ein süßlich-fauliger Geruch wabert aus dem runden Schlund
der Maschine, als hätte sie gerülpst. Sicher, appetitlich ist so ein Pfandau-
tomat meist nicht. Trotzdem lohnt es sich, das Leergut hineinzustopfen.
25 Cent bekommt der Kunde für jede Einwegpfandflasche aus dem Kunst-
10 stoff Poly-Ethylen-Terephthalat, kurz PET, zurück. Aber was passiert mit
dem Plastikmüll aus dem Automaten? Und warum ist Recycling wichtig?
    Zurück also zum Pfandautomaten im Supermarkt. Der verschluckt die
PET-Einwegflaschen zwar, „verdaut" aber werden sie von sogenannten
Entsorgungsunternehmen. Diese kümmern sich darum, dass die Pullen
15 nach Farben sortiert und die Etiketten entfernt werden.
    Eine Anlage schreddert die Flaschen zu „Flakes", das sind Schnipsel,
klein wie Frühstücksflocken, die der Entsorger weiterverkauft. Nun gabelt
sich der Weg der Flaschen: Ein Teil reist nach China, der Rest bleibt in
Deutschland.

20   Unternehmen hierzulande kaufen besonders sorgfältig sortierte, farb-
lose Flakes, um daraus neue PET-Flaschen herzustellen. Sie schmelzen die
Flocken ein, mischen sie mit neuem PET und bringen die Masse in Form.
Dieses „Von Flasche zu Flasche"-Recycling schont die Umwelt am besten,
weil der Aufwand dabei verhältnismäßig gering, der Transportweg kurz ist
25   und damit wenig Energie benötigt wird. Rund 20 Prozent aller zurückge-
gebenen PET-Flaschen enden auch tatsächlich wieder als Flasche.

Nicht so die Flaschen, die nach Asien reisen, meist nach China. Aus
denen entstehen keine neuen Flaschen, sondern – Pullis! Ja, ihr habt richtig gelesen: Rund 70 000 Tonnen PET, also rund zwei Milliarden Flaschen,
30   lassen Klamottenhersteller Jahr für Jahr nach China verschiffen. Sie
schmelzen es ein, färben es, spinnen es zu hauchdünnen Fäden und we-
ben daraus flauschige Fasern: Fleece.

16 Flaschen sind für einen Pulli nötig, schon aus ein paar mehr lassen
sich Zelte, Schlafsäcke, Taschen oder Jacken nähen. Klingt ziemlich gut!
35   Schließlich schmeißen wir Pullis im Gegensatz zu Flaschen nicht gleich
weg, nachdem wir sie einmal getragen haben. Doch die Reise der Flaschen
von Europa bis Asien ist weit. Dabei stoßen die Schiffe eine Menge Koh-
lendioxid (CO_2) aus. Auch das schadet der Umwelt, logisch.

Zwölf Milliarden PET-Einwegflaschen kaufen wir Deutsche Schätzun-
40   gen zufolge jährlich. Sie sind leicht, haltbar und billig zu produzieren. Für
die Getränkeabfüller ein Segen, für die Umwelt eher ein Fluch: Zwar werden in Deutschland 91 Prozent wiederverwertet. In ganz Europa ist es
aber gerade einmal gut die Hälfte, weltweit sogar noch weniger. In vielen
Ländern werden PET-Flaschen verbrannt oder auf Mülldeponien gekippt.
45   Von dort weht sie der Wind in Flüsse, die das Plastik ins Meer spülen.

Auch die Reste ungezählter Strandbesucher landen irgendwann in unseren Ozeanen. Allein auf der Oberfläche der Meere treiben über 250 000
Tonnen Plastik – genug, um 38 500 Müllwagen zu füllen. Eine weitaus
größere Menge sinkt hinab in die Tiefe. Weil das Plastik kaum verrottet,
50   wird es vielen Meeresbewohnern zum Verhängnis: Seevögel und Schildkröten etwa halten die Teile für leckere Happen und futtern sie – bis keine
echte Nahrung mehr in den Magen passt und die Tiere mit vollem Bauch
verhungern.

Nicht zuletzt pusten Fabriken bei der Herstellung von PET-Flaschen
55   Unmengen des klimaschädlichen Gases CO_2 in die Luft. Und für die Produktion der Flaschen braucht man Erdöl, einen Rohstoff, der immer knapper wird.

Klarer Fall: PET-Einwegflaschen darf man nicht einfach wegschmei-
ßen, sie gehören in den Pfandautomaten. Noch besser ist es, sich für Mehr-

60 weg-Flaschen zu entscheiden. Die gibt es aus Glas und ebenfalls aus PET, das aber dicker und stabiler ist als das von Einwegflaschen.

Glasflaschen können Getränkeabfüller bis zu 50-mal reinigen und wiederverwerten, be-
65 vor sie sie einschmelzen. Mit PET-Mehrwegflaschen klappt das nur rund 15-mal. Doch da PET leichter ist als Glas, pusten die Getränkelaster beim Transport weniger CO_2 in die Luft. Die PET-Mehrwegflasche gilt des-
70 halb als umweltfreundliche Getränkeverpackung. Sinnvoller ist es wohl nur noch, Wasser direkt aus der Leitung zu trinken und komplett auf Plastik zu verzichten.

aus: GEOlino 02/2015

Stell dir vor, du bekommst folgende Aufgabe:
Analysiere den Text „Recycling – Wie aus Pullen Pullis werden".
Nimm zum Schluss kurz Stellung zum Text.

❶ Erschließe den Text mithilfe von Markierungen und Randnotizen. Arbeite mit einer Kopie oder mithilfe von Klebezetteln.
   a) Markiere im Text die Nennung des Themas und zentrale Informationen.
      Ergänze Zwischenüberschriften.
   b) Markiere sprachliche Besonderheiten. Achte z. B. auf den Sprachstil, auf die Leseransprache, auf die Wortwahl und auf besondere sprachliche Mittel wie z. B. sprachliche Bilder oder Vergleiche.
❷ Visualisiere die gedankliche Struktur des Textes (z. B. Flussdiagramm oder Mindmap). Du kannst dafür die folgenden Grafiken in dein Heft übertragen und vervollständigen.

Themafrage 1: Was passiert mit dem Plastikmüll aus den Automaten? (vgl. Z. 10 f.)

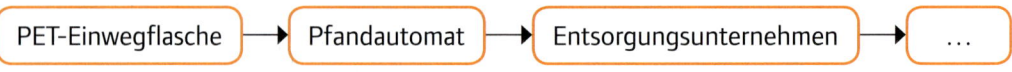

Themafrage 2: …

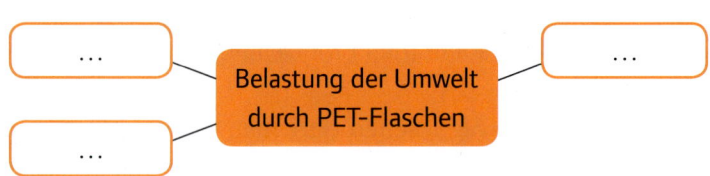

3 a) Notiere, welche Textfunktionen der Text aufweist. Unterstreiche die dominierende Textfunktion.

b) Wähle aus den folgenden Bezeichnungen von Textsorten die passende aus.

> Kommentar · Bericht · informierender Artikel (Kinderzeitschrift) · Reportage

4 Mach dir Notizen zu sprachlichen Besonderheiten und ihrer Wirkung (→ Info-Kasten auf S. 225). Ergänze in deinem Heft die folgende Tabelle:

Sprache	Wirkung
Sprachstil: …	…
Leseransprache: …	…
Wortwahl: …	…
Besondere Stilmittel: – Alliterationen (Wiederholung von Anfangslauten): *Es knistert, knirscht, knatscht …* (Z. 4)	– sprachspielerisch, anschaulich → kindgerecht

5 Notiere Stichpunkte für deine Stellungnahme im Schlussteil. Du kannst auf die Formulierungsbausteine im Wortspeicher zurückgreifen.

> informativ · klar strukturiert · Man hätte noch auf … hinweisen können. · Für die Zielgruppe …

6 Verfasse auf der Grundlage deiner Ergebnisse aus den Aufgaben 1 bis 5 eine Sachtextanalyse.

Orientiere dich an dem im Merkwissen auf Seite 239 dargestellten Aufbau.

Nutze bei der Wiedergabe des Textinhalts verschiedene Formen der Redewiedergabe, z. B.:

– im Konjunktiv, z. B.:

Ein Teil des PETs werde in China zu Fleecefasern verarbeitet.

– mit dass-Sätzen im Indikativ oder im Konjunktiv, z. B.:

Der Text erklärt, dass die Pfandautomaten das PET in Flocken zerlegen.

– mit einleitenden Formulierungen, die klären, woher die Informationen stammen, z. B.:

Der Text weist auf das Problem der wachsenden Müllmenge in den Weltmeeren hin.

Tipps & Hilfen (→ S. 315)

Informationen in indirekter Rede wiedergeben

A Petra Pinzler fordert, die Politik müsse handeln.

B Aus der Sicht der Verfasserin entsteht durch Plastiktüten ein weltweites Müllproblem.

C Pinzler drängt darauf, auch die UN muss etwas unternehmen.

D Pinzler geht davon aus, dass Verbote unumgänglich sind.

E Die Verfasserin deutet an, dass es viele überflüssige EU-Regelungen gebe.

F Die Autorin betont, die Müllmengen vergifteten Tiere und verschandelten Strände.

❶ a) In welchen Sätzen werden Aussagen des Textes „Plastikmüll: Eingetütet" (→ S. 220) grammatisch korrekt wiedergegeben, in welchen nicht? Begründe deine Einschätzung.
b) Berichtige die falschen Sätze in deinem Heft.

❷ Beschreibe auf der Grundlage deiner Ergebnisse aus Aufgabe 1 verschiedene Möglichkeiten, Aussagen anderer grammatisch korrekt wiederzugeben.
Verwende Ausdrücke aus dem Wortspeicher.

Aussagen anderer können auf unterschiedliche Weise wiedergegeben werden:
- im Konjunktiv (mit und ohne Einleitungssatz), z. B.: Pinzler fordert, die Politik müsse …

Tipps & Hilfen (→ S. 315)

> Konjunktion „dass" · einleitende Formulierung · Konjunktiv I · Indikativ ·
> Konjunktiv II · würde-Umschreibung, wenn Konjunktiv- und Indikativform identisch

❸ Gib die beiden Sätze des Experten Dr. P. in indirekter Rede wieder. Verdeutliche in einer einleitenden Formulierung, um wessen Aussage es sich handelt. Verwende jeweils drei verschiedene Möglichkeiten der Redewiedergabe.
Achte auf abwechslungsreiche einleitende Formulierungen (→ Wortspeicher unten).

> Mikroplastik im Meer ist eine Gefahr.

> Die Müllmenge wächst sprunghaft.

> hinweisen auf · behaupten · betonen · aufmerksam machen auf ·
> herausstellen · erklären · erläutern ·
> Nach Einschätzung · Aus der Sicht · Nach Auffassung · Nach der Ansicht

④ Gib folgende Sätze der Expertin Dr. P. nach dem Verfahren von Aufgabe 3 wieder.

> Meerestiere verwechseln Plastik mit Nahrung.

> Millionen Tonnen Plastikmüll treiben im Meer.

Eine Sachtextanalyse überarbeiten

Analyse des Kommentars „Plastikmüll: Eingetütet"

In ihrem Text „Plastikmüll: Eingetütet" setzt sich Petra
Pinzler mit dem Müllproblem auseinander, das durch   *genauer*
Plastiktüten verursacht wird.
Anlass ihres Textes ist eine Initiative der EU, die es Landes-
5 regierungen ermöglicht, Plastiktüten zu verbieten.
Die Autorin argumentiert für das Verbot von Plastiktüten.
Sie begründet ihre Auffassung mit dem Hinweis auf die
weltweit schnell anwachsenden Müllberge. Plastiktüten   *häufige Wortwieder-*
seien als Müll überall zu finden, auch in den Weltmeeren.   *holungen vermeiden*
10 Plastiktüten würden Tiere vergiften und Landschaften
verschandeln.
Plastiktüten machen einen nennenswerten Teil des Mülls   *Modus korrigieren*
aus. Jeder Deutsche verbraucht im Jahr durchschnittlich
71 Plastiktüten (vgl. Z.16 f.) Bei einem Verbot in Deutsch-
15 land werden immerhin sechs Milliarden Tüten eingespart
(vgl. Z.17 f.).
Ein solches Verbot sei allerdings erst ein Anfang. Darüber
hinaus müsse ...
Die Autorin stellt ihre persönliche Meinung dar, die Text-
20 funktion ist vor allem bewertend. Dass die Autorin
bewertet, zeigt sich zum Beispiel im Gebrauch wertender
Wörter. Darüber hinaus appelliert sie im letzten Absatz   *Textbelege ergänzen*
(Z.19–25) auch an die Verantwortlichen, mehr zu tun.
Besonders im Abschnitt von Z.8 bis Z.18 ist der Text
25 auch informierend.
Ich finde den Text überzeugend, weil ...

❶ Lies den oben stehenden Ausschnitt aus einer Sach-
textanalyse zu Petra Pinzlers Kommentar „Plastikmüll:
Eingetütet" (→ S. 220).
- Erläutere, was in dem Schülertext bereits gut gelungen ist.
- Erkläre mithilfe der Anmerkungen am Rand, welche
  Mängel der Text noch aufweist.
❷ Überarbeite den Text mithilfe der Randbemerkungen.
Schreibe in dein Heft.
Tipps & Hilfen (→ S. 315)

Zum Schmökern, Schauen, Weiterdenken

Wenn Kinder das Klima vernichten *Alina Bronsky*

Es gibt vieles, was sich für eine gute Öko-Bilanz tun lässt. Dachte ich früher. Das Auto stehen lassen und zu Fuß Brötchen holen. Die Einweg-Kaffeekapseln streichen und sich für das gleiche Geld ganz viele Kaffeebohnen kaufen. Papier, das nur einseitig bedruckt ist, den Kindern zum
5 Bemalen geben.

Inzwischen ist bekannt: Das alles sind lauter Maßnahmen, die einen ein bisschen auf Trab halten und ein gutes Gefühl vermitteln, mehr allerdings auch nicht. Schön für das Gewissen, eher nutzlos für die Umwelt, wie eine wissenschaftliche Veröffentlichung jüngst herausgearbeitet hat.
10 Zwei Forscher haben frühere Studien und Berechnungen analysiert und veröffentlichten im Fachblatt „Environmental Research Letters" folgende Empfehlungen: Besonders viel CO_2-Ausstoß lässt sich sparen, wenn die Menschen in den Industrienationen auf Flugreisen und ein eigenes Auto verzichten, sich pflanzlich ernähren – und je ein Kind weniger in die
15 Welt setzen.

Der Verzicht auf Nachwuchs ist dabei die eigentlich wirksame Maßnahme. Bei den Berechnungen wurde sogar berücksichtigt, dass das weggelassene Kind der Umwelt weitere Nachkommen erspart, die sonst ihrerseits Kohlenstoffdioxid in die Atmosphäre gepustet hätten. Recycling und
20 Stromsparen sind demnach, wenn man ihre Wirkung betrachtet, aus ökologischer Sicht geradezu lächerlich.

Die Idee ist nicht neu: Schon vor zehn Jahren geisterten Studien, die Kinder mit Langstreckenflügen verrechneten und zur Klima-Katastrophe erklärten, durch die Medien. Nicht zum ersten Mal liest sich die Empfeh-
25 lung, „schon ein Kind weniger" könnte die Umwelt retten.

Gut, dass Deutschland mit den überschaubaren Geburtenzahlen einen wichtigen Beitrag leistet, der mit noch so vielen Abgas-Plaketten nicht konkurrieren kann. Aus dieser Sicht aber schlecht, dass neuerdings wieder mehr Kinder (lies: CO_2-Produzenten) geboren werden. Schließlich ist es

30 gerade der Nachwuchs in den Industrienationen, den es zu vermeiden gilt, da ihm eine vorhersehbar umweltschädliche Lebensweise bevorstünde.

Was sich zuerst wie ein zynischer[1] Scherz liest, ist in Wirklichkeit eine düstere Pointe geradezu biblischen Ausmaßes. Man kann noch so gründlich seinen Müll sortieren, schon das pure Dasein macht einen schuldig.

35 Selbst der ungeborene Mensch ist vor allem ein potenzieller Umweltsünder. Nach dieser Logik bleibt allerdings unklar, warum die Empfehlungen der Umweltforscher nicht weitergehen.

Warum nur „ein Kind weniger" statt „so wenige Kinder wie möglich"? Und was macht man mit den Kindern, die schon auf der Welt sind, insbe-

40 sondere dann, wenn es auch noch überdurchschnittlich viele sind? So oft kann man gar nicht auf Fernreisen verzichten, um hier noch eine ökologische Absolution zu erreichen. Lösung: Man bringt zum Ausgleich jemanden um die Ecke.

So ist das Revolutionäre hinter der Klima-Meldung: Der Verzicht auf

45 Leben sollte neu bewertet werden. Hier und da liest man schon Aufforderungen zum Massensuizid. Die verbesserte Öko-Bilanz müsste auch bei gewaltsamen Todesfällen bedacht werden. So sollte es vor Gericht als strafmindernd ausgelegt werden, wenn ein Mordopfer ein Fleischesser mit Vielfliegerbonuskarte auf dem Höhepunkt seiner Fruchtbarkeit war.

1 zynisch: wissentlich Böses wollend

❶ Untersuche den Text im Hinblick auf die Textfunktionen (→ S. 221). Beachte dabei das Stilmittel der Ironie.

❷ Diskutiert die im Text zitierte Empfehlung „ein Kind weniger".

③ Lies den folgenden Lexikonartikel zur journalistischen Textform „Glosse".
Weise anhand von Textbelegen nach, dass es sich bei dem Beitrag „Wenn Kinder das Klima vernichten" um eine Glosse handelt.

Glosse, die. Die Glosse ist ein kurzer, pointierter Beitrag, der die Meinung der Verfasserin / des Verfassers darstellt. Sie ist betont subjektiv, die sachliche Argumentation ist weniger ausgeprägt als im Kommentar.
Die Sprache der Glosse ist häufig ironisch, spöttisch, humorvoll. Oft übertreibt und provoziert sie.
Die Glosse will die Leserin / den Leser nicht nur informieren oder überzeugen, sondern auch amüsieren.

Deutschland – Land der Umweltheuchler   *Christoph Behrens*

Bio-Lebensmittel, faire Mode und Fahrrad statt Auto: Finden die Deutschen
alles super. Nur handeln sie überhaupt nicht danach.

Schlimm, dieser viele Plastikmüll in den Meeren. Oder die Abholzung von
Wäldern. Die Schadstoffe im Boden erst! Und vom Artensterben und dem
5 Klimawandel ganz zu schweigen. Eine Mehrheit in Deutschland findet all
diese und noch mehr Umweltprobleme „sehr bedrohlich", wie eine reprä-
sentative Studie des Umweltbundesamts zeigt.

Zum Glück sind die Deutschen auch bereit zu handeln. Sage und
schreibe 97 Prozent finden, dass jeder Einzelne Verantwortung für die
10 Umwelt trägt. Mehr als zwei Drittel sind einverstanden, „dass wir unsere
Wirtschaft- und Lebensweise grundlegend umgestalten". 70 Prozent der
Autofahrer erklären sich bei der Befragung spontan bereit, mehr zu Fuß zu
gehen oder mit dem Rad zu fahren.

Toll, dieses Bewusstsein, leider hat es wenig mit der Wirklichkeit zu
15 tun. Wirklichkeit in Deutschland ist, dass der Anteil von SUV auf den Straßen stetig steigt. Wirklich steigen die meisten seltener als einmal im Monat aufs Fahrrad. Jeder Dritte nutzt nie öffentliche Verkehrsmittel. In anderen Bereichen ist die Fehlwahrnehmung teils noch krasser. Jeder Vierte
glaubt, häufig Bio-Produkte zu kaufen. Tatsächlich liegt der Marktanteil
20 von Öko-Lebensmitteln bei fünf Prozent, ein Nischenmarkt.

Auch nachhaltige Mode finden die Konsumenten super und würden
gerne mehr davon kaufen. Stattdessen ist Kleidung zum Wegwerfprodukt
geworden: 60 neue Teile schafft sich jeder Einwohner durchschnittlich in
einem Jahr an, viele bleiben ungetragen. Der Trend zu Fast Fashion wird
25 übrigens gespeist von billigen Fasern aus Polyester, einem Erdölprodukt –
womit wir wieder beim Klimawandel wären.

Die Frage ist, warum sich mündige Bürger so gern selbst belügen. Irgendwie ist jedem klar, dass die „sehr bedrohlichen" Umweltprobleme

auch mit dem eigenen Konsum zu tun haben, aber an der Ladentheke ist
30 diese Erkenntnis vergessen. Man muss die aktuellen Zahlen daher als
Hilferuf lesen: Wir würden gerne etwas ändern, schaffen es aber nicht.

Entscheidungsträger sollten die Leute einfach beim Wort nehmen. 91
Prozent halten weniger Autos in ihrem Ort für wünschenswert? Eine klare
Handlungsempfehlung für Bürgermeister. Arbeitnehmer möchten mehr
35 Bio-Produkte in den Kantinen? Könnten ihre Arbeitgeber zügig umsetzen.

Vor allem braucht es statt abstrakter Botschaften klare Ansagen, dort,
wo Kaufentscheidungen fallen. Auf Produkten wie Kleidung oder Elektronik müssten die Umweltfolgen besser gekennzeichnet werden – wie gut
sie sich tatsächlich recyceln lassen, wie viele Ressourcen ihre Herstellung
40 kostet, wie schädlich sie für das Klima sind. Eine solche Umwelt-Ampel,
fett auf der Verpackung abgedruckt, würde dafür sorgen, dass sich das
abstrakte Umweltbewusstsein eher im Alltag niederschlägt. Eine genauere
Messung von Umweltschäden hätte einen wichtigen Nebeneffekt: Was
man misst, kann man auch besteuern und somit aktiv beeinflussen. In
45 Großbritannien hat beispielsweise eine Mindestabgabe auf CO_2-Emissionen
dafür gesorgt, klimaschädlichen Kohlestrom unattraktiv zu machen.

Auch für die Umwelt-Kennzeichnung gibt es erfolgreiche Vorbilder. Auf
Eiern ist seit über zehn Jahren zu lesen, woher sie stammen und wie gut es
die Hühner haben, die sie legen. Da wehrte sich die Branche heftig, doch
50 die Transparenz wirkt: Bio-Eier bringen so viel Umsatz wie kaum ein anderes Ökoprodukt, Eier aus Käfighaltung findet man kaum noch. Der Preis
ist zwar leicht gestiegen. Aber niemand wird deshalb künftig aufs Ei verzichten.

① Analysiere den Text von Christoph Behrens.
② Informiere dich genauer über Vorschläge wie Umwelt-Ampeln auf Produkten oder
Umweltsteuern und stelle sie der Klasse in einem Kurzvortrag vor.
③ Diskutiert in Form einer Pro-Kontra-Diskussion (→ S. 40–43) die Frage:
„Sollten die Verbraucher durch politische Entscheidungen und Abgaben gezwungen werden,
sich umweltfreundlich zu verhalten?"

Einstellungen zu Nachhaltigkeit bei jungen Menschen (14–22 Jahre)

Frage: Was denkst du zum Thema *Umwelt, Natur und Nachhaltigkeit?*

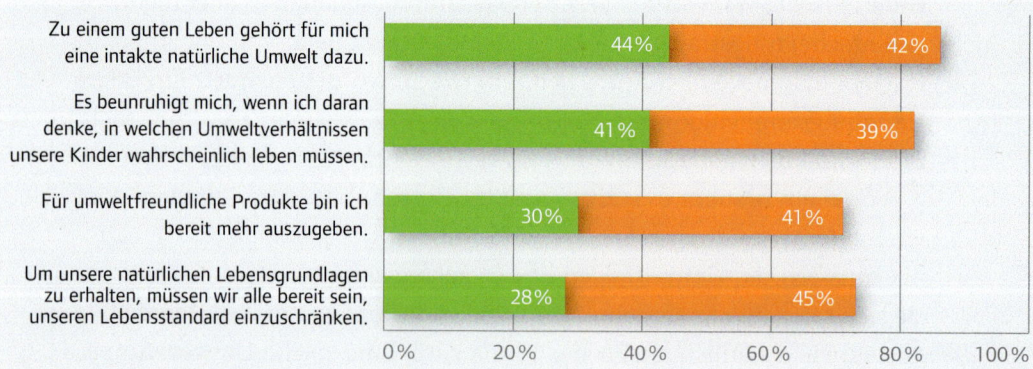

Repräsentativbefragung von 1034 jungen Menschen

- 🟩 Ich stimme voll und ganz zu.
- 🟧 Ich stimme eher zu.

Quelle: Bundesministerium für Umwelt, Jugendstudie 2018

Umweltfreundliche Verhaltensweisen von jungen Menschen (14–22 Jahre)

Frage: Es gibt viele Dinge, die man für die Umwelt tun kann. Wie ist das bei dir?

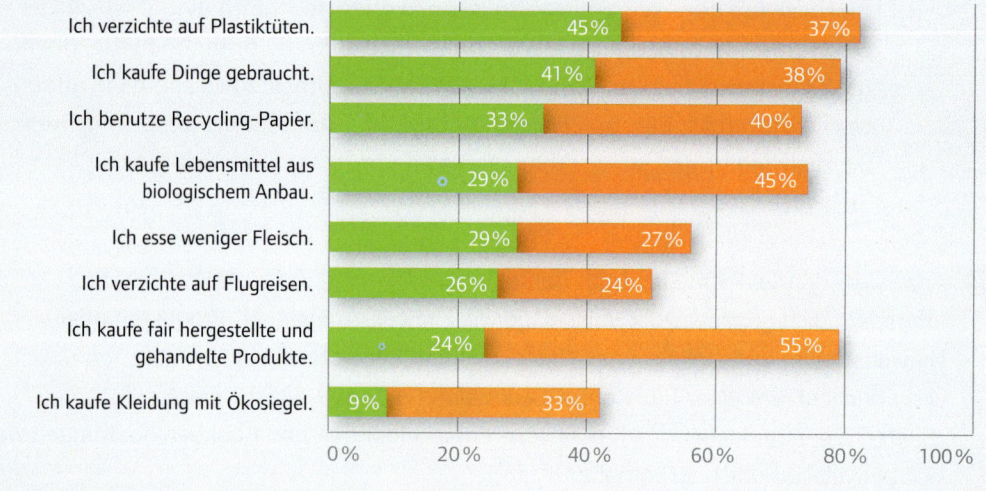

Repräsentativbefragung von 1034 jungen Menschen

- 🟩 Ich stimme voll und ganz zu.
- 🟧 Ich stimme eher zu.

Quelle: Bundesministerium für Umwelt, Jugendstudie 2018

❶ Betrachte die abgebildeten Diagramme. Fasse die Hauptaussagen zusammen.

② Setze die Diagramme in Beziehung zum Text von Christoph Behrens (→ S. 234 f.).

③ a) Führt eine entsprechende Umfrage in eurer Klasse durch.

    b) Reflektiere mit Blick auf Behrens' Text dein Verhalten bei der Umfrage.

Kinder lernen Nachhaltigkeit *Simone Jacobius*

Es gibt Eier von „glücklichen Hühnern" und solche von „eingesperrten, ganz traurigen Hühnern". Erkennen kann die 5-jährige Lara das am Stempel auf dem Ei. Und kategorisch lehnt das pfiffige Mädchen Eier mit dem falschen Stempel ab. Immer mehr Kinder kennen sich inzwischen mit

5 „glücklichen" und „unglücklichen" Hühnern aus. Denn in Kindertagesstätten wird verstärkt Wert auf das Thema Ernährung und Nachhaltigkeit gelegt. Das Hamburger Projekt „Kita21", eine Bildungsinitiative der „Save our Future"-Umweltstiftung, gibt es bereits seit zehn Jahren. „Wir wollen das Thema Nachhaltigkeit erlebnisorientiert vermitteln, ohne erhobenen Zei-

10 gefinger", erklärt Projektorganisator Ralf Thielebein. Indem das Bewusstsein für bestimmte Zusammenhänge spielerisch gefördert wird, soll eine Verhaltensänderung erreicht werden. Denn nichts wirkt so nachhaltig wie Bildung. Je früher sie beginnt, desto größere Wirkung kann sie entfalten.

Da sich die Drei- bis Sechsjährigen etwa sechs bis acht Stunden pro Tag

15 in der Kita aufhalten, ist das, was dort vermittelt wird, ziemlich gewichtig. „In dem Alter können viele Grundlagen gelegt, der Horizont erweitert, Zusammenhänge erklärt und die Vielfalt erfahrbar gemacht werden", ist sich Thielebein sicher. Über eine lapidare Frage beim Mittagessen, „Welches ist eigentlich euer Lieblingsessen", kann sich ein umfangreiches Projekt zum

20 Thema Ernährung entwickeln. „Die Kinder stellen irgendwann die Frage, woraus das Essen eigentlich besteht, dann kann man zum Markt gehen, darüber sprechen, wo die Sachen wachsen und herkommen, auf einer Weltkarte die Anbaugebiete markieren, und flugs ist man auch beim Thema Transport", erklärt der Experte.

25 „Das Thema zieht sich über Monate und wirft immer wieder neue Fragen auf, beispielsweise auch: ‚Warum essen wir Äpfel aus Neuseeland, wenn doch bei uns um die Ecke welche wachsen?' Dass viele Kinder Zusammenhänge noch nicht richtig verstehen, zeigt diese Episode: Eine

Kindergartengruppe ist gemeinsam mit Ralf Thielebein auf einem Bauern-

30 hof. Ein Fünfjähriger kommt mit einem Ei an und fragt, was dort drin sei. Thielebein: „Ich war völlig irritiert und fragte: ‚Kennst du keine Eier?‘ ‚Doch‘, antwortete er, ‚aber bei uns kommen die aus dem Kühlschrank.‘“ Um Naturwissen zu vermitteln, können im Kindergarten Beete oder ein kleiner Garten angelegt werden, um Obst und Gemüse zu säen, wachsen

35 zu sehen, zu ernten und zu verarbeiten. Aber auch das Bewusstsein, dass zu viele Dinge einfach weggeschmissen werden, ohne dass sie kaputt sind, kann in dem Alter bereits geweckt werden. Häufig entsteht dann die Idee einer Reparaturwerkstatt. Oder auch Malpapier wird beidseitig verwendet.

Wegwerfgesellschaft ist auch ein Thema an der Rudolf-Steiner-Schule

40 in Berlin. Eine Handvoll Schüler hat auf dem Schulgelände eine Fahrrad- werkstatt ins Leben gerufen. Dafür sind sie jetzt gerade mit dem Berliner Umweltpreis des Bundes für Umwelt und Naturschutz (BUND) ausge- zeichnet worden. Für die Jüngeren dort ist Nachhaltigkeit noch kein The- ma, aber sie lernen, dass man Dinge reparieren kann – der erste Schritt zur

45 Nachhaltigkeit. [...]

Für die Älteren sind die Angebote schon anspruchsvoller. Da bietet die BUNDjugend konsumkritische Stadtspaziergänge an, Klimaexperimente (beispielsweise für eine bestimmte Zeit keine neuen Produkte zu kaufen) oder Exkursionen zu Ökodörfern oder Gemeinschaftsgütern. „Jugendliche

50 interessieren sich sehr dafür, und ein Großteil von ihnen ist auch offen für Neues. Da sie auch ein großes Gerechtigkeitsempfinden haben, sind das gute Voraussetzungen für Änderungen“, meint Blekker[1]. Wenn man den Jugendlichen klarmache, dass Näherinnen in China gerade mal 20 Cent an Turnschuhen verdienen, für die die Jugendlichen hier 120 Euro zahlen

55 müssen, sei man rasch beim Thema Ausbeutung. Generell sei wichtig, so Blekker, dass man Kindern und Jugendlichen das Thema über den Spaß- faktor nahebringe.

1 Jenny Blekker, Sprecherin der BUNDjugend-Bundesgeschäftsstelle

❶ Was spricht für und was gegen die ökologische Bildung schon im Kindergarten? Notiere Argumente, die du im Text findest, und formuliere eigene.

② Wähle eine der beiden folgenden Aufgaben:
  a) Stelle dir vor, dein Bundesland beschließt, das Fach „Nachhaltiges Handeln“ in den Schulen fest einzuführen. Schreibe einen Kommentar zum Thema.
  b) „Ist es sinnvoll, das Thema Nachhaltigkeit in Kindertagesstätten zu behandeln?“ Schreibe eine Glosse (→ S. 233) zu diesem Thema.

③ Recherchiere, welche Projekte es in deiner Umgebung zur ökologischen Bildung gibt. Überlegt in der Klasse, ob es möglich und sinnvoll ist, daran als Klasse teilzunehmen.

Einen Sachtext analysieren

1. Schritt: Den Sachtext untersuchen

- Erschließe den **Inhalt** und **Aufbau** des Sachtextes mithilfe geeigneter Strategien, z. B.:
  - sich einen Überblick verschaffen,
  - den Text gliedern,
  - wichtige Informationen markieren (Kopie oder Folie),
  - schwierige und unbekannte Begriffe klären.
- Kläre die **Textfunktion(en)** und die **Textsorte** (→ S. 221).
  Textfunktionen: informierend / kommentierend / appellierend / über sich kommunizierend (z. B. gefühlsbetont).
  Textsorten: z. B. Informationstext, Kommentar, Aufruf, Reportage.
- Untersuche die **Sprache** des Textes und stelle einen Bezug zu seiner Wirkungsabsicht her.
  Berücksichtige z. B. Sprachstil, Leseransprache, Wortwahl, besondere Stilmittel (→ S. 225).
- Mache dir Stichpunkte zu einer **Bewertung** des Textes.

2. Schritt: Die Sachtextanalyse schreiben

Aufbau einer Sachtextanalyse	Beispiele
Nenne in der **Einleitung**: Titel, Autor/-in, Textquelle, Entstehungsjahr (wenn bekannt), Thema des Textes.	*In dem auf der Website „planet-wissen.de" veröffentlichten informierenden Artikel „Plastik im Meer" stellt die Autorin Inka Reichert Probleme dar, die durch die Einleitung von Plastikmüll in die Weltmeere entstehen.*
Stelle im **Hauptteil** die wichtigsten Ergebnisse deiner Textanalyse dar. Dazu gehören: - **Herausarbeiten des gedanklichen Aufbaus** und **Zusammenfassung des Inhalts** (Achte auf die korrekte Wiedergabe in indirekter Rede!), - Erläuterung der **Textfunktion,** - Beschreibung der **sprachlichen Mittel** mit Bezug auf die Wirkungsabsicht.	*Inka Reichert informiert über die Müllmenge, die in den Ozeanen vorhanden ist, und erläutert, was mit dem ins Meer gelangten Abfall aus Kunststoff passiert. Etwa zwei Drittel des Plastiks sänken auf den Meeresgrund …* *Der Text ist vorwiegend informierend, enthält jedoch auch wertende Anteile, z. B. wenn die Autorin von einem „ökologische[n] Desaster" (Z. 5) spricht.* *Der Sprachstil ist vorwiegend sachlich. Es werden viele Fakten und Zahlen genannt (z. B. Z. 29–33), was die vorwiegend informierende Funktion des Textes unterstreicht.*
Nimm im **Schluss** kurz Stellung zum Text.	*Insgesamt erfüllt der Text seine informierende Funktion, indem er in leicht verständlicher und übersichtlicher Weise wesentliche Fakten und Zusammenhänge rund um das Thema „Plastikmüll im Meer" darstellt.*

Fußball ist unser Leben?
Sprache untersuchen

Das hier ist Fußball *Tomte (Songtext)*

Tragik ist wie Liebe ohne „Happy End",
und eines ist wirklich sicher, dass die Tragik St. Pauli kennt.
Es ist, als ob es Bier nicht in jedem Supermarkt gibt.
So groß ist man wirklich, aber so ist die Realität.

5 Und hooray, hooray, hooray, FC St. Pauli!
Würde es gehen, würde ich dich umarmen.
Das hier ist Fußball, das hier sind Dramen.

Manche hängen ihre Fahnen nach dem erstbesten Wind,
doch die Liebe beweist sich erst, wenn der Wind zunimmt.
10 Und Liebe ohne Leiden hat noch niemand gesehen.
Man kann ein Lied davon singen, man kann sich selbst nicht verstehen.

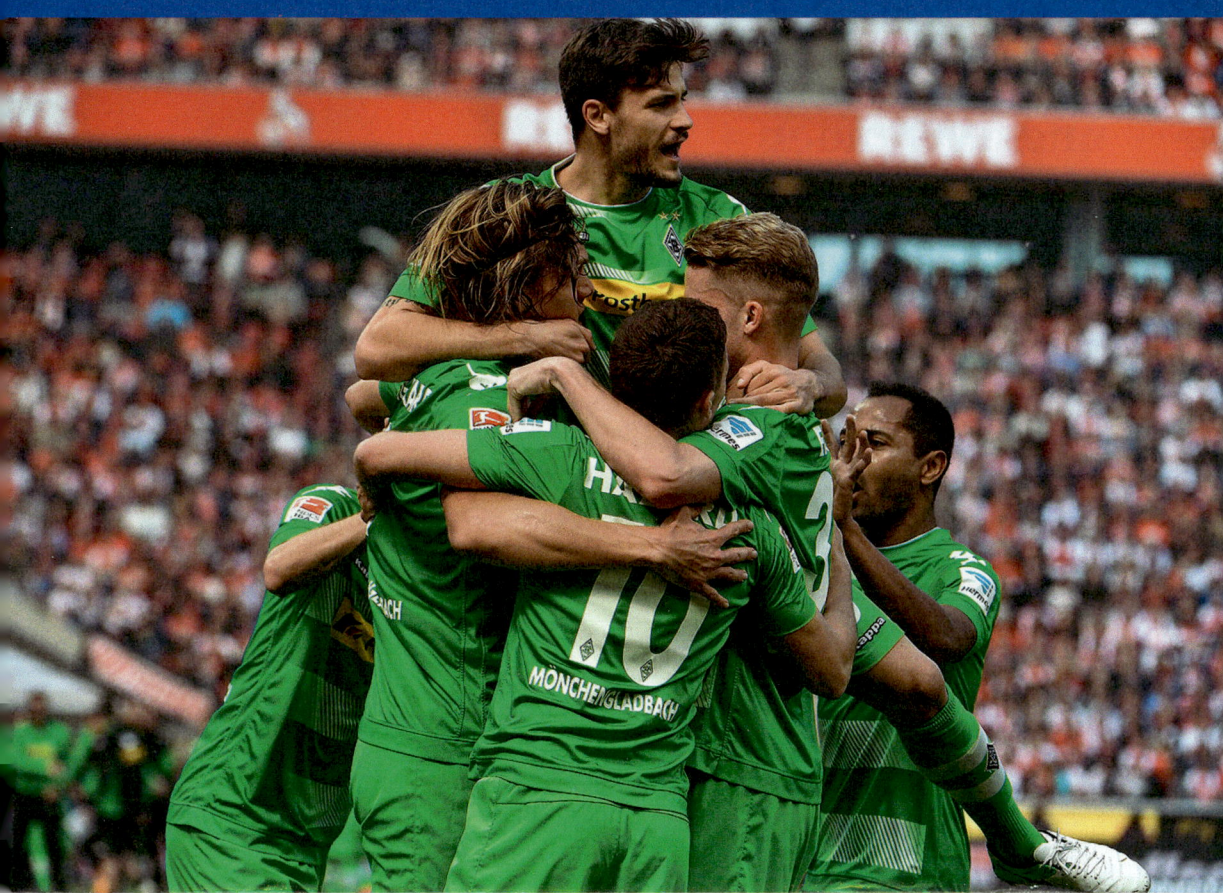

1. Bestimme die Wortarten der unterstrichenen Wörter im Songtext auf Seite 240.
2. Die erste Strophe müsste einen Konjunktiv enthalten. Verbessere den Satz im Heft.
3. Formuliere die Verse 8 bis 11 in indirekte Rede um.

   Der Sänger singt, manche ...
4. Begründe, welches Satzbaumodell für den Satz in Vers 8 und 9 zutrifft:

   Hauptsatz, Nebensatz 1, Nebensatz 2 oder Hauptsatz, Hauptsatz, Nebensatz oder ...?
5. Untersuche den Satz in Vers 10 nach dem Feldermodell. Bestimme die Satzglieder.

In diesem Kapitel …

- wiederholst du grammatisches Grundwissen.
- lernst du an Beispielen, wie sich Sprache entwickelt.
- untersuchst du die Verwendung von Stilmitteln in Texten.
- verfasst du selbst Texte in verschiedenen Sprachstilen.

Grammatisches Grundwissen wiederholen und anwenden

Wortarten, Satzglieder und Satzbau wiederholen

Fangesänge

A „Tausend Feuer in der Nacht haben uns das große Glück gebracht."
(Schalke 04)

B „Wir werden niemals auseinandergehen, wir sind euch treu bis in den
Tod." (VfB Stuttgart)

C „Wir gehören zusammen, ihr seid cool und wir sind heiß." (Werder
Bremen)

D „Wir ha'm keine Angst, wir haben den Ball und die lautesten Fans."
(RB Leipzig)

E „Wenn die Erde sich mal nicht mehr dreht, werden wir gemeinsam
weitergehen." (VfL Bochum)

F „FC Bayern, Stern des Südens, du wirst niemals untergehen,
weil wir in guten wie in schlechten Zeiten zueinander-
stehen." (FC Bayern)

G „Der Fußball lässt uns hoffen, trauern oder freuen."
(Bayer 04 Leverkusen)

H „Borussia verbindet Generationen, Männer und
Frauen, alle Nationen." (Borussia Dortmund)

I „Immer wieder wollen wir sehen, dass die
Roten oben stehen." (u. a. Hannover 96)

1 a) Übertrage die folgende Tabelle in dein Heft und ordne die unterstrichenen Wörter ein.

Flektierbar (veränderlich)					Nicht flektierbar (nicht veränderlich)		
Nomen	Artikel	Adjektiv	Pronomen	Verb	Adverb	Präposition	Konjunktion
Nacht	der	große	uns	haben gebracht	niemals	in	und (neben-ordnend)

b) Erkläre, welche Wirkung die Personalpronomen in den Liedern auf die eigene und auf die
gegnerische Fangruppe haben.

c) Untersuche die Verben und die Adjektive und erkläre, welche Wirkung sie in den
Fangesängen im Stadion haben.

2 Ausgehend vom Prädikat, das die Satzklammer bildet, kann der Satz in ein Vorfeld, ein Mittelfeld und ein Nachfeld eingeteilt werden.

a) Übertrage die Übersicht in dein Heft und trage die markierten Sätze aus dem Text auf Seite 242 ein.

Satzklammer

Vorfeld	Linke Satzklammer	Mittelfeld	Rechte Satzklammer	Nachfeld
Tausend Feuer in der Nacht	*haben*	*uns das große Glück*	*gebracht.*	–

b) Formuliere die drei Sätze so oft wie möglich um, sodass immer ein anderes Satzglied im Vorfeld steht.
Vergleiche jeweils die Wirkung mit dem ursprünglichen Vers.

3 Satzglieder sind Wörter oder Wortgruppen, die beim Umstellen des Satzes immer zusammenbleiben und im Vorfeld des Satzes stehen können.

a) Ermittle und bestimme die Satzglieder in den Sätzen G bis I.

b) Stelle die drei Sätze mündlich so um, dass jeweils ein anderes Satzglied im Vorfeld steht.
Diskutiert in Partnerarbeit, welche Satzstellung überzeugt.

4 Lies den Merkkasten unten. Notiere zu den Sätzen B, C, D, E und I Satzbaumodelle nach folgendem Muster:

Satz E: Nebensatz, Hauptsatz (Hypotaxe)

Merke   Satzreihen und Satzgefüge

Unter **Satzreihen** versteht man **aus mindestens zwei Hauptsätzen** zusammengesetzte Sätze. Diese **parataktischen** Verbindungen (Parataxe: Nebenordnung) werden häufig durch **nebenordnende Konjunktionen** wie *aber, sondern, doch, denn, und, oder* verknüpft, z. B.:
  Ihr auf dem Rasen seid nicht allein, denn wir stehen zusammen.

Ein **Satzgefüge** besteht dagegen aus **mindestens einem Hauptsatz und mindestens einem Nebensatz**. In diesen **hypotaktischen** Verbindungen (Hypotaxe: Unterordnung) werden die Nebensätze oft durch die **unterordnenden Konjunktionen (Subjunktionen)** *weil, da, dass, obwohl, nachdem, bevor, als, wenn* mit dem Hauptsatz verbunden, z. B.:
  Wir werden feiern, weil wir schon wieder führen.
Nebensätze stehen im Satzgefüge häufig im Vorfeld oder im Nachfeld. Adverbialsätze können auch im Mittelfeld stehen, z. B.:
  Wir werden feiern, weil wir schon wieder führen.
  Weil wir schon wieder führen, werden wir feiern.
  Wir werden, weil wir schon wieder führen, feiern.

Satzgefüge und Appositionen wiederholen

Das Leben in 90 Minuten. Eine Philosophie des Fußballs
Gunter Gebauer

Bei ihren Gesängen ähneln die Stimmen der Fans „oft denen eines Tieres, das sich durch das Fauchen seine Feinde vom Leib halten will". Mit diesen Aktionen nehmen sie Kontakt mit „einem anderen Raum" auf, einem spirituellen Raum in der Nähe der Heiligen. Gleichzeitig erzeugen sie eine Ge-
5 meinsamkeit aller Fans, die sich mit ihren Hymnen um die verehrten Spieler scharen und ihnen so Unterstützung zusichern.

Über den berühmtesten aller Fangesänge *You'll never walk alone* sagt Sir Simon Rattle[1], ein Fan des FC Liverpool: „Wenn Sie an der Anfield Road stehen und diesen Sound hören – der geht nicht ins Ohr, der geht in den
10 Bauch. Das ist ein Ausdruck kollektiver Ergriffenheit." In Dortmund wird die Hymne gesungen: *Leuchte auf, mein Stern Borussia*, „was eher an den Stern von Bethlehem als an ein Fußballspiel erinnert [...]". Der offizielle Bayern-Song verwendet dasselbe religiöse Motiv: *FC Bayern, Stern des Südens*.

15 Das Fußballstadion ist eine bedeutende Kultstätte unserer Zeit. Das eindrucksvollste Beispiel religiöser Verehrung im Fußball ist der Kult, mit dem Maradona bis heute in Neapel wie ein Heiliger verehrt wird. Im Jahr 1987 hatte er den SSC Neapel zur italienischen Meisterschaft geführt
20 und wurde daraufhin in dieser Stadt, in der seit Jahrhunderten heidnische Kulte die Stadt überlagern, als Wiederkunft des Stadtheiligen San Gennaro verehrt. In der Altstadt befindet sich ein kleines Heiligenbild. Es zeigt Maradona im *anno santo*, im heiligen Jahr 1987, daneben be-
25 finden sich ein runder Glasbehälter mit einer Flüssigkeit und ein kleines Haarbüschel. Am Rande ist ein Hinweis angebracht, ▆▆▆▆ hier eine Träne und das Haar des Heiligen Maradona als Reliquien zur Anbetung dargeboten werden. In Neapel wie auch in Maradonas Kirchengemeinde in Argentinien gilt es als sicher, ▆▆▆▆ er seine Herrschaft von
30 einer höheren Instanz empfangen hat. Es gehört zur Logik dieses Glaubens, ▆▆▆▆ es „die Hand Gottes"[2] war, die das Halbfinalspiel gegen England bei der WM 1986 entschied.

1 Sir Simon Rattle: ehemaliger Chefdirigent der Berliner Philharmoniker
2 „Hand Gottes": Diesen Ausdruck prägte der argentinische Spieler Diego Maradona, nachdem er im genannten Spiel mit der Hand das irreguläre 1:0 erzielt hatte (Endstand: 2:1).

① Tauscht euch darüber aus, wie ihr die Verehrung von Clubs und deren Stars bewertet.

② Lege die folgende Tabelle in deinem Heft an und trage jeweils drei weitere Beispiele für Relativsätze und Appositionen aus dem Text ein. Erkläre, worin sich Relativsatz und Apposition unterscheiden.

Relativsätze		Appositionen	
Bezugswort	Relativsatz mit Relativpronomen	Bezugswort	Apposition
eines Tieres	*…, das sich durch das Fauchen seine Feinde vom Leib halten will.*	*Raum*	*…, einem spirituellen Raum in der Nähe der Heiligen*

③ Entscheide bei den Lücken ab Z. 26, ob hier das Relativpronomen *das* oder die unterordnende Konjunktion *dass* stehen muss. Erläutere deine Entscheidung.

④ Formuliere die folgenden Informationen in Satzgefüge mit Adverbialsätzen um. Achte auf die Kommasetzung. Bestimme die Arten der Adverbialsätze mithilfe der Übersicht auf Seite 345, z. B.:

A *Das gemeinsame Singen und das Aufstehen in der „Freiluftkathedrale" weisen Parallelen zu einem Gottesdienst auf, <u>sodass manche Fußball als „Ersatzreligion" bezeichnen.</u> (Konsekutivsatz)*

A Das gemeinsame Singen und das Aufstehen in der „Freiluftkathedrale" weisen Parallelen zu einem Gottesdienst auf. – Manche bezeichnen Fußball als „Ersatzreligion".

B Der 1. FC Köln bestreitet das erste Heimspiel der Saison. – Zuvor wird im Kölner Dom ein Gottesdienst für Fußballfans gefeiert.

C Der 1. FC Köln gewann 1962 seine erste Meisterschaft. – Daraufhin meißelte der Dombaumeister mehrere Figuren des FC-Maskottchens Hennes und verewigte sie am Dom.

D Die Geißbockfiguren sind von außen nicht gut sichtbar. – Deshalb sind sie wenig bekannt.

E In einigen deutschen Städten gibt es „Fanfelder" auf den Friedhöfen. – Manche Leute finden das geschmacklos.

⑤ Geht der Fußballkult zu weit? Formuliere einen Antworttext, der mindestens fünf Adverbialsätze enthält. Unterstreiche die Konjunktionen, z. B.:

<u>Obwohl</u> ich mich für Fußball interessiere, finde ich die Idee eines „Fanfelds" auf dem Friedhof absurd. (Konzessivsatz)

⑥ Tauscht eure Ergebnisse aus und bestimmt in Partnerarbeit die Art der Adverbialsätze.

Nominalstil und Verbalstil

Ein langer Kampf um Anerkennung

Jubeltraube der deutschen Frauen-Nationalmannschaft nach dem 2:1 gegen Italien, EM 2017

Die fehlende Anerkennung des Frauenfußballs hat eine lange Geschichte. Zwar werden die Anfänge des Frauenfußballs in Deutschland auf die Wende zum 20. Jahrhunderts datiert. Infolge eines offiziellen Fußballverbots für Frauenteams wurden Partien aber nur inoffiziell ausgetragen. Das Verbot
5 wurde vom Deutschen Fußball-Bund (DFB) unter anderem mit der Unschicklichkeit der Zurschaustellung des weiblichen Körpers und der Nichtvereinbarkeit des Fußballsports mit der „Natur des Weibes" begründet. Nach der Aufhebung des Verbots im Jahr 1970 wurden Ligen gegründet und später offizielle Länderspiele ausgetragen. Allerdings hielten die Ressenti-
10 ments an. Nach dem Sieg im Finale der Europameisterschaft 1989 wurde den deutschen Fußballerinnen vom DFB ein 41-teiliges Kaffeeservice geschenkt. Es folgte eine späte Rache: Die damalige Torhüterin Marion Isbert schoss bei der Eröffnung einer Ausstellung im Jahr 2011 symbolisch ein Kaffeeservice vom Dach des Bonner Frauenmuseums. Heute kann die Na-
15 tionalelf der Frauen mehr EM-Titel vorweisen als das Männerteam.

Trotz der großen Erfolgsgeschichte genießt der Frauenfußball in Deutschland deutlich weniger Aufmerksamkeit als das männliche Pendant.

❶ Wie ist das Verhältnis von Männersport und Frauensport heute? Berücksichtigt die öffentliche Wahrnehmung.

❷ Der Text ist im Nominalstil verfasst (siehe Merkkasten auf S. 247). Formuliere die unterstrichenen Satzteile im Verbalstil, indem du Nebensätze bildest, z. B.:
Dass dem Frauenfußball die Anerkennung fehlt, hat eine lange Geschichte.

❸ Besprecht, an welchen Stellen des Textes ihr den Verbalstil vorziehen würdet.

4 Eine Sportjournalistin soll einen Kurzbericht zum EM-Spiel der deutschen Frauennationalmannschaft gegen Italien schreiben, das am 21.07.2017 ausgetragen wurde. Formuliere ihre Notizen (siehe unten) in vollständige Sätze um,

a) indem du im Nominalstil schreibst. Nutze Satzanfänge aus dem Wortspeicher unten, z. B.:

Bereits vor dem Anpfiff der Begegnung Deutschland gegen Italien war die Anspannung im Stadion zu spüren.

b) indem du den Verbalstil verwendest. Nutze Satzanfänge aus dem Wortspeicher unten, z. B.:

Bevor die Begegnung Deutschland gegen Italien angepfiffen wurde, war die Anspannung bereits im Stadion zu spüren.

- *Deutschland–Italien – Anspannung schon vor dem Anpfiff im Stadion zu spüren*
- *18. Minute: Foul an Leonie Maier – im Anschluss Deutschland Freistoß zugesprochen*
- *Josephine Henning: Tor für deutsche Elf – Ursache: Fehler der italienischen Torhüterin*
- *29. Minute: erneut Angriff der Italienerinnen – daraufhin Tor zum 1:1-Ausgleich*
- *65. Minute: Schiedsrichterin pfiff Strafstoß für Deutschland – wegen eines Fouls an einer deutschen Spielerin im Strafraum*
- *gutes Spiel der Italienerinnen – dennoch am Ende 2:1 für Deutschland*

Nominalstil, mögliche Satzanfänge:
Wegen … · Trotz … · Nach … · Bei … · Vor …
Verbalstil, mögliche Satzanfänge:
Weil … · Obwohl … · Nachdem … · Als … · Bevor …

5 Vergleiche die Wirkung der beiden Texte, die du zu Aufgabe 4 verfasst hast.

Merke Nominalstil und Verbalstil

Als **Nominalstil** wird ein Stil bezeichnet, bei dem Nomen/Substantive oder Wortgruppen mit Nomen vorherrschen. Verben werden häufig nominalisiert, z. B.:

Nach Begutachtung des Spielfelds kündigte die Schiedsrichterin eine Verschiebung des Spielbeginns an.

Der **Verbalstil** hingegen ist stärker von Verben geprägt, z. B.:

Nachdem die Schiedsrichterin das Spielfeld begutachtet hatte, kündigte sie an, dass der Spielbeginn verschoben werde.

Im alltäglichen Sprachgebrauch wird häufig der Verbalstil vorgezogen, weil er leichter verständlich ist. Wissenschaftliche Texte und Texte von Behörden sind oft im Nominalstil verfasst, um Informationen in knapper Form zu übermitteln.

Insgesamt empfiehlt es sich, beide Ausdrucksweisen miteinander zu kombinieren.

Aktiv und Passiv wiederholen

A Der Schiedsrichter pfeift die Verlängerung an.

B Romero hält Schürrles Schuss.

C Palacio schießt den Ball neben das Tor.

D Lionel Messi umdribbelt einen deutschen Spieler.

E Bastian Schweinsteiger wird von Agüero mit der Faust getroffen.

F Der deutsche Mittelfeldspieler wird am Spielfeldrand von den Ärzten notdürftig behandelt.

❶ a) Aktiv oder Passiv? Bestimme die Verbformen.

b) Formuliere die Sätze jeweils in die andere Form um.

❷ Wiederhole, wie das Passiv gebildet wird. Formuliere eine Regel.

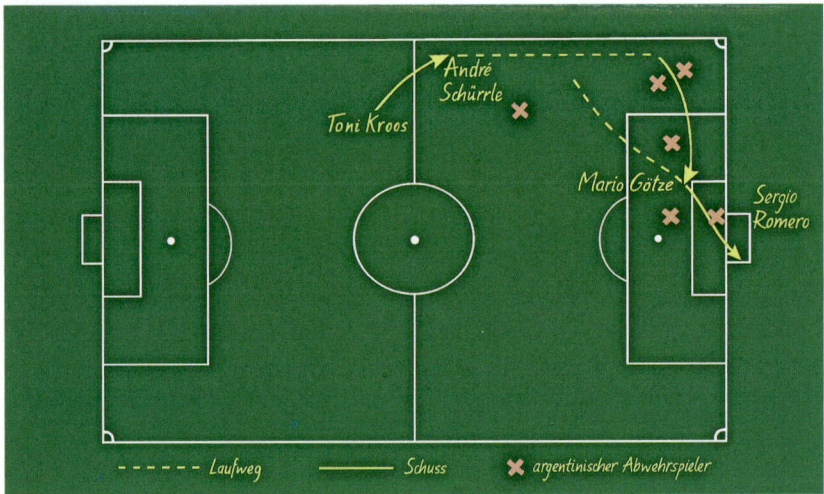

André Schürrle flankt auf Mario Götze, WM-Finale 2014

Gegner ausspielen · stehen lassen · flanken

Mario Götze schießt das 1:0 im WM-Finale 2014

aus den Augen lassen · annehmen ·
von der Brust abtropfen lassen · schießen

3 Beschreibe mithilfe der Abbildungen auf Seite 248 den Spielzug, der zum entscheidenden Tor im WM-Finale 2014 führte,

a) indem du ausschließlich Aktivformen verwendest.

b) indem du überwiegend Passivformen verwendest.

Du kannst auf das vorgegebene Wortmaterial auf Seite 248 zurückgreifen.

4 Vergleicht eure Ergebnisse. Besprecht,

a) wie die Texte jeweils wirken,

b) an welchen Stellen Aktivformen vorzuziehen sind und an welchen Stellen Passivformen sinnvoll erscheinen.

5 Eine Fußballmannschaft liegt mit 0:2 zurück. Der Co-Trainer hat einige Stichpunkte für die Halbzeitrede notiert. Schreibe auf Grundlage der Notizen eine Kabinenansprache vor der Mannschaft. Nutze unterschiedliche Ersatzformen für das Passiv (→ Merkkasten unten).

✓ *Der Gegner kann aber noch geschlagen werden.*

✓ *Rückstand kann noch aufgeholt werden.*

✓ *Spiel muss in der zweiten Halbzeit ernster genommen werden.*

✓ *Abwehr wird klarer geordnet.*

✓ *Spiel muss im Mittelfeld breiter gemacht werden.*

✓ *Torchancen werden nun genutzt.*

✓ *Ausreden werden nicht hingenommen.*

Merke   Ersatzformen für das Passiv

Als Alternative zu den Passiv-Formen gibt es noch weitere Möglichkeiten, die Nennung des Handlungsträgers zu vermeiden. Im Unterschied zu den Passiv-Formen handelt es bei den Ersatzformen um aktive Verbformen.

Ersatzform	Beispiel
Man-Form	*Man kann sich noch qualifizieren.*
sich lassen + Infinitiv	*Das Spiel lässt sich noch drehen.*
sein + zu + Infinitiv	*Der Gegner ist zu schlagen.*
sein + Adjektiv mit Endung *-bar, -lich*	*Ein Sieg ist machbar.*

Die indirekte Rede wiederholen

Experteninterview: Wie entstehen Fangesänge im Fußballstadion? *Franziska Tietjen*

Was wäre ein Fußballspiel ohne lautstarke Fangesänge? Im Interview erklärt unser Experte, wie Fangesänge entstehen.

netzathleten.de: Herr Prof. Dr. Brunner[1], seit wann gibt es Fangesänge?

Prof. Dr. Georg Brunner: So etwas wie Fangesänge gibt es schon seit der
5 Antike. Voraussetzung hierfür ist die Kombination von Sport, Musik und Menschen. Die Fußballgesänge im engeren Sinne dürften in den 1960er-Jahren entstanden sein. Sie gehen zum einen auf die englische Tradition des Hymnen-Singens vor einem Cupfinal-Spiel zurück, zum anderen auf die Übernahme von Klatschrhythmen, die in südamerikanischen Stadien
10 gepflegt werden.

netzathleten.de: Was macht einen „guten" Fangesang aus?

Prof. Dr. Georg Brunner: Es muss sich um allgemein bekanntes Liedgut handeln. Weiterhin muss es eine Melodie sein, die leicht singbar und rhythmisch ist. Textlich kann man im Grunde zwei Richtungen unter-
15 scheiden: die eigene Mannschaft anspornende Gesänge und Antigesänge gegen die gegnerische Mannschaft. Wichtig ist zudem, dass man Fangesänge gezielt einsetzt, je nach Dramaturgie des Spiels.

---

1 Prof. Dr. Georg Brunner lehrt an der Pädagogischen Hochschule Freiburg und ist Leiter des Instituts für Musik.

① Die Journalistin möchte das Interview in einem Zeitungsartikel verwenden. Versetze dich in ihre Lage und gib die Antworten Brunners in indirekter Rede im Konjunktiv wieder:

> *Professor Dr. Brunner, Leiter des Instituts für Musik an der Pädagogischen Hochschule*
> *Freiburg, betont im Interview, dass es Fangesänge schon seit der Antike gebe. ...*

Achte auf abwechslungsreiche Formulierungen und Satzanfänge, z. B.:

> *Dr. Brunner fügt hinzu, ... / Darüber hinaus merkt er an, ...*

② Formuliere folgende Aussagen des Fußballtrainers Jürgen Klopp in indirekte Rede um. Erkläre, wann Konjunktiv I, Konjunktiv II oder die Umschreibung mit *würde* verwendet werden.

> *Trainer Jürgen Klopp offenbarte auf der Pressekonferenz, er...*

Ich beglückwünsche jeden Fan, der bei unserem Spiel bis zum Schluss vorm Fernseher durchgehalten hat.

Wir treten nicht mit vollen Hosen an. Ich habe extra noch mal nachgeschaut.

Ein großer Kopf muss weg – und das ist meiner.

Eines haben wir schon mal erreicht – wir werden vom Gegner unterschätzt.

③ Halte fest, welche unterschiedlichen Funktionen der Konjunktiv II außerdem hat. Berücksichtige dabei die folgenden Zitate.

Wäre, wäre, Fahrradkette.
Lothar Matthäus

25:0 wäre gut.
Trainer Thomas Schaaf auf die Frage nach seinem Wunschergebnis

Gäbe es keinen Fußball, dann wären wir alle frustrierte Fußballer.
Mick Lyons, englischer Fußballspieler

Wenn der Ball so aufgesprungen wäre, wie ich gedacht habe, hätte ich ihn gehalten, glaube ich.
Torwart Jens Lehmann nach einem Gegentreffer

Wenn man ihn jetzt ins kalte Wasser schmeißt, könnte er sich die Finger verbrennen.
Gerhard Delling, Moderator

Ich hätte meinen rechten Arm geopfert, um Pianist werden zu können.
Sir Bobby Robson, ehemaliger englischer Nationalspieler und Trainer

Grammatisch richtig formulieren

Fußballweisheiten

A „Das sind Gefühle, wo man schwer beschreiben kann!" (Jürgen Klinsmann)

B „Ich will meine Spanischkenntnisse ausbauen. Mein Englisch und Deutsch ist schon ganz okay. Mit meinem Gladbacher Platt kann ich dann vier Sprachen." (Marcell Jansen)

C „Erfolg tut nur der haben, der hart arbeiten tut." (Klaus Toppmöller)

D „Deshalb bitte ich Sie recht herzlich: Gebt Dortmund Ihre Stimme!" (Knut Reinhardt)

E „Man sollte die Presse nicht wichtiger machen, wie sie wichtig gemacht wird." (Lothar Matthäus)

F „Wir sind an ein Limit gekommen, wo es im Moment nicht darüber geht." (Andreas Möller)

G „Vielen Dank am Publikum!" (Joachim Hopp)

H „Wir hatten viele Verletzte, aber das soll den Sieg der Freiburger in keinster Weise schmeicheln." (Andreas Brehme)

I „Ich komme gut an bei die Frauen." (Andreas Brehme)

J „Ein Schuss ▉▉▉ ein flauer Darmwind." (Werner Hansch)

K „Du kannst nichts Besseres erreichen, ▉▉▉ zu einem Auswärtsspiel zu fahren und mit einem Unentschieden zurückzukommen." (Kevin Keegan)

L „Wir haben die Polen nicht unterschätzt. Sie haben einfach besser gespielt, ▉▉▉ wir vorher dachten." (Deutscher Trainer)

M „Rhetorisch präzise ▉▉▉ ein Markenbohrer." (Werner Hansch über eine Rede Beckenbauers)

N „Wir müssen diese elementaren Fehler abstellen. Das ist schwerer gesagt ▉▉▉ getan." (Eduard Geyer)

1. Verbessere die Sätze A bis I im Heft.
2. *Wie* oder *als*? Vervollständige die Sätze J bis N im Heft.
3. Bilde selbst fünf Sätze, in denen du Vergleiche formulierst. Achte auf die Vergleichswörter *wie* und *als*, z. B.:

> „Englische Torhüter wirken im Elfmeterschießen so sicher wie die Bank of England nach dem Brexit." (Fußballreporter)
>
> „Die deutsche Fußballerin Birgit Prinz hat mehr Trophäen im Schrank als Arjen Robben Haare auf dem Kopf." (TV-Moderator)

Unnützes Fußballwissen: Fehlersätze

A Der FC Bayern München wäre Deutscher Meister 2010/11 geworden, wenn nur die ersten Halbzeiten gezählt hätte.

B Maurizio Gaudino wurde nach einem Auftritt in der „Late Night Show" von Thomas Gottschalk wegen dem Verdacht auf Bandenhehlerei und Autoschieberei verhaftet.

C Der Stürmer Ricky Broadley vom walisischen Fünftligisten Mountain Rangers bekam in einem Pokalspiel drei Rote Karten. Die erste bekam er, weil er trat einem gegnerischen Spieler ins Gesicht. Die zweite bekam er, weil er bespritzte den Schiedsrichter mit Wasser. Die dritte bekam er, weil er beschimpfte anschließend den Schiedsrichter.

D Der FC Magdeburg ist der einzigste Verein der DDR, wo jemals einen Europapokal gewann: den der Pokalsieger 1974.

E Lionel Messis Ex-Trainer in Barcelona, Pep Guardiola, sagte über ihn: „Er ist der einzigste Spieler, der mit Ball schneller läuft wie ohne."

F Agim Agushi lief 2010 zweimal die Treppen in den 59. Stock des Frankfurter Messeturms hinauf. Das Besondere dabei: Er lief die 5 304 Stufen in 1:37:05 Stunden und köpfte während der ganzen Zeit ein Fußball. Damit stellte er ein Weltrekord auf.

G Die längste Anreise zu einer WM hatte die Nationalmannschaft Rumäniens. 1930 in Uruguay kam sie, zwei Wochen nachdem sie einen Zug in Bukarest bestiegen hat, in Montevideo an.

H Da der Vatikan zu klein für ein brauchbares Stadion ist, werden die Spiele außerhalb von dem Stadtstaat ausgetragen.

I Nachdem Liverpool gegen Leeds im Februar 2000 ein Tor erzielt hat, jubelte nicht nur der Torschütze: Der Schiedsrichter reckte seine Faust in die Luft.

J Franz Beckenbauer und der Brasilianer Mario Zagallo wurde als Spieler und als Trainer Weltmeister.

K Uwe Seeler hat nie für einen anderen Verein gespielt wie für den HSV.

L Der damalige italienische Vizepräsident der FIFA, Dr. Ottorino Barassi, versteckte der WM-Pokal während dem Zweiten Weltkrieg in einem Schuhkarton unter seinem Bett.

M Vor dem Endspiel der ersten Fußballweltmeisterschaft 1930 in Montevideo sammelte die Polizei an den Stadiontoren mehr wie 1500 Pistolen und Revolver ein.

N Die italienische Fußballnationalmannschaft spielt seit dem Jahr 1911 in Blau, die Familienfarbe der italienischen Königsdynastie des Hauses Savoyen.

4 Überarbeite die Fehlersätze im Heft. Verwende dabei die folgenden Tipps. Ordne den Sätzen die Nummern der passenden Tipps zu.

Tipp 1: Formuliere **Relativsätze** richtig.
Verwende das **passende Relativpronomen**.
Achtung: Das Adverb *wo* ist nur mit räumlichem Bezug möglich, z. B.:
Maier wird im nächsten Jahr nach Mailand wechseln, <u>wo</u> er schon immer gerne spielen wollte.
Aber: *Das sind Gefühle, <u>die</u> man schwer beschreiben kann.*

Tipp 2: Bilde **Adverbialsätze** richtig.
a) Achte bei der Formulierung von **Kausalsätzen**, die mit der Konjunktion *weil* eingeleitet werden, auf den richtigen Satzbau. Im Kausalsatz steht die **finite Verbform an letzter Stelle**, z. B.:
Wir haben das Spiel verloren, weil wir die Chancen nicht verwertet <u>haben.</u>
b) **Temporalsätze**, die mit der Konjunktion *nachdem* eingeleitet werden, drücken **Vorzeitigkeit** aus. Achte auf die **richtigen Zeitformen**, z. B.:
Nachdem die Mannschaft lange <u>geführt hatte</u>, <u>glich</u> der Gegner in der 80. Minute aus.

Tipp 3: Beachte den **Kasus**.

a) Einige **Präpositionen** erfordern in der Standardsprache den **Genitiv**, z. B.:
wegen des Regenwetters, *aufgrund* des Spielabbruchs, *während* des Final-
spiels, *trotz* der Witterungsverhältnisse.

b) Manche **Verben** verlangen ein **Akkusativobjekt**. Prüfe, ob auch der zugehörige
Artikel im Akkusativ steht, z. B.:
Der HSV sucht einen Verteidiger. Schalke 04 verkauft einen Stürmer.

c) **Appositionen** stehen in der Regel im **gleichen Kasus wie das Bezugswort**, z. B.:
Im Studio begrüßen wir Pep Guardiola, den Trainer des Teams.

Tipp 4: Drücke **Vergleiche** richtig aus.

Willst du eine Gemeinsamkeit oder **Gleichheit** zwischen dem Verglichenen ausdrücken, verwendest du die Grundstufe des Adjektivs und das Wort *wie*, z. B.:
so klein / so schnell / so gut wie …

Wenn du einen Unterschied ausdrücken willst, verwendest du den Komparativ
(die erste Steigerungsform des Adjektivs, z. B.: *kleiner, schneller, besser*) und das
Wort *als*, z. B.:
Sie dribbelt besser als Messi.

Tipp 5: Überprüfe die **Kongruenz**.

Subjekt und Prädikat müssen in Person und Numerus übereinstimmen. Wenn ein
Subjekt aus mehreren Teilen besteht, erfordert es in der Regel den **Plural**, z. B.:
Die Schiedsrichterin und der Linienrichter gehen vom Platz.

Tipp 6: Verwende **keine unsinnigen Steigerungen**.

Einige Adjektive lassen sich nicht sinnvoll steigern. Verwende deshalb von
Adjektiven wie *voll, leer, einzig, ganz, gleich, tot* **keine Steigerungsformen**. Auch
das Pronomen *kein* lässt sich nicht steigern. Vermeide also Steigerungsformen wie
in keinster Weise.

Sprache im Wandel

Deutsch und „Denglisch"

A „Das wird alles von den Medien hochsterilisiert." (Bruno Labbadia)

B „Ich bin körperlich und physisch topfit." (Thomas Häßler)

C „Wir müssen gewinnen, alles andere ist primär." (Hans Krankl)

D „Ich bin schon ziemlich intim dagegen geworden." (Fredi Bobic vor einem Länderspiel in Schottland zur Wirkung des schottischen Whiskys)

1. Schreibe die Zitate in dein Heft und verbessere die Fehler.
2. Erkläre, worin das Problem der Äußerungen liegt.
3. Wiederhole: Was ist ein Fremdwort? Was ist ein Lehnwort?

Lehnwörter sind Wörter wie z. B. „Fenster" (von lateinisch „fenestra") und „Keller" (von lateinisch „cellarium"). Bei Lehnwörtern ...

Der Braunschweiger Lehrer Konrad Koch (1846–1911) führte im Jahr 1874 mit seinem Regelwerk den aus England stammenden Fußball in Deutschland ein. Koch bemühte sich auch um eine „deutsche Fußballsprache".

Deutsche Kunstausdrücke des Fußballspieles (1903)
Konrad Koch

Wenn wir darauf rechnen wollen, dass die deutschen Ausdrücke bei unserer spielenden Jugend sich allgemein einbürgern und die englischen, vielfach arg entstellten gänzlich verdrängen, so ist bei ihrer Auswahl nicht allein darauf Rücksicht zu nehmen, dass sie möglichst treffend sind; nein,
5 sie dürfen auch nicht farblos und gekünstelt sein, sondern müssen ihr voll und kräftig ins Ohr fallen. Im Kampfe gegen das hässliche Fremdwort „Goal", noch hässlicher „Johl" gesprochen, hat sich unser matter Ausdruck „Mal" als zu schwach erwiesen; also ersetzen wir ihn überall, wo es angeht, durch „Tor". „Wir haben ein Mal gewonnen" klingt allzu wenig frisch, „ein
10 Tor gewonnen!" entspricht dem frohen Siegesbewusstsein weit mehr.

Von meinen alten Verdeutschungen aus den siebenziger Jahren möchte ich persönlich trotz allen Einspruchs daran festhalten, den Führer der Partei nach altbraunschweigischer Sitte „Spielkaiser", abgekürzt „Kaiser", zu nennen, in der Meinung, dass dieses Kraftwort allein das unangenehme
15 Fremdwort „captain", sprich Käpt'n, zu verdrängen imstande ist und den Spielenden nicht mehr auffallend sein wird, wenn sie schon auf der Schule daran gewöhnt sind.

④ Erkläre, wie Konrad Koch die Existenz von Fremd- und Lehnwörtern im Deutschen bewertet und wie er dies begründet.

⑤ Koch schlägt unter anderem die Ersetzung des Fremdwortes „captain" durch das Wort „Kaiser" vor.

a) Übertrage den folgenden Entwicklungspfad zum Begriff „Kaiser" in dein Heft und vervollständige ihn mithilfe des darunter stehenden Lexikonartikels.

lateinische Bedeutung: ...	Entlehnung durch ... → um ca. ...	... Bedeutung: ...	→	neuhochdeutsche Bedeutung: ...

Kaiser. Staatsoberhaupt in bestimmten Monarchien; gilt allgemein als höchste Würde bzw. höchster Titel eines Monarchen. Althochdeutsch *keisur* (um 800), mittelhochdeutsch *keiser* beruhen wie altenglisch *cāsere* auf Entlehnung von lateinisch *Caesar* durch die Germanen. Der erbliche

5 Bei- bzw. Familienname *Caesar* (des römischen Feldherrn und Diktators Gaius Iulius Caesar) wird im römischen Weltreich zur festen Bezeichnung des Herrschers und auch von den Germanen in der Bedeutung „Herrscher" entlehnt. Nach der Lautform, die diphthongische Aussprache von lateinisch -ae- voraussetzt, muss die Entlehnung zu einem sehr

10 frühen Zeitpunkt (schon zu Lebzeiten Caesars, also vor Beginn unserer Zeitrechnung, spätestens aber in den ersten anderthalb Jahrhunderten danach) stattgefunden haben, sodass *Kaiser* das älteste lateinische Lehnwort im Germanischen sein könnte.

b) Schreibe einen kurzen Kommentar zu Konrad Kochs Vorschlag, in der Fußballsprache *Kapitän* durch *Kaiser* zu ersetzen. Nutze dabei deine Kenntnisse zur Geschichte des Wortes *Kaiser*.

⑥ Recherchiere die Entwicklung folgender Begriffe und halte sie jeweils in einem Entwicklungspfad fest (vgl. Aufgabe 5a): *Kapitän, Trainer, Mannschaft*.
Tipp: Informationen findest du z. B. im Internet unter „Wortauskunftssystem zur deutschen Sprache in Geschichte und Gegenwart".

7 Eine besondere Rolle in der Diskussion um die Entwicklung der deutschen Sprache spielen Anglizismen, also Wörter oder Wendungen, die aus dem Englischen oder Amerikanischen ins Deutsche übernommen werden.
Tragt Anglizismen aus unterschiedlichen Sportarten zusammen und versucht, sie zu übersetzen.

8 Die „Deutsche Sprachwelt", ein „Verein für Sprachpflege", eröffnete im Kontext der Fußball-WM in Deutschland (2006) eine Transferliste für Fußball-Anglizismen, in der englische Wörter gegen deutsche Wörter ausgewechselt werden sollen, z. B.:

Coaching Zone → Ausbilderbereich *Goalgetter → Torjäger*
Public Viewing → Freiluftfernsehen *Scorer → Punktemacher*
Scout → Spielerbeobachter   *Teamspirit → Mannschaftsgeist*

a) Untersuche, welche Position die Verfasser der folgenden Kommentare zu diesem Vorhaben beziehen.

b) Verfasse eine eigene Stellungnahme, in der du auf Sinn und Unsinn der Eindeutschung von Anglizismen im Sport eingehst.

Leserstimmen *Website des Vereins „Deutsche Sprachwelt"*

„Danke für Ihre Aktion, die längst überfällig war, da von offizieller Seite anscheinend kein Interesse an diesem Problem besteht. In letzter Zeit stört mich bei jeder Übertragung, bei der David Odonkor mitspielt, dass David nurmehr mit D-e-i-vid betitelt wird. Ein weiterer Schritt, auch die
5 Vornamen langsam zu ‚anglisieren'."

„Wie ich sehe, wollen Sie englische Begriffe aus dem Fußball-Vokabular bannen. Dies kommt einer Verleugnung des Ursprungs und der Erfinder dieses Sports gleich. Die ‚Eindeutschung' der Sprache sollte mit mehr Vorsicht und Fingerspitzengefühl betrieben werden, sonst haben wir dann
10 wieder die Verhältnisse jener unseligen Zeiten, als die Bananen ‚Schlauchapfel' heißen sollten. Die deutsche Sprache bewahrt sich von selbst durch ihren Gebrauch genügend. Es wird sicher nie jemand auf die Idee kommen, vom ‚Brandenburger Goal' zu sprechen."

„Eine sehr lobenswerte und sehr schöne Aktion! Erst vor Kurzem habe ich
15 mich über diesen Herrn Beckmann geärgert. Der meinte, Borussia Dortmund sei – als sie Tabellenfünfter wurden – seit etlichen Monaten mal wieder unter den ‚Top Feif'. Dümmer und primitiver geht's nun wirklich nicht!"

Sprachvarianten untersuchen

Text 1 TV-Kommentar
**zum Champions-League-Viertelfinale 2011
Inter Mailand – FC Schalke 04**   *Wolff-Christoph Fuss*

- Guter langer Ball, es ist kein Abseits und Neuer ... ist ein guter Fußballer und guter Kopfballspieler, Tor ist leer, Ball ist drin. Es steht 1:0. [...]
- Farfan ... kredenzt, César zögert und kriegt im richtigen Moment die Beine zusammen, Ausgleich, Matip 1:1! [...]
5 - Sneijder, Mann mit Ideen, Milito, kein Abseits diesmal. Ich hab sofort nach dem Assistenten geguckt, Treffer zählt, 33. Minute, 2:1. [...]
- Baumjohann, Edu, Edu ... und noch mal ... und drin und 2:2! Ja, glaub ich's denn?! 40. Minute 2:2. [...]
- Jurado, Farfan, kein Abseits von Raúl, Raúl, Raúl, Raúl! 53. Minute, es
10 steht 2:3! Das ist ein Hammer, Freunde. Der Pott zieht blank. [...]
- Jurado ... Eigentor! Ich fass es nicht, Freunde! Das gibt's nicht! 2:4, Andrea Ranocchia!
- 25 Minuten noch zu spielen. Und Leonardo pfeift, womöglich schon aus dem letzten Loch.
15 - Das gibt's doch nicht. Das gibt's doch nicht, Farfan, Pfosten! Cordoba ... Zweimal Aluminium. Noch zusätzlich. Also die haben vier Dinger gemacht und noch zweimal Aluminium getroffen. Ha! Fünf! Fünf! Fünf! Edu, gimme five! [...]
- Hasta la vista, Schalke Halbfinalista.

Das 2:1 für Inter Mailand gegen den FC Schalke 04 am 5.4.2011

Text 2 Operationsbericht

Bericht: Desinfektion, steriles Abdecken des Abdomens, subumbilikale Inzision, Fassen der Faszie, Inzision der Faszie und des Peritoneums unter Sicht. Sicherungsnaht der Faszienränder. Einbringung des 12-mm-Trokars. Anlage eines Pneumoperitoneums mit 12 mmHg und Vorspiegeln in das
5   Abdomen. Intraabdominal die Appendix ist massiv geschwollen und partiell gangränös entzündet. Einbringen eines weiteren 5-mm-Trokars links parapubisch und eines 5-mm-Trokars rechts parapubisch. Auslösen der Appendix vermiformis von retroperitonealen Verwachsungen. Darstellung des terminalen Ileum und des Mesenteriolums und Unterfahren
10 desselben an der Appendixbasis, Setzen von zwei Klips und Durchtrennung des Mesenteriolums.

Text 3 Deutsches Strafgesetzbuch §123

Straftaten gegen die öffentliche Ordnung
§ 123 Hausfriedensbruch
(1) Wer in die Wohnung, in die Geschäftsräume oder in das befriedete Besitztum eines anderen oder in abgeschlossene Räume, welche zum öffentlichen Dienst oder Verkehr bestimmt sind, widerrechtlich eindringt, oder wer, wenn er ohne Befugnis darin verweilt, auf die Aufforderung des Berechtigten sich nicht entfernt, wird mit Freiheitsstrafe bis zu einem Jahr oder mit Geldstrafe bestraft.
(2) Die Tat wird nur auf Antrag verfolgt.

Text 4 Artikel aus der Zeitschrift „OUTFITS":
Cooles Styling zum Nachshoppen
Test it ... Do it ... Wow!

Der coole Look:
– verspiegelte Sonnenbrille
– Lederjacke slim fit
– lässiges schwarzes T-Shirt
5   – Boyfriend-Jeans
– Chelsea-Boots oder
   Schnallen-Boots

Ein Hammer-Look,

denn er ist sexy (kurze Jacke, slim
10 fit) und saucool (Boyfriend-Jeans
mit relaxtem Schnitt). Außerdem
genial bequem, ideal fürs Shoppen
oder zum Abhängen mit Freunden.
Als Upgrade rockt ein T-Shirt mit
15 coolem Motiv-Outfit.
Tipp für echte Fashion-Freaks:
Jeans mit Destroyed-Details.

Jeans-Dos und -Don'ts

First of all: Aktuell geht viel, vom
20 Retro-Style bis hin zur Skinny-Jeans.
Der Retro-Look bringt uns die
Mom-Jeans mit hohem Taillenbund
bis über den Bauchnabel. Der Trick:
Dieser Look zaubert einen flachen
25 Bauch. Wenn du Sneaker und einen
Blouson kombinierst, wirkt das
Ganze extrem gechillt.
Die **Flare-Jeans** ist ein Revival der
1970er-Schlaghose. Der Kick liegt in
30 der Kombination: Die Flare-Jeans
kann ein langes Bein zaubern,
wenn du sie etwas zu lang kaufst
und sie mit hohen Schuhen in
Szene setzt. Bist du eine eher kleine
Frau und glänzt nicht durch Beine   35
bis zum Hals, dann Finger weg von
Flare-Jeans. Oder du greifst zur
Cropped-Flare-Jeans mit kleinerem
Schlag im Flip-Flop-Cut, lässt den
Knöchel rausblitzen und kombinierst   40
High Heels.

---

❶ Analysiere die vier Texte und vervollständige die folgende Tabelle.
Berücksichtige bei den sprachlichen Besonderheiten z. B. Wortschatz, Satzbau, Nominal-/
Verbalstil, Fremdwörter (Bedeutung, Herkunft).

	Worüber wird gesprochen?	Verfasser	Adressat	Sprachliche Besonderheiten und Bezeichnung der Sprachvariante
Text 1	Fußballspiel	TV-Kommentator	…	…
Text 2	…	…	…	…
Text 3	…	…	…	…
Text 4	…	…	…	…

❷ Erkläre, ausgehend von den Texten, mögliche Funktionen von Fach- und Gruppensprachen.

Sprache und Stil

Sprachstile untersuchen

Radioreportage zum WM-Finale zwischen Ungarn und Deutschland am 4. 7. 1954, dem „Wunder von Bern"

Herbert Zimmermann

Deutschland im Endspiel der Fußballweltmeisterschaft. Das ist eine Riesensensation, das ist ein echtes Fußballwunder. Ein Wunder, das allerdings auf natürliche Weise zustande kam und das wir dem Fußballverstand unserer Spieler und der Vollkommenheit ihres Spiels verdanken.

5 Und dieses Spiel hier hat bereits vor einer Minute mit sieben Minuten Frühzündung begonnen. Deutschland in der Aufstellung, die Österreich mit 6:1 im Vorschlussrundenspiel schlug. Und der erste Angriff brandet gegen das ungarische Tor, aber der Angriff verpufft. [...]

Sechs Minuten noch im Wankdorf-Stadion in Bern. Keiner wankt, der
10 Regen prasselt unaufhörlich hernieder. Es ist schwer, aber die Zuschauer harren aus. Wie könnten sie auch anders? Eine Fußballweltmeisterschaft ist nur alle vier Jahre. Und wann sieht man ein solches Endspiel? So ausgeglichen, so packend.

Und Bozsik, immer wieder Bozsik, der rechte Läufer der Ungarn, am
15 Ball. Er hat den Ball – verloren diesmal. Gegen Schäfer. Schäfer nach innen geflankt, Kopfball, abgewehrt, aus dem Hintergrund müsste Rahn schießen, Rahn schießt ... Tor! , Tor! , Tor! , Tor!

3:2 führt Deutschland fünf Minuten vor dem Spielende. Halten Sie mich für verrückt, halten
20 Sie mich für übergeschnappt. Ich glaube, auch Fußball-Laien sollten ein Herz haben und sollten sich an der Begeisterung unserer Mannschaft und an unserer eigenen Begeisterung mitfreuen und sollten jetzt Daumen halten.
25 Viereinhalb Minuten Daumen halten in Wankdorf. 3:2 führt Deutschland nach dem Linksschuss von Rahn, der flach im linken Eck einschlug. [...] Drei zu zwei für Ungarn – für Deutschland – ich bin auch schon verrückt,
30 Entschuldigung! [...] Und die Ungarn, wie von der Tarantel gestochen, lauern die Puszta[1]-Söh-

Kopfballduell im WM-Finale 1954

1 Puszta: Landschaft in Ungarn

ne, drehen jetzt den siebten oder zwölften Gang auf. Und Kocsis flankt – Puskas abseits – Schuss – aber nein, kein Tor! Kein Tor! Kein Tor! Puskas abseits. [...] Fritz Walter zu Schäfer. Schäfer in Rechtsaußenposition.

35 Könnte nach innen flanken. Schießt! Aber er schießt an das kurze Außennetz. Es gibt Abschlag vom Tor der Ungarn. Vielleicht lässt der Schiedsrichter auch nachspielen, wegen der einen oder zwei Verletzungen, die passiert sind. Die Ungarn sind völlig aus dem Häuschen. Deutschland ist wieder im Ballbesitz. Rahn hat den Ball bekommen. Rahn spielt zu Fritz

40 Walter. Ball verfehlt. Puskas am Ball im Mittelkreis – aber Eckel springt dazwischen – hat abgewehrt. Die ganze deutsche Mannschaft setzt sich ein – mit letzter Kraft, mit letzter Konzentration. [...] Aus, aus, aus, aus, das Spiel ist aus! Deutschland ist Weltmeister!

Das 3:2 für Deutschland, WM-Finale 1954

1 Die Radioreportage Zimmermanns gilt bis heute als eine Sternstunde der deutschen Sportberichterstattung.
Untersuche, welche sprachlichen Mittel Zimmermann einsetzt und welche Wirkung er damit erzielt. Du kannst Begriffe aus dem folgenden Wortspeicher verwenden.

> **Metapher** (sprachliches Bild) · **Ellipse** (Auslassung, unvollständiger Satz) ·
> **Alliteration** (aufeinanderfolgende Wörter beginnen mit demselben Laut) ·
> **Anapher** (Wiederholung von Satzanfängen) · **Hyperbel** (Übertreibung) ·
> **Neologismus** (Wortneuschöpfung) · **Hochwertwort** (z. B. *Perfektion*) ·
> **rhetorische Frage** (Frage, auf die keine Antwort erwartet wird)

Liveticker der „11 Freunde" zum WM-Finale zwischen Argentinien und Deutschland am 13.07.2014

Deutsche Spieler jubeln nach dem Gewinn des WM-Titels 2014

1.   Wir wollen nicht übertreiben. ABER: An diesem einen Anstoß kann der Weltmeistertitel hängen.

5.   Konter Argentinien. Hummels macht den Briegel[1]. Higuain schießt! Manu, halt den Ball! Muss er gar nicht: daneben. Gefährlich! Wie ich die Brasilianer vermisse, diese drolligen Nichtsnutze.

11.   Jetzt Ecke Argentinien. Neuer schickt seine Leute aus dem Strafraum, sagt zu Messi: „Nur du und ich, Freundchen." Messi entscheidet sich für Abstoß Deutschland.

36.   Argentinien jetzt so druckvoll wie Maradonas Blase nach einem Umtrunk mit Raul Castro[2].

45.   Noch mal Doppelecke für Deutschland, bevor es in die Pause geht. NEIN! NEIN! NEIN! HÖWEDES! KÖPFT! AN! DEN! PFOSTEN! Aus einem Meter Entfernung! Auf einem 105 Meter langen Feld. Warum, Gott (Khedira), hast du uns verlassen?

55.   Dribbling Schürrle, Dribbling Klose, beide bleiben hängen in einem Wald aus argentinischen Beinen wie fliehende Rehe im Unterholz bei der Treibjagd. Und ich musste schon bei „Bambi" heulen!

86.   Und jetzt, da wir eh so leicht erregbar sind, geht auch noch Klose vom Feld. Für immer? Nein: Wir wollen, dass er 2018 mit seinen Enkeln auf

---

1 Hans-Peter Briegel (geb. 1955): deutscher Abwehrspieler, der aufgrund seines Offensivdrangs berühmt wurde („Walz von der Pfalz")
2 Raul Castro (geb. 1931): Bruder des kubanischen Revolutionsführers Fidel Castro

20 den Schultern sein 17. WM-Tor feiert. Beziehungsweise mit Götze auf den Schultern gleich den Titel feiert, der jetzt für ihn ins Spiel kommt. Wird der Etappen-Messi dieses Finale entscheiden – und nicht jubeln, aus Demut vor Gott, seiner Ablösesumme oder was weiß ich wem? Man kann es sich nicht aussuchen. Mach ihn einfach rein, du Lümmel.

25 **91.** Müller bricht mitten im Angriff am Ball zusammen, weiß offenbar nicht, ob er grätschen oder flanken soll. Selbst diesen Mann hat das brutale Umschaltspiel kaputtgemacht. Schießt er gleich das Siegtor für Argentinien?

99. Ich kann meine Finger nicht mehr spüren, befürchte, dass Schweini
30 bald seine Beine nicht mehr spürt, und Mario Götze hält an der Außenlinie den Ball hoch. Okay, wenn du so cool bist, dann mach was. Jetzt!

100. Hummels hat offenbar keinen Vertrag mehr für die Verlängerung, befindet sich bereits im Urlaub. Kickt gerade wie ein besoffener Engländer um 12 Uhr mittags auf Malle.

35 **104.** Dieses Spiel, es endet nicht. Lahm wächst mittlerweile Gras auf der Stirn. Die Spieler, sie verwittern wie Denkmäler, mitten in diesem endlosen Finale.

112. JAAAAAAAAAAAAAAAAAAAAAA! GÖÖÖÖÖÖÖÖÖÖÖÖÖÖÖTZE! DIE WELT BRENNT AB! Während
40 dem Schiri das Spiel gerade komplett entgleitet, spielt ausgerechnet, ich betone: AUSGERECHNET GÖTZE einfach weiter oder fängt von vorne an, erinnert sich an sich selbst, fängt Schürrles Flanke mit der Brust ab und zimmert den Ball mit einer Bewegung ins Tor! GÖTZE! ICH LIEBE DICH! JAAAAAAAAAAAAAAAAA!

45 **121.** Noch eine Minute. Noch ein Freistoß für Argentinien, noch ein Krampf für Schweinsteiger. Nicht der beste Moment für den Receiver, um zu verkünden: Drücken Sie eine beliebige Taste, das Gerät wird sonst abgeschaltet. Und doch passiert genau das!

124. Aus. Aus. Das Spiel ist aus! Deutschland ist Weltmeister! Und wird
50 heute Nacht noch untergehen. Jetzt sprengen sie hier das Viertel. Auch Opfer unter den Deutschen.

➊ Ein Liveticker berichtet nicht nur über die Tore eines Spiels. Welche weiteren Ereignisse und Situationen kommen zur Sprache (z. B. gescheiterte Angriffe, Zweikämpfe …)?

➋ Welche sprachlichen Mittel benutzt der Autor, um die Inhalte anschaulich und interessant darzustellen? Nenne mindestens 5 Stilmittel (vgl. Wortspeicher S. 263), die für den Text typisch sind. Notiere jeweils Zeilenangaben für Belegstellen, z. B.:
   Ausrufe (z. B. Z. 3, 4, 12, 13) …

➌ Liveticker und Radioreportage (→ S. 262 f.): Erläutere Gemeinsamkeiten und Unterschiede.

Sprachstile erproben

① Schreibe das Märchen „Der Wolf und die sieben jungen Geißlein" als Liveticker. Verwende Anregungen aus dem Liveticker auf Seite 264 f.

Tipp: Erstelle zunächst einen Schreibplan, in dem du das Märchen in maximal 15 Handlungsschritten in Stichpunkten zusammenfasst. Jeder Handlungsschritt bildet die Basis für einen Tickereintrag.

Möglicher Anfang:

> *1. Die Kontrahenten stehen bereit. Auf der einen Seite der Wolf, auf der anderen die sieben Geißlein, gecoacht von ihrer Mutter. Ein klassisches Alles-oder-nichts-Spiel. Harte Zweikämpfe garantiert. Freuen wir uns auf das Match.*

Der Wolf und die sieben jungen Geißlein *Brüder Grimm*

Es war einmal eine alte Geiß, die hatte sieben junge Geißlein. Sie hatte sie so lieb, wie eben eine Mutter ihre Kinder lieb hat. Eines Tages wollte sie in den Wald gehen und Futter holen. Da rief sie alle sieben herbei und sprach: „Liebe Kinder, ich muss hinaus in den Wald. Seid inzwischen brav, sperrt
5 die Türe gut zu und nehmt euch in Acht vor dem Wolf! Wenn er hereinkommt, frisst er euch mit Haut und Haaren. Der Bösewicht verstellt sich oft, aber an seiner rauen Stimme und an seinen schwarzen Füßen werdet ihr ihn gleich erkennen."

Die Geißlein sagten: „Liebe Mutter, wir wollen uns schon in Acht neh-
10 men, du kannst ohne Sorge fortgehen." Da meckerte die Alte und machte sich getrost auf den Weg.

Es dauerte nicht lange, da klopfte jemand an die Haustür und rief: „Macht auf, ihr lieben Kinder, eure Mutter ist da und hat jedem von euch etwas mitgebracht!" Aber die Geißlein hörten an der rauen Stimme, dass
15 es der Wolf war. „Wir machen nicht auf", riefen sie, „du bist nicht unsere Mutter. Die hat eine feine und liebliche Stimme, deine Stimme aber ist rau. Du bist der Wolf!"

Da ging der Wolf fort zum Krämer und kaufte sich ein großes Stück Kreide. Er aß es auf und machte damit seine Stimme fein. Dann kam er
20 zurück, klopfte an die Haustür und rief: „Macht auf, ihr lieben Kinder, eure Mutter ist da und hat jedem von euch etwas mitgebracht!"

Aber der Wolf hatte seine schwarze Pfote auf das Fensterbrett gelegt. Das sahen die Kinder und riefen: „Wir machen nicht auf! Unsere Mutter hat keinen schwarzen Fuß wie du. Du bist der Wolf!"

25   Da lief der Wolf zum Bäcker und sprach: „Ich habe mir den Fuß angestoßen, streich mir Teig darüber!"

    Als ihm der Bäcker die Pfote bestrichen hatte, lief er zum Müller und
sprach: „Streu mir weißes Mehl auf meine Pfote!" Der Müller dachte, der
Wolf wolle jemanden betrügen, und weigerte sich. Aber der Wolf sprach:
30 „Wenn du es nicht tust, fresse ich dich!" Da fürchtete sich der Müller und
machte ihm die Pfote weiß.

    Nun ging der Bösewicht zum dritten Mal zu der Haustür, klopfte an und
sprach: „Macht auf, Kinder, euer liebes Mütterchen ist heimgekommen
und hat jedem von euch etwas aus dem Wald mitgebracht!"

35   Die Geißlein riefen: „Zeig uns zuerst deine Pfote, damit wir wissen, dass
du unser liebes Mütterchen bist."

    Da legte der Wolf die Pfote auf das Fensterbrett. Als die Geißlein sahen,
dass sie weiß war, glaubten sie, es wäre alles wahr, was er sagte, und machten die Türe auf.

40   Wer aber hereinkam, war der Wolf! Die Geißlein erschraken und wollten sich verstecken. Das eine sprang unter den Tisch, das zweite ins Bett,
das dritte in den Ofen, das vierte in die Küche, das fünfte in den Schrank,
das sechste unter die Waschschüssel, das siebente in den Kasten der
Wanduhr. Aber der Wolf fand sie und verschluckte eines nach dem an-
45 dern. Nur das jüngste in dem Uhrkasten, das fand er nicht.

    Als der Wolf satt war, trollte er sich fort, legte sich draußen auf der grü-
nen Wiese unter einen Baum und fing an zu schlafen.

    Nicht lange danach kam die alte Geiß aus dem Walde wieder heim.
Ach, was musste sie da erblicken! Die Haustür stand sperrangelweit offen,
50 Tisch, Stühle und Bänke waren umgeworfen, die Waschschüssel lag in
Scherben, Decken und Polster waren aus dem Bett gezogen. Sie suchte ihre Kinder, aber nirgends waren sie zu finden. Sie rief sie nacheinander bei
ihren Namen, aber niemand antwortete. Endlich, als sie das jüngste rief,
antwortete eine feine Stimme: „Liebe Mutter, ich stecke im Uhrkasten!"

Streu mir weißes Mehl auf meine Pfote!
Wenn du es nicht tust, fresse ich dich!

55 Da holte die Mutter das junge Geißlein aus seinem Versteck heraus, und es erzählte ihr, dass der Wolf gekommen wäre und die anderen alle gefressen hätte. Ihr könnt euch denken, wie da die alte Geiß über ihre armen Kinder geweint hat!

Endlich ging sie in ihrem Jammer hinaus, und das jüngste Geißlein lief
60 mit. Als sie auf die Wiese kamen, lag der Wolf immer noch unter dem Baum und schnarchte, dass die Äste zitterten. Die alte Geiß betrachtete ihn von allen Seiten und sah, dass in seinem vollen Bauch sich etwas regte und zappelte. Ach, Gott, dachte sie, sollten meine armen Kinder, die er zum Nachtmahl hinuntergewürgt hat, noch am Leben sein?

65 Da musste das Geißlein nach Hause laufen und Schere, Nadel und Zwirn holen. Dann schnitt die alte Geiß dem Bösewicht den Bauch auf. Kaum hatte sie den ersten Schnitt getan, da streckte auch schon ein Geißlein den Kopf heraus. Und als sie weiterschnitt, sprangen nacheinander alle sechs heraus. Sie waren alle heil und gesund, denn der Wolf hatte sie
70 in seiner Gier ganz hinuntergeschluckt.

Das war eine Freude! Da herzten sie ihre liebe Mutter und hüpften wie Schneider bei einer Hochzeit. Die Alte aber sagte: „Jetzt geht und sucht große Steine, damit wollen wir dem bösen Tier den Bauch füllen, solange es noch im Schlafe liegt.“

75 Da schleppten die sieben Geißlein in aller Eile Steine herbei und steckten ihm so viele in den Bauch, als sie nur hineinbringen konnten. Dann nähte ihn die Alte in aller Geschwindigkeit wieder zu, sodass der Wolf nichts merkte und sich nicht einmal regte.

Als er endlich ausgeschlafen hatte, machte er sich auf die Beine. Und
80 weil ihm die Steine im Magen großen Durst verursachten, wollte er zu einem Brunnen gehen und trinken. Als er aber anfing zu laufen, stießen die Steine in seinem Bauch aneinander und zappelten. Da rief er:

„Was rumpelt und pumpelt
in meinem Bauch herum?
85 Ich meinte, es wären sechs Geißelein,
doch sind's lauter Wackerstein.“

Und als er an den Brunnen kam und sich über das Wasser bückte und trinken wollte, da zogen ihn die schweren Steine hinein, und er musste jämmerlich ersaufen.

90 Als die sieben Geißlein das sahen, kamen sie eilig herbeigelaufen und riefen laut: „Der Wolf ist tot! Der Wolf ist tot!“ Und sie fassten einander an den Händen und tanzten mit ihrer Mutter vor Freude um den Brunnen herum.

2 Entwickle auf der Basis des unten abgebildeten Einkaufszettels eine Radioreportage.
Tipp: Orientiere dich beim Ablauf des Einkaufs am räumlichen Aufbau eines dir bekannten Supermarkts. Spannend und unterhaltsam wird die Reportage, wenn du mit anderen Einkaufenden „spielst".
Möglicher Anfang:

Samstagmorgen, Lukas und seine Mutter auf dem Weg in den Supermarkt.
Der Regen prasselt unaufhörlich auf den vollen Parkplatz. Es erwartet sie eine
wichtige, eine große, eine entscheidende Aufgabe. Lukas zückt den Euro. Und
schon haben sie einen Einkaufswagen.
Und jetzt betreten die beiden die heilige Halle. Ob sie alles finden werden? Beide
machen einen hoch motivierten Eindruck. Gekonnt lassen sie eine ältere Frau mit
ihrem Wagen aussteigen. Ja, das ist Einkaufen ...

Einkaufszettel

1 Brokkoli
2 Gurken
5 Süßkartoffeln
Müsli
Marmelade (Himbeere)
Honig
Toast
4 Joghurts
Butter
2 Milch (3,5 % Fett)
100 Gramm Salami
4 Paar Wiener Würstchen
500 Gramm gemischtes Hackfleisch
3 Obstsäfte
1 Kiste Mineralwasser
Süßes
Zeitschrift

3 Wähle eine der folgenden Alltagssituationen und beschreibe diese im Stil eines Livetickers oder einer Radioreportage:

Schulweg · Zahnarztbesuch · Zimmer aufräumen · Familienabendessen

11 Do it yourself!

Rechtschreibregeln und -strategien anwenden

Warum „Do it yourself" so beliebt ist

„Do-it-yourself" (DIY) ist ein ungebrochener Trent. Ob beim Häkeln, stricken, nähen oder backen – beim Selbermachen wird jeder zum Künstler oder Modeschöpfer. Der Reiz besteht hauptsächlich darin etwas Eigenes und individuelles zu erschaffen. Doch was sind die wich-
5 tigsten Trents beim „DIY" und warum ist es so beliebt?

Der Tatsache dass es Spaß macht, etwas einzigartiges zu erschaffen wird wohl kaum jemand wider sprechen, und jeder wird zu geben, dass es Freude macht, selbst etwas zu produziren und das auch noch gutzuma-chen. Besonders beliebt ist das sogenannte „Social Do-it-yourself": Wa-
10 rum alleine stricken wenn man sich dabei doch mit gleichgesinnten aus-tauschen kann, lautet die Deviese der DIY-Fangemeinde. Gemeinsam werden Ideen gewälzt es wird geplaudert und sich gegenseitig geholfen. Es geht nicht nur um die Arbeit, sondern auch um den sozialen Aspekt und darum, an den entsprechenden Netzwerken teil zu haben.
15 Auch der Faktor „Nachhaltigkeit" ist eine wichtige Motivation für das Prinzip selbermachen geworden. Beim sogennanten „Upcycling" wird aus altem wieder neues.

In Sachen Ideenfindung ist das Internet die Beliebteste Informations-quelle. Unzählige Anregungen werden dort täglich von Bloggern oder On-
20 line-Diensten kostenlos zur Verfügung gestellt, und ermöglichen jedem den Einstieg in den „Do-It-Yourself"-Kosmoss.

Produzieren statt Konsumiren ist die Philosophie des „Do-it-yourself"-Gedankens. Der kreative Schaffensprozess ist auch für viele Menschen der

Weg zu sich selbst und entschleunigt den Alltag denn selber machen ent-
25 spannt, und bringt das Individuelle Talent zum Vorschein.

1 a) Der Artikel enthält insgesamt 33 Fehler. Übertrage die folgende Tabelle in dein Heft,
    trage die Fehlerwörter ein und markiere die fehlerhafte Stelle.
    Achtung: Ergänze bei Nominalisierungen auch die Begleitwörter.
  b) Formuliere zu jedem Fehlerschwerpunkt Regeln oder Tipps, wie man diesen Fehler
    vermeiden kann.
  c) Kontrolliere deine Korrekturen bei Bedarf mit dem Wörterbuch.

Fehlerschwerpunkte

Groß- und Kleinschreibung	Getrennt- und Zusammen-schreibung	Fremdwortschreibung	Kommasetzung
…	…	…	…

Die Groß- und Kleinschreibung trainieren

Was kannst du schon?

„DIY" – das neue „selbermachen"

(1) nahezu täglich gibt es gelegenheiten, etwas selber zu machen: sei es klassisches handwerken oder das reparieren von kaputtem, das einkochen von marmelade aus selbst geernteten erdbeeren oder das sogenannte upcycling von alter kleidung. doch was gestern noch als altbacken und unmodern galt,
5 ist heutzutage trend. das besondere der aktuellen bewegung ist, dass sie vor allem junge menschen erfasst hat. diese bieten im internet nicht nur selbstgemachtes, sondern auch tausende tutorials an – angefangen von Ideen für das basteln von weihnachtsgeschenken bis hin zum sogenannten „handlettering",
10 wo in kunstvollen schriftarten kalender und postkarten gestaltet oder verschönert werden.

(2) während es anfangs häufig frauen waren, die etwas selber machten, sieht man inzwischen auch hippe junge männer, die
15 wollmützen stricken oder ihrer kreativität mithilfe eines 3-D-druckers ausdruck verleihen. auch dass in den stuttgarter, düsseldorfer oder berliner szenegegenden dutzende nähcafés und ähnliche läden oder ateliers aus dem boden schießen, wo von morgens früh bis spät in den abend gebastelt wird, ist etwas
20 neues, was übrigens genauso in englischen oder französischen großstädten zu beobachten ist. ein beispiel ist die berliner „baustelbar". hier wird sowohl während der woche als auch samstags und sonntags „gebaustelt" – eine mischung aus „basteln" und „bauen".

🟢 a) Schreibe alle Wörter aus dem ersten Absatz des Textes, die du großschreiben musst, mit Begleitwörtern in dein Heft. Begründe die Großschreibungen.

b) Suche im zweiten Absatz des Textes mindestens ein Beispiel für die folgenden Rechtschreibphänomene und notiere es korrekt geschrieben in dein Heft.

Nomen	Nominalisierungen	Zeitangaben als Nomen	Zeitangaben als Adverbien

Zahlen und Mengenangaben	Eigennamen und Herkunftsbezeichnungen

② Diktiert euch den 2. Absatz des Textes: Korrigiert eure Texte anschließend gegenseitig.

Knifflige Fälle der Groß- und Kleinschreibung trainieren

A Er konnte <u>dank</u> der finanziellen Hilfe seiner Freundin eine eigene Werkstatt aufmachen und wollte ihr dafür auf der offiziellen Eröffnungsparty feierlich seinen <u>Dank</u> aussprechen.

B An dem Tag, an dem am <u>Abend</u> die Eröffnungsparty stattfinden sollte, wurde ihm <u>nachmittags</u> allerdings <u>angesichts</u> der vielen <u>Eingeladenen</u> <u>angst</u> und <u>bange</u>.

C Seine Freundin beruhigte ihn und versicherte ihm, dass sie mit ihm <u>durch dick und dünn</u> gehen werde und er keine <u>Angst</u> zu haben brauche, da die Party in jedem Fall etwas <u>Besonderes</u> werden würde; zudem sei es normal, dass er <u>anfangs</u> etwas nervös sei.

D Er hoffte, dass die Musik für <u>Jung</u> und <u>Alt</u> geeignet sein würde, und wollte nicht <u>schuld</u> sein, wenn sich das Publikum langweilt.

E Dass seine Sorge unbegründet gewesen war, wurde ihm klar, als sich die ersten Gäste erst <u>frühmorgens</u> auf den Heimweg machten und ihm alles <u>Gute</u> für sein Projekt wünschten, nachdem sie ihm noch schnell das <u>Du</u> angeboten hatten.

1 Erläutere, mithilfe welcher der folgenden Regeln du die Schreibung der markieren Wörter jeweils erklären kannst.

Regel 1:
Nomen/Substantive werden groß-geschrieben.

Regel 2:
Nominalisierungen/Substantivie-rungen anderer Wortarten werden großgeschrieben. Man erkennt sie meist an vorangehenden Begleit-wörtern wie Artikeln, Adjektiven, Präpositionen, Pronomen oder unbestimmten Numeralien.

Regel 3:
Nomen/Substantive, die in der Verbindung mit *sein, bleiben* und *werden* zu Adjektiven werden, schreibt man klein.

Regel 4:
Nomen/Substantive, die durch Anfügen eines *-s* zu Adverbien werden, schreibt man klein.

Regel 5:
Nomen/Substantive, die als Präpo-sitionen gebraucht werden, wie z. B. *dank, kraft, laut, statt, trotz*, werden kleingeschrieben.

Regel 6:
Feste Wendungen mit nicht dekliniertem Adjektiv werden kleingeschrieben, z. B.: *auf ewig, durch dick und dünn*.

Fan-Fiction – DIY für angehende Schriftsteller?

Das Schreiben von Fan-Fiction ist eine besondere Form des DIY. Während das Lesen von Büchern oder das Anschauen von Filmen oder Serien vielen reicht, wollen andere nicht nur konsumieren, sondern angesichts des Erfolgs dieser Werke und kraft ihrer eigenen Fantasie auch selbst etwas
5 Ähnliches produzieren. Entwickelt sich ein Roman oder eine Serie zum Bestseller, so kann man sicher sein, dass über kurz oder lang die Fans eigene Geschichten dazu schreiben. Im Allgemeinen spinnen sie dabei die Ideen ihrer Lieblingsautorinnen und -autoren weiter, verändern sie oder schreiben eine Romanserie oder eine Filmserie trotz Beendigung seitens der Auto-
10 rinnen/Autoren weiter, um mit den Film- oder Romanhelden auf ewig durch dick und dünn gehen zu können. So gibt es dank dieser Fans z. B. tausende von Texten, die in der Harry-Potter-Welt spielen, oder fast 4 000 Fan-Geschichten zu den „Tributen von Panem". Manchmal kann einem angesichts dieser Fülle von Texten tatsächlich angst werden und einige
15 Schriftsteller/-innen sind den Fan-Fiction-Autorinnen tatsächlich gram.

2 a) Suche zu den Regeln auf Seite 273 je zwei Beispielwörter oder -wendungen aus diesem Text und notiere sie.
b) Formuliere mit den Wörtern und Wendungen aus Aufgabe a) jeweils einen eigenen Beispielsatz.

3 a) Schreibe den folgenden Text in der richtigen Groß- und Kleinschreibung ab.
b) Markiere in deiner Abschrift alle Wörter, die du gemäß Regel 3 – 6 kleinschreiben musst.

4 Setze den Krimi fort. Achte dabei auf die korrekte Groß- und Kleinschreibung.

Inspektor Jones – DIY-Fortsetzungskrimi

TIEF IM WALD ANGEKOMMEN, WURDE MIR ANGST UND BANGE. DARAN WAR SCHULD, DASS ICH ZEIT MEINES LEBENS GERN KRIMIS GESCHAUT HATTE, DENN ANGESICHTS RINGSUM FUNKELNDER AUGEN WURDE SOFORT MEINE FANTASIE BEFLÜGELT. TROTZ ALLEM NAHM ICH MEINE GANZE
5 KRAFT ZUSAMMEN UND WAR WILLENS, MEINE ANGST ZU ÜBERWINDEN. DOCH DIE GEFAHR, MANGELS UNTERSTÜTZUNG VON DEN NAHENDEN GANGSTERN ÜBERWÄLTIGT ZU WERDEN, WAR DURCHAUS REAL. WAS – UM HIMMELS WILLEN – SOLLTE ICH TUN? IN DIESEM MOMENT ENTDECKTE ICH, DASS SICH INSPEKTOR JONES LEISE DURCHS UNTERHOLZ HERANPIRSCHTE.
10 ÜBER KURZ ODER LANG WÜRDE ER DIE BANDE ÜBERWÄLTIGEN UND SIE VOR GERICHT BRINGEN, WO SIE SEITENS DER ZUSTÄNDIGEN RICHTER UND KRAFT DES GESETZES VERURTEILT WÜRDEN. DAMIT WÜRDEN SIE MIT SICHERHEIT AUF EWIG IM GEFÄNGNIS IHR DASEIN FRISTEN.

Durch Selbermachen Ressourcen und Umwelt schonen?

Allein in Deutschland liegen rund (s/S)echzig (m/M)illionen alte Handys herum. Darunter sind (v/V)iele, die noch funktionieren. Nur (w/W)enige der kaputten Handys werden recycelt. Die (m/M)eisten landen auf dem Müll. In einer Tonne Handys stecken unter (a/A)nderem (d/D)rei Kilo-
5 gramm Silber und ein (d/D)rittel dieser Menge an Gold. Für jedes (e/E)in-zelne Gramm Gold gelangt das (d/D)oppelte an Quecksilber in die Um-welt. Unbegreiflich ist, dass (k/K)einer diesen Schatz hebt. Dabei könnte jeder (e/E)inzelne selbst auf (e/E)inige Dinge achten. Der (e/E)ine oder (a/A)ndere könnte sein Handy sicherlich länger nutzen. Für ein (p/P)aar
10 Euro mehr gibt es auch „faire" Handys auf dem Markt oder Modelle, bei denen (e/E)inzelne Komponenten einfach ausgetauscht werden können, wenn sie kaputt sind. Das sind Möglichkeiten, nicht (a/A)lles wegzu-schmeißen. Es kann also (j/J)eder (e/E)twas beitragen. Die (w/W)enigsten wissen übrigens, dass man sein Handy auch komplett selbst bauen kann.
15 Dabei ist allerdings (v/Vieles) noch nicht so richtig ausgereift, so dass die-se Variante für die (m/M)eisten nicht infrage kommen wird.

5 a) Welche Mengenangaben treten hier als Nomen auf und müssen groß geschrieben werden? Begründe.
b) Schlage nach, welche Mengenangaben du sowohl groß- als auch kleinschreiben kannst.

6 Schreibe aus folgendem Brief die Wörter in Großbuchstaben in der richtigen Schreibung auf.

Lieber Hektor,
ich sitze gerade vor einer der berühmtesten Sehenswürdigkeiten in der ÄGYPTISCHEN WÜSTE: der GROSSEN SPHINX VON GISEH. Bei den Pyramiden ist HEUTE + ABEND eine große Lichtershow. Nach unserem Badeurlaub am
5 *ROTEN MEER sind wir AM + DIENSTAG + MITTAG mit einer ARABISCHEN AIRLINE in die Hauptstadt geflogen. AM + MITTWOCH + MORGEN waren wir in der KAIROER Innenstadt. In einer Nebenstraße habe ich SPÄT + VORMITTAGS eine unglaubliche Entdeckung gemacht: Dort sitzen von MORGENS bis ABENDS Leute neben Bergen von Elektroschrott und verwerten ihn.*
10 *Ich möchte nicht wissen, wie viele FINNISCHE HANDYS im NAHEN OSTEN und in den AFRIKANISCHEN LÄNDERN herumliegen. Den Verantwortlichen sollte man die ROTE KARTE zeigen. Wir landen ÜBERMORGEN wieder auf dem BERLINER FLUGHAFEN und AM + KOMMENDEN + FREITAG sehen*
15 *wir uns endlich wieder.*
Liebe Grüße von Nike

Kamera läuft – Tutorials selbst drehen

(1) Am <u>wichtigsten</u> ist, dass du eine gute Idee hast, eine <u>besondere</u>, die nicht schon in hundertfacher Form im Internet zu finden ist. Vielleicht bist du die oder der <u>Beste</u>, wenn es darum geht, ein Matheproblem so verständlich zu erklären, dass es andere Schüler/-innen, auch <u>schwächere</u>, schnell verstehen. Oder du hast eine besondere Methode entwickelt, wie du deinem Hund etwas <u>Außergewöhnliches</u> beibringst oder wie du ihn am <u>besten</u> und <u>tierfreundlichsten</u> erziehst. Vielleicht ist aber auch Omas Streuselkuchen einfach so gut, dass du das Rezept deinen Mitmenschen, natürlich nur den am <u>Backen</u> <u>interessierten</u>, nicht vorenthalten willst.

(2) UM DIE EINZELNEN SCHRITTE DEINES TUTORIALS ZU PLANEN ODER ETWAS BESONDERS KOMPLIZIERTES DARZUSTELLEN, SOLLTEST DU VORAB EIN STORYBOARD – NUR EIN GANZ EINFACHES – ERSTELLEN. EINES DER WICHTIGSTEN DINGE BEIM VIDEODREH IST EINE GUTE BELEUCHTUNG. AM BESTEN GEEIGNET IST TAGESLICHT. WENN ES EINE KÜNSTLICHE BELEUCHTUNG SEIN SOLL, SOLLTE MAN IN JEDEM FALL EINE INDIREKTE ODER DIFFUSE WÄHLEN, UM OPTISCH DAS BESTE HERAUSZUHOLEN.

(3) Das allerwichtigste an einem Selbst gedrehten Video ist jedoch der Ton. Deine Zuschauer/-innen – auch die Treuesten – verzeihen es dir nicht, wenn du nuschelst. Auch zu leises oder zu Schnelles sprechen führt dazu, dass die meisten schnell wegklicken. Am Sichersten ist es, wenn du Bild und Ton getrennt aufnimmst und am Schluss beides zusammenschneidest. Bevor du dein Video online stellst, musst du es in der Regel noch schneiden. Das ist eigentlich bei allen Filmern, auch den Erfahrensten, unerlässlich, sogar wenn es so aussieht, als sei alles spontan und aus der Situation heraus entstanden.

7 a) Erläutere die Groß- und Kleinschreibungen der unterstrichenen Wörter im ersten Absatz des Textes. Nutze bei Bedarf die Informationen im Merkkasten auf Seite 277.

b) Schreibe den zweiten Absatz in der richtigen Groß- und Kleinschreibung in dein Heft. Markiere anschließend alle Wörter, bei denen du besonders nachdenken oder im Merkwissen (→ S. 277) nachsehen musstest.

c) Der dritte Abschnitt enthält sieben Fehler im Bereich der Groß- und Kleinschreibung. Suche sie und erläutere, mithilfe welcher Regel man diese Fehler vermeiden kann.

Do-it-yourself-„Wissenschaftler"

Komplett verkabelt bevölkern zahlreiche Jogger die Parks. Anschließend werden die Daten analysiert und schon spuckt der Computer einen individuellen Fitnessplan aus. Durch v/Verkabeln des eigenen Körpers und z/Zahlreiche Apps stehen den selbst e/Ernannten Do-it-yourself-

5 „Wissenschaftlern" heute e/Etliche Instrumente zur s/Selbstanalyse zur v/Verfügung. Diese bieten zwar a/Allerlei n/Nützliches, aber trotzdem muss man das f/Für und w/Wider abwägen, denn die Selbstbeobachtung wird für m/Manche zur Sucht. Auch kann einem a/Angst und b/Bange werden, wenn man bedenkt, dass die Hersteller, vor allem die a/Amerikanischen,

10 riesige Datenmengen über uns sammeln, denn s/Seitens der Unternehmen gilt immer noch: „Hauptsache, es dient dem Geschäft."

8 Begründe für alle markierten Wörter, warum du sie groß- oder kleinschreiben musst.

Merke **Knifflige Fälle der Groß- und Kleinschreibung**

Großschreibung
- **Nomen/Substantive** und wie **Nomen/Substantive** gebrauchte **Adjektive**, **Verben**, **Pronomen**, **Präpositionen**, **Konjunktionen** und **Interjektionen**, z. B.:
  etwas Schönes, das Schönste, das lange Warten, jemandem das Du anbieten, das Für und Wider, das Wie ist entscheidend, mit großem Weh und Ach.
- **Eigennamen und Herkunftsbezeichnungen auf -er**, z. B.:
  Atlantischer Ozean, Stuttgarter Bahnhof.
- **Zeitangaben, die als Nomen verwendet werden**, z. B.: *heute Abend, am Samstagmorgen.*

Kleinschreibung
- aus **Nomen/Substantiven** entstandene Wörter anderer Wortarten, z. B.:
  - Adverbien wie *mitten, kreuz und quer, abends, mittags, vormittags,*
  - Adjektive in Verbindung mit *sein, werden* und *bleiben* wie *schuld sein,*
  - Präpositionen wie *dank, kraft, trotz,*
  - unbestimmte Pronomen und Zahlwörter wie *ein wenig, ein bisschen, manche.*
- wenn **nach einem Adjektiv ein Nomen/Substantiv eingespart** wird, das vorher im Text genannt wurde und leicht ergänzt werden kann, z. B.:
  Mir gefallen deine selbst genähten Kleider sehr gut, besonders die gepunkteten.
- **Superlative mit** *am*, die man mit *wie* erfragen kann, z. B.:
  Dieses Modell gefällt mir (wie?) am besten.
- **Herkunftsbezeichnungen auf -isch**, sofern es sich nicht um Eigennamen handelt, z. B.:
  japanische Schriftzeichen (Herkunftsbezeichnung), aber: *Olympische Spiele* (Eigenname).
- **Zeitangaben als Adverbien**, z. B.: *morgens, samstagabends.*

Regeln und Strategien zur Getrennt- und Zusammenschreibung wiederholen

Was kannst du schon?

Mach du mal!

„Do It Yourself" ist Trend. Das haben inzwischen auch Firmen und öffent-liche Verwaltungen entdeckt, die viele von uns zum selber + machen motivieren und dabei ganz nebenbei noch unsere Arbeitskraft Gewinn + bringend nutzen. Immer im Frühling fordern zum Beispiel viele Städte ih-
5 re Bewohner auf, sich bei feucht + warmen Temperaturen zusammen + zu + finden, um ihre Stadt sauber + zu + machen und Tage + lang den Müll auf Straßen und Parks ein + zu + sammeln und weg + zu + räumen. Auch in anderen Bereichen muss man inzwischen selbst aktiv werden: In Selbstbe-dienungsrestaurants muss man sein Essen selbst + abholen und anschlie-
10 ßend das Geschirr wieder zurück + bringen. Statt abends fern + zu + sehen, fährt man persönlich zur Packstation, um seine Pakete ab + zu + holen. Auch bei den Möbelhäusern setzt sich immer mehr der Trend durch, dass man seine Möbel selbst + zusammen + bauen muss. Wer mit einer Billigfluglinie irgendwo + hin + fliegt, muss nicht nur selbst + buchen,
15 sondern auch noch Stunden + lang Schlange + stehen, wenn er noch ei-nen guten Platz im Flugzeug ergattern möchte. Wer hier Schluss + folgert, die Menschen, die sich dies gefallen ließen, seien Stroh + dumm, ignoriert, dass viele es sogar begrüßen, dies alles alleine + zu + tun. Umfragen in den USA zeigen zum Beispiel, dass fast die Hälfte der Befragten der Aussage
20 zu + stimmen, im Hotel lieber an Automaten ein + zu + checken, damit sie nicht mit dem Personal reden + müssen. Es gibt also keinen Grund, ange-sichts dieses Trends gleich alles schwarz + zu + malen.

Zusammenschreibung	Getrenntschreibung
zum Selbermachen, …	…

❶ Getrennt oder zusammen?
Übertrage die Tabelle in dein Heft und trage die markierten Wörter aus dem Text in der richtigen Schreibung ein. Beachte auch mögliche Alternativschreibungen.

❷ Erläutere, welche Proben oder Regeln du jeweils anwenden kannst, um die richtigen Schreibungen zu finden.

❸ Überprüfe deine Antworten mit den Informationen im Merkkasten auf Seite 281.

Die Getrennt- und Zusammenschreibung trainieren

Selbermachen als Wirtschaftsmotor

Dass DIY meist mit Individualität gleich + gesetzt wird, trägt mit Sicherheit dazu bei, dass der Trend zu + nimmt und dadurch auch zahlreiche Bereiche der Wirtschaft ankurbelt. Es werden zum Beispiel DIY-Boxen mit zugeschnittenen Stoffen angeboten, die man nur noch zu einer Tasche
5 oder einem T-Shirt zusammen + nähen muss, oder Sets, mit denen man gemeinsam + basteln oder zusammen + kochen kann. So will man sicher + stellen, dass es auch ungeschickteren Menschen leicht + fällt, diesen Trend mit + zu + machen. Viele wett + eifern jedoch um das originellste DIY und müssen sich daher erst einmal teure Werkzeuge und Materia-
10 lien an + schaffen, bevor sie los + legen können. Dieser Trend wird von unzähligen Bastelbüchern, Fernsehsendungen oder Influencern noch befördert. Sehr teuer + sein kann es auch, wenn man sich nicht genug mit den Anleitungen auseinander + setzt und am Ende etwas heraus + kommt, was nicht funktioniert oder nur sehr kurz haltbar ist. Das wollen viele
15 allerdings nicht wahr + haben und versuchen, sich das Ergebnis schön + zu + reden.

Einige Unternehmen machen sich den Wunsch nach Individualität sogar in der Form zunutze, dass sich ihre Kundinnen und Kunden z. B. ihr Müsli selbst zusammen + stellen können und anschließend sogar bereit +
20 sind, mehr Geld als üblich dafür zu bezahlen. Andere Hand + haben es so, dass die späteren Käufer/-innen an Designwettbewerben für Turnschuhe oder T-Shirts teil + nehmen und dadurch praktisch zu + stimmen, dass sie selbst die kreative Leistung auf + bringen, die eigentlich ein Produktdesigner erbringen sollte, und diese Leistung am Ende trotzdem noch bezahlen.

1 a) Übertrage die Tabelle in dein Heft und ordne die Verbindungen mit Verben als zweitem Bestandteil richtig geschrieben ein.

b) Gib für jedes Beispiel die passende Rechtschreibregel oder -probe an, mit der du die Schreibung überprüfen kannst (→ S. 281).

gleichgesetzt (gleichsetzen): Betonungsprobe (gleichsetzen), Bedeutungsprobe (übertragene Bedeutung) → Zusammenschreibung

Nomen + Verb	Adjektiv + Verb	Adverb + Verb	Präposition + Verb	Wort + *sein*
...	*gleichgesetzt*	...	...	...

2 a) Bilde mit den Wörtern aus der linken Spalte des folgenden Wortspeichers und den Verben in der rechten Spalte so viele Verbindungen mit übertragener Bedeutung wie möglich.

b) Erläutere, in welchen Fällen du zusammenschreiben musst und in welchen Fällen dir die Getrennt- und Zusammenschreibung freigestellt ist.

c) Wähle fünf Zusammensetzungen aus und formuliere jeweils einen Beispielsatz.

> *hängen + lassen = hängen lassen oder hängenlassen*
> *– Verb + Verb, Getrennt- und Zusammenschreibung abhängig von Bedeutung*
> *– Beispielsatz: Du wirst mich doch beim Referat nicht hängenlassen (oder hängen lassen).*
> *– übertragene Bedeutung: im Stich lassen*

hängen · vorwärts · tief · richtig · dran · mies · fertig · haften · sitzen · schleifen · frei · zufrieden · dahinter · schief · abwärts · übel	bleiben · gehen · klemmen · kommen · lassen · legen · machen · nehmen · sprechen · stapeln · stellen

3 Zusammen oder getrennt? Schreibe die Satzpaare richtig in dein Heft und begründe die Schreibung wie im Beispiel.

> *rückwärts einparken: Betonungsprobe: Betonung auf beiden Wortbestandteilen*
> *→ Getrenntschreibung*
> *Bedeutungsprobe: wörtliche Bedeutung*
> *→ Getrenntschreibung*

A Ich kann nicht rückwärts + einparken. Jeder möchte im Leben vorwärts + kommen.

B Der Betrieb wird bald dicht + machen. Du musst die Verbindung zwischen den Rohren besonders dicht + machen.

C Wir müssen uns mit dem Thema auseinander + setzen. Die Lehrerin will die Störer auseinander + setzen.

D Wir sollten das Geld nicht einzeln, sondern zusammen + zählen. Du musst doch bloß eins und eins zusammen + zählen.

E Ich sollte mir das Heft wieder + holen, das ich letztes Jahr hatte. Muss ich die Klassenarbeit wieder + holen?

F Du wirst das Gerät leicht Hand + haben können. Ich möchte die Entscheidung in meiner Hand + haben.

G Es gibt dort hinten nichts zu + sehen. Ich kann bei dieser gefährlichen Zirkusnummer nicht zu + sehen.

④ Bilde mit den Wörtern im folgenden Wortspeicher zusammengesetzte Adjektive und begründe mithilfe der Informationen im Merkkasten, warum du jeweils zusammenschreiben musst.

⑤ Wähle für jeden der drei im Merkkasten genannten Fälle, in denen das Adjektiv letzter Wortbestandteil ist, ein Beispiel aus und verwende es in einem Satz.

> leben + gefährlich · Sonne + gelb · Sauerstoff + arm · bitter + arm · hell + grün ·
> Kampf + erprobt · hoch + giftig · Fantasie + voll · Meter + hoch · sterben + langweilig ·
> süß + sauer · Bär + stark · feucht + warm · Leben + bedrohlich

Merke Grundregeln der Getrennt- und Zusammenschreibung

Proben nutzen

Bei der Entscheidung, ob getrennt oder zusammengeschrieben wird, helfen häufig die **Betonungs-** und die **Bedeutungsprobe**:

- Werden **beide Bestandteile eines Wortes** betont, wird **getrennt geschrieben**, z. B.:
  aufeinander hören, miteinander reden, schwimmen lernen, einkaufen gehen.
- Wird nur das erste Wort der Verbindung **betont**, wird **zusammengeschrieben**, z. B.:
  abfahren, ankommen, nachkommen, hingehen, vorankommen, umsehen.
- Erhält die Verbindung eine **übertragene Bedeutung**, kann immer zusammengeschrieben werden, z. B.:
  schwarzfahren (keine Fahrkarte haben), schwarzsehen (etwas negativ betrachten), freisprechen (von Schuld freisprechen), etwas richtigstellen (korrigieren).

Regeln anwenden

Grundsätzlich getrennt schreibt man:
- **Verb + Verb**, z. B.: *schwimmen lernen, einkaufen gehen,*
- **Nomen/Substantiv + Verb**, z. B.: *Rad fahren, Auto fahren, Schlittschuh laufen.*

Grundsätzlich zusammen schreibt man:
- **Adjektiv + Adjektiv**, z. B.: *bitterkalt, feuchtwarm, dunkelblau, süßsauer, halblang,*
- **Nomen + Adjektiv/Partizip**, wenn es sich um eine verkürzte Wortgruppe handelt, z. B.:
  strohdumm (dumm wie Stroh), sonnenklar (klar wie die Sonne), wasserdicht (dicht gegen Wasser), irregeleitet (in die Irre geleitet),
- **Nomen + Adjektiv/Partizip**, wenn die beiden Wortteile durch ein Fugen-s verbunden werden, z. B.: *lebensbedrohlich, geistesgegenwärtig,*
- **folgende Verbindungen von Nomen/Substantiv + Verb**: *eislaufen, heimfahren, irreführen, leidtun, kopfstehen, nottun, preisgeben, standhalten, stattfinden, stattgeben, teilhaben, teilnehmen, wundernehmen,*
- **Nominalisierungen/Substantivierungen**, z. B.: *das Herunterfallen, trotz des Älterwerdens.*

Besondere Fälle der Getrennt- und Zusammenschreibung üben

„Back to school" – Der Selbermachwahnsinn beginnt

Es ist immer + wieder das + selbe: Wie + sehr man es auch verdrängt, wie + wenig man auch an das neue Schuljahr denkt, irgend + wann sind die Sommerferien verflogen und auf + einmal beginnt wieder der Alltag. Für alle passionierten Hobbybastler/-innen ist die Zeit einer + seits spannend,
5 weil sie mit immer neuen Ideen glänzen können, anderer + seits ist es aber auch stressig – für Schüler/-innen und ihre bastelverrückten Eltern gleicher + maßen, denn vor + allem engagierte Eltern versuchen sich mit immer + mehr Ideen für die Gestaltung der Unterrichtsmaterialien gegenseitig zu übertreffen. In den sozialen Netzwerken wimmelt es um diese
10 Jahreszeit von DIY-Whiteboard-Kalendern, DIY-Kissenschreibtischen für den Laptop oder DIY-Homeworkstations. Wem das immer + noch zu + wenig ist, muss nur einen Blick in Eltern- oder Bastelzeitschriften werfen, um zu sehen, dass die Aufzählung noch lange nicht zu + Ende ist und irgend + jemand doch noch irgend + etwas Besonderes eingefallen ist.
15 Für viele Schüler/-innen ist es dagegen allzu + oft der pure Stress, mit einer Schultasche voller selbst + gebastelter Hefthüllen, mit selbst + klebender Folie verzierten Bleistiften und selbst + genäher Utensilos und Stiftetäschchen in die Schule zu gehen. Üblicher + weise beneiden sie diejenigen, für die es selbst + verständlich ist, zu Beginn des Schuljahres die
20 Materialien auf + einmal im Schreibwarenladen zu besorgen. Verständnisvolle Eltern werden so + etwas sicher verstehen und nicht beleidigt + sein, denn schließlich sind auch nicht alle Eltern Fans von zu + vielen selbst + gelöteten Kerzenständern oder von Kindern liebevoll selbst + gebastelten Teelichthaltern aus Würfelzucker.

1. Prüfe mithilfe der Informationen im Merkwissen auf Seite 283, ob du die einzelnen Verbindungen getrennt oder zusammenschreiben musst.
2. Ordne die Wörter nach der im Merkkasten (→ S. 283) vorgenommenen Gruppierung und schreibe sie richtig auf.

1) immer wieder, ...
2) irgendwann, ...
3) selbst gebastelter, ...

3 Suche im Wortspeicher für jede Schlagzeile die passende Wortverbindung und schreibe sie – gegebenenfalls grammatisch angepasst – in dein Heft.

> irgend + jemand · immer + mehr · allzu + viele · selbst + gerecht · gar + kein ·
> der + selbe · teil + weise · zu + wenig

Getrennt geschrieben:

A US-Präsident auf Staatsbesuch – ▮▮▮ Fortschritte im Sandkastenstreit

B Kommt der Streik? – ▮▮▮ Bewegung in den Verhandlungen

C Drama um Gästeliste – ▮▮▮ VIPs fühlen sich von Promi-Hochzeit ausgeschlossen

D Vulkan spuckt ▮▮▮ Lava – Tausende auf der Flucht

Zusammengeschrieben:

E „Habe von allem nichts gewusst!" ▮▮▮ Minister bleibt im Amt

F Kriegt sie die Kinder? – ▮▮▮ Annäherung im Scheidungskrieg in Hollywood

G Jedes Jahr ▮▮▮ – Auch in dieser Saison steht der Meister vorzeitig fest

H ▮▮▮ trifft es immer – Kuhfladenwerfen auf dem nostalgischen Jahrmarkt

---

Merke | **Besondere Fälle der Getrennt- und Zusammenschreibung beachten**

1. **Immer getrennt geschrieben** werden:
   - **Wortgruppen wie:** *zu Ende, zu viel / zu wenig, so etwas, gar nicht / gar kein, umso mehr / umso weniger, auf einmal, vor allem, immer noch / immer mehr / immer wieder, wie viel / wie groß, allzu oft / allzu bald, ebenso lange / genauso lange,*
   - **Verbindungen mit** *sein*, z. B.: *lustig sein, traurig sein, schnell sein, bekannt sein.*
2. **Immer zusammengeschrieben** werden:
   - Wörter mit *irgend-* als erstem Wortbestandteil, z. B.: *irgendwann, irgendein,*
   - Wörter mit *-weise, -maßen, -seits, -selbe, -teils* und *-wegen,* als letztem Wortbestandteil, z. B.: *üblicherweise, gleichermaßen, einerseits, derselbe, größtenteils, meinetwegen.*
3. Bei **Verbindungen mit** *selbst/selber* musst du unterscheiden zwischen:
   - **Verbindungen mit Verben,** die **getrennt geschrieben** werden, z. B.: *selbst/selber machen, selbst entscheiden, selbst bauen.*
   - **Verbindungen mit einem adjektivisch gebrauchten oder nominalisierten Partizip,** die du **getrennt oder zusammenschreiben** kannst, z. B.: *ein selbst gebackener / selbstgebackener Kuchen, eine selbst gemachte / selbstgemachte Marmelade, etwas selbst Gemachtes / Selbstgemachtes.*
   - Ausnahmen, die du immer zusammenschreiben musst, sind z. B.: *selbstklebend, selbstredend, selbstvergessen, selbstverliebt.*
   - Schreibe daher im Zweifel zusammen.

Fremd- und Fachwörter richtig schreiben

Was kannst du schon?

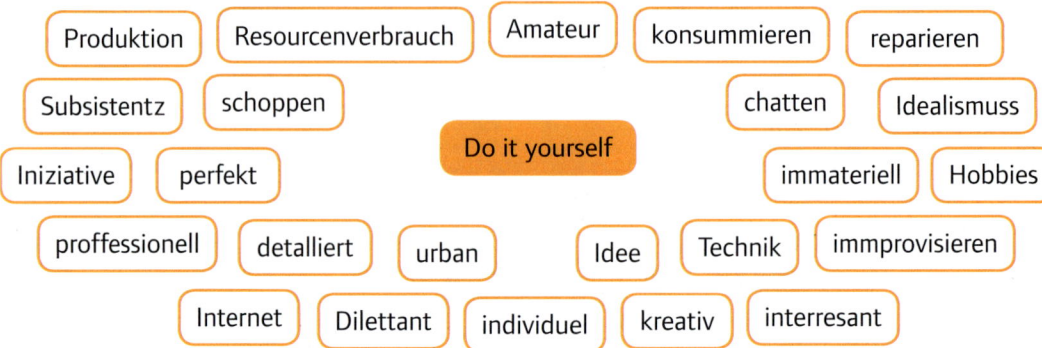

Produktion | Resourcenverbrauch | Amateur | konsummieren | reparieren

Subsistentz | schoppen | | chatten | Idealismuss

Iniziative | perfekt | Do it yourself | immateriell | Hobbies

proffessionell | detalliert | urban | Idee | Technik | immprovisieren

Internet | Dilettant | individuel | kreativ | interresant

❶ a) Diese Fremdwörter gehören alle zum Thema „Do it yourself". Schreibe sie nach ihrer Herkunftssprache geordnet in dein Heft und berichtige falsch geschriebene Wörter.

b) Erkläre, an welchen Merkmalen du das Fremdwort und seine Herkunft erkannt hast.

c) Schlage dir unbekannte Fremdwörter in einem Wörterbuch nach.

   – *aus dem Englischen: 1) Hobbys → i-Laut wird als y geschrieben, 2) ...*
   – *aus dem Lateinischen: 1) kreativ → lat. Wortstamm + Adjektiv-Endung -iv, 2) ...*
   – *aus dem Französischen: ...*

Nicht wegwerfen – reparieren!

Hast du nur einen kleinen Eta/Etat, bist aber technisch fit/fitt, vielleicht sogar fast schon ein kleiner Ingeneur/Ingenieur? Dann besuche uns doch in unserem Repair-Café / Repair-Kaffee und sei damit Teil einer internationalen/internationalen Bewegung, die sich gegen die Wegwerfmentalität/
5 Wegwerfmentalitet richtet und vor allem dazu beitragen möchte, die riesigen Mengen an Elektroschrott/Elecktroschrott, die jährlich anfallen, zu dezimieren/dezimiren. Mit minimalem/minnimalem finanzielen/finanziellen Aufwand kannst du hier efizient/effizient/effitient mithilfe kompetenter/kompettenter Bastler in einer Athmosphäre/Atmosphäre/Atmosfäre
10 ohne Hektik/Hecktik deine defekten/defeckten Aparate/Apparate/Aperate – sogar Mobiltelefone/Mobieltelefone – reparieren/repparieren/reperieren. Es ist eine super Chance/Chonce, deine technische Fitnes/Fitness zu verbessern und die Lebensdauer der Produckte/Produkte zu verlängern!

❷ a) Entscheide, welche Schreibung jeweils die richtige ist.

b) Formuliere mit jedem Wort einen Beispielsatz in deinem Heft.

Die Schreibung von Fremdwörtern üben

Allitera▢n	Ana▢er	An▢▢ese	A▢ell	A▢osition	Enj▢ment
Eu▢emismus	H▢perbel	Interpunk▢n	L▢rik	Meta▢er	Me▢trum
Personifika▢on	P▢nte	▢orische Frage	R▢mus	Sachtextanal▢se	So▢e▢
Stro▢e	S▢mbol	S▢non▢m	T▢eater	T▢eorie	▢rochäus

1 a) Diese Fremdwörter stammen alle aus dem Fach Deutsch. Schreibe sie mit Artikel auf und ergänze dabei die fehlenden Buchstaben.

b) Kläre die Bedeutung der Fremdwörter, die du nicht kennst, mithilfe eines Wörterbuchs.

c) Wähle fünf Begriffe aus und schreibe eine Definition in dein Heft, z. B.:

  – *die Alliteration: Reimform, bei der mehrere aufeinanderfolgende Wörter mit demselben Anfangslaut beginnen*

2 a) Übertrage die Tabelle unten in dein Heft und trage die Fehlerwörter aus den folgenden Sätzen in der richtigen Schreibung ein.

b) Ergänze für jeden Bereich mindestens drei weitere Beispielwörter, die dir aus deinem Alltag oder dem Unterricht geläufig sind.

A Ein Parrallelogram ist ein konvexes Viereck mit dem Specialfall des Quatrats.

B Nikotien schädigt den respirathorischen Aparat des Menschen.

C Das Thema der Nowelle war die Diskrepantz zwischen Schein und Sein.

D Aufgrund eines größeren Konntingents an Bogenschützen siegte Wilhelm bei Hastings, ockupirte das englische Teritorium und bestieg den Tron.

Deutsch	Biologie/Medizin	Mathematik/Geometrie	Geografie/Geschichte

3 Suche zu den Fremdwörtern im folgenden Wortspeicher jeweils mindestens drei verwandte Wörter und schreibe sie auf wie im Beispiel.

  das Symbol: symbolisieren, symbolisch, symbolhaft, symbolträchtig

das Symbol · die Theorie · das Interesse · das Experiment · das Detail

4 Notiere zu folgenden Präfixen jeweils drei Beispielwörter und erläutere die Bedeutung.

Auto-/auto-	Kontra-/kontra-	Prä-/prä-	Geo-/geo-	Hyper-/hyper-
Ex-/ex-	Inter-/inter-	Anti-/anti-	Ultra-/ultra-	Mono-/mono-

Die Regeln der Kommasetzung wiederholen

Die Kommasetzung in der Satzreihe

Hilfe zur Selbsthilfe in der Fahrradwerkstatt!

„Hilfe zur Selbsthilfe" lautet das Konzept von DIY-Fahrradwerkstätten. Mitarbeiter geben Hinweise und Anleitungen, aber reparieren muss der Kunde selber. Für einen geringen Preis pro Stunde gibt es sachkundigen Rat, und man kann professionelles Werkzeug nutzen. Einzige Vorausset-
5 zung seien „zwei heile Pfoten", grinst Jens von der Berliner Werkstatt „Drahtesel", alles andere finde sich von selbst.

Ersatzteile können gekauft werden oder man bringt sie gleich selber mit. Die meisten Teile sind gebraucht oder gespendet einige werden neu angeschafft. Das Materiallager ist reich bestückt hier scheint es fast alles
10 zu geben. Auch bei Pannen am Abend bietet die Werkstatt noch Hilfe denn sie ist bis 21 Uhr geöffnet. Im Sommer helfen die meist ehrenamtlichen Mitarbeiter beim Schrauben im Winter gibt es auch ausführliche Kurse.

1 Nur im ersten Absatz des Textes sind Kommas gesetzt, im zweiten Absatz fehlen sie.
   a) Begründe die Kommasetzung im ersten Absatz.
   b) Schreibe den zweiten Absatz ab und setze dabei die fehlenden Kommas.
   c) Schreibe die nebenordnenden Konjunktionen heraus, die im Text Hauptsätze verbinden.

2 Notiere in einigen Sätzen, wie du vorgehst, wenn dein Fahrrad repariert werden muss. Schreibe mindestens 3 Satzreihen und verwende verschiedene nebenordnende Konjunktionen.

Merke   **Das Komma in Satzreihen**

Einen **aus Hauptsätzen zusammengesetzten Satz** nennt man **Satzreihe**. Die einzelnen **Hauptsätze** einer Satzreihe werden **durch Kommas** voneinander **abgetrennt**. Verknüpft werden die Hauptsätze häufig durch nebenordnende Konjunktionen (Bindewörter), z. B.:
   aber, sondern, doch, denn, deshalb:
   Die Mitarbeiter reparieren die Fahrräder nicht selber, sondern sie bieten lediglich Beratung an.
   Die Betreuung ist nicht kostenlos, aber das Entgelt ist nicht hoch.
Wenn die Sätze **durch *und/oder* verbunden** werden, **kann das Komma entfallen**, z. B.:
   Der Kunde kann sich Werkzeuge ausleihen und im Ersatzteillager findet man fast alles.
   Die Mitarbeiter geben Tipps für die nötigen Handgriffe oder sie beraten bei der Auswahl von Ersatzteilen.

Die Kommasetzung in Satzgefügen

Urban Gardening

(1) Urban Gardening ist ein Trend in Großstädten. (2) Weil viele Bewohner keinen eigenen Garten haben bauen sie an öffentlichen Plätzen Blumen und Gemüse an. (3) Während manche ihre Pflanzungen auf kleinen Flächen am Straßen-
5 rand anlegen beteiligen sich andere an sogenannten Bürger- oder Nachbarschaftsgärten. (4) Diese Gärten fördern indem sie Begegnungen ermöglichen den sozialen Zusammenhalt im Stadtviertel. (5) Gemeinsam eignet man sich Kenntnisse an sodass auch Großstädter ein Wissen über
10 Herkunft und Anbau von Nahrungsmitteln gewinnen.

(6) Obwohl die Nutzung öffentlicher Flächen oft nicht offiziell erlaubt ist wird das Gärtnern doch an vielen Stellen geduldet wenn die Anpflanzungen zur Verschönerung des Stadtraums beitragen. (7) Eine besondere Form sind
15 die „mobilen Gemeinschaftsgärten". (8) Hier befinden sich die Pflanzungen auf Paletten in Kisten oder Fässern damit sie später problemlos umziehen können.

1 Zeichne Satzbaumodelle zu den Sätzen des Textes, z. B.:
   (1): *Hauptsatz*; (2): *Nebensatz*, *Hauptsatz*.
2 Überprüfe deine Kommasetzung mit dem Merkkasten auf Seite 288.
3 a) Schreibe folgende Satzgefüge mit der richtigen Kommasetzung in dein Heft.
   b) Markiere in deiner Abschrift die unterordnenden Konjunktionen und die finiten Verbformen und bestimme Haupt- und Nebensätze wie im Beispiel.

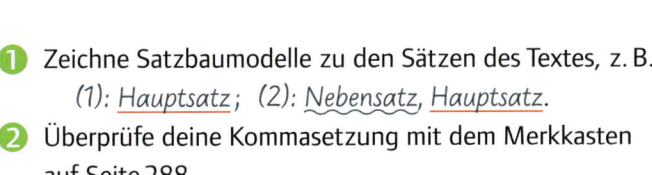

A Manche Gärten werden weil die Flächen nur vorübergehend genutzt werden dürfen mobil angelegt.

B Indem einige Gärten auch ein Kinderprogramm anbieten bringen sie schon dem Nachwuchs die Natur nahe.

C Das Schöne ist dass sich auch Menschen ohne eigenen Garten an der Begrünung der Städte beteiligen können da Urban Gardening offen für alle ist.

D Die Gärten sind obwohl sie meist von Vereinen bewirtschaftet werden öffentlich zugänglich.

Der HELGA-Garten

In Köln gründete der Verein „Gartenwerkstatt" 2011 einen mobilen urbanen Garten, der im Jahr 2016 auf das sogenannte Helios-Gelände umzog. Der Verein gab dem Garten den Namen HELGA, der sich von „Helios" und „Garten" ableitet. Die Pflanzkisten, deren Anordnung von oben betrachtet die Buchstabenfolge HELGA ergibt, können mit einem Gabelstapler bewegt werden. Die meisten dieser Hochbeete, von denen rund 70 zur Verfügung stehen, werden von den Vereinsmitgliedern gemeinschaftlich genutzt. Es gibt aber auch Kisten, für die einzelne „Beetpaten" zuständig sind.

4 Begründe die Kommasetzung im Text.
Schreibe dazu die Relativsätze mit ihren Bezugswörtern heraus. Unterstreiche die Relativpronomen und die finiten Verbformen am Ende der Relativsätze, z. B.:

Garten, <u>der</u> im Jahr 2016 auf das Helios-Gelände <u>umzog</u>.

5 Schreibe die folgenden Sätze ab. Unterstreiche die Relativpronomen, das Bezugswort und die finiten Verbformen am Ende der Relativsätze. Setze die fehlenden Kommas.

A Der Prinzessinnengarten in Berlin ist ein mobiler urbaner Garten in dem ökologische Landwirtschaft betrieben wird.

B Das Gelände das seit dem Jahr 2009 von Bürgern bepflanzt wird ist ca. 6 000 m² groß.

C Die Anlage die auch Lebensraum für Insekten und Nahrung für Bienen bietet trägt dazu bei, ökologische Vielfalt in die Stadt zu bringen.

6 Schreibe einen eigenen kurzen Text, in dem du auf Vorteile des urbanen Gärtnerns eingehst. Verwende Satzgefüge. Unterstreiche die Nebensätze und achte auf die Kommasetzung.

Merke **Das Komma in Satzgefügen**

Ein Satzgefüge besteht aus **mindestens einem Hauptsatz** und **mindestens einem Nebensatz**. **Nebensätze** erkennt man daran, dass das **finite Verb am Ende** des Satzes steht. Oft werden Nebensätze mit einer **unterordnenden Konjunktion (Subjunktion)** eingeleitet (z. B. *weil, obwohl, wenn, nachdem, dass*) oder mit einem **Relativpronomen** (z. B. *der/die/das, welcher/welche/welches, wer/was*), das sich auf ein Bezugswort im Hauptsatz bezieht. Haupt- und Nebensätze werden durch Kommas getrennt, z. B.:

Das Urban Gardening entstand, <u>weil</u> Grünflächen in den Großstädten knapp <u>sind</u>.

Die Gärtner bewirtschaften <u>Flächen</u>, <u>die</u> in den Städten brach <u>liegen</u>.

Kommas bei Infinitiv- und Partizipgruppen

Betten aus Paletten

Du brauchst ein neues Bett, ein Sofa, einen Sessel oder ein Schuhregal? Das kannst du dir verschaffen ohne ein Möbelgeschäft zu betreten. Um loslegen zu können benötigst du lediglich Werkzeug, ein paar Nägel oder Schrauben und Euro-Paletten. Diese genormten Holzgestelle verwendet man zur Lagerung von Waren um diese mit dem Gabelstapler rangieren zu können. Die simplen Holzkonstruktionen bieten ungeahnte Möglichkeiten: Weit verbreitet ist die Idee sie aufeinanderzulegen oder aufzuschichten und dann als Grundfläche für Sitzmöbel zu verwenden. Im Internet wird auch angeregt Regale aus Paletten zu bauen.

1 a) Suche die Infinitivgruppen im Text und erläutere, woran du sie erkennst.

b) Entscheide mithilfe der Informationen im Merkkasten, an welchen Stellen du ein Komma setzen musst und in welchen Fällen dir die Kommasetzung freigestellt ist.

2 Schreibe folgenden Text ab, trenne die Partizipgruppen durch Kommas ab und markiere die verpflichtenden Kommas.

Verschwitzt und vor sich hin fluchend so kam mir mein Bruder heute auf dem Flur entgegen. Mich keines Blickes würdigend verschwand er im Badezimmer. Wenig später drangen Geräusche aus seinem Zimmer ohrenbetäubend und durchdringend. Ich öffnete die Tür zum Zimmer meines Bruders. Er saß auf dem Boden völlig vertieft in seine Arbeit. Um ihn herum lagen verstreut im gesamten Zimmer Holzsplitter und Sägespäne. Ich frage mich, ob dieses Do-it-yourself immer der richtige Weg ist. Schaut euch doch die Heimwerker an: Sie sitzen einsam in ihren Zimmern Hilfe suchend die Hände ringend und überfordert.

Merke **Das Komma bei Infinitivgruppen und Partizipgruppen**

Infinitivgruppen mit *zu* darfst du in der Regel mit einem Komma vom Hauptsatz trennen. Ein Komma muss z. B. stehen, wenn die Infinitivgruppe mit einem **Signalwort** wie *um, ohne, statt, außer, als* eingeleitet wird, wenn sie von einem Nomen im Hauptsatz abhängt oder mit einem hinweisenden Fürwort wie *daran, darauf, dazu* angekündigt wird, z. B.:

Sie fuhr zum Baumarkt, __um__ einzukaufen. Er hatte den Plan, drei Paletten zu kaufen.

*Sie vertraute **darauf**, passende Materialien zu finden.*

Partizipgruppen darf man immer durch Kommas vom Hauptsatz trennen.

Ein Komma muss stehen, wenn die Partizipgruppe eine nachgestellte Erläuterung ist, z. B.:

Der neue Hocker, zusammengeklebt aus leeren Getränkedosen, steht bei mir im Zimmer.

Das Komma bei Appositionen und nachgestellten Erläuterungen

Slacklinen – Improvisation rund ums „Schlaffseil"

Beim Slacklinen einer Trendsportart aus den USA balanciert man auf einem Seil oder Gurtband, das zwischen zwei Fixpunkten gespannt ist. Die Slackline das „Schlaffseil" wird anders als beim Seiltanzen nicht straff gespannt. Während die erfahrenen Slackliner die echten Freaks meist hoch-
5 wertiges Material benutzen, kann der Anfänger sich eine einfache Line auch selber bauen. Anleitungen etwa Tutorials oder Materiallisten mit Hinweisen finden sich im Internet. Beim Aufbau der Slackline ist ein geeigneter Untergrund wichtig z. B. eine Wiese oder eine sandige Fläche. Bäume die am häufigsten genutzte Befestigung für die Slackline müssen
10 geschützt werden, damit die Rinde beim Spannen des Seils keinen Schaden nimmt. Hierfür verwendet man Polstermaterial z. B. ein Stück alten Teppich oder eine gebrauchte Automatte.

1 Schreibe den Text ab. Unterstreiche die Appositionen und nachgestellten Erläuterungen in unterschiedlichen Farben und setze die fehlenden Kommas.

2 Schreibe die folgenden Sätze ab. Füge in die Lücken eine passende Apposition oder nachgestellte Erläuterung ein. Nutze hierfür den Wortspeicher.

A Man sollte die Slackline an sehr stabilen Stützen ▭ befestigen.

B Das Slacklinen ist eine Trendsportart ▭.

C Für diese Sportart muss man einige Voraussetzungen mitbringen ▭.

> vor allem ein gutes Gleichgewichtsgefühl, Körperspannung und Ausdauer beim Üben ·
> besonders bei Jugendlichen · etwa an Bäumen

Merke   **Appositionen und nachgestellte Erläuterungen**

Die **Apposition** (lat. *Zusatz*) besteht meist aus einem **Nomen** oder einer **Nomengruppe**, die von einem Bezugsnomen abhängt und von diesem **den Kasus übernimmt**. Die Apposition ist eine besondere **Form des Attributs**. Sie wird durch Kommas abgetrennt, z. B.:
Die Slackline, meist ein Kunstfaserseil, wird zwischen zwei Fixpunkten gespannt.

Die **nachgestellte Erläuterung** wird in der Regel mit Wörtern wie *das heißt (d. h.), nämlich, und zwar, zum Beispiel (z. B.), vor allem* eingeleitet. Sie wird durch Kommas abgetrennt, z. B.:
Bei vielen Sportarten, z. B. beim Skifahren, Klettern oder Reiten, dient das Slacken als Zusatztraining.

Besondere Satzzeichen verwenden

Ich baue, also bin ich *Anne-Christin Sievers*

„Schau mal, hab ich selbst gemacht!" Eltern kennen diesen Satz ihrer Kinder und entgegnen (1) „Wie schön!" (2) auch wenn die Zeichnung an abstrakte Kunst erinnert. Die neue Bastelfreude findet nicht im Kinderzimmer statt (3) ihr Ort ist das Internet. Auf Blogs präsentieren meist
5 Frauen ihr Handwerk (4) Bastelanleitungen für Ketten, Armbänder und Lederschmuck, Bikinis und Topflappen. Davon inspiriert, backen, nähen, schrauben, schleifen, hämmern, pflanzen die DIY-Anhänger in ihrer Freizeit drauflos. Nach freudlosen Aufgaben im Büro freut man sich (5) und das vor allem am Wochenende (6) über Aufgaben, die man
10 selbst überblicken kann (7) Die Projekte haben einen klaren Anfang und ein klares Ende (8) der Heimwerker gestaltet den Arbeitsprozess in seinem Tempo (9) er gebraucht seine fünf Sinne (10) er riecht die feuchte Erde im Beet oder gräbt die Hände tief in den Teig (11) er hobelt unter vollem Körpereinsatz einen Holztisch ab. Das Selbermachen nährt
15 eine Fantasie, unabhängig zu sein. So wird verdrängt, dass wir (12) abgesehen von der eigenen Werkstatt (13) wenig in der Hand haben. Doch die wahre Form der Selbstermächtigung ist das Eingeständnis (14) Ich kann *nicht* alles selbst machen. So lautet auch das Motto der Künstlerin Lisa Anne Auerbach (15) „DDIY – Don't do it yourself!"

1 Doppelpunkt, Gedankenstrich oder Semikolon? Entscheide, welches dieser Satzzeichen du an den markierten Stellen jeweils verwenden würdest.
Begründe mit dem jeweils passenden Tipp.
… und entgegnen: „Wie schön!" (C)

Tipps zur Verwendung von Gedankenstrich, Doppelpunkt und Semikolon

A Mit einem **Gedankenstrich** kann etwas **Unerwartetes** angekündigt werden.
B Mit zwei **Gedankenstrichen** können **Einschübe** in einem Satz abgetrennt werden.

C **Wörtliche Rede** oder **Zitate** werden durch **Doppelpunkt** angekündigt.
D Mit einem **Doppelpunkt** lässt sich eine **Aufzählung** ankündigen.
E Ein **Doppelpunkt** kann eine **Erläuterung oder** etwas **Weiterführendes** ankündigen.

F Mit einem **Semikolon** kann man **Aufzählungen in Gruppen** gliedern.
G Ein **Semikolon** trennt Hauptsätze schwächer als ein Punkt und stärker als ein Komma.

Die Zeichensetzung bei Zitaten

❶ Schreibe den folgenden Informationstext in dein Heft und ergänze dabei an den markierten Stellen passende Zitate aus dem Text „Auf eigenen Füßen stehen". Hierbei musst du die Zitate sinnvoll kürzen. Nimm dafür die Informationen im Merkkasten auf Seite 293 zu Hilfe und achte auf die richtige Zeichensetzung.

> *Gerhard Scherhorn, Professor für Konsumtheorie, beschäftigt sich mit der Wiederverwertbarkeit von Ressourcen in einer modernen Subsistenzwirtschaft. Das lateinische „subsistere" bedeute „standhalten". Subsistenzwirtschaft sei daher (1) . Als frühe Form der Subsistenzwirtschaft könne man die (2) ansehen. Heute gehe es um (3) . Wichtig sei unter anderem ein konsequentes Recycling. Zum Beispiel lägen allein in Deutschland (4) . Darin steckten viele Tonnen edler Metalle. Es sei (5) , meint Scherhorn. Auch Selbermachen trage bei zur (6) .*

Auf eigenen Füßen stehen (Auszüge)   *Gerhard Scherhorn*

(1) Subsistenzwirtschaft ist eine Wirtschaft, die sich selbst erhält.

(2) Sicher, früher meinte man damit die Selbstversorgungswirtschaft der Natur- und Agrarvölker.

(3) Heute wendet man das Wort jedoch auf die sich entwickelnden Formen eines modernen Wirtschaftens an, das seine eigenen Lebensgrundlagen erhält.

(4) ... laut Nachhaltigkeitsrat liegen allein in Deutschland rund 60 Millionen alte Handys herum.

(5) Unbegreiflich, dass immer noch niemand diesen Schatz hebt.

10 (6) Selbermachen ist die Erhaltung der Rohstoffe, der Ökosysteme, des Klimas, der Gesundheit, der Bildung, der gesellschaftlichen Integration, also letztlich der Gemeinressourcen.

Auf eigenen Füßen stehen *Gerhard Scherhorn*

Der bekannte US-amerikanische Ökonom und Soziologe Jeremy Rifkin hat schon vor zwölf Jahren eine künftige Gesellschaft des Access[1] skizziert, in der das Wirtschaften nicht vom Kaufen bestimmt wird, sondern vom Leasen, Teilen, Tauschen, vom Zurückgeben, Trennen, Wiederverwenden, Wiedergewinnen. Kurz: von möglichst geschlossenen Kreisläufen, in denen Herstellung, Gebrauch, Schonen und Reparieren, Rückgabe und Wiederverwertung aufeinanderfolgen. Sie stehen von Anfang an unter dem Imperativ, dass nichts zu Abfall wird.

1 Access: Zugang, Zugangsmöglichkeit

② Gib die Positionen des Soziologen Rifkin in einem eigenen Text wieder. Verwende dabei auch wörtliche Zitate. Beachte die Regeln zur Zeichensetzung bei Zitaten.
Der Soziologe Jeremy Rifkin vertritt die Position, ...

Merke   **Die Zeichensetzung bei Zitaten**

Ein **direktes Zitat** ist eine wörtlich wiedergegebene Textstelle, die man **buchstabengetreu** übernehmen und in **Anführungszeichen** setzen muss.

1. **Auslassungen** kennzeichnet man durch Auslassungspunkte in eckigen Klammern, z. B.:
   Original: *Mit „Do it yourself" bezeichnet man Tätigkeiten, die von Amateuren, das heißt ohne professionelle Hilfe, ausgeführt werden.*
   Zitat: *„Mit ‚Do it yourself' bezeichnet man Tätigkeiten, die von Amateuren [...] ausgeführt werden."*

2. **Geringfügige Änderungen**, etwa grammatische oder orthografische Anpassungen an den eigenen Text oder Zusätze, setzt man in eckige Klammern, z. B.:
   Original: *Der Trend der DIY-Bewegung erreicht die Massen.*
   Zitat: *Wegen des „Trend[s] der DIY-Bewegung" besuchen viele Menschen Baumärkte.*
   Original: *In ihr stehen Spaß und Kreativität im Vordergrund.*
   Zitat: *„In ihr [der DIY-Szene] stehen Spaß und Kreativität im Vordergrund."*

3. **Satzschlusszeichen** (Punkt, Frage- und Ausrufezeichen) stehen innerhalb der Anführungszeichen, wenn sie zur wiedergegebenen Textstelle gehören, sonst außerhalb.
   Steht ein Zitat am Anfang oder im Inneren eines Satzes, lässt man den Schlusspunkt des Zitates weg, z. B.:
   Original: *Gibt es auch eine DIY-Theorie?*
   Zitat: *Man fragt sich, ob es auch eine „DIY-Theorie" gibt.*
   Original: *Die weltweite DIY-Bewegung hat Ressourcen, etwa Rohstoffe, geschont.*
   Zitat: *Werden durch DIY „Ressourcen, etwa Rohstoffe, geschont"?*

Die Unterscheidung von *das* und *dass* trainieren

Ist (1) Mode oder kann (2) weg? *nach Gesine Kühne*

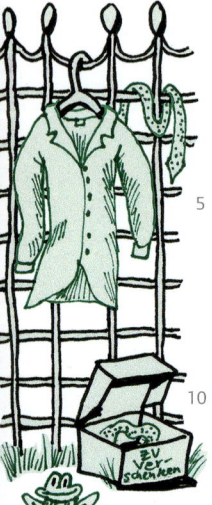

Bücher, Elektrogeräte und Klamotten: (3) alles und noch mehr gibt es in vielen großen Städten auf der Straße. (4) Prinzip, (5) der Schenker den Weg zum Sondermüll spart und (6) die Beschenkten gleichzeitig Geld und Ressourcen einsparen, (7) machen sich Anna und Karina, zwei junge Modebloggerinnen, zunutze. Mit ihrem Account „Found on the street" wollen sie die Welt darauf aufmerksam machen, (8) auf der Straße riesige Schätze zu finden sind und (9) man sich individuell und stilbewusst kleiden kann, ohne (10) man Teil des Fast-Fashion-Systems wird: „Wir wollen den Leuten zeigen, (11) es viele Wege gibt, an Sachen heranzukommen. (12) muss nicht immer Konsum sein. Wir zeigen den Usern halt, (13) man auch modisch sein kann, ohne dauernd etwas zu kaufen", sagt Karina, eine der beiden Frauen. Sie ist der Meinung, (14) vieles, was weggeschmissen wird, viel zu kurz im Umlauf ist.

❶ Entscheide, ob du *das* oder *dass* einsetzen musst. Begründe deine Entscheidung.

❷ Formuliere einen Beispielsatz, in dem du *dass* als Konjunktion verwenden musst, und jeweils einen, in dem du *das* als Artikel, als Relativpronomen und als Demonstrativpronomen verwendest. Schreibe die Sätze auf wie im Beispiel.

A = Artikel, K = Konjunktion, R = Relativpronomen, D = Demonstrativpronomen.
Dass (K) Anna und Karina gefundene Kleidung in sozialen Netzwerken wie Designermode inszenieren, hat sie bekannt gemacht.

❸ Suche mithilfe der Ersatzprobe (→ S. 295) im folgenden Text die 9 falschen *das/dass*-Schreibungen und begründe.

Luxus durch Upcycling

Das Upcycling und Recycling nicht nur für Modeblogger/-innen ein Thema sind, sondern dass auch große Modefirmen und Hersteller von Accessoires diesen Trend aufgreifen, zeigen zahlreiche Beispiele. Das Umhängetaschen aus Lkw-Plane, Sporttaschen aus ausrangierten Turnmatten oder Schulrucksäcke aus alten PET-Flaschen hergestellt werden, ist längst Trend. Inzwischen gibt es aber z. B. auch ein berühmtes Pariser Fashion-

Label, dass alte Markenjeans aufkauft, neu zusammennäht und das Ergebnis dann für über 1.000 Euro wiederverkauft. Auch einige amerikanische
Firmen haben damit angefangen, das sie für einzelne Produktlinien alte
10 Kleidung umnähen und sie dann zwischen neuer Kleidung in ihren Stores
präsentieren. Obwohl viele dass Konzept anfangs befremdlich fanden,
reißen sich die Kunden inzwischen um diese Einzelstücke.

Doch nicht nur aus alten Textilien können neue entstehen. Das auch
aus Müll wie Autoreifen, Plastikflaschen und Fischernetzen Mode herge-
15 stellt werden kann, das zeigt eine bekannte spanische Modefirma mit
Flagship-Stores in vielen großen europäischen Städten.

Dass sogar im Fast-Fashion-Bereich alte Kleidung recycelt wird, erkennt man an den Sammelboxen, die inzwischen in fast jedem Laden zu
finden sind. Dass Sammeln alter Kleidung geschieht hier allerdings nicht
20 aus Gründen des Umweltschutzes, sondern liegt vor allem daran, das Roh-
materialen wie Baumwolle allmählich knapp werden. Dass, was hier gesammelt wird, wird also nicht umgenäht, sondern geschreddert, und das
Rohmaterial wird für die Produktion neuer Kleidung wiederverwertet.

4 Formuliere zu jedem der folgenden Nebensätze einen passenden Hauptsatz. Entscheide
jeweils, ob du *das* oder *dass* verwenden musst, und gib in Klammern die Wortart an:

K = Konjunktion, **A** = Artikel, **R** = Relativpronomen, **D** = Demonstrativpronomen.
A Ich finde das Buch nicht mehr, das (R) ich aufs Bett gelegt habe.

A ..., das/dass ich aufs Bett gelegt habe.
B ..., das/dass es unangenehm ist.
C ..., das/dass sei falsch.
D ..., das/dass ich gekocht habe.
E ..., das/dass wir gefunden haben.
F ..., das/dass jemand verschenkt.

Fehler finden und berichtigen

DIY und Komsumverweigerung

(1) In Zeiten nahezu unbegrenzter Komsummöglichkeiten boomt bei einigen Trendsetern der sogenannte Minnimalismus. (2) Dass bedeutet das Menschen versuchen, mit so wenig Dingen wie möglich aus zu kommen, also auch möglichst wenig zukaufen. (3) Viele dieser Menschen docku-
5 mentieren ihre Erfahrungen auf unterschiedlichen Social-Media-Kanälen und nehmen an dieversen „Challenges" mit Namen wie „Ein Jahr ohne" oder „Kauf nix" Teil. (4) Kauft man weniger so muss man in vielem fast Not gedrungen aufs selbermachen ausweichen. (5) Ideen gibt es viele: (6) Kleidung die nicht mehr passt wird abgeändert. (7) An Statt einen neuen Rock
10 fürs Sommerfest zu kaufen näht man sich Einen aus einer alten Tischdecke; eine Wasserflasche wird mit etwas Farbe zu einer schicken Vase in der ein paar selbst gepflückte Blumen stehen und aus einer Saftpackung wird ruckzuck ein Blumentopf oder ein Vogelfutterhäuschen.

❶ Der Text enthält 17 Rechtschreibfehler und 8 Kommafehler. Suche die Fehler und schreibe die Sätze richtig in dein Heft. Notiere wie im Beispiel in Klammern, welche Fehlerart du jeweils berichtigt hast.

Überschrift: Konsumverweigerung (F)

Fehlerart	Abkürzung
- Groß- und Kleinschreibung	GK
- Getrennt- und Zusammenschreibung	GZ
- Fremdwörter	F
- Fehler in der Schreibung von *das/dass*	D
- Zeichensetzung	Z

❷ Welche Regeln und Strategien helfen dir, bei den folgenden Sätzen die richtige Schreibung zu finden? Begründe.

A Der sparsame Gebrauch von Ressourcen schützt unseren (b/B)lauen Planeten.
B Es sollte uns daher nicht schwer + fallen, bis zum Ende dran + zu + bleiben.
C Am (b/B)esten wäre es, das Projekt „Zero Waste" bis ins (k/K)leinste zu planen.
D Das/Dass du das/dass Maximum erreichen willst, das/dass ist klar.
E Hast du Lust, (m/M)orgen (n/N)achmittag im Garten zu arbeiten und am s/Samstag + a/Abend zu grillen?
F Sag bitte von (v/V)ornherein, dass man im (n/N)achhinein immer schlauer ist.

❸ a) Der folgende Aufsatz enthält zahlreiche Fehler, die drei Fehlerschwerpunkten zugeordnet werden können. Um welche Fehlerarten handelt es sich?

b) Berichtige die falsch geschriebenen Textstellen sinnvoll in deinem Heft.

DIY und Zero Waste

Gerade im Bereich der Kosmetik und der Wasch- und Putzmittel kann durch selbermachen sehr viel Müll reduziert werden. Das a und o dabei ist, das man experimentierfreudig ist. So kann man zum Beispiel aus Roggenmehl und Wasser Haarshampoo herstellen, dass tatsächlich funktioniert. Im Internet finden sich

5 auch zahlreiche Rezepte wie man aus Kokosöl, Natron und aus ätherischem Öl Deo-Creme herstellen kann. Anstatt ein Teures Peeling zu kaufen kann man mit einfachem Haushaltszucker oder – besser noch – bereits verwendetem Kaffeepulver den gleichen Effekt erzielen.

Das man zum putzen nicht viel mehr als Zitronensäure, Natron und eine einfache

10 Seife braucht wissen viele. Den wenigsten dürfte jedoch bekannt sein, dass man Waschmittel für Kleidung aus ganz gewöhnlichen Kastanien herstellen kann da diese sogenannte Saponine also Seifenstoffe enthalten.

❹ Untersuche deine letzten Hausaufgaben und Klassenarbeiten im Hinblick auf Fehler und notiere, welche Fehlerarten dir besonders häufig unterlaufen sind.

Merke   **Fehler vermeiden und berichtigen**

Wende bei der **Rechtschreibkontrolle** deiner Texte folgende **Strategien** an:
- **Lies** den Text langsam **Satz für Satz**.
- **Sprich Wörter**, bei deren Schreibung du unsicher bist, **genau**.
- Nutze geeignete **Proben**, um die korrekte Schreibung zu ermitteln, z. B.:
  - die **Artikelprobe**, um zu prüfen, ob es sich um ein Nomen oder eine Nominalisierung handelt und du großschreiben musst (→ S. 358),
  - die **Betonungsprobe** oder **Bedeutungsprobe**, um zu entscheiden, ob du getrennt oder zusammenschreiben musst (→ S. 358),
  - die **Ersatzprobe**, um zu prüfen, ob es *das* oder *dass* heißen muss (→ S. 358).
- Wende **Rechtschreibregeln** und **grammatisches Wissen** an, z. B. für:
  - die **Groß- und Kleinschreibung** (→ S. 347),
  - die **Getrennt- und Zusammenschreibung** (→ S. 348),
  - die **Zeichensetzung** (→ S. 349).
- Schlage im **Wörterbuch** nach, wenn du unsicher bist, insbesondere bei **Fremdwörtern** oder bei der **Getrennt- und Zusammenschreibung**.
- Erstelle eine **Merkwortliste** für schwierige Wörter und Fremdwörter.

Rechtschreibprogramme und Wörterbücher nutzen

Do it yourself – die Geschichte einer Bewegung

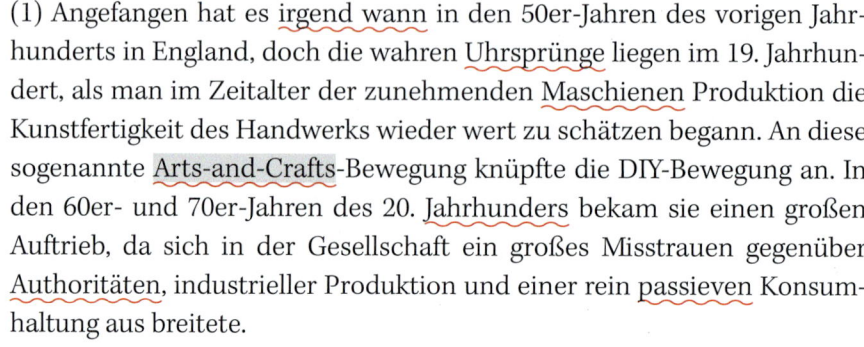

(1) Angefangen hat es irgend wann in den 50er-Jahren des vorigen Jahrhunderts in England, doch die wahren Uhrsprünge liegen im 19. Jahrhundert, als man im Zeitalter der zunehmenden Maschienen Produktion die Kunstfertigkeit des Handwerks wieder wert zu schätzen begann. An diese
5 sogenannte Arts-and-Crafts-Bewegung knüpfte die DIY-Bewegung an. In den 60er- und 70er-Jahren des 20. Jahrhunders bekam sie einen großen Auftrieb, da sich in der Gesellschaft ein großes Misstrauen gegenüber Authoritäten, industrieller Produktion und einer rein passieven Konsumhaltung aus breitete.
10 (2) Man schäzte es wieder dass selbst hergestellte. In England und später auch in anderen Ländern erschienen kleine Heftchen Zines genannt die Bastel- und Bauanleitungen für das Handwerkliche Arbeiten anboten. Heute empfielt es sich statt dessen Anleitungen im Internet zu suchen weil man dort eine breitere und aktuellere Auswahl an Ideen findet.
15 (3) Betrachtet man unsere Zeit heute, so werden sicher viele zu stimmen, dass von diesem ursprünglich negativen Revolutionären Ansatz kaum noch etwas spührbar ist. Stattdessen steht das positive im Vordergrund: die Freude daran, handwerklich tätig zu sein und seine Kreativität entfalten zukönnen.

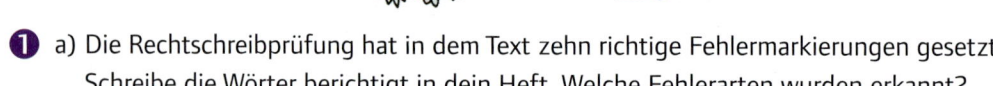

❶ a) Die Rechtschreibprüfung hat in dem Text zehn richtige Fehlermarkierungen gesetzt. Schreibe die Wörter berichtigt in dein Heft. Welche Fehlerarten wurden erkannt?

b) Die grau markierten Stellen sind richtig geschrieben. Erkläre, warum sie dennoch vom Programm als Fehler eingestuft wurden.

c) Durch das verwendete Rechtschreibprogramm wurden zehn Rechtschreibfehler im Text nicht erkannt. Suche sie und schreibe die Wörter berichtigt auf. Stelle Vermutungen an, warum diese Fehler nicht erkannt worden sind.

d) Kommafehler wurden gar nicht erkannt. Berichtige die Kommasetzung in Teil (2), indem du den Absatz mit der richtigen Kommasetzung aufschreibst.

2 a) Überprüfe mit der Rechtschreibhilfe deines Textverarbeitungsprogramms, welche Schreibvariante der unterstrichenen Wörter jeweils korrekt ist.

b) Überprüfe die Schreibung mithilfe eines Wörterbuchs und notiere zu jedem Satz die im Wörterbuch genannte Rechtschreibregel.

A Es wird ihm noch leidtun. / Es wird ihm noch leid tun. / Es wird ihm noch Leid tun.

B Sie war nicht Schuld daran. / Sie war nichtschuld daran. / Sie war nicht schuld daran.

C Ihm war Angst und Bange. / Ihm war angst und bange. / Ihm war Angst und bange.

D Er hatte große Angst. / Er hatte große angst.

E Der heilige Stuhl befindet sich im Vatikan. / Der Heilige Stuhl befindet sich im Vatikan.

F Er nahm an der Veranstaltung teil. / Er nahm an der Veranstaltung Teil.

3 Informiere dich in einem Wörterbuch, welche Regeln für die Schreibung von *deutsch/ Deutsch* und *englisch/Englisch* gelten, und erläutere, welche Schreibung jeweils korrekt ist.

„Made in Germany" – ein *d/Deutsches* Qualitätssiegel?

Die Geschichte des Siegels „Made in Germany", das lange als Synonym für *d/Deutsche* Wertarbeit galt, begann 1887 mit der Verabschiedung des „Merchandise Marks Act" durch das *e/Englische* Parlament. Durch dieses Gesetz sollte verhindert werden, dass *d/Deutsche* Billigkopien von hoch-
5 wertigen *e/Englischen* Scheren und Messern den *e/Englischen* Markt über-schwemmten. Durch die Kennzeichnung *d/Deutscher* Produkte sollten die Kunden *e/Englische* Qualitätsware von *d/Deutscher* Ramschware un-terscheiden können. Allerdings merkten die *e/Englischen* Kunden schnell, dass es neben den Billigmessern auch sehr hochwertige *d/Deutsche* Pro-
10 dukte gab. Dies führte dazu, dass die Warnung vor allem *d/Deutschen* plötzlich zum Qualitätsversprechen wurde. Heute heißt „Made in Germany" allerdings nicht mehr unbedingt, dass ein Produkt von *d/Deutschen* her-gestellt wurde, denn es reicht – auf *d/Deutsch* gesagt – schon, wenn in aller Welt gefertigte Einzelteile in einem *d/Deutschen* Werk zusammen-
15 geschraubt werden.

Merke **Rechtschreibprogramme und Wörterbücher nutzen**

Die **meisten Textverarbeitungsprogramme** markieren sowohl **Rechtschreib-** als auch **Gram-matikfehler**. Sie sind daher eine wichtige Hilfe, um Rechtschreibfehler, Tippfehler oder Flüchtigkeitsfehler zu vermeiden. Allerdings bieten sie keine hundertprozentige Sicherheit. Benutze daher im Zweifel ein **gedrucktes Wörterbuch** oder ein **Online-Wörterbuch**, wenn du bei der Schreibung eines Wortes unsicher bist.

2 Schule verändern, besser lernen?

Einen argumentativen Sachtext untersuchen

zu   ← S. 33

Einleitung (Z. 1–8)
– Anknüpfen an eigene Erfahrungen: frühes Aufstehen kleiner Kinder
– ...

Hauptteil (Z. 9–99)
– Argumente aus Studien von Schlafforschern und Biologen
– ...
– ...

Schluss (Z. 100–105)
– ...

zu ❸ c) Beispiele für die einzelnen Argument-Typen aus dem Text von Kristina Schröder:

1. **normatives Argument:** *Kinder sollten in den Wintermonaten nicht in völliger Dunkelheit aus dem Haus geschickt werden.* (Z. 58–60)
2. **Faktenargument:** *„Je älter Kinder werden, desto mehr verschiebt sich der Biorhythmus nach hinten. Das belegen Studien von Schlafforschern und Biologen."* (Z. 9–11)
3. **Autoritätsargument:** *Forscher an einer Modellschule in den USA verlegen Unterrichtsbeginn von 8:00 Uhr auf 8:30 Uhr; Schüler/-innen sind fitter, ausgeglichener und verbessern ihre Leistung.* (Z. 29–33)

Argumentieren im Anschluss an einen Sachtext

zu ❶ Nutze folgende Texterschließungsstrategien: ← S. 37

1. **Überfliege den Text:** Welche Position beziehen die Autoren?
2. **Gliedere den Text in Sinnabschnitte** und **formuliere Zwischenüberschriften.** Notiere diese entweder in deinem Heft mit Zeilenangaben oder arbeite mit Klebezetteln.
3. **Markiere alle wichtigen Argumente,** die die Autoren zur Untermauerung ihrer Position anführen. Arbeite mit einer Überdeckfolie oder einer Kopie des Textes.

zu ❷ ← S. 38

Sollte der Unterricht erst um 9:00 Uhr beginnen?

Pro	Kontra
- Studien von Schlafforschern und Biologen: Verschiebung des Biorhythmus bei älteren Kindern (Material 1, Z. 9 f.) - ... - Schüler sind bei späterem Unterrichtsbeginn fitter (Material 1, Z. 32 f.)	- Abläufe in den Familien funktionieren nicht mehr (Material 2, Z. 8 f.) - ...

zu ❹ Du kannst folgende Formulierungshilfen für deine Einleitung nutzen:

Aktueller Bezug zum Thema: _Sollte ...? · Immer wieder wird in den Medien die Frage aufgeworfen, ob ... · Seit einiger Zeit wird darüber diskutiert, ob ... · Jeder weiß, ... · Zu den Diskussionen, die immer wieder neu aufflammen, gehört die Debatte um ..._

Benennen von Autor/-in, Titel und strittiger Frage: _Dieser Frage geht auch ... mit seinem Text „..." nach. · Der Frage, ob ..., geht auch der Artikel von ... nach. · Auch ... beschäftigt sich mit der Frage, ob ..._

Hauptaussage des zugrunde liegenden Textes: _Die Position der Autorin / des Autors zu dieser Fragestellung ist, dass ... · ... kommt in seinem Artikel „..." zu dem Ergebnis, dass ... · ... bezieht in seinem Artikel eindeutig Position zu dieser Frage, indem er ..._

zu ❽ Nutze folgende Checkliste zur Überarbeitung deines Textes: ← S. 39

Einleitung
- ✓ Hast du den Titel des Textes, Autor/-in und strittige Fragestellung benannt?
- ✓ Wird die Hauptaussage des Textes deutlich?
- ✓ Ist die Überleitung zum Hauptteil gelungen?

Hauptteil
- ✓ Hast du die wichtigen Argumente der Autorin / des Autors aufgegriffen und in eigenen Worten (z. B. mithilfe der indirekten Rede) wiedergegeben?
- ✓ Hast du die im Text angeführten Argumente verstärkt oder entkräftet und deine eigene Position deutlich gemacht?

Schluss
- ✓ Hast du deutlich gemacht, was dir an der Diskussion besonders wichtig ist, indem du deine Ansicht zum Thema noch einmal auf den Punkt bringst?

3 Traumjobs und andere Berufe

Einen Informationstext untersuchen

zu ❶ Notiere Stichpunkte zu den folgenden Abschnitten des Textes. ← S. 59

- *Einleitung (Z.1–16)*
- *Hauptteil (Z.17–45)*
- *Schluss (Z.46–52)*

zu ❷ Nutze die folgende Vorlage für die Mindmap und ergänze die im Text genannten Informationen zu den vier Aspekten in Stichpunkten.

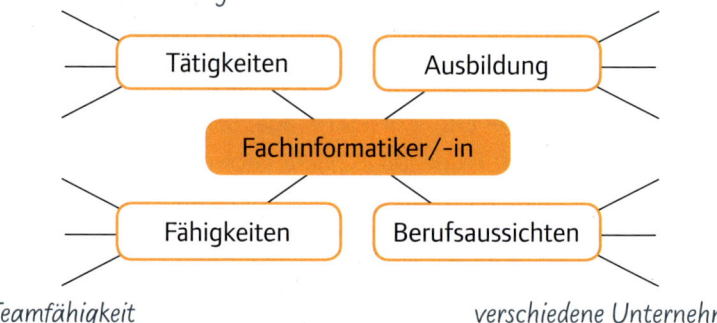

Informationen zu einem Beruf auswerten

zu ❸ Die einzelnen Materialien geben dir Auskunft zu folgenden Schwerpunkten. ← S. 60

- **Tätigkeiten:**
  - Material 1
  - Material 2
  - Material 4
- **Fähigkeiten:**
  - Material 4

- **Ausbildung:**
  - Material 2
  - Material 4

- **Berufsaussichten:**
  - Material 4

Material 3 ist z. B. geeignet, um einen Einstieg in den Informationstext zu formulieren.

Einen informierenden Text schreiben

zu ❸ Du kannst auch einen Schreibplan nach folgendem Muster anlegen: ← S. 64

Einleitung	– *Hinführung zum Thema* – *Thema benennen* – *…*
Hauptteil	– *Tätigkeiten (Aspekt 1)* – *…* – *…* – *Fähigkeiten (Aspekt 2)* – *…* – *…*
Schluss	– *Fazit: …* – *…*

zu ❼ Bedenke beim Schreiben die folgenden Punkte zu den einzelnen ← S. 65
Aspekten:

Tätigkeiten:
- Verdeutliche, welche Bandbreite die Tätigkeiten in diesem Beruf haben.
- Erläutere, welche Tätigkeiten eine besonders wichtige und welche eine eher untergeordnete Rolle spielen.

Fähigkeiten:
- Unterscheide in „Hard Skills" (typische Qualifikationen für den Beruf, z. B.: mathematisches Verständnis) und „Soft Skills" (Persönlichkeitsmerkmale, z. B.: Teamfähigkeit, Zuverlässigkeit).
- Überlege, welche Informationen du weglässt und/oder mit anderen Informationen zusammenfassen kannst.

Ausbildung:
- Stelle sowohl die Ausbildungsdauer als auch die Ausbildungsinhalte und die Ausbildungsvergütung dar.

Berufsaussichten:
- Stelle die Bandbreite beruflicher Einsatzmöglichkeiten dar. Überlege auch, welche Informationen du weglässt oder zusammenfassen kannst.
- Gib Auskunft darüber, welche Entwicklungsmöglichkeiten es in diesem Beruf gibt.
- Informiere über das zu erwartende Gehalt.

4 Hinter den Bildern

Bildhafte Sprache verstehen

zu ⑥ Du kannst bei der Bearbeitung der Aufgabe folgende Starthilfe ← S. 83
verwenden.

> – Manche sprachlichen Bilder sind zu Redewendungen geworden, bei denen ...
> – Während bei einigen Tieren wie z. B. Hase oder Biene ..., ist bei anderen
>   Tieren wie z. B. Amsel oder Fliege ...

Merkmale von Parabeln untersuchen

zu ❷ Du kannst auf folgende Textbausteine zurückgreifen. ← S. 85

> sich isolieren ... innere Mauern errichten ... in Illusionen leben ...
> an Vereinsamung leiden ... sich seine eigene Welt aufbauen ...
> Überdruss empfinden ... sich selbst einsperren ... immer ängstlicher werden

Bild- und Sachebene erschließen

zu ❹ Verwende folgende Starthilfe für die Fortsetzung ← S. 88
der Zusammenfassung.

Absichten der Haifische	Was die Haifische dafür tun

2. Bildung (Z. 10–21)
 – den Fischen weismachen, es sei gut, sich
    für die Ziele der Haifische zu opfern
	– Schulen einrichten, den
	   Lernstoff bestimmen
	   (→ Z. 10–21)

zu ❺ Du kannst bei der Erschließung der Sachebene folgende
Formulierungsbausteine nutzen:

> Zum Beispiel in Diktaturen werden Kindern schon sehr früh angeleitet, so
> zu denken, wie es den Herrschenden nützt. ... Bestimmung als Untertanen,
> sich für die Herrscher zu opfern ...
> ... sie selbst seien mehr wert als andere und müssten andere bekämpfen ...
> Kunst und Theater dürfen in Ländern, in denen es eine Zensur gibt, nur
> das darstellen, was ...

Einen Interpretationsaufsatz verfassen

zu ❶ Für die Verknüpfung von Aussagen zum Text mit passenden
Textbelegen gibt es verschiedene Möglichkeiten, z. B.:

← S. 90

Verknüpfung Aussage – Textbeleg	Beispiele
A These → Zitat → Erläuterung	*Schon im ersten Absatz des Textes wird deutlich, dass sich die Haifische nur um die „Fischlein" kümmern und sie versorgen, weil sie diese schließlich fressen wollen: „denn lustige Fischlein schmecken besser als trübsinnige" (Z. 9). Das Bild des Fressens steht auf der Sachebene für …* *Auch die Religion wird in der Parabel kritisch beurteilt: Sie vermittelt, „dass die Fischlein erst im Bauch der Haifische richtig zu leben begännen" (Z. 42 f.). Das bezieht sich auf die christliche Religion, die Hoffnungen auf ein Leben nach dem Tod macht.*
B Zitat → Erläuterung → Schlussfolgerung	*„In diesen Schulen würden die Fischlein lernen, wie man in den Rachen der Haifische schwimmt" (Z. 10 ff.). Dieses Bild macht deutlich, dass die Haifische die kleinen Fische dazu abrichten wollen, sich selbst zu opfern, um sie noch bequemer ausnutzen zu können. Die Bildung dient also nicht der Selbstentfaltung, sondern …* *„Das Theater auf dem Meeresgrund würde zeigen, wie heldenmütige Fischlein begeistert in die Haifischrachen schwimmen […]" (Z. 36 f.). Das Theater würde also zur Selbstaufopferung anhalten. Es wäre deshalb Teil einer Kultur, die nur Mittel zum Zweck der Mächtigen ist.*

Eine Parabel schriftlich interpretieren

zu ❶ Tipp: Beachte folgende Textstelle: „Kannst du denn nicht lauter
schreien?" (Z. 12 f.)
Überlege, wie du an Herrn K.s Stelle reagiert hättest.
Plane einen Schluss, der zu Herrn K.s oben zitierter Reaktion passt.

← S. 91

5 Missverständnisse

Eine komische Erzählung untersuchen

zu ❷ a) Entscheide, welche der folgenden Stilmittel in den Zitaten jeweils   ← S. 110
verwendet wurden.
Begründe deine Auswahl.

A Inkongruenz	B Inkongruenz	C Inkongruenz
Ironie	Selbstironie	Ironie
Verfremdung	Hyperbel	Selbstironie

D Inkongruenz	E Inkongruenz	F Inkongruenz
Selbstironie	Selbstironie	Selbstironie
Understatement	Verfremdung	Verfremdung

Eine komische Geschichte interpretieren

zu ❹ Du kannst den folgenden Textanfang für deine Zusammenfassung   ← S. 114
nutzen.

Die Familie des Ich-Erzählers und die Nachbarfamilie Dörfelt geraten in Streit,
weil Familie Dörfelt die geliehene Bratpfanne nicht zurückgegeben hat. Der Streit
beginnt mit Beleidigungen, artet jedoch schnell aus. Nach Prügeleien und anderen
Handgreiflichkeiten …

zu ❺ Untersuche die folgenden Textstellen genauer im Hinblick darauf,   ← S. 115
welche Stilmittel des Komischen hier verwendet werden.

- Z. 32 („Aber unserer Mutter passte das nicht …) – Z. 37 (… verantwortlich
  wären.")
- Z. 39 („Am nächsten Morgen …) – Z. 50 (… Es ist bekannt, dass die Dörfelts
  leicht übel nehmen.")
- Z. 55 („Eine Weile sah er die Sache noch an …) – Z. 61 (… kniff als Richtkanonier das rechte Auge fachmännisch zusammen.")
- Z. 68 („Natürlich sind wir nun alle tot …) – Z. 70 (… breitet sich jetzt ein
  graubrauner Fleck aus.")
- Z. 70 („Aber eins muss man sagen, …) – Z. 72 (… kann man sich nicht alles
  gefallen lassen.")

zu ⑥ Du kannst für die einzelnen Teile deiner Interpretation folgende Start- und Formulierungshilfen nutzen:

Interpretation von Gerhard Zwerenz: Nicht alles gefallen lassen …

Einleitung	*Die Erzählung … von … ist … erschienen. Das Thema der Erzählung ist …*
Hauptteil Personenkonstellation und Ort der Handlung	*Die Erzählung spielt …* *Im Mittelpunkt stehen die beiden Familien … mit den Familienmitgliedern …*
Inhaltsangabe	*In der Erzählung geht es um den Streit zweier Familien, der mit einer nicht zurückgebrachten Bratpfanne beginnt und …*
Sprachliche Mittel und stilistische Gestaltung	*Besonders auffällig an der sprachlichen Gestaltung des Textes sind die Stilmittel der Übertreibung (Hyperbel) und der Untertreibung (Understatement). Dazu zählt z. B. …* *Auch im Textbeispiel „…" wird das Stilmittel der Übertreibung genutzt, indem …* *Die Ironie spielt eine wichtige Rolle, beispielsweise wenn …* *Das stilistische Mittel der Inkongruenz durchzieht den gesamten Text, indem … Besonders deutlich wird das z. B. an der Textstelle …, aber auch …*
Schluss	- *Der Autor Gerhard Zwerenz kritisiert mit seiner Erzählung „Nicht alles gefallen lassen …" die auch in der Realität oft überzogenen Reaktionen …* - *Meiner Ansicht nach eignet sich die Geschichte „Nicht alles gefallen lassen …" von Gerhard Zwerenz zur Kritik an …*

6 „Knallhart"

Figuren und Erzählweise untersuchen

zu ❷ Du kannst folgende Vorlage für deinen Figurensteckbrief nutzen. Achte   ← S. 135
darauf, dass du Platz für weitere Einträge im Laufe des Kapitels lässt.

> ### Figurensteckbrief: *Michael*
>
> **Name:** *Michael Polischka*
>
> **Lebensumstände:**
> - *lebt zu Beginn in Villa in Zehlendorf beim Freund der Mutter*
>   *(Doktor Peters)*
> - *...*
>
> **Verhalten/Eigenschaften:**
> - *verunsichert*
> - *...*
>
> **Beziehung zu anderen Figuren:**
> - *hält Doktor Peters für ein „Arschloch" und einen „Geizkragen"*
> - *Verhältnis zur Mutter ist ...*
> - *...*
>
> **Sonstiges:**
> - *„ballert virtuellen Freunden" nächtelang die Köpfe weg,*
>   *solange er noch bei Doktor Peters wohnt*
> - *...*

zu ❸ Du kannst eine der folgenden Starthilfen nutzen, um die Ereignisse
aus der Sicht eines auktorialen Erzählers darzustellen.

A *Obwohl Michael sich sicher war, dass er Errol und seiner Gang ausweichen*
konnte, indem er jeden Tag einen anderen Weg nach Hause nahm, hatten
diese seinen Plan durchschaut. Errol ging es vor allem darum, dass ...

B *Errol und seine Freunde hatten natürlich bemerkt, dass Michael ihnen*
ausweichen wollte, indem er jeden Tag einen anderen Heimweg nahm.
Aber so leicht ließ sich Errol nicht täuschen. Dieser reiche Feigling dachte
sicher, er sei besonders schlau. Bestimmt hatte er ein teures Handy, das
man abziehen konnte. Er sollte sich nur nicht einbilden, dass ...

Die Figuren charakterisieren

zu ❶ Du kannst folgenden Gesprächsanfang nutzen: ← S. 142

> Michael: Ich arbeite jetzt übrigens für Hamal.
> Crille: Was??? Mit diesem Arschloch?
> Matze: Warum nicht? Ist doch ein super Job mit 'ner Menge Kohle ...
> Michael: Ich wusste nicht, ...

zu ❸ a) Du kannst folgende Stichpunkte für die Charakterisierung Hamals ergänzen und nutzen:

Äußere Merkmale	– „Südländer" (Z. 48) – Föhnwelle (Z. 36) – ...
Verhalten/ Eigenschaften/ Einstellungen/ Gefühle	– eitel: hat eine Föhnwelle (Z. 36) – selbstsicher und überheblich: „Hast du schon länger mit diesen Pennern Ärger?" (Z. 37) – angeberisch, überheblich: fährt BMW (Z. 31) so, als würde ihm „die ganze Straße gehören" (Z. 38 f.) – ...
Beziehung zu anderen Figuren	– hat „Bodyguards" (Z. 22, Z. 27) und einen Fahrer (Z. 32) – verachtet Errol (Z. 42 f.) – ...

zu ❸ b) In einer Rollenbiografie stellt sich eine Figur selbst vor.
Du formulierst also in der Ich-Form aus der Sicht dieser Figur.
Bei der Rollenbiografie für Errol können dir folgende Fragen helfen:

- Wie sieht Errols aktuelle Situation aus?
- Wie ist Errol in die Situation gekommen, in der er sich befindet?
- Wie fühlt sich Errol in dieser Situation?
- Weshalb will seine eigene Familie nichts mehr mit ihm zu tun haben?
- Welche Rolle spielt seine Gang für ihn?
- Warum bedroht Errol mit seiner Gang Michael?

zu ❼ Das Film-Motiv taucht in zahlreichen Zusammenhängen im Roman ← S. 145
„Knallhart" auf, z. B. an folgenden Stellen der hier abgedruckten
Textauszüge:
- S. 141, Z. 47 ff.; S. 142, Z. 78 ff.; S. 143, Z. 19 ff.; S. 144, Z. 30 ff.; S. 145, Z. 74 ff.

7 Abgründe

Die Exposition untersuchen

zu ❶ b) Du kannst folgende Formulierungen verwenden: ← S.165

> indirekt Druck ausüben · abmildern · sich unterordnen ·
> Sorge und Betroffenheit signalisieren · indirekt Anerkennung fordern ·
> sich zurückhalten · eine drastische Ausdrucksweise wählen

Den Gesprächsverlauf und die Figurenbeziehungen untersuchen

zu ❷ Du kannst folgende Starthilfe verwenden. ← S.169

Véronique: Verhalten, Aussagen	
zum Vorfall	*Ihr Sohn sei entstellt worden. Der Schuldige müsse von sich aus Reue zeigen oder notfalls dazu gezwungen werden (vgl. Z.50 und 79ff.).*
als Mutter/Vater	*Betont, dass ihr Sohn Opfer und moralisch im Recht ist (vgl. Z.27 und 72).*
gegenüber der Partnerin / dem Partner	...
...	...

Michel: Verhalten, Aussagen	
zum Vorfall	*unterstützt die Forderung ...*
als Mutter/Vater	*Will für Bruno durchsetzen, dass Ferdinand ...*
gegenüber der Partnerin / dem Partner	...
...	...

Alain: Verhalten, Aussagen	
zum Vorfall	*Er misst dem Vorfall ... Bedeutung bei ...*
als Mutter/Vater	*Die Jungen könnten das untereinander klären. Eine Entschuldigung Ferdinands hält er für ...*
gegenüber der Partnerin / dem Partner	...
...	...

Die Sprache der Figuren untersuchen

zu ❸ a) Du kannst die folgende Starthilfe verwenden: ← S. 171
- Sprachebene: umgangssprachlich, teils derb („und dann kotzt die
  auch noch auf meine Bücher, das ist doch krank!", Z. 15 f., …)
- abwertende Ausdrücke: „Sie ist auch grässlich" (Z. 3), …
- Bezug zu Absichten, die die Figuren in der Szene verfolgen:
  Aggressionen äußern, eigenen Zusammenhalt …
- von Véronique auch Provokation ihres Mannes als Aufforderung …

Eine Szeneninterpretation schreiben

zu ❶ a) Ordne aus den im Folgenden genannten Absichten den Figuren die   ← S. 177
        passenden zu.

- will XY stoppen · heizt die Auseinandersetzung an · unterstützt XY ·
  will entlarven
- will einlenken · möchte das Gespräch beenden · will sich
  verteidigen · will verletzen · versucht zu beschwichtigen

zu ❶ d) Bei der Beschreibung der Gefühle und Haltungen kannst du auf
        folgenden Wortspeicher zurückgreifen:

- distanziert · besonnen · wütend · aggressiv · gewalttätig ·
  verletzt · kindisch · unselbstständig · defensiv · gehässig ·
  verächtlich · beschwichtigend
- vorwurfsvoll · unterstützend · ausfallend · reflektiert · aufgebracht ·
  ironisch · schlichtend · selbstgerecht · überheblich

Eine Rezension schreiben

zu ❶   Du kannst aus den folgenden Aspekten passende auswählen.   ← S. 181

- Wahl der Kostüme und Requisiten · Leistung der Schauspieler/-innen
- Texttreue der Inszenierung · Unterhaltsamkeit und Witz der
  Inszenierung
- Denkanstöße durch das Stück / die Inszenierung · Qualität des
  Dramentextes
- Behandlung des Themas „Moral" in der Inszenierung
- Erkenntnisse über Ursachen des gezeigten Verhaltens

8 „Die Liebe hemmet nichts …"

Das Motiv der Liebe untersuchen

zu ❸ Du kannst einen der folgenden Anfänge für deinen Prosatext nutzen.   ← S.196

     – A *Wenn du die Rosenblüte von dem dornigen Stiel trennst, …*
     – B *Stell dir vor, du trennst die Blüte einer Rose von ihrem dornigen Stiel und …*

zu ❹   – Achte bei der Untersuchung des Reimschemas vor allem auf den
        Wechsel und überlege dir, welche Funktion dieser Wechsel haben
        könnte.
     – Achte bei der Untersuchung der sprachlichen Gestaltung besonders
        auf die Versanfänge.

zu ❷ b) Untersuche das Gedicht mithilfe folgender Fragestellungen: ← S.197
     – Welche Verse sind durch das Reimschema miteinander verbunden? Gibt es hier auch
        einen inhaltlichen Zusammenhang?
     – Was fällt dir auf, wenn du das Metrum der ersten vier Verse mit dem Metrum der
        zweiten vier Verse vergleichst?
     – Wie werden die gegensätzlichen Eigenschaften des Monats April in dem Gedicht
        sprachlich ausgedrückt?

Barock – Gedichte einer Epoche erschließen

zu ❷ a) Nutze die folgenden Worterklärungen für deine „Übersetzung".   ← S.198
     – zeitlich weichen (V. 6): irgendwann vergehen
     – itzund (V. 7): jetzt
     – tilgt (V. 8): zerstört, vernichtet
     – gemein (V. 8): gewöhnlich
     – dieweil (V. 14): weil

zu ❹ b) Entscheide, welche Erläuterung jeweils korrekt ist. Begründe.   ← S.199

        zu H:
     – Die Personifikation „gemeines Band" besagt, dass das Haar eine
        große Bedeutung im Hinblick auf die Schönheit hat.
     – Der Vergleich „als ein gemeines Band" besagt, dass auch die
        Schönheit der goldglänzenden Haare vergänglich ist, indem sie
        zu einem gewöhnlichen Band werden.

zu I:
- Die Hyperbel „Gottheit deiner Pracht" überhöht die Schönheit der Angesprochenen noch einmal.
- Die Metapher „Gottheit deiner Pracht" erklärt die Schönheit.

zu ❺ Welche der folgenden Aussagen gibt die Aussage des Gedichts am besten wieder? Begründe mit Textbelegen.

A Am Ende müssen alle sterben, auch die Schönen wie du.
B Dein Körper mit seiner Schönheit und Pracht ist vergänglich und wird sterben. Nur dein Herz (als Sitz der Seele) wird ewig bestehen, weil es das Einzige ist, was den Tod überdauert.
C Du bist so schön, dass selbst der Tod sich in dich verliebt. Deshalb wird er dich schneller holen als andere.

Ein Gedicht interpretieren

zu ❷ Achte auf die unterschiedliche Bedeutung, die die Hand in den ersten beiden Strophen hat, und vergleiche mit der Bedeutung der Hand in der 3. Strophe. ← S.200

zu ❺ Achte besonders auf ← S.201
- die Anzahl der Verse pro Strophe,
- die verschiedenen Reimschemata,
- die Unregelmäßigkeiten im Metrum,
- die Bedeutung der Hand in den einzelnen Strophen,
- die im folgenden Auszug unterstrichenen Wörter.

So leicht und fest war seine Hand:　　　*„leicht" (Wdh. aus V.3)*
Er ritt auf einem jungen Pferde,
Und mit nachlässiger Gebärde
Erzwang er, dass es zitternd stand.

Jedoch, wenn er aus ihrer Hand
Den leichten Becher nehmen sollte,
So war es beiden allzu schwer:　　　*„allzu schwer": Gegensatz zu „leicht"*
Denn beide bebten sie so sehr,
Dass keine Hand die andre fand
Und dunkler Wein am Boden rollte.

9 Planet Plastik

Inhalt und Textfunktion erschließen

zu ❷ Übertrage die folgende Mindmap in dein Heft und ergänze sie. ← S. 219

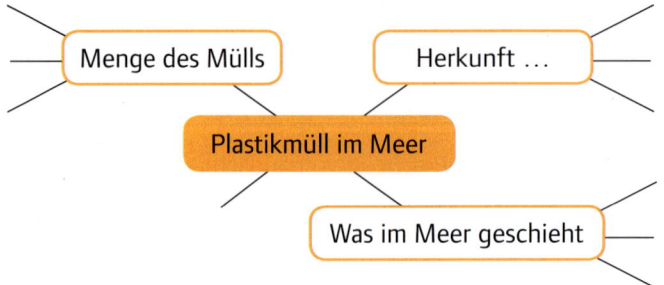

zu ❸ Du kannst folgende Stichpunkte als Starthilfe nutzen: ← S. 221

- wertende Wörter: z. B. „katastrophales Problem" (Z. 6 f.), ... -> Intention: ...
- Modalverben: „müssten [...] aufgreifen" (Z. 19 f.), ... → Intention: Appell
- sprachspielerische Elemente: „Plastikmüll: Eingetütet" (Überschrift) → ... ; ...

Sprache untersuchen und Texte bewerten

zu ❸ Ordne den im Folgenden genannten sprachlichen Mitteln passende Wirkungen zu und ergänze weitere sprachliche Mittel und deren Wirkung. ← S. 225

Sprachliche Mittel	Wirkungen
Sprachstil: provokant: bewusst übertriebene Forderung: „Liebe Angela Merkel, lieber Staat, liebe EU, liebe Weltregierung, ich fordere euch hiermit auf [...]" (Z. 17 f.) Leseransprache: rhetorische Frage an die Leser: „Sagt, was ihr wollt, aber habt ihr mal die Gabel gesehen?" (Z. 3) besondere Stilmittel: Anapher: ...	– dem Appell Nachdruck verleihen – die Leser/-innen amüsieren – die Leser/-innen neugierig machen, aktivieren

zu ❹ Du kannst bei deiner Stellungnahme auf eine Auswahl aus folgenden Textbausteinen zurückgreifen.

Der Verfasser übertreibt bewusst, wenn er schreibt ... Er geht nicht darauf ein, ... Die Einschätzung des Autors, dass ..., halte ich für ...

Eine Sachtextanalyse verfassen

zu **6** Prüfe, was in den folgenden Einleitungssätzen (nicht) gelungen ist. ← S. 229
Verwende die gelungenen Formulierungen in einem eigenen
Einleitungssatz.

A *Der informierende Beitrag „Recycling: Wie aus Pullen Pullis werden" wurde*
in der Kinder- und Jugendzeitschrift Geolino veröffentlicht. Darin geht es
um Plastikmüll und dessen Verwendung.

B *Der Zeitschriftenartikel „Recycling: Wie aus Pullen Pullis werden" dreht*
sich um die Fragen, was mit recycelten Plastikflaschen geschieht und
warum Recycling wichtig ist.

Für den Schluss deiner Textanalyse kannst du eine der folgenden
Starthilfen verwenden.

A *Der Text ist klar strukturiert und für die Zielgruppe …*
Wichtig finde ich den Appell, …

B *Der Text könnte aus meiner Sicht noch mehr betonen, dass …*

Informationen in indirekter Rede wiedergeben

zu **2** Du kannst die folgenden Textbausteine nutzen: ← S. 230

– *Wird die indirekte Rede mit der Konjunktion „dass" eingeleitet, kann anstelle*
des Konjunktivs auch … stehen, z. B.: Pinzler geht davon aus, dass …
– *Der Indikativ kann auch stehen, wenn …, z. B.: Aus der Sicht der Verfasserin …*
– *Manche Formen des Konjunktivs II sehen aus wie Präteritumformen im*
Indikativ, z. B.: „Die Müllmengen vergifteten Tiere." In diesem Fall …

Eine Sachtextanalyse überarbeiten

zu **2** Du kannst in deiner Überarbeitung folgende Textbausteine und ← S. 231
Formulierungshilfen verwenden:

Z. 1–3: *In ihrem Kommentar „Plastikmüll: Eingetütet" setzt sich Petra Pinzler*
mit dem Problem der weltweit wachsenden Müllmengen auseinander. …

Z. 4–11: *Einkaufstüten aus Kunststoff / Beutel aus Kunststoff / Tragetaschen*
aus Plastik …

Z. 19–25: *Sie verwendet z. B. Ausdrücke, die die Dramatik der Entwicklung*
betonen: … Den Appell formuliert sie mithilfe der Modalverben …
(vgl. Z. …) … Der Text enthält auch vorwiegend informierende Passagen
(z. B. Z. …). Die Informationen unterstreichen, dass …

Orientierungswissen
Sprechen und Zuhören

Einen Vortrag vorbereiten und halten

1. Schritt: Fragen stellen und Informationen sammeln
- Sammle Begriffe und Fragen zum Thema deines Vortrags. Dazu kannst du z. B. eine Stichpunktliste oder einen Cluster anlegen.
- Recherchiere anhand deiner Fragestellungen und der gesammelten Begriffe Informationen zum Thema, z. B. im Internet (→ S. 350) oder in der Bibliothek.
- Führe bei Bedarf Interviews mit Experten für das Thema durch.

2. Schritt: Informationen auswerten und ordnen
- Nutze die dir bekannten Verfahren zur Texterschließung (→ S. 333) und zur Erschließung von Grafiken und Diagrammen (→ S. 335), um die Materialien auszuwerten.
- Notiere die gewonnenen Informationen, z. B. in einer Mindmap, einer Tabelle, einem Zeitstrahl oder einem Flussdiagramm.
- Wähle aus, welche Aspekte du in deinem Vortrag darstellen möchtest. Markiere sie und nummeriere sie bei Bedarf.

3. Schritt: Karteikarten anlegen
- Lege Karteikarten zu den ausgewählten Aspekten des Themas an. Notiere auf jeder Vortragskarte nur einen Aspekt, eine Fragestellung oder einen Oberbegriff und dazu wenige aussagekräftige Stichpunkte.

4. Schritt: Den Vortrag gliedern
- **Einleitung:** Beginne mit einer Einleitung, in der du z. B. darstellst, warum die Frage für die Zuhörer/-innen interessant ist oder warum das Thema allgemein wichtig oder aktuell ist.
- **Hauptteil:** Präsentiere im Hauptteil die einzelnen Aspekte des Themas (vgl. 3. Schritt) in einer sinnvollen Reihenfolge.
- **Schluss:** Fasse zum Schluss das Wichtigste zusammen. Du kannst – abhängig vom Thema – abschließend auch deine eigene Meinung oder einen Appell formulieren.

5. Schritt: Informationen veranschaulichen
- Visualisiere die Gliederung deines Vortrags für deine Zuhörer/-innen, indem du sie z. B. an die Tafel schreibst, an ein Whiteboard projizierst oder ein Handout verteilst.
- Nutze Bilder oder Grafiken als Anschauungsmaterial.
- Als Alternative kannst du auch eine Bildschirmpräsentation (→ S. 351) erstellen.

6. Schritt: Den Vortrag üben

- Übe den Vortrag möglichst vor Zuhörerinnen/Zuhörern.
- Nutze deine vorbereiteten Vortragskarten oder deine Bildschirmpräsentation.

7. Schritt: Den Vortrag halten

- Sprich frei, deutlich und in einem angemessenen Tempo.
- Halte Blickkontakt zu den Zuhörenden und achte auf deine Körpersprache.
- Beziehe deine Zuhörer/-innen in den Vortrag mit ein, indem du z. B. Fragen beantwortest
  oder Fragen an das Publikum stellst.

In unterschiedlichen Diskussionsformen diskutieren → S. 40 – 43

Die Plenumsdiskussion

Bei einer **Plenumsdiskussion** vertritt jede Teilnehmerin / jeder
Teilnehmer ihre/seine **persönliche Meinung** zu einer bestimmten
Fragestellung, z. B.:

*Welche Rolle sollte die Digitalisierung im Deutschunterricht
spielen?*

Alle Anwesenden haben Rederecht. Eine Diskussionsleiterin /
ein Diskussionsleiter steuert die Redebeiträge.
Die Form der Plenumsdiskussion wird häufig im Unterricht gewählt.

Die Pro-Kontra-Diskussion

Bei der **Pro-Kontra-Diskussion** diskutieren **zwei Gruppen**
miteinander, die die **gegenteilige Positionen** zu einer
festgelegten Entscheidungsfrage vertreten, z. B.:

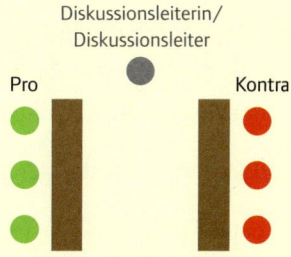

Sollte der Samstagsunterricht wieder eingeführt werden?
Dabei geht es nicht darum, die eigene Meinung zu vertreten,
sondern eine vorgegebene Position.

Eine **Diskussionsleiterin** / ein **Diskussionsleiter** führt in die Diskussion ein, erteilt während der
Diskussion den beiden diskutierenden Gruppen abwechselnd Rederecht und achtet auf die
Einhaltung der Diskussionsregeln. Am Ende der Diskussion fasst sie/er die Diskussionsergebnisse
noch einmal zusammen.

Ziel der diskutierenden Gruppen ist, die Zuhörer/-innen von der eigenen Position zu
überzeugen.

Die Form der Pro-Kontra-Diskussion findet man z. B. bei Podiumsdiskussionen im Parlament
oder bei Diskussionssendungen im Fernsehen. Eine besondere Form der Pro-Kontra-Diskussion
ist die Debatte (→ S. 318).

Die Debatte

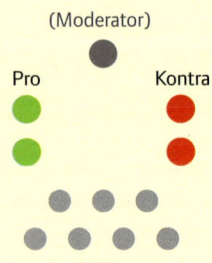

(Moderator)

Pro   Kontra

Publikum

Eine **Debatte** ist ein **Streitgespräch**, das im Unterschied zu einer Pro-Kontra-Diskussion deutlich stärker **geregelt** ist.
Im Mittelpunkt der Debatte steht ein **Problem** bzw. eine **Entscheidungsfrage**, zu der es **unterschiedliche Standpunkte** gibt, z. B.:

Sollten Schüler/-innen ihre Lehrer/-innen duzen dürfen?

Ziel jeder Teilnehmerin / jedes Teilnehmers einer Debatte ist es, das Publikum **vom eigenen Standpunkt zu überzeugen**. So gibt es zum Beispiel **politische Debatten** als sogenannte TV-Duelle, bei denen die Spitzenkandidatinnen/Spitzenkandidaten einer Partei Wähler/-innen für sich und die eigene Position zu gewinnen versuchen.

In der Regel hat eine Debatte folgenden **Aufbau**:
1. **Persönliches Statement** der Teilnehmer/-innen zum Problem bzw. zur Entscheidungsfrage
2. **Aussprache/Diskussion** zum Thema
3. **Abschließende Stellungnahme** der Teilnehmer/-innen unter Einbeziehung der Diskussionsergebnisse

Eine Debatte kann auch als **Wettbewerb** stattfinden. Dort wird dann besonders auf die Einhaltung festgelegter Regeln im Ablauf der Debatte geachtet.

Ein Statement verfassen

Ein **Statement** ist eine kurze **mündliche Stellungnahme** vor Publikum. Es sollte nicht länger als 30 bis 60 Sekunden dauern und deine Haltung zu einem vorgegebenen Thema oder einer Fragestellung deutlich machen.

Ein Statement besteht aus

- einer **These**, z. B.:
   Schülerinnen und Schüler sollten in den Ferien einfach mal „abhängen" und nichts tun, …

- ein bis zwei **aussagekräftigen Argumenten** zur Begründung dieser These mit kurzen Beispielen/Erläuterungen zur Untermauerung der Argumente, z. B.:
   … denn laut einiger bekannter Hirnforscher macht „Abhängen" schlau, da das Gehirn auch dann auf Hochtouren arbeitet, wenn es so aussieht, als täten wir nichts: In dieser Zeit verarbeitet, sortiert und festigt unser Gehirn das Gelernte und sichert es uns für die Zukunft. Hinzu kommt, …

- einer kurzen **Schlussfolgerung** oder einem **Appell**, z. B.:
   Daher appelliere ich an Schüler/-innen und Eltern: Legt in den Ferien die Vokabelhefte, Handys und Fernbedienungen weg und legt euch stattdessen in die Hängematte, denn das ist wesentlich effektiver als die dauerhafte Bombardierung des Gehirns mit neuen Reizen.

Schreiben

Kreatives Schreiben → S. 14 – 27

Unter **kreativem Schreiben** versteht man das freie literarische Schreiben. Die Ergebnisse freien Schreibens können sowohl erzählende Texte als auch Gedichte oder szenische Texte sein. Für das kreative Schreiben kann man z. B. folgende Methoden und Techniken nutzen:

- **assoziatives Schreiben**, bei dem man spontan alles aufschreibt, was einem durch den Kopf geht, ohne den Stift abzusetzen;
- **Clustern,** bei dem man ein Wort in die Mitte eines Blattes schreibt und innerhalb eines Zeitlimits alle Begriffe darum herum schreibt, die einem zu diesem Wort einfallen; anschließend können die einzelnen Begriffe mithilfe von Strichen oder Pfeilen in einen inhaltlichen Zusammenhang gebracht werden;
- **Schreiben zu Bildern,** bei dem man ein Bild als Inspirationsquelle für einen Text nutzt;
- **Parallel- oder Gegentexte schreiben,** indem man die Form und/oder einzelne Motive eines Textvorbilds in einem eigenen Text aufgreift oder diese ins Gegenteil verändert.

Argumentieren im Anschluss an einen Sachtext → S. 28 – 55

Beim **Argumentieren im Anschluss an einen Sachtext** geht es darum, sich mit der Argumentation dieses Textes auseinanderzusetzen und begründet Stellung zu beziehen.

1. Schritt: Die Schreibaufgabe klären
- **Kläre die Schreibaufgabe**: Zu welcher Fragestellung / welchem Sachverhalt sollst du kritisch Stellung beziehen? Unter welchem Aspekt sollst du den Text analysieren?

2. Schritt: Den Sachtext erschließen
- **Erschließe den Text**, mit dem du dich argumentativ auseinandersetzen sollst, mithilfe geeigneter Lesestrategien (→ S. 333). Beachte dabei folgende Fragen:
    - Um **welches Thema / welche Fragestellung** geht es in dem Text?
    - Welche **Position** nimmt die Autorin / der Autor dazu ein?
    - Wie ist der **Argumentationsgang** der Autorin / des Autors?
    - Welche **Argument-Typen** (normatives Argument, Autoritätsargument, Faktenargument → S. 321) verwendet sie/er, um die Leser/-innen zu überzeugen?
    - Wie geht sie/er mit **Gegenargumenten** oder Einwänden gegen die eigene Position um?
    - Ist die Argumentation überzeugend?
    - Werden besondere **sprachliche (rhetorische) Mittel** (→ S. 336) verwendet, um die Aussagen zu unterstützen und die Leser/-innen zu überzeugen?
- Entscheide, welche **Position du zum Thema / zur zentralen Fragestellung** und zu den **Ansichten der Autorin / des Autors** einnimmst.

3. Schritt: Die Argumentation schreiben

- **Einleitung:**
  - Stelle einen **aktuellen Bezug** zum Thema her.
  - Nenne **Autor/-in** und **Titel** des zugrunde liegenden Sachtextes und gehe auf die **strittige Fragestellung** ein.
  - Fasse die **Hauptaussage des Textes** in eigenen Worten zusammen.

- **Hauptteil:**
  - **Setze dich** mit den **Argumenten und dem Argumentationsgang** des Sachtextes **auseinander,** indem du die Argumente aus dem Text aufgreifst, verstärkst und/oder entkräftest. Dabei kannst du deinen Text auf zwei verschiedene Weisen gliedern:

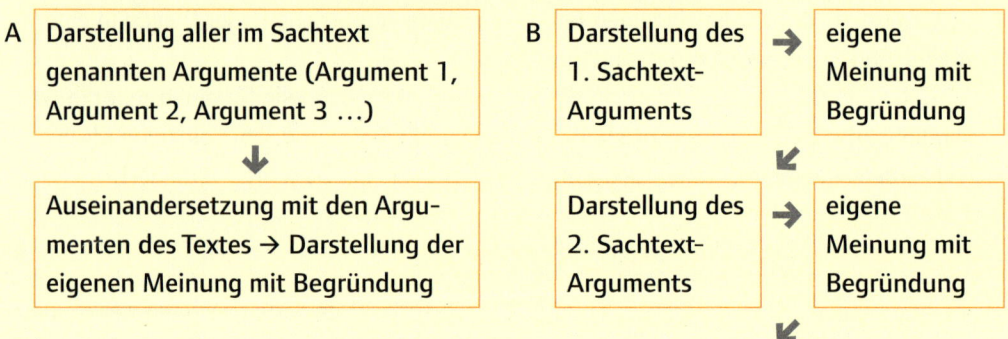

- **Schluss:**
  Ziehe ein **Fazit**, indem du deinen Standpunkt noch einmal zusammenfasst und bekräftigst. Du kannst auch einen kurzen **Appell** an deine Leser/-innen richten.

4. Schritt: Die Argumentation prüfen und überarbeiten

Überprüfe deine Argumentation anhand folgender Fragen:

- ✓ Hast du die zentralen Gedanken und Thesen des Textes zusammengefasst und den Argumentationsgang des Sachtextes dargestellt?
- ✓ Gibst du die zentralen Argumente mithilfe direkter oder indirekter Zitate (→ S. 352) wieder?
- ✓ Beziehen sich deine Argumente auf die Argumentation des Sachtextes, indem du die im Text genannten Argumente aufgreifst, sie bestätigst oder ihnen widersprichst?
- ✓ Hast du selbst überzeugende Argumente angeführt und diese mit passenden Beispielen belegt?
- ✓ Hast du deine Argumentation sprachlich logisch und nachvollziehbar dargestellt?

Materialgestützt argumentieren

Beim **materialgestützten Argumentieren** geht es darum, auf der Grundlage von Informationen aus Texten und Diagrammen einen eigenen argumentativen Text zu schreiben.

1. Schritt: Die Schreibaufgabe klären
- **Lies die Aufgabe genau** und beantworte für dich folgende Fragen:
    - Wie lautet das **Thema**?
        Sollte an unserer Schule das Fach „Medienkunde" eingeführt werden?
    - Welches **Ziel** verfolgst du mit deiner Argumentation?
        die Schülervertretung von der Wichtigkeit dieses Fachs überzeugen
    - Wer sind die **Adressatinnen/Adressaten** deiner Argumentation?
        Schülervertreter/-innen
    - **Formuliere eine These**, die deine Meinung zu diesem Thema wiedergibt, z. B.:
        An unserer Schule sollte das Fach „Medienkunde" eingeführt werden.

2. Schritt: Die Materialien auswerten
- **Überfliege** die bereitgestellten Materialien, um herauszufinden, ob sie Argumente enthalten, die deine These stützen.
- **Lies** die geeigneten Materialien genauer und **markiere** alle Informationen, die du für deinen Text nutzen möchtest.

3. Schritt: Den Text planen
- **Plane die Anordnung deiner Argumente nach Wichtigkeit,** z. B. indem du sie nummerierst. Besonders **überzeugend/stichhaltig** sind Argumente,
    - die sich auf **allgemein akzeptierte Werte** beziehen (**normatives Argument**),
    - die mit **überprüfbaren Fakten** (oft Zahlen oder Statistiken) untermauert werden können (**Faktenargument**),
    - die die **Meinung einer** anerkannten **Expertin / eines** anerkannten **Experten** wiedergeben (**Autoritätsargument**).

4. Schritt: Die Argumentation schreiben
- **Überschrift:** Formuliere eine aussagekräftige Überschrift.
- **Einleitung:** Verfasse eine Einleitung, die deine Leser/-innen neugierig auf deine Argumentation macht, und formuliere deine Meinung zum Thema.
- **Hauptteil:**
    - Formuliere deine Argumentation aus. Achte beim Schreiben darauf, dass du nicht den **Zweck** und die **Adressatinnen/Adressaten** aus dem Auge verlierst.
    - **Verknüpfe deine Argumente** sprachlich korrekt und inhaltlich schlüssig.
    - **Veranschauliche** deine Argumente mit **Beispielen/Erläuterungen**.
    - Gehe in deiner Argumentation auch auf **mögliche Gegenargumente** ein und entkräfte sie.
- **Schluss:** Fasse deine Meinung noch einmal zusammen oder formuliere einen Wunsch, eine Empfehlung oder einen Appell (Aufruf).

Materialgestützt informieren → S. 56 – 79

Beim **materialgestützten Informieren** trägst du aus verschiedenen Materialien, z. B. Texten und Grafiken, Informationen zu einem Thema zusammen und verfasst auf dieser Grundlage einen **eigenen informierenden Text**. Gehe dabei so vor:

1. Schritt: Die Schreibaufgabe klären

Lies die Aufgabe/Fragestellung genau und beantworte für dich die folgenden Fragen:
- Wie lautet das **Thema**?
- Welche **Textsorte** wird von dir verlangt?
- Welchen **Zweck** soll dein Text erfüllen?
- Wer sind die **Adressatinnen/Adressaten** deines Textes?

2. Schritt: Die Materialien auswerten
- **Überfliege** die bereitgestellten Materialien, um herauszufinden, ob sie Informationen zu der vorgegebenen Fragestellung enthalten.
- **Lies** die geeigneten Materialien gezielt im Hinblick darauf, welche Informationen du für den geforderten Text verwenden kannst.
- **Markiere** alle Informationen, die du für deinen Text nutzen möchtest.

3. Schritt: Den Text planen
- **Notiere** alle Informationen aus den Materialien, die für dich wichtig sind, nach geeigneten Aspekten geordnet. Du kannst hierfür z. B. eine Mindmap nutzen.
  Welche Aspekte das sind, hängt vom Thema ab, z. B.:
      Thema: Berufe   → *Aspekte: Ausbildung, Fähigkeiten, Tätigkeiten, Berufsperspektiven*
      Thema: Müllvermeidung → *Aspekte: Gründe, aktuelle Initiativen, Perspektiven für die Zukunft*
- **Ordne** die Aspekte sinnvoll an, indem du sie z. B. nummerierst.

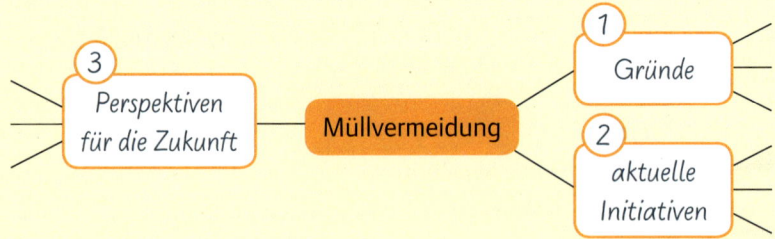

4. Schritt: Den Text verfassen
- **Einleitung:** Wecke mit der Einleitung das Interesse deiner Leser/-innen.
- **Hauptteil:** Stelle die Informationen geordnet nach den einzelnen Aspekten des Themas dar. Schreibe im Präsens und achte auf einen sachlich-informierenden und gut verständlichen Schreibstil.
- **Schluss:** Beende deinen Text mit einer persönlichen Bewertung oder einem Fazit (Schlussfolgerung). Du kannst auch einen Ausblick geben oder eine Empfehlung aussprechen.

Einen Figurensteckbrief erstellen

Ein **Figurensteckbrief** dient als Vorbereitung für die Charakterisierung einer literarischen Figur. Er enthält stichpunktartige Informationen

- zum **Namen** und zum **Alter** der Figur, falls bekannt,
- zu **äußeren Merkmalen**,
- zu den **Lebensumständen**,
- zu **Verhalten** und **Eigenschaften**,
- zur **Beziehung zu anderen Figuren** und
- zu **sonstigen Besonderheiten**.

Eine literarische Figur charakterisieren

1. Schritt: Die Charakterisierung planen

- Suche Textstellen, die etwas über die Figur aussagen. Manchmal musst du aus dem Genannten auch selbstständig Rückschlüsse ziehen, z. B. auf die Eigenschaften einer Figur.
- Notiere deine Untersuchungsergebnisse z. B. nach folgenden Aspekten:
  - **äußere Merkmale,**
  - **Verhalten und Eigenschaften,**
  - **Lebensumstände,**
  - **Beziehung zu anderen Figuren.**

2. Schritt: Die Charakterisierung schreiben

- **Einleitung:** Stelle den Roman oder den Erzähltext kurz vor. Nenne **Autor/-in, Titel, Hauptfigur(en), Handlungsorte** und gib **allgemeine Informationen zur Figur**, z. B. zu ihrer Rolle im Buch oder in der Erzählung, zu ihrem Alter und zu ihren Lebensumständen, sowie zur **Handlung**.
- **Hauptteil:** Beschreibe die einzelnen Merkmale der Figur, z. B. ihr Aussehen, ihr Verhalten, ihre Eigenschaften und ihre Beziehung zu anderen Figuren. Achte auch darauf, ob und wie sich das Verhalten oder die Beziehung der Figuren verändert.
  Belege deine Aussagen mit dem Text (→ S. 115).
- **Schluss:** Fasse deine Untersuchungsergebnisse kurz zusammen oder formuliere eine persönliche Einschätzung der Figur.
Schreibe im **Präsens**.

3. Schritt: Die Charakterisierung überarbeiten

Überprüfe deine Charakterisierung anhand folgender Fragen:
- ✓ Kann man sich nach dem Lesen deiner Charakterisierung die Figur gut vorstellen?
- ✓ Hast du deine Aussagen mit Textbelegen (direkten oder indirekten Zitaten → S. 352) gestützt?
- ✓ Ist dein Text sinnvoll und leserfreundlich aufgebaut, z. B. nach Aspekten wie Aussehen, Verhalten etc. geordnet?
- ✓ Hast du die Charakterisierung im Präsens geschrieben?

Einen Erzähltext schriftlich interpretieren → S. 80 – 103, S. 104 – 129, S. 130 – 161

1. Schritt: Den Text untersuchen

Bereite deine Interpretation vor, indem du den Text **inhaltlich, sprachlich** und im Hinblick auf die **Erzählweise analysierst**. Orientiere dich dabei an den Hinweisen zur Untersuchung der einzelnen Textsorten:

- Erzähltexte untersuchen (→ S. 328)
- Kurzgeschichten untersuchen (→ S. 329)
- Parabeln untersuchen (→ S. 329)
- Romane untersuchen (→ S. 330)

2. Schritt: Die Interpretation schreiben

- **Einleitung:**
  - Schreibe einen einleitenden Satz, in dem du die **Textart,** den **Titel** des Textes, **die Autorin / den Autor,** das **Erscheinungsjahr** (falls bekannt) und die **Quelle** (falls bekannt) des Textes nennst. Gib dann das **Thema des Textes** in ein bis zwei Sätzen wieder, z. B.:
    In dem Text „Familie Gublers Quality Time" von Martin Suter aus dem Jahr 2012 geht es darum, dass sich der Manager und Familienvater Heinz aufgrund der Vorgaben der Führungsebene seiner Firma gezwungen sieht, mit seiner Familie gegen alle Widerstände sogenannte „Quality Time" zu verbringen.

- **Hauptteil:**
  - Fasse den **Inhalt des Textes kurz zusammen**.
    Der Text beginnt damit, dass … Schließlich …
  - Formuliere die **Antworten auf die Interpretationsfragen** (vgl. 1. Schritt) aus. Beschreibe nicht nur, sondern erkläre auch die Funktion und die Wirkung der einzelnen Merkmale. Dabei kannst du so vorgehen:

    1. Zitat → 2. Erläuterung → 3. Schlussfolgerung, z. B.:
    Die Aussage „Einmal eine Wurst braten, einfach so, verdammt noch mal. Oder Badminton spielen. Herrgott, warum nicht einmal GEMEINSAM BADMINTON SPIELEN! IM GARTEN!" (S. 125, Z. 36 – 38) zeigt mit den Wörtern „verdammt" und „Herrgott", den zahlreichen Ausrufezeichen und dem in Großbuchstaben gedruckten „GEMEINSAM BADMINTON SPIELEN!" Heinz' Widerwillen gegenüber der Idee von „Quality Time". Seine Aggressionen entstehen dadurch, dass er sich trotz dieses Widerwillens offenbar zur Einhaltung der Forderung seiner Firma nach „Quality Time" gezwungen sieht.

1. These (Aussage/Behauptung) → 2. Zitat → 3. Erläuterung, z. B.:

Heinz sieht sich offenbar von der Ansage der Führungsetage seiner Firma gezwungen, „Quality Time" mit seiner Familie zu verbringen, egal ob er selbst oder die Familie dies tatsächlich will oder nicht. Dies zeigt sich z. B. in der Aussage: „Einmal eine Wurst braten, einfach so, verdammt noch mal. Oder Badminton spielen. Herrgott, warum nicht einmal GEMEINSAM BADMINTON SPIELEN! IM GARTEN!" (S. 125, Z. 36–38). Durch die Wörter „verdammt" und „Herrgott", die zahlreichen Ausrufezeichen und das in Großbuchstaben gedruckte „GEMEINSAM BADMINTON SPIELEN!" werden Heinz' Aggressionen gegenüber dieser Idee hier deutlich.

Achte darauf, dass du deine **Aussagen mit Textbelegen** (direkten oder indirekten Zitaten → S. 352) stützt.

- **Schluss:**
  - Fasse deine Interpretationsergebnisse zu einer Gesamtdeutung des Textes zusammen.

Gestaltend interpretieren → S. 139, S. 161

Beim **gestaltenden Interpretieren** geht es darum, einen Originaltext durch einen **selbst geschriebenen literarischen Text** zu ergänzen und ihn damit zu interpretieren. Oft versetzt man sich dabei in eine der handelnden Figuren hinein und verfasst einen Text aus der Sicht dieser Figur. Anders als beim freien, kreativen Schreiben muss die gestaltende Interpretation den **Inhalt**, die **(sprachliche) Form** und die **Figurengestaltung des Originaltextes** aufgreifen. Dafür muss man den Originaltext zunächst inhaltlich und sprachlich genau untersuchen und verstehen. **Ziel des gestaltenden Interpretierens** ist es z. B., die Figuren, ihre inneren Konflikte und ihre Handlungsweisen besser zu verstehen.

Mögliche Aufgaben zum gestaltenden Interpretieren sind:

Einen inneren Monolog schreiben:
Mithilfe eines inneren Monologs setzt man sich mit der Gedanken- und Gefühlswelt einer Figur, z. B. in besonders schwierigen, schönen oder aufregenden Situationen, auseinander:
- Versetze dich in die Figur in dieser besonderen Situation und versuche, ihre **Wahrnehmungen, Gedanken** und **Gefühle** wiederzugeben. Schreibe nur das, was die Figur zu diesem Zeitpunkt wissen kann.
- Schreibe in der **Ich-Form** und im **Präsens**. Orientiere dich an der Sprache der Figur bzw. des Textes. Typisch für innere Monologe sind z. B. Gedankensprünge, die du durch unvollständige Sätze ausdrücken kannst.

Einen Brief aus der Sicht einer literarischen Figur schreiben:

Ähnlich wie beim inneren Monolog geht es auch beim Brief darum, die Gedanken, Gefühle und Wahrnehmungen einer literarischen Figur aus der Sicht dieser Figur darzustellen:

- Schreibe in der **Ich-Perspektive**. Du kannst auch in die Vergangenheit blicken oder Vermutungen über die Zukunft anstellen.
- Du kannst auch die **Adressatin / den Adressaten** des Briefes in deine Überlegungen mit einbeziehen, indem du eine Bitte äußerst oder sie/ihn um ihre/seine Meinung bittest.

Einen Tagebucheintrag verfassen:

Im Unterschied zum inneren Monolog ist der Tagebucheintrag nicht auf einen ganz speziellen Moment festgelegt. Die Figur, aus deren Sicht du den Tagebucheintrag verfasst, kann die Situation also auch mit etwas Abstand reflektieren, in die Vergangenheit blicken oder Vermutungen über die Zukunft anstellen.

Einen Dialog / ein Gespräch mit einer anderen Figur verfassen:

Bei einem Dialog oder Gespräch musst du dich in die unterschiedlichen Sichtweisen von zwei oder mehr Figuren hineinversetzen. Achte hier besonders darauf, dass die Sprache zu den Eigenschaften und Charaktermerkmalen der Figuren passt.

Eine Dramenszene schriftlich interpretieren → S. 162 – 191

1. Schritt: Den Text untersuchen

Bereite deine Interpretation vor, indem du den Text **inhaltlich**, **sprachlich** und **formal** analysierst. Orientiere dich dabei entweder an den in der Aufgabenstellung vorgegebenen **Leitfragen** oder an den Hinweisen zur **Untersuchung einer Dramenszene** (→ S. 331).

2. Schritt: Die Interpretation verfassen

- Einleitung:
  - Formuliere einen **Einleitungssatz**, in dem du **Autor/-in** und **Titel des Dramas** benennst und über das **Thema der Szene / des Ausschnitts** informierst.

- Hauptteil:
  - Ordne die **Szene / den Ausschnitt in das Dramengeschehen ein**:
    - Was ist vorher passiert, das zum Verständnis dieser Szene wichtig ist?
    - Was passiert in dieser Szene?
    - Was passiert im Anschluss daran?
  - Beantworte die Leitfrage(n) der Aufgabenstellung oder deine Interpretationsfragen. Belege wichtige Aussagen mit **direkten oder indirekten Zitaten** (→ S. 352 f.).

- Schluss:
  - Fasse die wichtigsten Ergebnisse in wenigen Sätzen zusammen oder nimm Stellung zu einer in der Aufgabenstellung vorgegebenen Frage.

Eine Rezension schreiben → S. 178–181

In einer **Rezension** setzt sich die Verfasserin / der Verfasser **kritisch mit einem Werk**, z. B. einem Buch, einem Film oder einer Theateraufführung, **auseinander** und gibt eine **positive oder negative Empfehlung**. Eine Rezension soll die Leser/-innen gleichermaßen informieren und unterhalten.

Eine Rezension enthält in der Regel folgende Teile:
- einen **interessanten Einstieg**, der zum Weiterlesen anregt,
- einen **informierenden Teil** über das **Thema und die Grundzüge der Handlung** und gegebenenfalls **einen vertiefenden Teil** mit **Hintergrundinformationen** zur Autorin / zum Autor, zur Entstehung, zum Erscheinen des Werks, zu anderen Fassungen o. Ä.,
- eine **begründete Meinungsäußerung**, die sich auf verschiedene Aspekte beziehen kann, z. B. auf die Behandlung des Themas, auf die Gestaltung der Handlung und die Ausgestaltung der Figuren oder auf die darstellerische Leistung der Schauspieler/-innen.

Sprachlich kann die Rezension frei gestaltet werden. Oft werden unterhaltsame Elemente (z. B. Überraschendes, Komisches, Ironisches) und sprachliche Mittel wie rhetorische Fragen, Ausrufe oder sprachliche Bilder (→ S. 336) genutzt, um die Leser/-innen zu unterhalten.

Ein Gedicht interpretieren → S. 192–215

1. Schritt: Das Gedicht untersuchen
- Lies das Gedicht mehrmals. Arbeite entweder mit einer Kopie oder mit Klebezetteln, sodass du auffällige Passagen markieren und Stichpunkte dazu an den Rand schreiben kannst. Mach dir sowohl Notizen zum Inhalt des Gedichts als auch zu seiner Form und sprachlichen Gestaltung.

2. Schritt: Die Gedichtinterpretation verfassen
- **Einleitung:** Nenne den **Titel**, die **Autorin** / den **Autor**, das **Entstehungsjahr** und das **Thema** des Gedichts in einem Satz.
- **Hauptteil:** Stelle die wichtigsten Ergebnisse deiner Gedichtuntersuchung dar. Dazu gehören:
  - eine kurze **Zusammenfassung des Inhalts**,
  - die **Darstellung der äußeren Form im Hinblick auf den Inhalt**,
  - die **Beschreibung** der sprachlichen Mittel und die **Erläuterung ihrer Wirkung**,
  - die **Interpretation des Titels**.
- **Schluss:** Fasse die wichtigsten Ergebnisse deiner Interpretation noch einmal kurz zusammen.

3. Schritt: Die Gedichtinterpretation überarbeiten
- Überprüfe, ob deine Gedichtinterpretation alle im 2. Schritt geforderten Teile enthält. Achte besonders darauf, ob du Untersuchungsergebnisse und Deutung auf abwechslungsreiche Weise miteinander verknüpft hast und ob du die korrekten Fachbegriffe benutzt hast (z. B. *Paarreim, Alexandriner, Sonettform, Oxymoron* → S. 214 f.).

Mit Texten und Medien umgehen

Literarische Texte und Medien untersuchen

Erzähltexte untersuchen → S. 80 – 103, S. 104 – 129, S. 130 – 161

Zu Erzähltexten gehören sowohl **kurze Erzählungen**, wie z. B. **Kurzgeschichten** und **Parabeln** (→ S. 80 – 103), als auch umfangreichere Texte wie **Novellen** oder **Romane** (→ S. 130 – 161). Wichtigstes Merkmal eines **Erzähltextes** ist, dass er von einer **Erzählerin** / einem **Erzähler** erzählt wird. Diese/-r darf nicht mit der Autorin / dem Autor verwechselt werden.

Achte bei der Untersuchung eines Erzähltextes auf folgende Punkte:

1. Was wird erzählt?
- **Wann** und **wo** spielt die Handlung?
- Welche **Figuren** treten auf?
- **Was geschieht?**

2. Wie wird erzählt?
- Auf **welche Weise** wird die Handlung den Leserinnen und Lesern vermittelt?
  Man unterscheidet z. B.:
    - **Ich-Erzähler/-in:** Die Erzählerin / Der Erzähler ist gleichzeitig Handelnde/-r und Erzählende/-r. Sie/Er kann aus der Situation heraus oder mit zeitlichem Abstand erzählen.
    - **Er-/Sie-Erzähler/-in:** Die Erzählerin / Der Erzähler tritt als Figur nicht in Erscheinung und erzählt aus der Sicht einer Beobachterin / eines Beobachters in der 3. Person.
    - **auktoriales Erzählen:** Die Erzählerin / Der Erzähler kann sich **auktorial** verhalten, indem sie/er außerhalb der erzählten Welt steht, das gesamte Geschehen überblickt und Einblick in die Gedanken und Gefühlswelt der Figuren hat. Man erkennt dies z. B. an Rückblicken, Vorausdeutungen, Kommentaren oder an der Ansprache der Leser/-innen.
    - **personales Erzählen:** Sie/Er kann sich aber auch **personal** verhalten, indem sie/er Teil der erzählten Welt ist und aus der Sicht einer beteiligten Figur erzählt, die nur so viel weiß, wie diese Figur zu diesem Zeitpunkt wissen kann. Sie/Er kommentiert das Erzählte nicht.
  Man unterscheidet außerdem zwischen:
    - **Erzählerbericht:** Der Erzähler behält das Wort.
    - **Figurenrede:** Die Figuren kommen in direkter oder indirekter Rede selbst zu Wort.
  Eine wichtige Rolle spielt auch die **Zeitgestaltung**. Man unterscheidet zwischen:
    - **Zeitdeckung**: Die Erzählzeit und die erzählte Zeit sind annähernd gleich.
    - **Zeitdehnung**: Die Erzählzeit ist länger als die erzählte Zeit („Zeitlupe").
    - **Zeitraffung**: Die Erzählzeit ist kürzer als die erzählte Zeit („Zeitraffer").
- Gibt es Auffälligkeiten in der **sprachlichen Gestaltung** des Textes, z. B. Alltagssprache, Umgangssprache, unvollständige Sätze (Ellipsen) oder auffällige sprachliche Bilder (Personifikationen, Metaphern, Vergleiche etc.)?

Eine Kurzgeschichte untersuchen

Eine **Kurzgeschichte** ist eine **kurze moderne Erzählung**, die meist einen **kleinen Ausschnitt aus dem Alltagsleben einer oder mehrerer Figuren** zeigt, der für die Figur(en) eine **besondere Bedeutung** hat.

Weitere Merkmale einer Kurzgeschichte können sein:
- **unmittelbarer Einstieg** in das Geschehen,
- **wenige Figuren,**
- Konzentration auf **einen Handlungsort,**
- **zielstrebiger Verlauf der Handlung auf** einen **Höhe-** bzw. **Wendepunkt** hin,
- Gebrauch von **Alltagssprache,**
- **offenes Ende.**

Bei der Untersuchung einer Kurzgeschichte kann man sich an den Schritten unter „Erzähltexte untersuchen" orientieren (→ S. 328).

Eine Parabel untersuchen → S. 80–103

Parabeln (von griechisch *parabole*: Gleichnis, Vergleich) sind kurze Erzählungen, die eine allgemeine Erkenntnis oder Lebensweisheit bildhaft verdeutlichen, indem das konkrete erzählte Geschehen (Bildebene) auf eine allgemeine Einsicht (Sachebene) verweist:

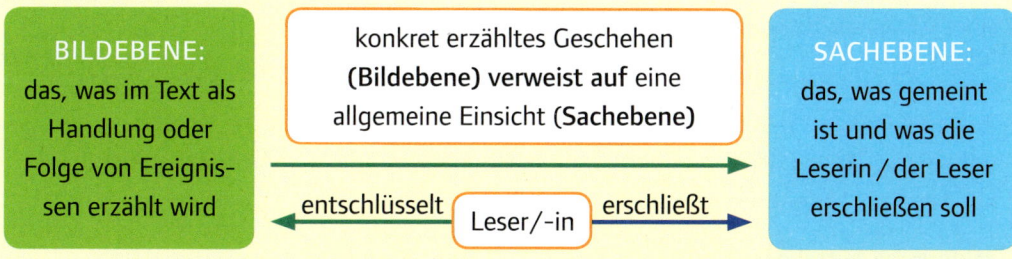

Anders als bei Fabeln gibt es in Parabeln keine „vorgefertigten" Charaktere der Figuren mit bestimmten – immer gleichen – Eigenschaften, sondern die Besonderheiten und die Handlungsmotive der Figuren müssen von der Leserin / dem Leser erst erschlossen werden. Auch der Zusammenhang zwischen Bild- und Sachebene erschließt sich oft erst beim genauen Lesen und Analysieren, da Parabeln häufig rätselhaft und vieldeutig sind. Die Leser/-innen werden daher aufgefordert, selbst Vergleiche anzustellen und die übertragene Bedeutung zu erschließen. Anders als bei den meisten Fabeln enthalten Parabeln auch keine abschließende „Moral" und lassen häufig auch mehrere Deutungen zu.

Bei der Untersuchung einer Parabel kann man sich an den Schritten unter „Erzähltexte untersuchen" orientieren (→ S. 328).

Einen Roman untersuchen → S. 130 – 161

Typisch für einen **Roman** sind der **große Umfang** und die **komplexe Handlung** mit **zahlreichen Figuren** und **Haupt- und Nebenhandlungen**. Man unterscheidet verschiedene Romantypen, die sich zum Teil auch überschneiden, z. B. Entwicklungsromane (Romane, die die Entwicklungen, Erfahrungen und Erlebnisse der Hauptfigur zum Thema haben), Kriminalromane, Science-Fiction-Romane oder Reiseromane.

Bei der Untersuchung eines Romans kannst du dich an den Fragen im Abschnitt „Erzähltexte untersuchen" (→ S. 328) orientieren.

Eine Verfilmung untersuchen → S. 146 – 151

Bei einer Verfilmung kommt der Kameraführung eine wichtige Rolle zu. Um die Kameraführung zu beschreiben, helfen dir folgende Fachbegriffe:

Einstellungsgrößen:
- Die **Panoramaeinstellung** vermittelt einen Überblick über das gesamte Geschehen.
- Die **Totale** zeigt eine Person oder Gruppe in ihrer Umgebung und ermöglicht den Zuschauerinnen und Zuschauern einen Überblick über den Schauplatz.
- Die **Halbtotale** konzentriert sich auf die Figuren. Die Umgebung ist eher unwichtig.
- Die **Nahaufnahme** zeigt nur das Gesicht oder den Oberkörper einer Figur.
- Als **Detailaufnahme** bezeichnet man die vergrößerte Aufnahme eines Ausschnitts, eines Gegenstands oder von Teilen einer Figur, z. B. einer Hand.

Kameraperspektiven:
- Zu den Kameraperspektiven gehören die **Froschperspektive** (Sicht von unten), die **Vogelperspektive** (Sicht von oben) und die **Normalsicht** (Sicht auf Augenhöhe der handelnden Figuren).

Erzählerische Mittel des Films:
- Mit dem Begriff **Mise en Scène** (franz. für „In-Szene-setzen") bezeichnet man die Bildkomposition von Filmbildern. Bei der Untersuchung der Mise en Scène betrachtet man einerseits das, *was* dargestellt wird (**Bildinhalt**), und andererseits, *wie* es dargestellt wird (**Bildgestaltung**).
- Als **Point of View** bezeichnet man den Erzählerstandort im Film. Deckt sich der Blick der Kamera mit dem einer Figur, entsteht ein personales Erzählverhalten (subjektive Perspektive). Überblickt die Kamera dagegen das Geschehen, entsteht ein auktoriales Erzählverhalten (objektive Perspektive).
- **Schnitt und Montage** sind ebenfalls wichtige Mittel filmischen Erzählens. Bezeichnet wird damit sowohl die Kombination von Bild und Ton als auch das Zusammenfügen einzelner Bilder und Einstellungen zu einem Handlungsstrang.

Im Mittelpunkt einer **Dramenhandlung** steht immer ein **Konflikt** zwischen den Figuren. Anders als bei einem Erzähltext wird das Geschehen nicht von einer Erzählerin / einem Erzähler dargestellt, sondern den Zuschauerinnen und Zuschauern durch **direkte Figurenrede** vermittelt. Wichtige **Fachbegriffe** für die Untersuchung und Beschreibung eines Dramas sind:

- **die Komödie:** Unter dem Begriff „Komödie" werden Theaterstücke zusammengefasst, die eine lustige Wirkung auf die Zuschauer/-innen haben und in der Regel glücklich enden.
- **die Tragödie:** In der Tragödie gerät die Heldin / der Held in einen schicksalhaften Konflikt, bei dessen Bewältigung sie/er unaufhaltsam scheitert.
- **die Tragikomödie:** Die Tragikomödie enthält sowohl tragische als auch komische Elemente.
- **der Akt / der Aufzug:** größerer Handlungsabschnitt eines Dramas, der in einzelne Szenen unterteilt ist. Am Ende eines Aktes/Aufzugs fällt oft der Vorhang.
- **die Szene / der Auftritt / das Bild:** kleinster Handlungsabschnitt eines Dramas, der häufig durch Auftritt oder Abgang einer oder mehrerer Figuren gekennzeichnet ist.
- **der Monolog:** Im Monolog teilt eine Dramenfigur ihre Gedanken und Gefühle in Form eines Selbstgesprächs mit.
- **der Dialog:** Im Dialog sprechen zwei oder mehr Figuren miteinander.
- **die Regieanweisungen:** Mithilfe der Regieanweisungen macht die Autorin / der Autor Angaben zur Bühnengestaltung, zu Gestik, Mimik oder der Sprechweise der Figuren. Meist wird auch das Auf- und Abtreten einzelner Figuren vermerkt.

Den **Aufbau des klassischen Dramas** bezeichnet man mit folgenden **Fachbegriffen**:
- **die Exposition:** Ausgangssituation des Dramas mit Vorstellung von Ort und Zeit der Handlung und der Einführung der Hauptfigur(en). Zudem wird die Situation dargestellt, in der der Konflikt entsteht.
- **das erregende Moment:** Teil der Exposition mit einem Ereignis, das den Konflikt auslöst oder beschleunigt.
- **der Wendepunkt:** Abschnitt des Dramas, in dem sich der Konflikt und das Geschehen bzw. das Schicksal der Heldin / des Helden wendet. Der Wendepunkt befindet sich ungefähr in der Mitte der Handlung, also am Ende des dritten Aktes/Aufzugs.
- **das retardierende Moment:** Als retardierendes (verlangsamendes) Moment bezeichnet man den „Moment der letzten Spannung", an dem sich die Handlung kurzfristig umzukehren scheint.
- **die Katastrophe:** Die Katastrophe bildet den Abschluss des Dramas mit der Lösung des dramatischen Konflikts. Anders als das Wort vermuten lässt, muss die Lösung nicht tragisch sein, sondern kann auch in einem „Happy End" bestehen.

Beispiele für klassische Dramen sind z. B.: „Wilhelm Tell" von Friedrich Schiller oder „Romeo und Julia" von William Shakespeare.

Beim **modernen Drama** – wie z. B. dem „Gott des Gemetzels" von Yasmina Reza – löst sich diese relativ starre Dramenform auf.

Gedichte untersuchen → S. 192 – 215

Das Besondere an Gedichten ist ihre **Versform**. Häufig sind Gedichte zudem in **Strophen** unterteilt. Weitere Kennzeichen eines Gedichts können bestimmte **Reimformen**, ein **regelmäßiges Metrum** sowie eine besonders **bildhafte Sprache** sein.

Der Inhalt eines Gedichts wird durch ein **lyrisches Ich** zum Ausdruck gebracht. Dieses darf nicht mit der Dichterin / dem Dichter verwechselt werden. Es kann entweder als *Ich* oder als *Wir* in Erscheinung treten oder sich ganz im Hintergrund halten.

Orientiere dich bei der **Untersuchung** eines Gedichts an **folgenden Aspekten/Leitfragen**:

Inhalt:
- Worum geht es in dem Gedicht?
- Wird eine **Handlung** dargestellt? Gibt es einen **Höhepunkt**?
- Welche **Gedanken** und **Stimmungen** werden dargestellt?

Sprecherin/Sprecher:
- Tritt ein **lyrisches Ich** als Sprecherin/Sprecher in Erscheinung?

Form:
- Wie viele **Strophen** und **Verse** gibt es?
- Gibt es einen Endreim mit einem bestimmten **Reimschema**, z. B.:
  - Paarreim (aa bb),
  - Kreuzreim (ab ab) oder
  - umarmenden Reim (ab ba)?
- Sind **weitere Reimformen** zu erkennen, z. B.:
  - **Alliterationen** (aufeinanderfolgende Wörter beginnen mit demselben Laut) oder
  - **Binnenreime** (Gleichklänge innerhalb eines Verses)?
- Ist ein **regelmäßiges Metrum** erkennbar, z. B.:
  - Jambus (xx́ xx́ xx́),
  - Trochäus (x́x x́x x́x),
  - Daktylus (x́xx x́xx x́xx),
  - Anapäst (xxx́ xxx́ xxx́) oder
  - Alexandriner (xx́ xx́ xx́/xx́ xx́ xx́)?

Sprache:
- Treten **bestimmte Wortarten** gehäuft auf, z. B. positive/negative Adjektive oder Verben?
- Entsprechen die Sätze dem normalen **Satzbau** oder gibt es Auffälligkeiten, z. B. unvollständige Sätze (**Ellipsen**)?
- Werden besondere **sprachliche Mittel** verwendet (→ S. 336)?

Sachtexte untersuchen und Diagramme auswerten

Sachtexte erschließen

Strategie: Leitfragen formulieren
- Überlege, welche Ziele du mit der Lektüre des Textes verfolgst. Formuliere Leitfragen.

Strategie: Sich einen Überblick verschaffen
- Lies den Text zügig durch. Zu welchem Themenbereich liefert er Fakten? Welche Fragen beantwortet er? Beachte auch die Überschrift und die Abbildungen im Text.

Strategie: Einen Text gliedern
- Kläre, ob der Text bereits gegliedert ist. Unterteile ihn bei Bedarf in Sinnabschnitte.
- Formuliere zu jedem Absatz/Abschnitt eine Frage oder Zwischenüberschrift.

Strategie: Informationen in Texten markieren
- Markiere Begriffe oder Textteile farbig, die Antwort auf deine Fragen geben.

Strategie: Schwierige und unbekannte Begriffe klären
- Versuche, schwierige und unbekannte Begriffe aus dem Zusammenhang zu erschließen.
- Schlage in einem Lexikon nach oder informiere dich im Internet, wenn du unsicher bist.

Strategie: Informationen aus verschiedenen Texten und Bildern verknüpfen
- Trage die Informationen aus allen vorliegenden Materialien zusammen.

Strategie: Texte erweitern
- Ergänze Anmerkungen oder zusätzliche Erläuterungen, wenn die Informationen im Text schwer verständlich oder zu ungenau sind.

Strategie: Textinhalte in einer anderen Form wiedergeben
- Übertrage die Informationen aus dem Text in eine andere geeignete Form, z.B. in eine Mindmap, eine Tabelle, ein Flussdiagramm oder in einen Zeitstrahl.

Die Intention (Absicht) eines Sachtextes untersuchen → S. 221

Sachtexte haben verschiedene Intentionen. Abhängig von der vorherrschenden Intention des Textes lassen sich folgende Funktionen unterscheiden:
- **informierend:** Die Leser/-innen sollen über einen Zusammenhang sachlich informiert werden. Beispiele sind: **Bericht, wissenschaftlicher Text, Lexikonartikel, informierender Beitrag** auf einer Website oder in einer Zeitschrift.
- **bewertend/kommentierend:** Die Verfasserin / der Verfasser stellt seine Meinung zu einem Thema dar. Beispiele sind: **Kommentare, Leserbriefe.**
- **appellierend:** Die Leserin/-innen sollen zu etwas aufgefordert werden. Beispiele sind: **Reden, Werbetexte, Aufrufe.**
- **über sich kommunizierend / gefühlsbetont:** Die Verfasserin / der Verfasser möchte etwas über sich selbst mitteilen. Beispiele sind: **persönlicher Brief, Tagebuch.**

Einen Sachtext analysieren → S. 216 – 239

Bei einer **Sachtextanalyse** geht es darum, den inhaltlichen Aufbau, die Intention und Funktion, die Merkmale der Textsorte und die sprachliche Gestaltung eines Sachtextes zu untersuchen. Sachtexte finden sich z. B. in Sachbüchern, in Zeitungen, Zeitschriften oder im Internet. Zu den Sachtexten gehören beispielsweise Informationstexte, Reportagen, Kommentare oder Glossen.

1. Schritt: Den Sachtext untersuchen

- Erschließe den **Inhalt** und den **Aufbau** des Sachtextes mithilfe geeigneter Strategien (→ Sachtexte erschließen → S. 333)
- Kläre die **Textfunktion(en)** (→ S. 333) und die **Textsorte**:
    - mögliche **Textfunktionen**: informierend, kommentierend, appellierend, über sich kommunizierend (z. B. gefühlsbetont);
    - mögliche **Textsorten**: Informationstext, Kommentar, Aufruf, Reportage.
- Untersuche die **Sprache des Textes** und stelle einen Bezug zu seiner Wirkungsabsicht her. Berücksichtige z. B. den Sprachstil (sachlich, umgangssprachlich, wissenschaftlich ...), die Leseransprache, die Wortwahl und besondere sprachliche (rhetorische) Mittel (→ S. 336).
- Notiere eine Bewertung des Textes.

2. Schritt: Die Sachtextanalyse schreiben

- **Einleitung:**
    - Nenne den **Titel**, die **Autorin** / den **Autor**, die **Textquelle**, das **Entstehungsjahr** (wenn bekannt) und das **Thema** des Textes.
    - Fasse den **Inhalt** kurz zusammen.

- **Hauptteil:**
  Stelle im Hauptteil die wichtigsten Ergebnisse deiner Textuntersuchung dar:
    - Beschreibe den **gedanklichen Aufbau** des Textes und verknüpfe ihn mit dem Inhalt.
    - Erläutere die **Textfunktion** (→ S. 333).
    - Benenne die **besonderen Merkmale der Textsorte** (z. B.: Verwendung des Präsens und der direkten Rede, Schilderung von Sinneseindrücken, bildhafte Sprache, sachlicher Sprachstil).
    - Beschreibe die sprachlichen Besonderheiten des Textes und erläutere ihre Wirkung. Achte vor allem auf die Verwendung auffälliger sprachlicher (rhetorischer) Mittel (→ S. 336). Belege deine Aussagen mit geeigneten Textstellen. Nutze dafür direkte oder indirekte Zitate (→ S. 352 f.).

- **Schluss:**
    - **Nimm kurz Stellung zum Text**, indem du z. B. darstellst, ob es der Autorin / dem Autor gelungen ist, die Anforderungen an die Textsorte zu erfüllen, beispielsweise die objektive Information der Leser/-innen oder die anschauliche Darstellung eines Sachverhalts.

Diagramme lesen und auswerten

Man unterscheidet verschiedene **Arten von Diagrammen**, z. B.:

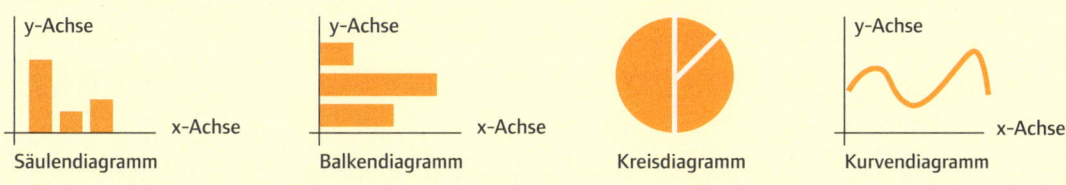

| Säulendiagramm | Balkendiagramm | Kreisdiagramm | Kurvendiagramm |

Bei der Auswertung von Diagrammen kannst du folgendermaßen vorgehen:

1. Schritt: Verschaffe dir einen Überblick.
- Lies die Überschrift oder die Unterschrift, benenne das Thema und kläre, woher die Informationen stammen.

2. Schritt: Untersuche die Angaben genauer.
- Benenne die Art des Diagramms.
- Kläre die Maßeinheiten und untersuche, was auf der x-Achse, was auf der y-Achse oder was in den einzelnen Kreissegmenten des Diagramms dargestellt wird.
- Achte darauf, ob es eine sogenannte Legende mit zusätzlichen Erklärungen gibt.

3. Schritt: Beschreibe die einzelnen Angaben und werte sie aus.
- Welches ist der höchste / der niedrigste Wert?
- Welche Entwicklungen kannst du ablesen?
- Was ist besonders auffällig?
- Was überrascht dich?

4. Schritt: Fasse die Ergebnisse in eigenen Worten zusammen.

5. Schritt: Stelle weitere Überlegungen zu deinen Ergebnissen an.
- Kannst du Ursachen für Einzelergebnisse angeben?
- Gibt es Ergebnisse, die du nicht nachvollziehen kannst?
- Lassen sich Schlussfolgerungen aus den Ergebnissen ableiten?

Nachdenken über Sprache

Sprache und Kommunikation untersuchen

Sprachliche (rhetorische) Mittel untersuchen → S. 40 – 43, S. 214 f.

Mithilfe **sprachlicher (rhetorischer) Mittel** können Aussagen in Texten unterstützt und veranschaulicht werden. Die Funktion eines sprachlichen (rhetorischen) Mittels hängt dabei immer vom konkreten Zusammenhang ab, in dem es verwendet wird.

Sprachliches (rhetorisches) Mittel	Definition	Beispiel
die **Alliteration**	gleicher Anfangslaut bei aufeinanderfolgenden Wörtern	*lästige Lücke;* *ganz große Gemeinsamkeit*
die **Anapher**	Wiederholung eines oder mehrerer Wörter an Satzanfängen	*Bald Frost, bald fröhlich strahlen /* *Bald Blüten in Herzen und Talen*
die **Ellipse**	Auslassung von Wörtern und Satzgliedern in einem Satz	*Je schlechter die Note (ist), desto größer (wird) der Druck (auf den einzelnen Schüler).*
die **Hyperbel**	starke Übertreibung	*unzählige Stunden;* *in hundertfacher Form*
die **Metapher**	Verwendung eines Begriffs im übertragenen Sinn ohne das Vergleichswort *wie*	*die Mauer des Schweigens brechen;* *eine Flut von Anfragen*
das **Oxymoron**	Verknüpfung gegensätzlicher Begriffe	*schwarze Milch;* *süße Bitterkeit*
der **Parallelismus**	identisch aufgebaute Sätze oder Teilsätze	*Die Lehrer, die einen Schüler …;* *die Eltern, die ihrem Kind …; die Schulkameraden, die den Schüler …*
die **Personifikation**	Vermenschlichung, Verlebendigung	*die Notengebung wackelt;* *die Frage drängt sich auf*
die **rhetorische Frage**	Frage, deren Antwort bereits feststeht	*Wollen wir wirklich, dass unser Planet im Müll erstickt?*
der **Vergleich**	Verknüpfung zweier Bedeutungsbereiche mit *wie* oder *als ob*	*kalt wie Eis;* *hart wie Stahl;* *als ob ein Blitz einschlüge*

Kommunikation untersuchen → S.118–121

Es gibt unterschiedliche Modelle, mit deren Hilfe man zeigen kann, wie Kommunikation funktioniert. Eines der bekanntesten Modelle ist das **Kommunikationsquadra**t – auch als „Vier-Ohren-Modell" oder „Nachrichtenquadrat" bekannt – von Friedemann Schulz von Thun. Das Modell besagt, dass jede Nachricht vier Seiten hat:

1. eine **Sachebene:** Worüber informiere ich?
2. **eine Selbstkundgabe:** Was gebe ich von mir zu erkennen? Welche persönlichen Einstellungen, Stimmungen und Gefühle gebe ich preis?
3. **einen Beziehungshinweis:** Was halte ich von dir und wie stehe ich zu dir?
4. **einen Appell:** Was möchte ich bei dir erreichen?

Während die Senderin / der Sender einer Nachricht mit „vier Mündern" spricht, hört die Empfängerin / der Empfänger diese Nachricht mit „vier Ohren".
Steht bei der Senderin / dem Sender eine andere Seite der Nachricht im Vordergrund als bei der Empfängerin / dem Empfänger, kommt es zu Missverständnissen.

Beispiel:

Sender/-in sagt: **Empfänger/-in**
                                               hört:

„Ist noch Cola da?"

Sachebene: *Sachebene:*
Ich möchte gerne wissen,   *Sie/Er wüsste gerne,*
ob noch Cola da ist.   *ob noch Cola da ist.*

Selbstkundgabe: *Selbstkundgabe:*
Ich habe Durst.   *Sie/Er hat Durst.*

Beziehungshinweis: *Beziehungshinweis:*   ***Missverständnis:***
Ich denke, du sorgst dafür,   *Immer soll ich mich darum* *Empfängerin /*
dass Cola da ist.   *kümmern, dass Cola da ist.* → *Empfänger reagiert auf*
                                                             den Beziehungshinweis:
Appell: *Appell:*   *„Das nächste Mal kannst*
Kümmere dich darum!   *Ich soll mich kümmern.*   *ja du einkaufen gehen!"*

Wortarten und Formen des Verbs

Flektierbare und nicht flektierbare Wortarten → S. 240–242

Man kann die Wortarten in **flektierbare** (veränderliche) und **nicht flektierbare** (unveränderliche) Wortarten unterteilen. Man unterscheidet folgende Flexionsarten:
- **Genus** (grammatisches Geschlecht: Maskulinum, Femininum, Neutrum),
- **Numerus** (Anzahl: Singular, Plural),
- **Kasus** (Fall: Nominativ, Genitiv, Dativ, Akkusativ),
- **Person** (1., 2., 3. Person),
- **Tempus** (Zeitform: Präsens, Perfekt, Präteritum, Plusquamperfekt, Futur I und Futur II),
- **Modus** (Indikativ, Konjunktiv → S. 250 f., Imperativ) und
- **Aktiv und Passiv** (→ S. 248 f.).

Nicht flektierbare Wortarten sind:
- **Adverbien**: Temporaladverbien (z. B.: *heute, morgen*), Lokaladverbien, (z. B.: *hier, dort, überall*), Modaladverbien, (z. B.: *gern, irgendwie*), Kausaladverb (z. B.: *darum, deshalb*)
- **Präpositionen** (z. B.: *aus, bei, mit, nach, seit, von, zu, durch, für, gegen, ohne, zu*)
- **Konjunktionen** (z. B.: *und, oder, denn, aber*) und **Subjunktionen** (z. B.: *weil, (so)dass, obwohl, nachdem, als*)

Flektierbare Wortarten sind:
- **Nomen/Substantive**: Sie sind flektierbar nach **Numerus** und **Kasus**, z. B.: *Die Segel* (Plural, Nominativ) *des Schiffes* (Singular, Genitiv) *sind weiß.*
- **Artikel**: Sie werden als Begleiter des Nomens/Substantivs nach dessen **Genus**, **Numerus** und **Kasus** flektiert. Man unterscheidet **bestimmte Artikel** (*der, die, das*) und **unbestimmte Artikel** (*ein, eine*), z. B.: *Ein Matrose setzt das Segel.*
- **Adjektive**: Adjektive werden als Begleiter des Nomens/Substantivs nach dessen **Genus**, **Numerus** und **Kasus** flektiert, z. B.: *Ich lese ein neues Buch* (Neutrum, Akkusativ, Singular) *mit spannenden Geschichten* (Femininum, Dativ, Plural). Zudem lassen sie sich steigern: 1. Positiv (*schnell*), 2. Komparativ (*schneller*), 3. Superlativ (*am schnellsten*).
- **Pronomen**: Sie werden als Stellvertreter von Nomen wie diese nach **Genus**, **Numerus** und **Kasus** flektiert. Man unterscheidet **Personalpronomen** (z. B. *er, sie*), **Possessivpronomen** (z. B. *mein, dein*), **Demonstrativpronomen** (z. B. *dieser, jene*) und **Relativpronomen** (*der/die/das, welcher/welche/welches*), z. B.: *Morgen treffe ich Sabine. Wir wollen diese neue Serie gucken, die mir meine Cousine empfohlen hat.*
- **Verben**: Sie sind flektierbar nach **Person**, **Numerus**, **Tempus**, **Modus**, **Aktiv** und **Passiv**, z. B.: *Ich habe auf dich gewartet* (1. Ps. Sing. Perfekt, Indikativ, Aktiv).

Die Tempusformen des Verbs

Verben können folgende Zeitformen bilden:
- Das **Präsens** verwendet man u. a. für Aussagen über etwas, das in der Gegenwart geschieht oder was allgemein gilt, z. B.: *Ich sehe das nicht so. Schlafen ist wichtig.*
- Das **Perfekt** verwendet man vor allem beim mündlichen Erzählen oder Berichten über Vergangenes, z. B.: *Jan hat gestern verschlafen. Lara ist am schnellsten gerannt.*
- Das **Präteritum** wird vor allem beim schriftlichen Erzählen und Berichten verwendet, z. B.:
    Er lief in Riesenschritten auf die Burg zu. Sie sang mit ihrer schönsten Stimme.
- Mit dem **Plusquamperfekt** macht man deutlich, dass etwas vor dem passiert ist, was im Präteritum erzählt wird, z. B.: *Er hatte seinen Koffer gepackt, bevor er losfuhr.*
- Mit dem **Futur I** drückt man aus, dass etwas in der Zukunft geschieht, z. B.:
    Ich werde morgen kommen.
- Das **Futur II** drückt aus, dass etwas in Zukunft abgeschlossen sein wird, z. B.:
    Morgen werden wir schon bis zum Meer gekommen sein.

Partizip I und II

Die **Partizipien** gehören neben dem Infinitiv zu den **infiniten Verbformen**, wohingegen die nach Person und Numerus konjugierten Verbformen als **finite Verbformen** bezeichnet werden. Es gibt zwei Partizipien: das **Partizip I** und das **Partizip II**.
- Das **Partizip I** hat die Endung *-end* bzw. *-nd*, z. B.: *spielend, singend, träumend, trauernd.*
- Das **Partizip II** wird häufig mit dem Präfix *ge-* gebildet, es sei denn, der Infinitiv des Verbs besitzt schon ein Präfix (*be-, ge-* oder *ver-*). Es endet entweder mit *-et* oder *-n*, z. B.:
    lachen → gelacht, lernen → gelernt, aber *beginnen → begonnen, verlieren → verloren.*
Bei starken Verben ändert sich zudem der Stammvokal, z. B.:
    singen → gesungen, trinken → getrunken.

Aktiv und Passiv → S. 248 f.

Viele Verben können sowohl eine aktive als auch eine passive Form bilden:
- In einem **Aktivsatz** liegt die Betonung auf der/dem Handelnden, z. B.:
    Mein Lehrer lobt mich.
- In einem **Passivsatz** liegt die Betonung auf der Handlung, z. B.:
    Ich werde von meinem Lehrer gelobt.
    In der Regel wird der Handelnde weggelassen, weil er unwichtig oder unbekannt ist.
    Dann spricht man vom **täterlosen Passiv**, z. B.: *Das Konzert wird im Radio übertragen.*
Auch das **Passiv kann verschiedene Tempusformen** bilden. Die Bildung erfolgt mit den konjugierten Formen von ***werden* in der entsprechenden Tempusform** und dem **Partizip II** des Verbs, z. B.: *es wird geputzt* (Präsens), *es wurde geputzt* (Präteritum), *es ist geputzt worden* (Perfekt), *es war geputzt worden* (Plusquamperfekt), *es wird geputzt werden* (Futur I), *es wird geputzt worden sein* (Futur II).

Modalität (Indikativ, Konjunktiv, Imperativ)
→ S. 250 f.

Ein Verb steht immer in einem bestimmten **Modus** (Aussageweise; Plural: **die Modi**).
Durch den **Modus** lässt sich ausdrücken, wie die Sprecherin / der Sprecher bzw. die Verfasserin / der Verfasser eines Textes etwas sieht oder wie eine Aussage aufgefasst werden soll.
Zu den unterschiedlichen Modi eines Verbs gehören der **Indikativ**, der **Konjunktiv I**, der **Konjunktiv II** sowie der **Imperativ**:
- Der **Indikativ** stellt eine Aussage als **wirklich** oder **tatsächlich (real)** dar, z. B.:
    Ich freue mich auf meine Geburtstagsparty.
- Der **Konjunktiv I** wird hauptsächlich in der **indirekten Rede** verwendet. Durch ihn macht man deutlich, dass man die Meinung oder Ansicht einer/eines anderen wiedergibt, z. B.:
    Amina sagt, der Unterricht sei gestern ausgefallen.
- Der **Konjunktiv II** stellt eine Aussage als **wünschenswert** oder **unwirklich (irreal)** dar, z. B.:
    Ich wünschte, ich hätte nicht nur einmal im Jahr Geburtstag.
- Der **Imperativ** drückt eine Bitte, eine direkte Aufforderung oder einen Befehl aus, z. B.:
    Gib mir bitte meine Jacke! Bleibt noch sitzen! Steh auf!

Der Konjunktiv I → S. 250 f.

Der **Konjunktiv I** ist ein **Modus des Verbs** (s. o.) und wird für die **Wiedergabe der direkten Rede** verwendet, z. B.:
    Er behauptet, er habe den Einbrecher gesehen.
Er wird mit dem **Präsensstamm des Verbs** und den **Personalendungen für den Konjunktiv** (*-e, -est, -e, -en, -et, -en*) gebildet:

Infinitiv		schreib|en	hab|en	sei|n
Singular	1. Pers.	*ich schreib|e*	*ich hab|e*	*ich sei*
	2. Pers.	*du schreib|est*	*du hab|est*	*du sei|est*
	3. Pers.	*er/sie/es schreib|e*	*er/sie/es hab|e*	*er/sie/es sei*
Plural	1. Pers.	*wir schreib|en*	*wir hab|en*	*wir sei|en*
	2. Pers.	*ihr schreib|et*	*ihr hab|et*	*ihr sei|et*
	3. Pers.	*sie schreib|en*	*sie hab|en*	*sie sei|en*

Der Konjunktiv II → S. 251

Der **Konjunktiv II** wird zum **Ausdruck von Wünschen und Vorstellungen** verwendet, z. B.:
    Es wäre schön, wenn du morgen mitkämest.
Er wird mit dem **Wortstamm des Präteritums** und der **Personalendung für den Konjunktiv** (*-e, -est, -e, -en, -et, -en*) gebildet. Dafür baut man eine „Brücke" über die 1. Person Präteritum im Indikativ, z. B.: *schreiben → ich schrieb → ich schrieb\|e, du schrieb\|est …*

Steht im Wortstamm der Präteritumform eines starken Verbs ein **a**, **e** oder **u**, so bilden diese im Konjunktiv II einen **Umlaut**, z. B.:

haben → ich hatte → ich hätt|e, du hätt|est, er hätt|e …

		ich schrieb (1.Pers. Sing. Prät.)	ich hatt|e (1.Pers. Sing. Prät.)	ich war (1.Pers. Sing. Prät.)
Singular	1. Pers.	*ich schrieb|e*	*ich hätt|e*	*ich wär|e*
	2. Pers.	*du schrieb|est*	*du hätt|est*	*du wär|est*
	3. Pers.	*er/sie/es schrieb|e*	*er/sie/es hätt|e*	*er/sie/es wär|e*
Plural	1. Pers.	*wir schrieb|en*	*wir hätt|en*	*wir wär|en*
	2. Pers.	*ihr schrieb|et*	*ihr hätt|et*	*ihr wär|et*
	3. Pers.	*sie schrieb|en*	*sie hätt|en*	*sie wär|en*

Die Wiedergabe der direkten Rede → S. 250 f.

Die direkte Rede kann **auf unterschiedliche** Weise wiedergegeben werden.

- In der Regel wird der **Konjunktiv I** (mit und ohne Einleitungssatz) verwendet, z. B.:
  - **direkte Rede:** *Dario: „Ich habe gestern meinen alten Mathelehrer getroffen. Er sieht jetzt ganz anders aus."*
  - **indirekte Rede:** *Dario erzählt, er habe gestern seinen alten Mathelehrer getroffen. Dieser sehe jetzt ganz anders aus.*

- **Unterscheidet** sich der **Konjunktiv I nicht vom Indikativ,** wird in der Regel **der Konjunktiv II verwendet,** z. B.:
  - **direkte Rede,** z. B.: *Lotta: „Wir bekommen die Klassenarbeit heute nicht zurück."*
  - **indirekte Rede mit** Gebrauch des **Konjunktivs I (nicht eindeutig),** z. B.:
    Lotta behauptet, wir bekommen die Klassenarbeit heute nicht zurück.
  - **indirekte Rede mit** Gebrauch des **Konjunktivs II (eindeutig),** z. B.:
    Lotta behauptet, wir bekämen die Klassenarbeit heute nicht zurück.

- **Außerdem** kann die direkte Rede folgendermaßen wiedergegeben werden:
  - mit einer **einleitenden Formulierung,** die deutlich macht, dass die Aussage oder Meinung eines anderen wiedergegeben wird, z. B.:
    nach ihrer Ansicht, in seinen Augen, seiner Aussage nach
    Hier steht in der Regel **der Indikativ,** z. B.:
    Seiner Aussage nach kommt er morgen.
  - mit einem **Satz,** der durch *dass, ob* oder durch ein **Fragewort eingeleitet** wird, z. B.:
    Er findet, dass viele Dinge überflüssig sind/seien.
    Sie fragt, ob wir morgen auch kommen/kämen.
    Hier kann ebenfalls **sowohl der Konjunktiv als auch der Indikativ** stehen.

Modalverben → S. 252 – 255

Mithilfe von **Modalverben** kann die Sprecherin / der Sprecher bzw. die Verfasserin / der Verfasser die eigene Haltung zu einer Aussage oder einem Sachverhalt zum Ausdruck bringen.

Zu den Modalverben gehören *dürfen, können, mögen / ich möchte, müssen, sollen* und *wollen*.

Sie drücken in der Regel Folgendes aus:

- *dürfen* → Erlaubnis, z. B.: *Darf ich nach dem Fußballspiel bei Sirin übernachten?*
- *können* → Fähigkeit/Möglichkeit, z. B.: *Lea kann Klavier spielen.*
- *sollen* → Empfehlung/Regel, z. B.: *Ich soll die Schuhe draußen ausziehen.*
- *müssen* → Gebot, z. B.: *Ich muss nach der Schule mit unserem Hund Gassi gehen.*
- *wollen* → Absicht/Bereitschaft, z. B.: *Wir wollen nach der Schule an den See fahren.*
- *mögen/ich möchte* → Wunsch/Möglichkeit, z. B.: *Ich möchte weiterhin neben Simon sitzen.*

Steht ein Modalverb im **Konjunktiv II**, kann seine Aussage oft auch durch **Umschreibungen** wie *mit großer Wahrscheinlichkeit / wahrscheinlich / wohl / mit einiger Wahrscheinlichkeit / vermutlich / möglicherweise / vielleicht / unter der Bedingung, dass …* wiedergegeben werden, z. B.:

- *Das müsste funktionieren.* → *Das funktioniert wahrscheinlich.*
- *In Zukunft dürften die Menschen neue Reiseziele entdecken.* → *In Zukunft werden die Menschen vermutlich neue Reiseziele entdecken.*

Sätze, Satzglieder und Satzgliedteile

Der Satz und seine Gliederung → S. 243

Sätze kann man in **Felder** unterteilen: in ein **Vorfeld**, ein **Mittelfeld** und ein **Nachfeld**.

Das **mehrteilige Prädikat** rahmt das Mittelfeld ein und bildet die **Satzklammer**.

Ist das Prädikat nur einteilig, bleibt die rechte Satzklammer leer, z. B.:

Satzklammer

Vorfeld	Linke Satzklammer: finiter Prädikatsteil	Mittelfeld	Rechte Satzklammer: 2. Teil des Prädikats	Nachfeld
Schon früh	*haben*	*die Menschen vom Fliegen*	*geträumt.*	–
Sie	*träumten*	*bereits in der Antike davon.*	–	–

Nach der Stellung der finiten Verbform im Satz unterscheidet man z. B. sogenannte **Verb-Erstsätze** und **Verb-Zweitsätze**, z. B.:

Verb-Erstsatz:	*Hast du das Deutschbuch dabei?*
Verb-Zweitsatz:	*Ich fand die letzte Mathearbeit richtig leicht.*
	Wie fandest du sie?
	Wann ist die nächste Mathearbeit?

Die Satzglieder → S. 243

Subjekt, **Objekt** und **adverbiale Bestimmung** sind **Satzglieder**. Dabei handelt es sich um Wörter oder Wortgruppen, die beim Umstellen des Satzes (**Umstellprobe**) immer zusammenbleiben und im **Vorfeld des Satzes** stehen können. Um welches Satzglied es sich jeweils handelt, kannst du mithilfe der **Frageprobe** bestimmen, z. B.:

		Satzklammer		
Vorfeld		**Linke Satzklammer**	**Mittelfeld**	**Rechte Satzklammer**
Wir	(*Wer?* → Subjekt)	*wollen*	*morgen an die Ostsee*	*fahren*.
Morgen	(*Wann?* → Adv. Best. d. Zeit)	*wollen*	*wir an die Ostsee*	*fahren*.
An die Ostsee	(*Wohin?* → Adv. Best. d. Ortes)	*wollen*	*wir morgen*	*fahren*.

Man unterscheidet folgende **Satzglieder**:
- **das Subjekt** (Frage: *Wer? Was?*),
- **das Objekt: Akkusativobjekt** (Frage: *Wen? Was?*), **Dativobjekt** (Frage: *Wem?*), **Genitivobjekt** (Frage: *Wessen?*) und **Präpositionalobjekt** (Frage z. B.: *Wovon? Worüber? Wodurch? Woran?*),
- **die adverbialen Bestimmungen: adverbiale Bestimmung des Ortes** (Frage z. B.: *Wo? Wohin?*), der **Zeit** (Frage z. B.: *Wann? Wie lange?*), des **Grundes** (Frage z. B.: *Warum? Weshalb?*) und der **Art und Weise** (Frage z. B.: *Wie? Womit?*).

Das Attribut

Das **Attribut** ist kein Satzglied, sondern ein sogenannter **Satzgliedteil**. Es bestimmt ein Bezugswort (meist ein Nomen/Substantiv) genauer und bleibt bei der Umstellprobe immer bei diesem stehen.
Attribute können sowohl **vor** als auch **nach dem Bezugswort** stehen, z. B.:

Vor dem Bezugswort stehen

- das **Pronominalattribut**, z. B.:
  diese Pflanze, *mein Balkon*
- das **Adjektivattribut** /
  das **Partizip als Attribut**, z. B.:
  die gelbe Paprika
  der gekochte Reis

In der Regel nach dem Bezugswort stehen

- das **Genitivattribut**, z. B.:
  die Blüte der Pflanze
- die **Apposition** (nachgestellte Erläuterung im selben Kasus), z. B.: *Diese Blume, eine Rose, duftet herrlich.*

Eine besondere Form des Attributs ist der **Attributsatz / Relativsatz** (→ S. 345).

Haupt- und Nebensätze → S. 243

Einen **Hauptsatz** erkennst du daran, dass die **finite Verbform** an **zweiter Satzgliedstelle** (= linke Satzklammer) steht.

In einem **Nebensatz** steht **in der linken Satzklammer** häufig eine **unterordnende Konjunktion**, z. B. *weil, dass, damit*, und **alle Verbformen** befinden sich in der **rechten Satzklammer**. Diese sogenannten Konjunktionalsätze gehören damit zu den **Verb-Letztsätzen**.

Die Satzreihe: Hauptsatz + Hauptsatz → S. 243

Eine **Satzreihe** besteht aus **mindestens zwei Hauptsätzen**. Sie werden häufig durch **nebenordnende Konjunktionen** wie *und, oder, aber, sondern, doch, denn* verknüpft und durch **Komma** voneinander getrennt, z. B.:

> Ich wollte etwas essen, <u>aber</u> der Kühlschrank war leer.

Ausnahme: Wenn die Hauptsätze durch *und/oder* verbunden sind, kann das Komma entfallen, z. B.:

> Ich springe gerne seil und er hüpft gerne auf dem Trampolin.

Das Satzgefüge: Hauptsatz und Nebensatz → S. 243

Ein **Satzgefüge** besteht aus **mindestens einem Hauptsatz** und **mindestens einem Nebensatz**. Der **Nebensatz** steht im Satzgefüge **im Vorfeld** oder **im Nachfeld** des Hauptsatzes; ein Adverbialsatz kann auch **im Mittelfeld** stehen.

Einen Nebensatz erkennt man z. B. daran, dass er mit der **finiten Prädikatsform** endet und oft durch eine **unterordnende Konjunktion (Subjunktion)** wie *weil, da, dass, obwohl, nachdem, bevor, als, wenn* mit dem Hauptsatz verknüpft ist.

Haupt- und Nebensätze werden durch Kommas voneinander getrennt.

Vorfeld	Linke Satzklammer	Mittelfeld	Rechte Satzklammer	Nachfeld
Wir	hofften	auf besseres Wetter,	-	*obwohl der Wetterbericht Regen voraussagte*.
Obwohl der Wetterbericht Regen voraussagte,	hofften	wir auf besseres Wetter.	-	-
Wir	hofften,	*obwohl der Wetterbericht Regen voraussagte*, auf besseres Wetter.	-	-

Formen von Nebensätzen

Attributsätze/Relativsätze → S. 245

Attributsätze/Relativsätze sind Nebensätze, die ein vorangehendes Bezugswort (Nomen oder Pronomen) näher erklären. Sie haben die Funktion eines Attributs.
Relativsätze werden immer mit einem **Relativpronomen** eingeleitet, z. B.: *der, die, das* oder *welcher, welche, welches,* und durch **Kommas vom Hauptsatz abgetrennt**, z. B.:

> *Ich bringe dir morgen das Buch mit, das ich gerade gelesen habe.*
> *Das Buch, das ich gerade gelesen habe, möchte ich euch vorstellen.*

Adverbialsätze → S. 245

Die **Rolle der adverbialen Bestimmung (Adverbiale) (→ S. 343)** im Satz können nicht nur Wörter oder Wortgruppen übernehmen, sondern auch Nebensätze (Gliedsätze). Man bezeichnet sie als **adverbiale Gliedsätze** oder **Adverbialsätze**.

Wie die anderen adverbialen Bestimmungen auch, liefern sie Zusatzinformationen
- zum **Ort** (lokal), z. B.: …, *wohin* wir uns vor dem Regen flüchteten.
- zur **Zeit** (temporal), z. B.: …, *nachdem* ich nach Hause gekommen war.
- zum **Grund** (kausal), z. B.: …, *weil* ich schlechte Laune habe.
- zur **Bedingung** (konditional), z. B.: …, *wenn* ich genug Taschengeld gespart habe.
- zur **Folge** (konsekutiv), z. B.: …, *sodass* ich morgens nicht immer so müde bin.
- zur **Absicht** (final), z. B.: …, *damit* wir pünktlich aufbrechen können.
- zur **Art und Weise** (modal), z. B.: …, *indem* er mich durchdringend ansah.
- zu einer **Einschränkung** (konzessiv), z. B.: … , *obwohl* ich mich sehr darauf gefreut hatte.

Subjekt- und Objektsätze

Nebensätze, welche die **Rolle des Subjekts** oder **des Objekts** im Satzgefüge einnehmen, bezeichnet man als **Subjektsätze** beziehungsweise als **Objektsätze**. Subjekt- und Objektsätze treten meist als **indirekte Fragesätze** oder als *dass*-**Sätze** auf, z. B.:

Satzform	Subjektsätze *(Wer oder was?)*	Objektsätze *(Wen oder was?)*
dass-Satz	– Es war allen klar, *dass er log*. (Wer oder was war allen klar?)	– Ich weiß, *dass er das sonst nie tut*. (Wen oder was weiß ich?)
indirekter Fragesatz	– *Wer das übersehen hat*, war sehr unaufmerksam. (Wer oder was war sehr un- aufmerksam?)	– *Ob er sich das gut überlegt habe*, fragte sie ihn. (Wen oder was fragte sie ihn?)

Objektsätze verwendet man häufig bei der indirekten Redewiedergabe.

Partizipgruppen in Sätzen → S. 289

Partizipien (→ S. 339) können den Kern einer **Partizipgruppe** bilden, die die Aufgabe eines Nebensatzes übernehmen kann. Man nennt sie daher auch **satzwertige Partizipgruppen** oder **Partizipsätze**, z. B.:

> *Die Künstler kamen (,) ihrer Fantasie freien Lauf lassend (,) auf ganz neue Ideen.*

Manchmal ist es sinnvoll, Partizipsätze in Relativ- oder Adverbialsätze umzuwandeln, um einen Text verständlicher zu formulieren, z. B:

> *Ihrer Fantasie freien Lauf lassend (,) kamen die Künstler auf ganz neue Ideen.*
> → *Indem sie ihrer Fantasie freien Lauf ließen, kamen die Künstler auf ganz neue Ideen.*
> (Adverbialsatz)

Partizipsätze **darf** man **immer** durch ein **Komma** vom Hauptsatz trennen. Nur in wenigen Fällen **muss** das Komma stehen (→ S. 289, S. 349).

Infinitivgruppen in Sätzen → S. 289

Infinitivgruppen bestehen aus einem **Infinitiv mit *zu*** und **mindestens einem weiteren Wort**. Sie können durch weitere Satzglieder beliebig erweitert werden, z. B.:

> *Meine Oma bat mich, ihr zu helfen.*
> *Meine Oma bat mich, ihr beim Aufbau eines neuen Schranks zu helfen.*

Durch die Verwendung von Infinitivgruppen kann oft eine Häufung von Substantiven (Nominalstil) vermieden werden, z. B.:

> *Viele Kinder lernen das Aufsagen des Alphabets schon vor der Einschulung.*
> → *Viele Kinder lernen schon vor der Schule (,) das Alphabet aufzusagen.*

Obwohl Infinitivgruppen kein Verb in der Personalform enthalten, können sie die **Funktion von Nebensätzen** übernehmen.

Infinitivgruppen **darf** man **immer** durch ein **Komma** vom Hauptsatz trennen. In einigen wenigen Fällen ist das Komma verpflichtend (→ S. 289, S. 349).

Rechtschreibregeln und -strategien

Groß- und Kleinschreibung → S. 272 – 277

Groß schreibt man Nomen/Substantive und **Nominalisierungen/Substantivierungen** anderer Wortarten, z. B.:

das Schiff, etwas Neues, das Fliegen, mit großem Hallo, jemandem das Du anbieten.

Nomen und nominalisierte Wörter erkennt man z. B. an vorausgehenden **Begleitwörtern,** wie Artikeln (z. B.: *das* Singen), Adjektiven (z. B.: *lustiges* Singen), Pronomen (z. B.: *sein* Singen), unbestimmten Zahlwörtern (z. B.: *viel* Singen) und Präpositionen (z. B.: *vom* (= von dem) Singen). Manchmal muss man auch in Gedanken ein Begleitwort ergänzen, z. B.:

Ihm macht (das) Singen im Chor (großen) Spaß.

Klein schreibt man aus Nomen/Substantiven entstandene Wörter anderer Wortarten, z. B.:
- Adverbien wie *mitten, kreuz und quer, abends, mittags, vormittags,*
- Adjektive in Verbindung mit *sein, werden* und *bleiben* wie z. B. *schuld sein,*
- Präpositionen wie *dank, kraft, trotz,*
- unbestimmte Pronomen und Zahlwörter wie *ein wenig, ein bisschen, manche.*

Groß- und Kleinschreibung von Zeitangaben

- **Großgeschrieben** werden **Zeitangaben,** wenn sie **als Nomen** verwendet werden, z. B.:
  am Montag, jeden Dienstag, der Abend, am Mittwochmorgen.
- **Kleingeschrieben** werden **Zeitangaben,** wenn sie **als Adverbien** verwendet werden, z. B.:
  heute, übermorgen, montags.

Groß- und Kleinschreibung von Zahlwörtern (Numeralien)

- Zahlwörter werden **großgeschrieben,** wenn sie im Satz **als Nomen** auftreten, z. B.:
  Ich habe keine Fünf im Zeugnis.
- **Alle anderen bestimmten** und **unbestimmten Zahlwörter** schreibt man **klein,** z. B.:
  Der alte Weltrekord wurde um drei hundertstel Sekunden übertroffen.

Groß- und Kleinschreibung von Eigennamen und Herkunftsbezeichnugen

- **Eigennamen** schreibt man **groß.** Das gilt auch bei **mehrteiligen Namen.** Hier schreibt man das erste Wort und alle Bestandteile außer Artikeln, Präpositionen und Konjunktionen groß, z. B.:
  Laura, Kolumbus, Madonna, Ludwig der Große, Am Neuen Markt, Schiefer Turm von Pisa.
- **Herkunftsbezeichnungen** mit dem Suffix *-er* werden **immer großgeschrieben**, z. B.:
  Spreewälder Gurken, Frankfurter Würstchen.
- **Herkunftsbezeichnungen mit dem Suffix** *-isch* sind Adjektive und werden **kleingeschrieben,** sofern sie kein Bestandteil eines Eigennamens sind, z. B.:
  schwedische Haferkekse, englische Gäste, aber: *die Tschechische Republik.*

Getrennt- und Zusammenschreibung → S. 278 – 283

- Grundsätzlich getrennt geschrieben werden
    - **Nomen + Verb,** z. B.: *Auto fahren, Unheil anrichten, Eis essen.*
    - **Verb + Verb,** z. B.: *spazieren gehen, schweigen müssen, sitzen bleiben.*
      Bei Verbindungen mit *lassen* oder *bleiben* mit übertragener Bedeutung ist die Zusammen-
      schreibung möglich, aber nicht zwingend, z. B.:
        eine Idee <u>fallen</u> <u>lassen</u> / <u>fallenlassen</u> = *aufgeben.*
    - **Verbindungen mit** *sein*, z. B.: *froh sein, dabei sein, mutig sein.*

- Immer zusammengeschrieben werden:
    - **Präposition + Verb,** z. B.: *aufnehmen, zulassen, hintergehen, übersehen.*

Besonderheiten bei Verbindungen mit einem Verb als zweitem Wortbestandteil:
Um zu überprüfen, ob du bei Verbindungen mit einem Verb **im Einzelfall zusammenschreiben
musst,** helfen dir folgende **Proben:**
- **Artikelprobe:** Fügungen aus **Nomen + Verb** und **Verb + Verb** werden zusammen- und
  großgeschrieben, wenn sie nominalisiert werden, z. B.: <u>*Das Autofahren*</u> *ist nicht erlaubt.*
- **Umstellprobe:** Mit der Umstellprobe kannst du prüfen, ob sich der erste Bestandteil der
  Verbindung getrennt vom Verb im Satz umstellen lässt. Ist das nicht der Fall, musst du
  zusammenschreiben, z. B.: *Was schluss?folgerst du daraus?* → falsch: ~~*Was folgerst du daraus*~~
  ~~*Schluss?*~~ → Zusammenschreibung.
- **Bedeutungsprobe:** Mit der Bedeutungsprobe kannst du prüfen, ob eine Fügung aus
  Adverb + Verb oder **Adjektiv + Verb** eine neue, **übertragene Bedeutung** hat und
  zusammengeschrieben werden muss:
    - **Adverb + Verb,** z. B.: <u>*zusammenschreiben*</u> *(als ein Wort schreiben),*
      aber *zusammen* <u>*schreiben*</u> *(gemeinsam etwas schreiben).*
    - **Adjektiv + Verb,** z. B.: *blaumachen (schwänzen),* aber *blau machen (blau anmalen).*
- **Betonungsprobe:** Wird das **erste Wort** des zusammengesetzten Wortes betont, wird
  zusammengeschrieben. Liegt die Betonung auf **beiden Wörtern,** musst du **getrennt**
  schreiben, z. B.:
  Dieses Mal wird er nicht mehr <u>*davon*</u>*kommen.*
  Aber: *Das kann* <u>*davon*</u> <u>*kommen*</u>*, dass du gestern zu lange draußen warst.*

Verbindungen mit Adjektiven und Partizipien:
Zusammengeschrieben werden
- aus **mehreren Adjektiven zusammengesetzte Adjektive,** z. B.: *bitterböse, dunkelgrün.*
- **zusammengesetzte Adjektive,** die aus einer **verkürzten Wortgruppe** von **Nomen + Adjektiv**
  oder **Nomen + Partizip** bestehen, z. B.: *haushoch (hoch wie ein Haus), mondbeschienen (vom
  Mond beschienen).*
- **Wortgruppen** aus **Nomen + Partizip** oder **Nomen + Adjektiv,** wenn beide Wortteile durch ein
  Fugen-s verbunden sind, z. B.: *spannungsreich, erholungssuchend.*

Das Komma → S. 286–290

Das Komma
- kennzeichnet **Unterbrechungen im Satz** wie **Anreden**, **Appositionen** oder **nachgestellte Erläuterungen**, z. B.:

  Könntest du, Tom, die Kaffeemaschine im Repair-Café reparieren, am besten gleich morgen?

  „Do it yourself", der Trend des Selbermachens, wird immer populärer.
- trennt die **Bestandteile einer Aufzählung**, wenn sie nicht durch *und/oder* verbunden sind, z. B.:

  In der Regel werden kaputte Gartengeräte, gebrauchte Kleidung und alte Möbelstücke einfach entsorgt. Es gibt aber den Trend, diese zu reparieren oder zu restaurieren.
- trennt die **Bestandteile einer Satzreihe** oder **eines Satzgefüges**, z. B.:

  Einige Leute schlagen zwei Fliegen mit einer Klappe, denn sie verbinden „DIY" mit „Zero Waste".

  Weil sie Müll vermeiden wollen, greifen viele zum Upcycling alter Kleidung.
- trennt eine **Infinitivgruppe mit** *zu* ab, wenn diese
  - mit *als, außer, ohne, statt/anstatt* oder *um* eingeleitet wird, z. B.:

    Man braucht etwas Geschick, um aus Altem etwas Neues zu machen.
  - von einem Nomen/Substantiv abhängt, z. B.:

    Ich habe die Absicht, in diesem Jahr möglichst viel selbst zu machen.
  - durch ein hinweisendes Fürwort wie *daran, darauf, dazu* oder *es* angekündigt wird, z. B.:

    Es kann doch nicht so schwierig sein, das zu verstehen!
- trennt eine **Partizipgruppe** ab, wenn
  - ein hinweisendes Wort wie *so* oder *also* auf diese Bezug nimmt, z. B.:

    Fröhlich singend, so schlenderte ich durch die Straßen.
  - sie eine **Erläuterung zu einem Nomen oder Pronomen** ist, z. B.:

    Meine Freundin, fröhlich lächelnd, erwartete mich an der Tür.
- trennt **Redebegleitsätze von der wörtlichen Rede** ab, z. B.:

  „Kannst du morgen mein Fahrrad reparieren?", fragte mich meine Mutter.

das oder *dass*? → S. 294 f.

Das Wort *das* kann sowohl **Artikel** als auch **Relativ-** oder **Demonstrativpronomen** sein. Mithilfe der **Ersatzprobe** kannst du herausfinden, ob es sich um eine dieser Wortarten handelt und du *das* mit einem *s* schreiben musst:
- Den **Artikel** *das* kannst du durch *ein* oder *dieses* ersetzen,
- das **Relativpronomen** *das* kannst du durch *welches* ersetzen,
- das **Demonstrativpronomen** *das* kannst du durch *dieses* ersetzen.

Die **Konjunktion** *dass* kann nicht ersetzt werden.

Arbeitstechniken und Methoden

Im Internet recherchieren

Bei der Recherche im Internet, z. B. für ein Vortragsthema, kannst du so vorgehen:

1. Schritt: Fragestellungen formulieren

Kläre, zu welchen (Unter-)Themen du recherchieren willst. Notiere entsprechende **Leitfragen** für deine Recherche, z. B.:

Welche Rolle spielt Plastik bei der Verschmutzung der Meere?

2. Schritt: Gezielt suchen

Leite aus deinen Fragestellungen geeignete **Suchbegriffe** ab, z. B.:
- **Frage:** *Welche Rolle spielt Plastik bei der Verschmutzung der Meere?*
  → **Suchbegriffe:** *„Plastikmüll", „Verschmutzung der Meere", „Plastik in der Umwelt"*

Beachte dabei:
- Gibst du zwei oder mehr Begriffe in das Suchfeld ein, wird dies bei den Suchmaschinen als Verknüpfung erkannt und du erhältst Suchergebnisse, in denen all diese Begriffe vorkommen.
- Setzt du ein bestimmtes Wort oder eine Wortgruppe in Anführungszeichen, werden dir nur Seiten angezeigt, die genau diese Wortkombination enthalten.

3. Schritt: Die Ergebnisse überprüfen und Informationen auswählen

Im Internet kann vieles unkontrolliert veröffentlicht werden, deswegen muss jeder Treffer vor seiner Verwendung auf seine **Zuverlässigkeit geprüft werden**.

Finde über die Internetseite oder das Impressum der Seite heraus, wer für die Seite verantwortlich ist. Zuverlässige Quellen sind in der Regel:
- Seiten öffentlicher Einrichtungen wie Universitäten oder Ministerien,
- Online-Angebote von öffentlich-rechtlichen Nachrichtensendern, bekannten Tageszeitungen oder Zeitschriften,
- gängige Online-Lexika.

4. Schritt: Informationen auswerten

- Erschließe Texte und Diagramme mithilfe geeigneter Strategien (→ S. 333 und S. 335) und notiere wichtige Informationen zu deinen Leitfragen in Stichpunkten.
- Fasse deine Recherche-Ergebnisse in eigenen Worten zusammen.

5. Schritt: Quellen angeben

Bei jeder Übernahme von Texten aus dem Internet musst du die Quelle wie folgt angeben:
Autorname: Titel (des Textes). Online unter: Internetadresse [Abrufdatum], z. B.:

Stephanie Probst: Das kann kein Meer mehr schlucken: Unsere Ozeane versinken im Plastikmüll. Unter: https://www.wwf.de/themen-projekte/ meere-kuesten/plastik/unsere-ozeane-versinken-im-plastikmuell/ [11.06.2018]

Präsentieren: Eine Bildschirmpräsentation vorbereiten und halten

Mit einer Bildschirmpräsentation kannst du einen mündlichen Vortrag oder eine mündliche Präsentation unterstützen. Bei der Erstellung solltest du folgende Schritte beachten:

1. Schritt: Die Präsentation planen
- Kläre **Thema, Zweck** und **Adressatinnen/Adressaten** deiner Präsentation.
- Setze dich inhaltlich mit dem Thema auseinander und **recherchiere** entsprechende **Informationen**, z. B. im Internet (→ S. 350).
- **Notiere und ordne die Informationen**, z. B. mithilfe von Karteikarten oder einer Mindmap.
- **Lege die Reihenfolge fest**, in der du die Unterthemen präsentieren willst.

2. Schritt: Informationen mit einer Bildschirmpräsentation veranschaulichen
- Entscheide, welche Informationen du deinen Zuhörerinnen/Zuhörern **mündlich präsentieren** willst und welche du **mithilfe einer Bildschirmpräsentation veranschaulichen** möchtest.
- Wähle **geeignete Zusatzmaterialien** aus, wie z. B. Bilder oder Diagramme, mit denen du deine mündliche Präsentation veranschaulichen kannst.
- Gestalte deine **Folien**. Berücksichtige dabei:
    - Eine Folie sollte nur **wenige, aussagekräftige Informationen** enthalten (in der Regel nicht mehr als sechs Sätze oder Stichpunkte).
    - Pro Folie sollten **nur ein bis zwei Bilder** oder **ein Diagramm** verwendet werden. Diese müssen gut erkennbar sein.
    - Nutze einen **gut lesbaren Schrifttyp** mit einer **Schriftgröße** von **mindestens 20 Punkt (pt)**.
    - Wähle **einfarbige Hintergründe** und verzichte auf Spezialeffekte wie ClipArts, auffällige Animationen oder Soundeffekte, da sie die Zuhörer/-innen ablenken.
- Notiere **zusätzliche Informationen**, die du für deine Präsentation benötigst, im gesonderten **Notizfeld** der Bildschirmpräsentation oder auf **Karteikarten**.

3. Schritt: Präsentieren
- Nutze die **Bildschirmpräsentation als „roten Faden"** für deinen Vortrag.
- **Übe deine Präsentation** vorab mehrmals.
- Lies die Folien nicht vor, sondern erläutere deinen Zuhörerinnen/Zuhörern das dort **Dargestellte** und **ergänze weitere Informationen** mithilfe deiner zusätzlichen Notizen.
- Sprich **frei** und halte **Blickkontakt** mit deinen Zuhörerinnen/Zuhörern.
- Kläre im Vorfeld, ob **Fragen** direkt während der Präsentation oder im Nachhinein gestellt werden können.

4. Schritt: Feedback einholen
Lass dir zum Schluss ein Feedback von deinen Zuhörerinnen/Zuhörern geben:
- Was ist besonders gut gelungen?
- Was solltest du bei weiteren Vorträgen bedenken?

Protokollieren

In einem Protokoll werden **knapp** und **sachlich** die **wichtigsten Ergebnisse einer Diskussion, einer Unterrichtsstunde** oder **einer Sitzung**, z. B. einer Schülervertretersitzung, festgehalten. Protokolle haben folgende feste Form:

- Der **Protokollkopf** enthält Angaben zur Bezeichnung der Veranstaltung, zum Ort, zu Datum und Uhrzeit (Beginn und Ende), zum Teilnehmerkreis; er enthält zudem den Namen der Protokollantin / des Protokollanten, das Thema der Veranstaltung oder die Tagesordnungspunkte.
- Im **Hauptteil** werden die wichtigsten Informationen und Ergebnisse kurz, sachlich und übersichtlich wiedergegeben. Das Tempus ist in der Regel das Präsens. Wichtige Beiträge werden in der indirekten Rede (→ S. 341) und mit Angabe der Sprecherin / des Sprechers wiedergegeben.
- Der **Schluss** enthält Ort und Datum der Abfassung des Protokolls und die Unterschrift der Protokollantin / des Protokollanten.

Richtig zitieren

Textbelege als Zitate einbinden:
Es gibt folgende Möglichkeiten, Textbelege als Zitate einzubinden, z. B.:

- **Direktes (wörtliches) Zitat:** Ein direktes Zitat ist eine wörtlich wiedergegebene Textstelle, die man buchstabengetreu übernehmen und in Anführungszeichen setzen muss. Zusätzlich muss die genaue Fundstelle des Zitats mit Seiten- und Zeilenangabe – beispielsweise in Klammern – angeführt werden, z. B.:

  Der Aussage von Sebastian Dalkowski „Verschwendung ist kein Kavaliersdelikt. Niemand hat das Recht, sich mehr zu nehmen, als er braucht" (S. 222, Z. 15 f.) stimme ich grundsätzlich zu.

- **Indirektes Zitat:** Hier gibt man die Textstelle sinngemäß in eigenen Worten wieder. Den Nachweis, woher die Aussage stammt, leitet man mit „vgl." (= vergleiche) ein, z. B.:

  Der Ansicht von Sebastian Dalkowski, dass Verschwendung kein Kavaliersdelikt sei, da niemand auf Kosten anderer leben dürfe (vgl. S. 222, Z. 15 f.), stimme ich grundsätzlich zu.

Zeichensetzung bei Zitaten:
- **Direkte (wörtliche) Zitate werden in Anführungszeichen eingeschlossen,** z. B.:

  Mit der Aussage „Gute Vorsätze funktionieren meist nur vorübergehend, danach siegt die Bequemlichkeit" (S. 223, Z. 49 f.) wird ein zentrales Problem angesprochen.

- **Auslassungen** und **geringfügige Veränderungen** in einem Zitat kennzeichnet man durch **eckige Klammern**, z. B.:

  - *Original: „Die meisten von uns wissen natürlich, dass vieles von dem, was wir kaufen und verbrauchen, nicht gut ist. Und damit meine ich nicht, dass wir davon dick werden und alle möglichen Krankheiten bekommen. Unser Konsum schadet auch uns selbst, klar, aber am meisten schadet er anderen. Denen, die mit uns auf der Erde leben, die wir nicht sehen, weil sie weit weg wohnen."*
  - *Zitat mit Auslassung: „Die meisten von uns wissen natürlich, dass vieles von dem, was wir kaufen und verbrauchen, nicht gut ist. [...] Unser Konsum schadet auch uns selbst, klar, aber am meisten schadet er anderen."*
  - *Zitat mit Änderungen: „[Es schadet] [d]enen, die mit uns auf der Erde leben, die wir nicht sehen, weil sie weit weg wohnen."*

- **Satzschlusszeichen** (Punkt, Frage- und Ausrufezeichen) stehen
  - **innerhalb der Anführungszeichen**, wenn sie zur zitierten Textstelle gehören, z. B.:
    „Wollen wir wirklich Verbote?", fragen sich viele.
  - **außerhalb der Anführungszeichen**, wenn sie nicht zum Zitat gehören.
    Liegt der Fleischkonsum tatsächlich „bei 60 Kilo pro Kopf pro Jahr"?

  Achtung:
  - **Der Schlusspunkt eines Zitates entfällt**, wenn es am Anfang oder im Inneren eines Satzes steht, z. B.:
    „Hat alles nichts gebracht", diagnostiziert der Autor.
  - **Folgt das wörtliche Zitat dem Begleitsatz**, steht **nach dem Satzschlusszeichen kein Punkt** mehr, z. B.:
    Viele fragen sich: „Wollen wir wirklich Verbote?"
    Seine Antwort auf diese Frage ist: „Ich will Verbote!"
    Er macht die Feststellung: „Es ist Zeit, das Ruder herumzureißen."

Textquellen

14 Fragen aus Interviews im Rahmen der ARD-Themenwoche zum Thema „Glück". Unter: http://www.ard.de/home/themenwoche/Startseite_ARD_Themenwoche_2013_Zum_Glueck/236964/index.html [16.01.2018]. **17** Einwort-Dialog nach: Boëtius, Henning und Hein, Christa: Die ganze Welt in einem Satz. Sprach- und Schreibwerkstatt für junge Dichter. © Beltz Verlag. Weinheim/Basel: Verlagsgruppe Beltz, 2010, S. 88. **20 M. l.** Hesse, Hermann: Die leise Wolke. In: Ders.: Sämtliche Werke. Hrsg. von Volker Michels. Band 10: Die Gedichte. Bearbeitet von Peter Huber. Frankfurt a. M.: © 2002 Suhrkamp Verlag. **20 o. r.** Brecht, Bertolt: Ich will mit dem gehen, den ich liebe. In: Ders.: Werke. Große kommentierte Berliner und Frankfurter Ausgabe. Band 14: Gedichte. 4. Gedichte und Gedichtfragmente 1928–1939. Bearbeitet von Jan Knopf, Brigitte Bergheim u. a. Berlin: © 1993 Bertolt-Brecht-Erben und Suhrkamp Verlag. **20 u. l.** Domin, Hilde: Wer es könnte. In: Dies.: Gesammelte Gedichte. Frankfurt a. M.: © S. Fischer Verlag, 1987. **20 u. r.** Brecht, Bertolt: Vergnügungen. In: Ders.: Werke. Band 15. Gedichte. 5. Gedichte und Gedichtfragmente 1940–1956. Hrsg. von Werner Hecht u. a., bearbeitet von Jan Knopf und Gabriele Knopf. Berlin u. a.: Aufbau Verlag (u. a.). Frankfurt a. M.: Suhrkamp Verlag, 1988, S. 287. **21 o.** Handke, Peter: Die Aufstellung des 1. FC Nürnberg vom 27.1.1968. In: Ders.: Die Innenwelt der Außenwelt der Innenwelt. Frankfurt a. M.: © Suhrkamp Verlag, 1969. **21 M. l.** Gomringer, Eugen: Wind. In: Ders.: Konkrete Poesie. Stuttgart: Reclam Verlag, 2014, S. 56. **21 M. r.** Gomringer, Eugen: ping pong: ebd., S. 61. **22 f.:** Dem Glück auf der Spur (dpa). Unter: http://www.sueddeutsche.de/news/leben/gesellschaft-dem-glueck-auf-der-spur-dpa.urn-newsml-dpa-com-20090101-160316-99-236829 [22.02.2018]. **24 o. l.** Urlaub, Farin: Glücklich (Auszug) PMS Musikverlag GmbH, Berlin. Unter: http://www.songtexte.com/songtext/farin-urlaub-gluecklich-1bdcc9d0.html [22.02.2018]. **24 M. l.** Die Sterne: Was hat dich bloß so ruiniert (Auszug) Goldmusikverlag von Rautenkranz/Wessel GBR. Hanseatic Musikverlag GmbH & Co. KG, Hamburg. Unter: https://www.songtexte.de/songtexte/die-sterne-was-hat-dich-bloss-so-ruiniert-11156481.html [22.02.2018]. **24 M. r.** PeterLicht: Das absolute Glück (Auszug) FutureWorld Publishing, Hamburg. Unter: https://www.songtexte.de/songtexte/peterlicht-das-absolute-gluck-12691844.html [22.02.2018]. **24 u. r.** Knyphausen, Gisbert zu: Neues Jahr (Auszug) Wintrup Musikverlag Walter Holzbaur, Detmold. Unter: https://www.songtexte.de/songtexte/gisbert-zu-knyphausen-neues-jahr-2693443.html [22.02.2018]. **28 f.:** Nach: Poggensee, Julia und Henning, Annika: Pro und Contra: Schulbeginn um 9 Uhr. Unter: https://www.shz.de/lokales/ostholsteiner-anzeiger/schulbeginn-um-9-uhr-id1990861.html. Artikel vom 15.02.2010 [22.01.2018]. **30 ff.** Schröder, Kristina: Später aufstehen, besser lernen? Unter: http://www.haz.de/Sonntag/Gastkommentar/Spaeter-aufstehen-besser-lernen-Gastbeitrag-von-Dr.-Kristina-Schroeder. Artikel vom 27.12.2015 [23.01.2018]. **36 f.** Isringhaus, Jörg und Schwerdtfeger, Christian: Eltern gegen Schulbeginn um neun. Artikel vom 21.08.2012. Unter: http://www.rp-online.de/nrw/landespolitik/eltern-gegen-schulbeginn-um-neun-aid-1.2960333 [30.01.2018]. **40 ff.** und **42** Kieser,

Florian: Ein Schüler muss mehr als eine Note sein. Artikel vom 22.03.2017. Nach: https://causa.tagesspiegel.de/gesellschaft/sollten-schulnoten-abgeschafft-werden/ein-schueler-muss-mehr-als-eine-note-seinnbsp.html [15.11.2017]. **44 ff.** „Wer lange schläft, ist nicht faul". Interview von Lucia Schmidt mit dem Schlafforscher Peter Spork. Artikel vom 20.10.2014. Unter: http://www.faz.net/aktuell/stil/leib-seele/wie-schlaeft-man-richtig-die-wichtigsten-fakten-13203197.html?printPagedArticle=true#void [30.01.2018]. **48 f.** Kloepfer, Inge: Frontalunterricht macht klug. Artikel vom 15.12.2012. Unter: http://www.faz.net/aktuell/wirtschaft/bildungswesen-frontalunterricht-macht-klug-11994686.html#void [31.01.2018]. **49 ff.** Wilbrand-Donzelli, Nicola: Das Schulmodell der Zukunft? Artikel vom 28.03.2013. Aus: Nachrichtenportal www.t-online.de. Unter: t-online.de http://www.t-online.de/leben/familie/schulkind-und-jugendliche/id_62761190/schulmodell-der-zukunft-berliner-schule-macht-es-vor.html [31.01.2018]. **52 ff.** Stolterfoht, Peter: Tablets und Co. im Klassenzimmer. Stuttgarter Zeitung vom 04.01.2018. **56** Thier, Jenni: Traumjob Influencer/-in? Artikel vom 05.06.2017. Nach: http://www.faz.net/aktuell/wirtschaft/marketing-in-sozialen-medien-ist-influencer-ein-traumjob-15046355.html?printPagedArticle=true#pageIndex_2 [08.02.2018]. **57** Traumberuf Game-Designer/-in? Nach: Ernst, Katharina: Traumberuf Spieleentwickler. Unter: http://www.bildungsxperten.net/bildungschannels/weiterbildung/traumberuf-spieleentwickler-das-hobby-zum-beruf-machen/ [08.02.2018]. **60 u.** Mechatroniker/-in: Was macht man in diesem Beruf? BERUFENET – ein Angebot der Bundesagentur für Arbeit – Stand: 06/2018. **61** Königsdisziplin: Wer Mechatroniker/-in werden will, muss zwei Berufe erlernen – Interview. In: https://www.girlsatec.de/interview-ausbildung-mechatronikerin/ [18.06.2018]. Das ABB Ausbildungszentrum Berlin gGmbH realisiert das Projekt „girlsatec – Junge Frauen erobern technische Berufe" im Auftrag der Senatsverwaltung für Integration, Arbeit und Soziales des Landes Berlin. **62 f.** Steckbrief: Mechatroniker/-in (außer Informationen zum Gehalt und zur Ausbildungsvergütung). Nach: Beruf.me. © 2018 Online Akademie; Informationen zum Gehalt und zur Ausbildungsvergütung nach: https://www.ausbildung.de/berufe/mechatroniker/gehalt/; Informationen zur Ausbildungsvergütung aus: BERUFENET – ein Angebot der Bundesagentur für Arbeit – Stand: 06/2018. **67 u.** Mediengestalter/-in „Digital und Print". Nach: BERUFENET – ein Angebot der Bundesagentur für Arbeit – Stand: 06/2018. **74** Nach: Rinne, Ulf und Zimmermann, Klaus F.: Die digitale Arbeitswelt von heute und morgen. Unter: http://www.bpb.de/apuz/225685/die-digitale-arbeitswelt-von-heute-und-morgen?p=all [12.02.2018]. **75** Arbeitswelt 2030. Nach: Schölgens, Gesa: Das sind die acht Berufe der Zukunft. Artikel vom 05.06.2014. Unter: http://www.fr.de/leben/karriere/arbeitswelt-2030-das-sind-die-acht-berufe-der-zukunft-a-570215 [12.02.2018]. **76 f.** Nach: Löhr, Julia: Die geheimen Verführer aus dem Netz. Artikel vom 04.09.2017. Unter: http://plus.faz.net/unternehmen/2017-09-04/die-gehei-men-verfuehrer-aus-dem-netz/50525.html [12.02.2018]. **78** Brunner, Tobias: Was macht ein „Seeding Expert"? In: http://www.sueddeutsche.de/karriere/berufe-serie-v-was-macht-ein-seeding-expert-1.1471010 [18.06.2018]. **79 M.** Material 1: Informationen zum Beruf des Fluglotsen. Unter: https://berufenet.arbeitsagentur.de/berufenet/

bkb/7355.pdf [12.02.2018]. **80** Kazantzakis, Nikos: Die Blinden. Aus: Griechische Passion. Reinbek bei Hamburg: Rowohlt 1989. Lizenz der Herbig Verlags-Buchhandlung Berlin, München, Wien. **82** Hund und Fuchs. Unter: http://aventin.blogspot.de/2015/03/hund-und-fuchs-streit-um-die-wurst.html [22.02.2018]. **84** Schopenhauer, Arthur: Die Stachelschweine. Aus: Deutsche Parabeln. Hg. v. Josef Billen. Stuttgart: Reclam 2001, S. 65. **85** Heckmann, Herbert: Ein Mensch. Aus: Deutsche Parabeln. Hg. v. Josef Billen. Stuttgart: Reclam 2001, S. 188. **86 ff.** Brecht, Bertolt: Wenn die Haifische Menschen wären. Aus: Ausgewählte Werke in sechs Bänden. Bd. 5. Frankfurt a. M.: Suhrkamp 1997, S. 226 ff. **91** Brecht, Bertolt: Der hilflose Knabe. Ebd., S. 218. **92 o.** Langbein, August Friedrich Ernst: Der Adler und die Schnecke. Aus: Fabeln aus aller Welt. Berlin: Tulipan 2012, S. 94. **92 u.** Lessing, Gotthold Ephraim: Das Geschenk der Feen. Aus: ebd., S. 147. **93 o.** Gibran, Khalil: Das Auge. In: Ders.: Der Narr. Aus dem Englischen von Ursula Assaf. Düsseldorf: Patmos Verlag, 2014, S. 53. **93 u.** Gernhardt, Robert: Das Gleichnis. Aus: Reim und Zeit. Gedichte. Stuttgart: Reclam 1996, S. 13. **94 o.** Hohler, Franz: Die Taube. Aus: Das Ende eines ganz normalen Tages. München: Btb 2010, S. 109. **94 u.** Schubiger, Jürg: Gold in Alaska. Aus: 112 einseitige Geschichten. Hg. v. Franz Hohler. München: Luchterhand 2007, S. 27. **95** Wolf, Friedrich: Messer und Brot. Aus: Deutsche Parabeln. Hg. v. Josef Billen. Stuttgart: Reclam 2001, S. 117. **96 o.** Nöstlinger, Christine: Morgenworte. Aus: 112 einseitige Geschichten. Hg. v. Franz Hohler. München: Luchterhand 2007, S. 111. **96 u. f.** Reinig, Christa: Fische. Aus: Kürzestgeschichten. Hg. v. Hans-Christoph Graf von Nayhauss, Stuttgart: Reclam 1982, S. 53. **97 f.** Hohler, Franz: Profitierangebot. Aus: Das Ende eines ganz normalen Tages. München: Btb 2010, S. 34. **99 f.** Sarek, Stephan: Katzensprache. Aus: Können Pinguine fliegen? 13 episodische Geschichten. Rendsburg: Rake 1997, S. 21 ff. **101** Hacke, Axel: „Sie sind ja sooo wichtig!" Aus: Komische Geschichten. Ausgewählt von Gudrun Schury. Berlin: Aufbau 2010, S. 129 ff. **104** Zitiert nach: Walz, Henriette: Witz komm raus. Unter: http://www.badische-zeitung.de/bildung-wissen-1/witz-komm-raus-26883259.html# [12.02.2018]. **106 f.** Loriot (Vicco von Bülow): Der Feierabend. In: Loriot: Das Frühstücksei. Gesammelte dramatische Geschichten mit Doktor Klöbner und Herrn Müller-Lüdenscheidt, Herrn und Frau Hoppenstedt, Erwin Lindemann u. v. a. Zürich: Diogenes Verlag © 2003, S. 107–110. **108 f.** Evers, Horst: Letzte Sätze. In: Ders.: Wäre ich du, würde ich mich lieben. Reinbek: Rowohlt Taschenbuch Verlag, 2015. **110** Zitate (A-F) aus: Evers, Horst, ebd. **112 f.** Zwerenz, Gerhard: Nicht alles gefallen lassen. In: Ders.: Nicht alles gefallen lassen. Schulbuchgeschichten. Frankfurt a. M.: Fischer Verlag, 1962. **117 o.** Stemwedel, Lothar: Automärchen. Serie En Passant IV (2008). In: Deutschlandfunk Kultur. Wurfsendung. Unter: http://www.dradio.de/wurf-tracks/152159.1253.mp3. [22.02.2018]. http://wurfsendung.dradio.de/wurf/index.php/de/Home/Schedule/date/19.02.2018/hour/14 [22.02.2018]. **117 u.** Schurz, Robert: Lernhaltung. Serie Erziehungsfragen (2016). In: Deutschlandfunk Kultur. Wurfsendung. Unter: http://wurfsendung.dradio.de/wurf/index.php/de/Home/ArchivDetail/id/249 [22.02.2018]. **118 f.** Loriot (Vicco von Bülow): Das Frühstücksei. In: Loriot: Das Frühstücksei. Gesammelte dramatische Geschichten mit Doktor Klöbner und Herrn Müller-Lüdenscheidt, Herrn und

Frau Hoppenstedt, Erwin Lindemann u. v. a. Zürich: Diogenes Verlag © 2003, S. 107–110. **121** Loriot (Vicco von Bülow): Das Frühstücksei (Auszüge). Ebd. S. 97 u. S. 99. **122 ff.** LaGrande, Ninia: … und ganz, ganz viele Doofe. Helmstedt: Blaulicht Verlag 2014, S. 9 ff. **124 f.** Suter, Martin: Familie Gublers Quality Time. In: Ders.: Abschalten. Die Business Class macht Ferien. Zürich: Diogenes Verlag © 2012, S. 87 ff. **126 ff.** Meyerhoff, Joachim: Ach, diese Lücke, diese entsetzliche Lücke. Köln: Kiepenheuer & Witsch © 2015, S. 55–58. **130 o.** Klappentext: Fuchs, Kirsten: Mädchenmeute. Reinbek bei Hamburg: Rowohlt Taschenbuch Verlag, © 2015. **130 u.** Klappentext: Levithan, David: Letztendlich sind wir dem Universum egal. Frankfurt a. M.: © S. Fischer Verlag, 2014. **131 o.** Klappentext: Tessnow, Gregor: Knallhart. Berlin: © Ueberreuter Verlag, 2013. **131 u.** Klappentext: Sassen, Erna: Das hier ist kein Tagebuch. Aus dem Niederländischen von Rolf Erdorf. Stuttgart: Verlag Freies Geistesleben, 2015. **132 f.** Tessnow, Gregor: Knallhart. Berlin: © Ueberreuter Verlag, 2013, S. 10 ff. **134 f.** Ebd., S. 17–20. **136 f.** Ebd., S. 46 ff. **138 o.** Ebd., S. 69. **140 ff.** Ebd., S. 104–110. **143 ff.** Ebd., S. 149–152. **152 ff.** Levithan, David: Letztendlich sind wir dem Universum egal. Aus dem Amerikanischen von Martina Tichy. Frankfurt a. M.: © S. Fischer Verlag, 2014, S. 7–12. **155 ff.** Sassen, Erna: Das hier ist kein Tagebuch. Aus dem Niederländischen von Rolf Erdorf. Stuttgart: Verlag Freies Geistesleben, 2015, S. 5–11. **158 ff.** Fuchs, Kirsten: Mädchenmeute. Reinbek bei Hamburg: Rowohlt Taschenbuch Verlag, © 2015, S. 9 f. **162** Yasmina Reza im Interview. Übersetzt von Dietmar Böck. Theaterpädagogisches Material des Schauspielhauses Düsseldorf. © Le Point 2007. Unter: https://www.theaterdo.de/uploads/events/downloads/Gott_des_Gemetzels_Begleitmaterial.pdf [13.03.2018]. **162 f.** Reza, Yasmina: Der Gott des Gemetzels. Aus dem Französischen von Frank Heibert und Hinrich Schmidt-Henkel. Lengwil: Libelle Verlag, 2006, S. 13. **164 f.** Ebd., S. 14 ff. **166 ff.** Ebd., S. 25 ff. **170 f.** Ebd., S. 49 ff. **172** Ebd., S. 72 ff. **174 ff.** Ebd., S. 85 ff. **178 f.** Kaempf, Simone: Kotzen auf Kokoschka. Unter: https://www.nachtkritik.de/index.php?option=com_content&view=article&id=184&Itemid=80 [22.11.2018]. **180 f.** Höbel, Wolfgang: Im Hamsterrad der Bürgerlichkeit. Unter: http://www.spiegel.de/kultur/gesellschaft/theatersensation-in-zuerich-im-hamsterrad-der-buergerlichkeit-a-452216.html [13.03.2018]. **182 f.** Dürrenmatt, Friedrich: Der Besuch der alten Dame. Zürich: Diogenes, 1985, S. 25 f. **184 f.** Ebd., S. 42 ff. **186 f.** Ebd., S. 61 ff. **188** Ebd., S. 78 f. **189 f.** Ebd., S. 105 ff. **192** Claudius, Matthias: Die Liebe. In: Ders.: Sämtliche Werke. München: Winkler Verlag, 1984, S. 435. **193** Wittkamp, Frantz: Wir wussten schon vom Hörensagen. In: Ich bin dein Nest, du bist ein Fest. Liebe mit allen Sinnen. Das Gedicht, Band 15. Herausgegeben von Anton G. Leitner. Weßling: Leitner Verlag, 2007, S. 23. **194** Ich + Ich: So soll es bleiben. Text: Annette Humpe. © Ambulanz Musikverlag – Annette Humpe. Aus: http://www.songtexte.com/songtext/ich-ich/so-soll-es-bleiben-1bd68d08.html [13.03.2018]. **195** Heine, Heinrich: Ein Jüngling liebt ein Mädchen. In: Ders.: Historisch-kritische Gesamtausgabe der Werke. Hg. v. M. Windfuhr. Band I. Hamburg: Hofmann und Campe, 1973, S. 171. **196** Czepko von Reigersfeld, Daniel: Angst und Hohn der Liebe. In: Ders.: Weltliche Dichtungen. Herausgegeben von W. Milch. Breslau: Priebatsch's Buchhandel, 1932. **197 o.** Geibel, Emanuel: Die Liebe gleicht dem April. Berlin:

Alexander Duncker, 1848, S. 62. **197 u.** Schiffner, Sabine: © Sabine Schiffner, 2017. **198** Hofmann von Hofmannswaldau, Christian: Vergänglichkeit der Schönheit. In: Ders.: Gedichte. Frankfurt a. M.: Fischer Verlag, 1972, S. 68. **200** Hofmannsthal, Hugo v.: Die beiden. In: Ders.: Gedichte. Dramen I. 1891–1898. Frankfurt a. M.: Fischer Verlag, 1979, S. 27. **204** Schwarz, Sibylle: Wie kan der Liebe Joch. In: Samuel Gerlach (Hg.): Sibyllen Schwarzin/ Vohn Greiffswald aus Pommern, ander Teil Deutscher Poëtischer Gedichten. Danzig 1650. Digitales Online-Faksimile, S. 119. In: Wolfenbüttler Digitale Bibliothek http://diglib.hab.de/wdb.php?distype=struc-img&dir=drucke%2F229-2-quod-5a [18.03.2018]. **206 l.** Goethe, Johann Wolfgang: Freudvoll und leidvoll. In: Ders.: Gesammelte Werke. Hamburger Ausgabe, hrsg. von Erich Trunz. München: C. H. Beck, 1981, Band 4, S. 410. **206 r.** Lenz, Jakob Michael Reinhold: An das Herz. Unter: http://gedichte.xbib.de/Lenz_gedicht_An+das+Herz.htm [13.03.2018]. **207** Reich-Ranicki, Marcel: Die schwebende Pein – Interpretation von „Freudvoll und leidvoll". In: Ders.: „Ein Jüngling liebt ein Mädchen". Frankfurt a. M. und Leipzig: Insel 2001, S. 40 f. **208 o.** Kästner, Erich: Sachliche Romanze. In: Zeitgenossen, haufenweise. Gedichte. München [u. a.]: Hanser Verlag, 1998, S. 65. **208 u. f.** Kästner, Erich: Brief an die Mutter. © Atrium Verlag, Zürich und Thomas Kästner. **210** Kaléko, Mascha: Großstadtliebe. In: Dies.: Das lyrische Stenogrammheft. Reinbek: Rowohlt Verlag, 1978. **211** Dittberner, Philipp und Webb, Marvin (Marv): Wolke Vier. Text aus: http://www.songtexte.com/songtext/philipp-dittberner-and-marv/wolke-4-5b75b758.html [13.03.2018]. **212** Meerbaum-Eisinger, Selma: Schlaflied für die Sehnsucht. In: Dies.: Ich bin in Sehnsucht eingehüllt: Gedichte. Hrsg.: Jürgen Serke. Hamburg: Hoffmann und Campe, 2005. **216** Zahlen und Fakten. Unter: https://www.wissenschaftsjahr.de/2016-17/fileadmin/meere_ozeane/Downloads/160913_Dossier_Plastikmuell_im_Meer.pdf [13.03.2018]. **218 f.** Reichert, Inka: Plastik im Meer. Unter: https://www.planet-wissen.de/technik/werkstoffe/kunststoff/pwieplastikimmeer100.html [13.03.2018]. **220 f.** Pinzler, Petra: Plastikmüll: Eingetütet. Aus: http://www.zeit.de/2013/46/eu-plastiktueten-muell?print [12.04.2018]. **222 ff.** Dalkowski, Sebastian: Konsumverhalten: Ich will Verbote! Unter: http://www.zeit.de/2017/07/konsumverhalten-nachhaltigkeit-vernunft-verschwendung-bequemlichkeit [13.03.2018]. **226 ff.** Recycling – Wie aus Pullen Pullis werden. Aus: GEOlino 02/2015. **232 f.** Bronsky, Alina: Wenn Kinder das Klima vernichten. Unter: https://www.berliner-zeitung.de/politik/meinung/glosse-wenn-kinder-das-klima-vernichten-27980702 [13.03.2018]. **234 f.** Behrens, Christoph: Deutschland – Land der Umweltheuchler. Unter: http://www.sueddeutsche.de/wissen/nachhaltigkeit-deutschland-land-der-umwelt-heuchler-1.3463831 [13.03.2018]. **237** Jacobius, Simone: Kinder lernen Nachhaltigkeit. Unter: https://www.welt.de/sonderthemen/deutscher-nachhaltigkeitspreis/article134066729/Kinder-im-Kampf-gegen-die-Wegwerfgesellschaft.html [13.03.2018]. **240** Tomte: Das hier ist Fußball. Unter: http://www.songtexte.com/songtext/tomte/das-hier-ist-fussball-2bc220b2.html [22.02.2018]. **244:** Gebauer, Gunter: Das Leben in 90 Minuten. Eine Philosophie des Fußballs. München: Pantheon 2016, S. 189–193. **250** Tietjen, Franziska: Experteninterview: Wie entstehen Fangesänge im Fußballstadion? Unter: http://www.netzathleten.de/

lifestyle/sports-inside/item/6141-experteninterview-wie-entstehen-fangesaenge-im-fussballstadion [22.02.2018]. **251** Klopp, Jürgen: „Ich beglückwünsche jeden Fan …" Unter: https://gruene-zitate.de/sprueche-von-juergen-klopp/ [22.02.2018]. Ders.: „Eines haben wir schon mal erreicht …" Aus: Zeigler, Arnd: Keiner verliert ungern. Neue Sprüche und Weisheiten der Fußballstars. 2. Auflage. Hannover: Humboldt 2013. Ders.: „Wir treten nicht mit vollen Hosen an ..." und „Ein großer Kopf muss weg ..." Unter: http://www.reviersport.de/353747---juergen-klopp-50-besten-sprueche-kult-trainers.html [22.02.2018]. Matthäus, Lothar: „Wäre, wäre, Fahrradkette." Nach: http://www.faz.net/aktuell/gesellschaft/smalltalk/herzblatt-geschichten/lothar-matthaeus-waere-waere-fahrradkette-15180382.html [22.02.2018]. **251** Zitate von Gerhard Delling, Thomas Schaaf, Jens Lehmann aus: Zeigler, Arnd: Keiner verliert ungern. Neue Sprüche und Weisheiten der Fußballstars. 2. Auflage. Hannover: Humboldt 2013. **252** Fußballweisheiten. Zitate A, F, G, I aus: Braun, Harald: „Das sind Gefühle, wo man schwer beschreiben kann!". Die Kickerbibel. München: dtv 2006; Zitate B, C, D, E, J, K, M aus: Zeigler, Arnd: Keiner verliert ungern. Neue Sprüche und Weisheiten der Fußballstars. 2. Auflage. Hannover: Humboldt 2013; Zitat H aus: http://www.klartextsatire.de/sport/sport-01.htm [22.02.2018]; Zitat N aus: 11 Freunde. Magazin für Fußballkultur Nr. 187 (06/2017), S. 22. **253 f.** Zitate. Aus: Schürmann, Marc (Hrsg.): Neon. Unnützes Fußballwissen. 1374 skurrile Fakten, die man nie mehr vergisst. 4. Auflage. München: Heyne 2012. **256 o.** Fußballer-Zitate: Labbadia, Bruno nach: http://www.spox.com/de/sport/diashows/fussballer-zitate/versprecher/fussballer-zitate-sprueche-versprecher-labbadia-moeller-matthaeus-pacult-bilder-diashow.html [22.02.2018]; Häßler, Thomas nach: http://www.fussballzitate.com/zitate/ich-bin-koerperlich-und-physisch-topfit.html [22.02.2018]; Krankl, Hans nach: http://www.spiegel.de/panorama/gesellschaft/fussball-sprueche-zur-wm-wir-muessen-gewinnen-alles-andere-ist-primaer-a-769665.html [22.02.2018]; Bobic, Fredi aus: Dehio, Jochen: Eine neue Sicht der Fußball-Welt – Die besten Fußballzitate aller Zeiten. Norderstedt: Books on demand 2008, S. 37. **256 u.** Koch, Konrad: Deutsche Kunstausdrücke des Fußballspiels. Aus: Zeitschrift des Allgemeinen Deutschen Sprachvereins, begründet von Herman Riegel, herausgegeben von Oskar Schleicher, XVIII. Jahrgang (1903), Sp.169–172; hier: Sp.170–171. **257** Lexikon-Artikel zur Herkunft des Wortes „Kaiser". Nach: https://www.dwds.de/wb/Kaiser [22.02.2018]. **258** Leserstimmen. Nach: http://deut-schesprachwelt.de/sprachpanscher/ersatzbank.shtml [22.02.2018]. **259** Fuß, Wolff-Christoph: TV-Kommentar. Nach: http://www.youtube.com/watch?v=FI5oypFhyBA [22.02.2018]. **260 o.** OP-Bericht: Nach: http://www.opbericht.de/viewtopic.php?f=10&t=266 [22.02.2018]. **260 M.** Auszug aus dem Deutschen Strafgesetzbuch. Nach: http://www.gesetze-im-internet.de/stgb/StGB.pdf [22.02.2018]. **262 f.** Zimmermann, Herbert: Radioreportage zum WM-Finale 1954. Nach: http://www.das-wunder-von-bern.de/kult_radioreportage.htm [22.02.2018]. **264 f.** Liveticker der „11 Freunde" zum WM-Finale 2014. Nach: http://www.11freunde.de/liveticker/zum-erinnern-das-wm-finale-deutschland-argentinien-im-11freunde-ticker [22.02.2018]. **266 f.** Grimm, Jacob und Wilhelm: Der Wolf und die sieben jungen Geißlein. Nach: http://gutenberg.

spiegel.de/buch/-6248/191 [22.02.2018]. **270 f.** Warum „Do it yourself" so beliebt ist. Nach: https://www.focus.de/kultur/vermischtes/do-it-yourself-mach-es-selbst-warum-der-do-it-yourself-trend-so-beliebt-ist_id_3800403.html [17.05.2018]. **291** Nach: Sievers, Anne-Christin: Ich baue, also bin ich. Nach: http://www.faz.net/aktuell/stil/drinnen-draussen/warum-die-deutschen-im-do-it-yourself-fieber-sind-13740354.html [16.05.2018]. **292** Scherhorn, Gerhard: Auf eigenen Füßen stehen. Nach: http://www.factory-magazin.de/themen/selbermachen/auf-eigenen-fuessen-stehen.html [16.05.2018]. **293** Scherhorn, Gerhard: ebd. **294** Nach: Kühne, Gesine: Ist das Mode oder kann das weg? In: http://www.deutschlandfunk.de/blog-found-on-the-street-ist-das-mode-oder-kann-das-weg.807.de.html?dram:article_id=410329 [15.05.218].

Bildquellen

8 © Matthias Horn **14** Chepko Danil / stock.adobe.com **15** Jochen Tack / F1 online **18 o. l.** Buchcover: Richard Powers: Das größere Glück. S. Fischer Verlag GmbH, Frankfurt am Main 2010 **18 o. M.** Buchcover: Anna Gavalda: Alles Glück kommt nie. S. Fischer Verlag GmbH, Frankfurt am Main 2010 **18 o. r.** Buchcover: Lukas Hartmann: Finsteres Glück. Diogenes Verlag AG, Zürich 2011 **18 u. l.** Buchcover: Yasmina Reza. Glücklich die Glücklichen. S. Fischer Verlag GmbH, Frankfurt am Main, 2015 **18 u. M.** Buchcover: Monika Maron: Ach Glück. S. Fischer Verlag GmbH, Frankfurt am Main 2007 **18 u. r.** Buchcover: François Roux: Die Summe unseres Glücks. Piper Verlag GmbH, München 2017 **25** bpk / The Metropolitan Museum of Art / Malcolm Varon **28** WavebreakMediaMicro / stock.adobe.com **29** © by Oliver Boehmer – bluedesign® / stock.adobe.com **44** corradobarattaphotos / stock.adobe.com **48** yanlev / stock.adobe.com **50** lev dolgachov / stock.adobe.com **53** george-rudy / stock.adobe.com **56** marioav / stock.adobe.com **57** nd3000 / stock.adobe.com **58** kalou1927 / stock.adobe.com **60** Herrndorff / stock.adobe.com **61** Dan Race / stock.adobe.com **70** © Bundespolizeipräsidium, Potsdam **104** © Piero Masztalerz **105** © Til Mette **106** Aus: Loriot: Herren im Bad Copyright © 1997, 2007 Diogenes Verlag AG Zürich **118** Aus: Loriot: Herren im Bad Copyright © 1997, 2007 Diogenes Verlag AG Zürich **130 o. l.** Buchcover: Gregor Tessnow: Knallhart. Ueberreuter Verlag GmbH, Berlin 2013 **130 o. r.** Buchcover: Kirsten Fuchs: Mädchenmeute. Rowohlt Taschenbuch Verlag, Reinbek GmbH 2016 **131 o. l.** Buchcover: David Levithan: Letztendlich sind wir dem Universum egal. Fischer Taschenbuch Verlag, Frankfurt a. M. 2016 **131 o. r.** Buchcover: Erna Sassen: Das hier ist kein Tagebuch. Verlag Freies Geistesleben, Stuttgart 2017 **146** Filmstills aus: Tessnow, Gregor und Drvenkar, Zoran: Knallhart. © Boje Buck Produktion GmbH **148** Filmstills aus: Tessnow, Gregor und Drvenkar, Zoran: Knallhart. © Boje Buck Produktion GmbH **162, 163, 164, 167, 168, 171, 172, 174, 176, 178** © Matthias Horn **183** © imago / DRAMA-Berlin.de **185** imago / DRAMA-Berlin.de **187** © imago / DRAMA-Berlin.de **188** picture alliance/ZB **192** Viacheslav Peretiatko / stock.adobe.com **193** akg images / René Magritte; © VG Bild-Kunst, Bonn 2018 **198** akg-images / Hans Baldung **205** Porträt Sibylle Schwarz, FALKENSTEINFOTO / Alamy Stock Photo **213** Aus: Selma Meerbaum: Du, weißt du, wie ein Rabe schreit? Gedichte. Hrsg. und mit einem Essay von Helmut Braun sowie Fotos und Dokumenten. Rimbaud Verlag, 2016 **217** blickwinkel/C. Wermter **220** shutterstock **222** mauritius images / Zoonar GmbH / Alamy **226** mauritius images / Angela Hampton Picture Library **240** imago/Sven Simon **241** Action Press / Digitalfoto Matthias **246** ddp images **248 u. l.** imago sportfotodienst **248 u. r.** Action Press/Yang Lei / Xinhua News Agency **251** Action Press / Rawcliffe, David **259** Action Press/DEFODI LTD. & CO. KG **262** imago sportfotodienst **263** imago sportfotodienst **264** A.P.L. – Allstar Picture Library

Sachregister